Christel Gisela Oehlmann

Garantiert erzählen lernen

Ein Übungsbuch

100 Übungen zum Erlernen
des freien und des gestalteten
mündlichen Erzählens

Rowohlt

1. Auflage September 1995

Umschlaggestaltung Werner Rebhuhn

Satz aus der Baskerville (Linotronic 500)
Gesamtherstellung Clausen & Bosse, Leck
Printed in Germany
ISBN 3 498 05021 4

Inhaltsverzeichnis

«Dort wiesen sie ihm ein Ställchen an unter der Treppe, wo kein Tageslicht hinkam, und sagten, ‹Rauhtierchen, da kannst du wohnen und schlafen›. Dann ward es in die Küche geschickt... und tat alle schlechte Arbeit.

Da lebte Allerleirauh lange Zeit recht armselig. Ach, du schöne Königstochter, wie solls mit dir noch werden!»

«Allerleirauh», Märchen der Brüder Grimm, Nr. 65

Einführung:
Kommunikationsfeld «Erzählen»

Als ich mein Buch über das Erzählen beendet hatte und alles rückblikkend noch einmal überdachte, auch überlegte, wie ich in dieses Thema nun einführen könnte, fiel mir *Allerleirauh* ein. Warum gerade dieses? Ich meine, es bietet sich an als Bild für das Erzählen, das heute ein ähnlich armseliges Leben fristet, vergessen, verkannt, verkommen, auch nicht recht definierbar, eben wie Allerleirauh in seinem Patchworkmantel aus zusammengeflicktem Rauhwerk von mancherlei Tierfell, rußgeschwärzt und gut für die Küche (wo ja das Erzählen bekanntlich zu allen Zeiten gedieh). Auch «Allerleirauh» durchlebt einen unglaublichen Entfremdungsprozeß in bezug auf seine Identität: Wer eigentlich ist es? Die Menschen kennen es und kennen es doch nicht, behandeln es nicht seinem Wesen gemäß, lassen es statt in weiten Schloßgemächern unter der Treppe wohnen, und in der Küche scheint es nur die «schlechte» Arbeit tun zu dürfen. Und doch ist es in Wirklichkeit eine Königstochter: Gelegentlich werden unter dem unscheinbaren Stoff seines Mantels die goldenen und silbernen und schimmernden Sternenkleider sichtbar, und dreimal tut es Erkennungszeichen aus Gold in die Brotsuppe, die es für den Königssohn kocht.

Das alles sind Bilder, die zum Erzählen passen. Was aber Erzählen eigentlich ist und sein kann, ist heute gar nicht mehr im Bewußtsein der Menschen. Zwar meint jeder zu wissen, was darunter zu verstehen ist, aber im Grunde weiß er doch kaum mehr als dieses: Erzählen ist, wenn ich zum Beispiel einem anderen Menschen etwas mitteile, was mich betroffen hat. Der andere soll es durch mein Erzählen nun auch wissen. Und wenn ich ein Erlebnis erzähle, das mich belastet, dann werde ich es im Erzählen los. Es erscheint jetzt wie losgelöst von mir, hat eine Gestalt erhalten, die ich aus dem Abstand besser betrachten und bewältigen kann. Es bedrängt mich nicht mehr so stark, als wenn es nur in mir alleine lebt.

Und dann ist Erzählen auch noch unterhaltsam und gemütlich und macht Spaß. Es kann spannend sein und aufregend und sogar beängstigend, je nachdem. Und Märchen gehören dazu und Geschichten und Erzählspiele, Erzähltheater und allerlei Ausgedachtes. Dies alles ist zutreffend, betrifft aber immer noch mehr das anonyme Rauhtierchen Erzählen als die eigentliche Königstochter Erzählen. Diese aber gilt es wieder zu entdecken. Wir spüren genau, daß sie andere und mehr Qualitäten hat als das Rauhtierchen. Sie war an ihren schimmernden Sternenkleidern zu erkennen, auch an ihren heimlichen Erinnerungszeichen aus ihrer einstigen Heimat. Es umgibt sie eine unglaubliche Weite, aber immer wieder verwandelt sie sich – mal in das Rauhtierchen in der Küche und mal in die Königstochter, die auf dem Fest mit dem Königssohn tanzt. Und genau diese beiden Möglichkeiten hat auch das Erzählen. Auch das Erzählen verfügt über Verwandlungskräfte und Erinnerungszeichen, die auf jeden von uns ihre Auswirkung haben. Es geschieht etwas mit uns, während wir erzählen. Wir können das spüren. Auch wir nämlich verwandeln uns, indem wir zu manchmal tief verborgenen und anscheinend schon ganz vergessenen schöpferischen Kräften in uns, zu einer neuen Lebendigkeit und damit zu unserem inneren Reichtum und zu unserer Ganzheit finden. Auch wir verwandeln uns dann gewissermaßen in uns selbst. Kann man sich denn in sich selbst verwandeln? Das kann man, wenn man bedenkt, wie oft wir nicht «wir selbst» sind, wie oft die heutigen Zeitverhältnisse und unsere eigenen Achtlosigkeiten, Halbherzigkeiten und Einseitigkeiten uns ins Uneigentliche bringen und in Rollen, die überhaupt nichts mit unserem eigentlichen Wollen zu tun haben. Wenn wir angesichts dieser Uneigentlichkeiten wieder zu unserem eigentlichen Wesen finden, wieder zu uns kommen, so ist das eine umfassende Verwandlung. Wir entdecken die abgespaltenen Fähigkeiten in uns wieder und gewinnen den Anschluß an unsere Intuition sowie an den inneren Dialog mit ihr. Diese schöpferischen Verwandlungskräfte sind faszinierend und die eigentlichen Königstochter-Qualitäten des Erzählens. Um sie besonders ist es mir zu tun. Ich möchte zeigen, in wie vielen Bereichen des alltäglichen Lebens solche Verwandlungskräfte wirksam sind, und gleichzeitig, wie es möglich ist, sie uns bewußt wieder anzueignen.

«Wie das Wort so wichtig dort war,
weil es ein gesprochen Wort war.»
Johann Wolfgang von Goethe,
«Der west-östliche Divan»
Hegire

Dabei geht es mir immer um das *mündliche* Erzählen, denn derartige Kräfte und Qualitäten sind auf unerklärliche Weise nur mit dem gesprochenen Wort verbunden. Dieses hat im Vergleich zum geschriebenen eine weitaus stärkere Ausstrahlung. Es ist durchatmet und lebendig; es berührt uns, ist unmittelbar und ursprünglich. Sobald es niedergeschrieben wird, ist es zum Zeichen reduziert, vergleichbar einer Note auf dem Notenblatt. Zwar kann der Verstand solche Zeichen lesen und auch verstehen, aber wirklich lebendig werden sie erst, wenn wir sie

DEUTSCHES

WÖRTERBUCH

VON

JACOB GRIMM UND WILHELM GRIMM.

ERSTER BAND.

A—BIERMOLKE.

LEIPZIG

VERLAG VON S. HIRZEL.

1854.

sinnenhaft werden lassen. Erst wenn wir das Wort äußerlich oder zumindest innerlich auch hörbar werden lassen, kommt sein Leben zurück und seine Kraft. Aber seine wirklichen Dimensionen erhält es erst, wenn es von Mensch zu Mensch ausgesprochen wird. Das Wort braucht den Menschen, der es ausspricht.

Manchmal erscheint es mir so, als hätten wir heute viel von diesem Gespür für das Wort und seine Verwandlungskräfte verloren, für jenes: «und die Welt hebt an zu singen, triffst du nur das Zauberwort» (Eichendorff). Oder: «dann fliegt vor einem geheimen Wort das ganze verkehrte Wesen fort» (Novalis). Hatten die Menschen früherer Zeiten noch eine andere Beziehung zum Wort, eine größere Nähe zum Schöpfungswort? Wir wissen es nicht. Jedenfalls berührt es mich immer wieder in besonderer Weise, wenn ich das «Deutsche Wörterbuch von Jacob und Wilhelm Grimm» aufschlage und in jedem seiner 32 Bände auf die Eingangsvignette treffe: einen Engel, der in seinen Händen die Tafel mit der Aufschrift trägt: «Im Anfang war das Wort». Vor knapp 150 Jahren also konnten die Brüder Grimm noch ein wissenschaftliches Werk dergestalt einleiten. Wird wirklich vom Schöpferwort ausgegangen und nicht von Formeln, die sich rechnen lassen, liegt als nächstes die Vorstellung nahe, daß alles Geschaffene, also alles «Fleisch»gewordene, aus seinem Wort-Ursprung heraus umgekehrt auch wieder «Wort» werden und erzählen kann, sogar die Schöpfung selbst. Und wirklich wird im Grimmschen Wörterbuch unter dem Stichwort «erzählen» denn auch aufgeführt, daß «die himel erzelen» (nämlich «die ehre gottes», Psalm 19,2), oder das andere Beispiel, nach dem auch: «die fisch im meer» erzählen (Hiob 12,8). Alles Geschaffene also kann aus seinem Ursprung heraus auf die ihm gemäße Weise und in seiner Sprache «erzählen», selbstverständlich auch der Mensch.

Diese Zeiten und Vorstellungen scheinen heute endgültig vorbei zu sein. Inzwischen haben sich viele Menschen abgewöhnt zu erzählen. Wozu auch? Wenn es doch überall Kassetten und das Fernsehen gibt, die das so viel besser können?

Aber können wir uns das leisten, das mündliche Wort, das mündliche Erzählen, seine lebendigen Verwandlungskräfte, seine lebendige Kunst und sein lebendiges Spiel immer weiter der Vergessenheit anheimfallen zu lassen?

Ich glaube, wir können uns das nicht leisten. Angesichts der Fülle von Entfremdungserscheinungen, die immer mehr Besitz von uns ergreifen und unter denen wir alle, bewußt oder unbewußt, inzwischen zu leiden begonnen haben, dürfen wir das nicht auch noch verlieren. Wir sind heute in vielerlei Teufelskreisen unserer selbstgeschaffenen Welt gefangen. Ja, in gewisser Weise erzählt uns dort auch eine «Schöpfung», nämlich die von uns Menschen geschaffene Welt der Massenmedien. Aber langsam beginnen wir uns wieder nach unserem eigenen, authentischen Erzählen zu sehnen. Und wenn dieses auch tausendmal einfacher sein mag, es wäre echt, weil es aus unseren eigenen, erfüllten Herzen käme.

Was uns heute erlösen könnte, wissen wir nicht zu sagen. Aber wenn wir einmal die Erfahrung einer echten Erzählsituation machen, ahnen wir plötzlich etwas von den Möglichkeiten und der verwandelnden Kraft einer neuen Kommunikation. Dann ist auch unser Bewußtsein wach und bereit, die üblichen Teufelskreise zu durchbrechen.

Wie wäre es, wenn wir mit dem Erzählen bei den Kindern den Anfang machten und auf diese Weise es selber wieder erlernten?

Vergegenwärtigen wir uns einmal, was alles sich ändern würde, wenn wir allein für diesen Bereich das Erzählen übten und den Kindern wieder Geschichten erzählten:

Erstens entstünde in der Welt, wenn in ihr wieder persönlich erzählt würde, insgesamt mehr Wärme und Geborgenheit, mehr persönliche Wahrnehmung und Bestätigung: Erzählen schafft ein Wechselverhältnis, das auch den Zuhörer zum Sprechen über das Gehörte und die eigenen Erfahrungen bringt. So würden also Kinder erzählte Geschichten nicht nur hören, sondern auch ihren eigenen würde zugehört werden. Auch die Kinder dürften Erzählpartner sein und würden als solche gewürdigt und anerkannt. Statt dessen sehen sie sich heute, sogar schon im Kleinkindalter, oft einem Überangebot von anonymen Medien ausgesetzt, dem sie nicht gewachsen sind. Sich selbst überlassen, befinden sie sich nicht – wie beim kommunikativen mündlichen Erzählen – in der Geborgenheit und anerkennenden Bestätigung vertrauter Menschen. In beängstigenden Szenen können sie nicht auf dem Schoß eines Erwachsenen Zuflucht finden, können nicht aus dessen Mimik und Gestik zusätzliche Informationen aufnehmen und daraus die entsprechenden Hilfen zur Verarbeitung des Gehörten gewinnen.

Die beiden Kinder (in der Mitte des Bildes) waren eben noch «Störenfriede». Jetzt erzählt ihnen ein älterer Schüler (links) das Märchen vom «Rotkäppchen», damit sein Freund (rechts) «ungestört» seine Vokabeln lernen kann.

Ein zweiter Aspekt betrifft die Sprache. Wenn Kindern erzählt wird und sie selbst ebenfalls erzählen, wird auch ihr Wort, das heißt, ihre Sprach- und Gesprächskultur herausgefordert. Es kommt zur Äußerung von Gefühlen und deren Aufarbeitung. Unausgesprochene Gefühle dagegen bleiben diffus und unbewältigt. Es ist jedoch wichtig, die eigenen Erfahrungen und inneren Prozesse so zu benennen und zu gestalten, daß sie bewußt werden und der Mensch an ihnen wachsen kann. Dazu kommt: Wenn sich Erzählen in einer selbstverständlichen Lebenspraxis entfaltet, wird die Erkenntnis geweckt, daß jeder seine eigene Beziehung zum Wort hat, eben seine eigene Erzählsprache, und daß er diese auch immer noch weiter ausbilden kann, sich mit ihr verwandelnd.

Ein dritter Aspekt ist noch wichtiger: Wenn sich das mündliche Erzählen nicht in der alltäglichen Lebenskultur entwickelt und zur Gewohnheit wird, erhält es in der Regel den Anstrich von etwas «ganz Besonderem», das der «normale Mensch» nicht zu leisten imstande ist und das man daher am besten Professionellen und technischen Medien überläßt. Die Tatsache, daß jeder Mensch die Fähigkeit hat, auch von seinen Alltagserlebnissen lebendig zu erzählen, wird einfach nicht erfahren. Daraus kann sich bei einem Menschen als weitere Folge die Meinung entwickeln, daß die alltäglichen eigenen Erlebnisse und damit ein wesentlicher Teil des eigenen Lebens «nichtssagend» seien und keine Qualität hätten. In solcher Weise negativ abgewertet, werden sie immer weniger beachtet und schließlich abgespalten. Eine solche Einstellung aber führt zwangsläufig zu schwerwiegenden Defiziten an

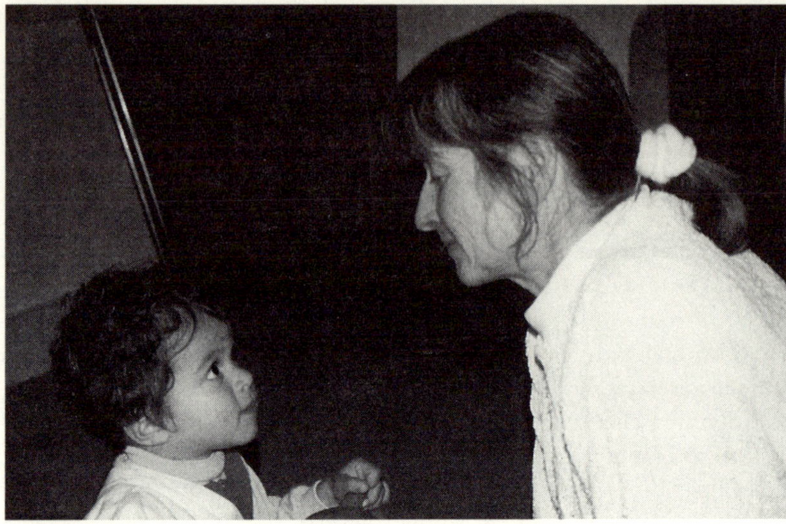

Großmutter erzählt

Selbstwertgefühl und Lebendigkeit. Kinder dagegen, die mit persönlichem Erzählen aufwachsen, sind viel weniger in Gefahr, auf den Weg eines solchen Entfremdungsprozesses zu geraten.

Viertens: Im Umgang mit dem mündlichen Erzählen wächst unsere Menschenkenntnis. Mit dem Erlebnis des Erzählens wird innerlich gleichzeitig immer auch aufgenommen, wie genau sich ein Erzähler mitsamt seiner augenblicklichen Situation in der Art seines Erzählens widerspiegelt. Kinder erfahren dies zunächst unbewußt, werden aber dadurch auf liebenswerte Weise sensibel für Menschen und bekommen für diese mit der Zeit immer feinere Ohren.

Fünftens ist von Bedeutung, daß beim mündlichen Erzählen, besonders in seinen Wiederholungen, gelernt wird, daß – im Gegensatz zu fixierten Kassettenangeboten – alle Ereignisse unseres Lebens und jede einzelne Sache immer auch von verschiedenen Seiten angeschaut werden können. Alles kann gedreht und gewendet und schließlich sogar verändert werden. Aus der Therapie ist bekannt, wie schwer es später Erwachsene haben, sich die manchmal bereits seit frühester Kindheit «festzementierten» Begebenheiten und Sätze wieder beweglich und veränderbar zu machen, um sie auf diese Weise verarbeiten, neu in den eigenen Lebenszusammenhang einordnen und sich selbst damit verändern zu können. Wenn ihnen dagegen schon als Kindern erzählt wird und sie selbst zu erzählen lernen, gewinnen sie in selbstverständlicher Weise die Fertigkeit zu einem beweglichen Umgang mit den Ereignissen ihres Lebens.

Und schließlich kommt es, ganz wichtig, sechstens zum Erüben der rezeptiven Haltung. Damit ist das innere Hinhören auf die eigene Intuition gemeint, die mit dem mündlichen Erzählen verbunden ist.

Diese rezeptive Haltung – sie wird im Zusammenhang mit dem freien mündlichen Erzählen noch ausführlich erläutert – benötigen wir in jedem schöpferischen Tun, im Spiel, im sprachlichen Probieren und Abwägen und wo immer und wann immer wir es mit unserem inneren Dialog und dem Hinhören auf diesen zu tun haben. Das mündliche Erzählen wird wesentlich von dieser inneren Stimme beeinflußt, und wir müssen es von klein auf lernen, auf sie zu hören und sie in unser Handeln einzubeziehen. Tun wir dieses nicht, üben wir diesen inneren Dialog nicht, sondern reduzieren ihn womöglich noch oder bringen ihn mangels Übung sogar ganz zum Schweigen, so bedeutet das, daß uns der weite Bereich unserer Intuition verfremdet wird und – im schlimmsten Fall – gänzlich verlorengeht.

Wir haben uns diese Defizite und Abspaltungen aus der Kindheit vergegenwärtigt, weil sie uns die Fülle der Entfremdungserscheinungen vor Augen führen, die oftmals das ganze weitere Leben heutiger Menschen prägen. Im Erwachsenenalter äußern sich diese frühen Defizite als Unsicherheit und mangelndes Selbstvertrauen. So erklärt sich der oft zu hörende Satz: «Ich kann nicht erzählen!» Und diese Unsicherheitsfaktoren verstärken sich noch, wenn Erwachsene jetzt weiter auf die erzählerischen Interaktionen von Mensch zu Mensch verzichten und sich als Ersatz dafür mit der Vermittlung fertiger Klischees und sekundärer Erfahrungen durch letztlich unsoziale, technische Medien begnügen. Diese sind jedoch niemals ein Ersatz für die lebendige Selbsterfahrung im Erzählen. Sie sind meist so unveränderbar und undurchsichtig, daß sie uns keinen Raum lassen für die Kultivierung der eigenen schöpferischen Einfälle und Gestaltungskräfte.

In diesem Stadium der angesammelten Minderwertigkeitsgefühle pflegen sich Erwachsene das Erzählen als eine überaus schwierige und sogar angstmachende Aufgabe in ihrer Vorstellung aufzubauen und scheinen dann fast noch die eigene Unsicherheit zu genießen: So haben sich Spiel und Kunst angeblich *nie* in ihrem eigenen Repertoire befunden. *Nein*, sie könnten nicht erzählen, eine wirkliche Erzählsprache *niemals* sprechen. – Wenn diese *nicht* das übliche Sprechen ist, also *nicht* der verkürzte Alltagsjargon, *nicht* das unablässige Gerede und auch *nicht* die verkopfte Wissenschaftssprache, was kann sie denn dann noch sein?

«Das, was aus dem eigenen erfüllten Herzen kommt.»

Also das kann ich *auf keinen Fall*!

Und wenn das freie mündliche Erzählen *nie* bis ins letzte vorausplanbar ist, also *nicht* von einem vorher perfekt durchformulierten Konzept innerlich abgelesen wird, wenn es auch *kein* Monolog ist, auch dann *nicht*, wenn der Erzähler die ganze Zeit alleine spricht, ja, worauf soll man sich in seiner Unsicherheit dann noch stützen?

«Auf das Vertrauen zu sich selbst. Einfach aus der eigenen Mitte und Lebendigkeit heraus die Worte strömen lassen.»

Das ist ja wohl *unmöglich*!

«Ach, du schöne Königstochter,
Wie soll's mit dir noch werden!»

Was tat sie übrigens, die arme Königstochter, das «Allerleirauh» unter der Treppe, «wo kein Tageslicht hinkam», nicht ein Schimmer von Sonnenlicht?

Sie erinnerte sich, daß sie in einer Nußschale (die Walnuß ist ein Bild für unseren menschlichen Kopf und das Gehirn) Sternenkleider aus ihrer Heimat besaß. Und sie, die in der Dunkelheit lebend keine Sonne mehr sah, zog als erstes das Sonnenkleid an und ging auf das Fest, für eine halbe Stunde. Anschließend zog sie wieder ihre alltägliche Rauhtierhaut an und war das «Rauhtierchen», das sich an die Arbeit machte: Es kochte für den König auf Geheiß des Kochs «eine Brotsuppe, so gut es konnte, und wie sie fertig war, holte es in dem Ställchen seinen goldenen Ring und legte ihn in die Schüssel, in welche die Suppe angerichtet ward».

Welch eine Herausforderung!

Wenn wir diese Botschaft auf uns übertragen und von Allerleirauh lernen wollen, heißt das, daß wir uns ebenfalls von Dunkelheit und Fremdheit herausfordern lassen und Licht und Weite für uns herstellen sollen – im Gegensatz zur Enge, die mit «Angst» wortverwandt ist. Wir sollen uns erinnern, wer wir wirklich sind und wer wir eigentlich sein wollten, bevor jene Abspaltungen und Entfremdungen für uns wirksam wurden, und überdenken, wohin wir wollen.

Auf diese Weise erreichen wir für uns eine neue Ebene: die Ebene des «Eigentlichen» und einen großen Freiraum für initiatives Handeln. Es ist, als ob wir mit diesem Bewußtsein in ein neues Gewand schlüpfen. Und wie ein solches nicht nur eine Wirkung nach außen, sondern auch nach innen hat, verändert sich entsprechend auch unser Erzählen und reicht nun ebenfalls weit, wenn wir es wollen, bis ins Weltall hinaus oder bis zu den geheimen Rätseln von Ich und Du.

Wenn wir als Erzähler diesen ersten Schritt getan haben, können wir im Blickkontakt mit unseren Zuhörern auch deren Erwartung und Bereitschaft für Neues spüren. Im Grunde genommen wartet jeder darauf, sich auf Verwandlungskräfte einzulassen, so daß wir uns von jetzt an vertrauensvoll dem Erzählen und eben seinen Verwandlungskräften überlassen können. Es setzt auf seine Weise unsere gesamte kommunikative Gestaltungskraft frei. Nicht nur, daß wir ein Erlebnis in der eigenen rezeptiven Haltung des Erinnerns erzählen, sondern wir tun dieses gleichzeitig flexibel und verständnissichernd im Hinblicken und inneren Hinhören auf die Zuhörer, damit auch sie unsere Geschichte «richtig» erleben können. Die aber helfen uns dabei durch ihr aktives Zuhören, Vordenken, Nachvollziehen, durch ihre Mimik und Gestik, durch ihre Fragen und Kommentare, so daß wir schließlich gespannt sein können, was dieses Mal aus dieser Erzähler-Zuhörer-Gruppierung und aus der Geschichte und aus uns selber wird. Alles entsteht jedesmal überraschend neu und immer wieder anders.

So kann Erzählen also niemals vorher abgepackt und fertig sein wie ein Produkt, sondern es ist von seinem Wesen her ein lebendiger Prozeß, der im Vertrauen begonnen werden will und seinen Wert in sich trägt, lebendig, neu und immer unvorhersagbar. Im Gegensatz zur Endgültigkeit des schriftlichen Erzählens ist das mündliche ausgestattet mit allen bestechenden Eigenschaften der Vorläufigkeit und Widerrufbarkeit. Und alles, auch die sogenannten Fehler oder das Suchen nach Worten und unser Stammeln, führen uns neue Wege, führen uns aus der Entfremdung der Formeln zu eigenen und erlösenden Worten.

So wollen wir uns jetzt an die Arbeit machen und die «Brotsuppe» kochen, «so gut wir es können», und vielleicht auch den Ring hineintun als Erinnerungszeichen dafür, daß im Schöpfungsgedanken alles mit allem lebendig zusammengehört. Dieser Ring ist dann wirklich ein goldener.

> Übrigens: Allerleirauh legt beim zweiten Fest, als sie das Kleid des Mondes trägt, ein goldenes Spinnrädchen in die Suppe. Dieses könnte helfen, den Gedankenfaden herzustellen, der alles mit allem, Nahes und Fernes, konkret miteinander verbindet, so daß unsere Erkenntniskräfte ebenfalls ihre Nahrung erhalten können. Das Haspelchen beim dritten Fest gehört zum Kleid der Sterne und verinnerlicht die Möglichkeit, den inzwischen unendlichen Faden, der in unendliche Weiten reicht, zu ordnen und handhabbar zu machen, auf daß man sicher sein kann, sich nicht zu «verhaspeln».

Die Brotsuppe ist eine Lebensnahrung, genau wie es das Erzählen für uns und unsere Zuhörer auch ist; aber das Kochen der Brotsuppe ist auch eine Arbeit und muß erst wieder gelernt werden. Ich habe zu diesem Zweck hundert Übungen zusammengestellt, zunächst mehrere, in denen der Umgang mit uns selbst das Thema ist. Dabei geht es darum, uns angesichts der vielen Entfremdungsprozesse und Abspaltungen in heutiger Zeit trotzdem wieder das nötige Selbstvertrauen zu erarbeiten, das wir zum Erzählen brauchen. Dann setzt uns «Mutter Sprache» zusammen und verwandelt uns in uns selbst. So heißt es – in freier Formulierung – in einem Gedicht von Rose Ausländer. (Der genaue Wortlaut findet sich in diesem Buch auf Seite 169.)

Sodann folgen Übungen zu den beiden unterschiedlichen Arten des mündlichen Erzählens, einerseits zum freien Erzählen aus dem Stegreif, andererseits zum vorbereiteten und gestalteten.

Schon bei den Brüdern Grimm heißt es zum Stichwort «Erzählen»:

«man unterscheide leichte, freie mittheilung im gespräch von dem bedachten, feierlichen vortrag, wiewol beide in einander laufen.» («Deutsches Wörterbuch» III, S. 1076)

In beiden Möglichkeiten wirken spürbar die Gestaltungskräfte von Spiel und Kunst; das Spiel mehr in der «leichten, freien» Art des Erzählens, die Kunst dagegen, das ästhetische «Gewußt wie», mehr im ausgestalteten, «bedachten, feierlichen Vortrag». Beide Erzählweisen, die freie wie die gestaltete, überschneiden sich in der Praxis immer wieder, «laufen ineinander», und natürlich tun sie das auch in diesem Buch. Damit müssen wir leben, denn Erzählen ist ein so lebendiges Phänomen, daß es sich – zum Glück! – nicht voll strukturieren läßt. Dennoch sollen, trotz der häufigen Überschneidungen, beide Erzählweisen hier nacheinander und jede für sich behandelt werden, weil sie sich auf diese Weise besser in ihren jeweiligen Besonderheiten erkennen und üben lassen.

In die letzten Kapitel sind vor allem meine beruflichen Erfahrungen mit dem Erzählen eingegangen, insbesondere diejenigen, die sich bei der Ausbildung von Sozialpädagogikstudenten ergaben. In dem Maße, in dem mir die Bedeutung des Erzählens als kommunikatives Lernfeld bewußt wurde, habe ich Selbsterfahrungsseminare eingerichtet, an denen im Laufe der Zeit Lehrer, Studenten und Menschen unterschiedlicher Berufsgruppen und unterschiedlichen Alters teilgenommen haben. In diesen Seminaren haben wir erzählt und außer den erzählten Geschichten auch uns selber erfrischend neu und anders erlebt, indem wir feststellen konnten, über welch einen inneren Reichtum an Ausdrucksmöglichkeiten jeder, wirklich jeder, verfügt. Aus diesen Erfahrungen stammt der erste «Grundsatz» für das Erzählen-Lernen:

Jeder Mensch ist ein kompetenter Erzähler.

Selbst im unsicher gewordenen Erwachsenen vermag das Erzählen, wenn er sich darauf einläßt, in neuer Weise wieder Sinne, Lebendigkeit und Spielfreude zu wecken. Es erschließt uns unsere schöpferischen Möglichkeiten und fördert unsere Bewußtwerdungs- und Selbstfindungsprozesse, denn im erzählerischen Nachvollziehen und Nachgestalten werden uns die eigenen Erlebnisse und Beziehungen oft erst wirklich bewußt, bis dahin, daß wir manchmal ihren Sinn erkennen. Sollten diese Erlebnisse später, weil sich Gegebenheiten und Einsichten inzwischen verändert haben, nicht mehr in den gefundenen Sinnzusammenhang passen, so müssen sie eben «umerzählt» und in einen neuen, besser entsprechenden gestellt werden. Aber auch damit wird dann wieder eine neue Erkenntnis gewonnen und eine wichtige biographische Integration geleistet. Es hat sich in meinen Seminaren gezeigt, daß die Sehnsucht nach eigenen schöpferischen Prozessen, nach individueller Verwirklichung und Wiederherstellung von Lebendigkeit und Ganzheit inzwischen bei vielen Menschen erwacht ist. Auf dieser Sehnsucht läßt sich aufbauen, so daß sich daraus im weiteren auch Erzählfreude, Erzählhaltung, Erzählsprache und Erzählfertigkeit neu entfalten lassen. Bei all diesen Prozessen ist die Bedingung allerdings, daß nicht nur das Erzählen, sondern auch das Zuhören gelernt wird. Jede mündliche Erzählung ist im Grunde ein Zwiegespräch, auch wenn der Zuhörer schweigt. Erst seine Gegenwart lockt die Geschichte hervor und bestimmt ihre Richtung. Der Zuhörer ist, so merkwürdig das klingt, ein Mitschöpfer des Erzählens. Deshalb wird ihm der ihm gebührende Platz in dieser Darstellung eingeräumt.

Weiter möchte ich darauf hinweisen, daß wir in unserem Bemühen um das mündliche Erzählen von den historisch überlieferten Erzählweisen einiges übernehmen können, jedoch erkennen müssen, daß ein Erzählen in der heutigen Zeit neue Vorgehensweisen erfordert. Dafür hat es uns aber auch etwas anderes zu bieten als das in früheren Zeiten mehr selbstverständlich praktizierte: In jedem heute vom Willen geleiteten und willensmäßig erarbeiteten Prozeß liegt die Chance zu bewußterer Aneignung und damit zur Selbstfindung.

Zu diesem Prozeß gehört, und das hatte ich selber erst gründlich zu lernen, daß es weniger die formalen Fähigkeiten sind, die zu «gutem» Erzählen führen, sondern daß es, vor allem am Anfang, immer wieder um den Aufbau von Selbstvertrauen und Selbstwertgefühlen geht und um jenes Entdecken und Aufschließen unserer schöpferischen Fähigkeiten. Beides hat viel mit Spiel, Spontaneität, Kongruenz, Rezeptivität, Intuition und Phantasie zu tun, mit den Kräften also, die uns einst in der Kindheit so selbstverständlich zur Verfügung standen. Lassen diese Kindheitskräfte sich wecken, wird auch unser Erzählen authentisch und deshalb «gut». Im Verlauf der Darstellung wird deutlich werden, daß es im Erzählen kein «gut» und «schlecht» gibt, sondern nur das Kriterium der Authentizität. Folglich wird es in erster Linie immer darum gehen, an uns selbst und unserer Lebendigkeit zu arbeiten. Unser Erzählen übernimmt diese dann ganz von alleine. Als zweiter Grundsatz gilt demnach:

Erzählen ist immer Ausdruck und Folge unserer inneren Lebendigkeit.

Und der dritte Grundsatz ergibt sich als Konsequenz aus den bisherigen Ausführungen:

Wenn wir die Herausforderungen des mündlichen Erzählens annehmen, verwandelt es uns in uns selbst und weckt in uns oft neue und bisher ungeahnte Kräfte und Möglichkeiten.

Diesen Grundsätzen entsprechend entstand auch in meinen Seminaren regelmäßig der Wunsch, die Lernschritte in folgender Gewichtung durchzuführen:

1. *Vertrauen zu sich selbst aufzubauen:*
Strategien zu erarbeiten, um aus der eigenen Mitte, aus Sicherheit und persönlicher Kompetenz heraus zu erzählen, Mut zu den eigenen Gefühlen und Imaginationen zu entwickeln und diese stimmig mit den eigenen Worten zu benennen.

2. *Vertrauen zu den Zuhörern zu entwickeln,*
um ihnen die eigenen Geschichten erzählen und den ihrigen zuhören zu können und damit die Teufelskreise von sozialer Isolation und Rollenfixierung zu durchbrechen.

3. *Die themenbezogenen Erzählmethoden zu üben,*
nämlich das Erlernen von Erzählweisen und -techniken sowie das Kennenlernen und Einsetzen von Hilfsmitteln.

So folgt das vorliegende Buch prinzipiell diesem Aufbau. Im Verlauf werden sowohl die Lehr- und Lernschritte aus den Seminaren vorgestellt als auch die Erzähl-Erlebnisse und Erzählbeispiele aus anderen Erfahrungszusammenhängen. Jedoch ist es an keiner Stelle meine Absicht, nur Studenten und Pädagogen anzusprechen, sondern vielmehr, weil jeder Mensch ein kompetenter Erzähler ist, jede Mutter, jeden Vater und jeden, der Lust hat, im Bereich des Erzählens, des erzählerischen Spiels und der erzählerischen Phantasie seine eigenen Erfahrungen und Gestaltungsmöglichkeiten zu erweitern.

Erster Teil:

Der Umgang des Erzählers mit sich selbst

Armreif aus Tuch el-Karamus. Gold. Um 350 v. Chr. Kairo.

«Ich kann nicht erzählen ...»

Negative Vorerfahrungen, Erzählängste und Erzählhemmungen

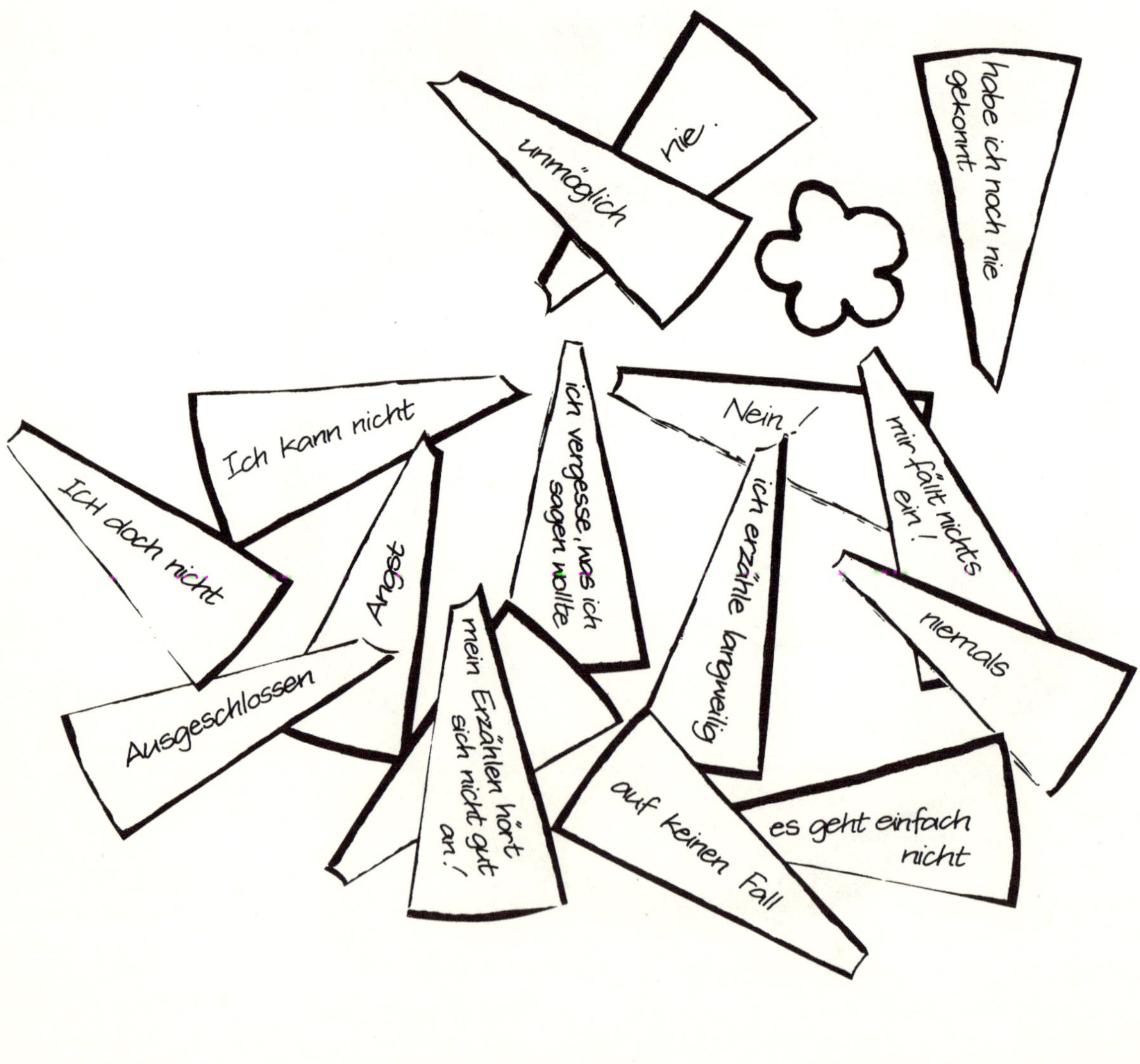

Erzählhemmungen und -blockaden können viele Ursachen haben. Manchmal sind sie aus Verletzungen und Verwirrungen entstanden, aber oft auch aus Unsicherheit und aus Angst vor Bewertung. Man kann hier therapeutische Hilfe in Anspruch nehmen, aber, besonders wenn es sich um die üblichen Unsicherheiten und Bewertungsängste handelt, diese auch durch Selbsterfahrungsübungen verändern. Bewertungsängste treten immer dann auf, wenn wir in einem Erzählvorhaben nicht ganz von diesem erfüllt sind und statt dessen beginnen, während des Erzählens die eigene Wirkung zu reflektieren. Dabei ist es gleichgültig, ob es sich um positive oder negative Bewertungen handelt.

Sitzt unter den Zuhörern zufällig jemand, der dem Erzähler nach dem Erzählen wirklich eine Note geben soll, zum Beispiel in Lehrproben, so ist das Verhalten noch verständlich. Meistens sitzt aber gar nicht ein solcher Zensor im Zuhörerkreis, und trotzdem treten Bewertungsängste auf, nämlich deshalb, weil in uns selbst zwanghafte Wertmaßstäbe und Leistungsvorstellungen verinnerlicht sind und wir unser Erzählen von daher selbst benoten. Diese inneren Bewertungsmaßstäbe verfremden den Erzählfluß, führen zu Übertreibungen, Wiederholungen, zu unnatürlichem Tempo, lassen ihn stockend werden und schließlich ganz austrocknen. Weil man aber dieses eigene Versagen zu kennen glaubt und im voraus erwartet, traut man sich lieber gar nicht erst ans Erzählen heran.

Es folgt ein Beispiel, aufgeschrieben von einer jungen Frau über ihren ersten Versuch, Kindern im Kindergottesdienst eine Geschichte zu erzählen:

«Ich war überzeugt davon, daß es wichtig ist, frei zu erzählen. Deshalb wagte ich mich mit einer Geschichte in die Praxis. Damit ich aber nicht unversehens Schiffbruch erlitt, schrieb ich die Geschichte auf und lernte sie auswendig. Zur Sicherheit, falls ich steckenblieb, nahm ich den Zettel mit.

Beim Erzählen stellte ich fest, daß es doch nicht anging, auf den Zettel zu gucken, ich wäre unglaubwürdig erschienen. Statt dessen rekapitulierte ich angestrengt, in welcher Reihenfolge alles auf dem Zettel stand und wo etwa ich mich zur Zeit mit meiner Erzählung befand. – Klar, daß ich die Kinder kaum sah, weil ich innerlich so intensiv auf meinen vorgestellten Zettel schaute. Ich spürte, wie ich mir in den Erzählpausen auf die Lippen biß, wie meine Hände feucht wurden und der Mund scheußlich trocken. Ich räusperte mich, und mir fiel ein, wie wir früher immer das Räuspern eines Lehrers nachgemacht hatten. Diese Vorstellung war nicht gerade hilfreich! War der letzte Satz, den ich eben gesagt hatte, grammatisch noch richtig? Wie hatte mein Satz angefangen, damit ich ihn jetzt richtig beenden konnte? Verrückt, wie trocken und stocksteif sich die schöne Erzählung anhörte. Ich riskierte einen Blick auf die Kinder: Ob die noch bei der Sache waren? Der da hinten bestimmt nicht – ist auch kein Wunder, bei meinem verkrampften Erzählen! Jetzt fand ich das passende Wort nicht, das unbedingt an diese Stelle gehörte, einfach weg –! Wie sah das auf dem Zettel aus? Absoluter Schwachsinn, was ich statt dessen zusammenbrachte! Jetzt fangen die an zu lachen, obwohl die Geschichte gar nicht zum Lachen ist! – Ich hab es gewußt, ich kann nicht erzählen. Hätte ich die Geschichte doch bloß vorgelesen!»

Logisch, daß in einer solchen Situation, im Gefängnis von Selbstreflexion und innerer Abwertung, in der Erinnerung ein Lehrer auftaucht. Auch hat diese Erzählerin schon vorher gewußt, «daß sie nicht erzählen kann», und während sich ihre negative Annahme bestätigt, fühlt sie sich zunehmend schlechter und gerät in immer größere Abhängigkeit vom Auswendiggelernten. Die Fixierungen durch den Text führen mit der dazugehörigen Selbstverdammnis und dem selektiven Wahrnehmen der Zuhörer zwangsläufig zum Scheitern des Vorhabens.

Es ist leicht einzusehen, daß derartige Fixierungen und Bewertungen aus Leistungsvorstellungen heraus kein kreatives Handeln zulassen. Ein Erzähler, der sich während des Erzählens innerlich mit der Frage beschäftigt, ob er in seiner und der Einschätzung der Zuhörer positiv abschneidet, wird nicht in der Übereinstimmung mit sich selbst erzählen, also überhaupt nicht wirklich erzählen, denn es geht ihm ja um etwas ganz anderes. Und es ist einleuchtend, daß dadurch auch bei seinen Zuhörern Unbehagen entsteht.

In meiner beruflichen Arbeit ist mir dieses Verhalten immer wieder begegnet, zum Beispiel, wenn Studenten der Sozialpädagogik in der Projektarbeit Kindern eine Geschichte erzählen sollten:

Die Studenten hielten es für ganz ausgeschlossen, selber zu erzählen. Auch ihnen war in ihrer Kindheit und Jugend nicht mehr erzählt worden, so daß ihnen jede Erfahrung auf diesem Gebiet fehlte. Folglich fragten sie immer zuerst nach Kassetten und Kassettenrecordern zur Vermittlung von Geschichten. Zum Glück stellen die zuständigen Institutionen meist nur Netzgeräte zur Verfügung, die also an vielen Orten gar nicht «erzählen» können, nämlich nicht im Freien, nicht an der See, nicht auf der Wanderung und nicht abends im Zelt: Die Steckdosen fehlen. Die Studenten versuchten es im zweiten Anlauf mit Büchern, aber die erhoffte Faszination kam zu ihrer Enttäuschung – insbesondere bei Kindern aus sozialen Randgruppen – nicht zustande.

Immer wieder erlebte ich, daß die Studenten fassungslos mit ansehen mußten, wie die Kinder bei der Ankündigung, jetzt werde eine Geschichte *vorgelesen*, unruhig wurden und sich spätestens beim Aufschlagen des Buches lachend davonstahlen. Erst als die Studenten in einem Anflug von verzweifelter Selbstüberwindung das Buch wegließen und, mutig den Blickkontakt mit den Kindern aushaltend, anfingen, in ihrer eigenen Weise, unvollkommen, aber *frei* zu erzählen, entstand plötzlich eine bisher so nicht erfahrene lebendige und schöpferische Atmosphäre. Plötzlich war der Kontakt da, eröffnete sich ein Raum für faszinierende persönliche Wahrnehmung, für die Möglichkeit, einen Menschen un-*mittel*-bar, das heißt ohne zwischengeschaltete Mittel oder Medien, zu erleben, und zwar als den, der er eigentlich ist. Damit konnte schließlich «Gemeinsamkeit» insgesamt differenziert und lebendig erfahren werden.

Aber es waren nur wenige Studenten, die ein solches Erzählen aus eigener Kraft sogleich schafften. Die meisten mußten es schrittweise erlernen und – obwohl sie ernsthaft darum bemüht waren – immer wieder neue Hemmschwellen überwinden, eben die verinnerlichten Leistungskriterien zum Schweigen bringen. So war es ein langer Prozeß, bis es endlich gelang, Vertrauen zu sich selbst aufzubauen und den Anschluß an die eigene Kreativität zu gewinnen.

Was aus dieser Schwierigkeit im weiteren dann wirklich heraushalf, war, daß die Studenten inzwischen untereinander zu erzählen begonnen hatten. Dadurch, daß sie sich auf diese Weise besser kennenlernten, entstand Vertrauen. Aber Vertrauen entstand auch dadurch, daß sie sich selbst durch das Erzählen der eigenen Geschichten innerlich mehr festigten und sich ein besseres Selbstbild schaffen konnten, überhaupt mehr Verständnis für sich selbst erwarben, was sie wiederum im Umgang mit anderen freier und gelöster werden und auch authentischer erzählen ließ. Auf jeden Fall bekamen sie die Verwandlungskräfte des Erzählens in positiver Weise am eigenen Leibe zu spüren.

Einmal sensibel geworden für die Erzählnöte, stellte ich fest, daß nicht nur Studenten, sondern auch Lehrer und überhaupt viele Erwachsene (Eltern und Großeltern eingeschlossen) unter den gleichen Erzählängsten leiden. Besonders ist dies der Fall, wenn Erwachsene für sich innerlich unumstößlich entschieden haben, nicht erzählen zu können, obwohl das Erzählen doch eine so selbstverständliche menschliche Grundtätigkeit ist wie Spielen, Singen und Tanzen.

Wir alle kennen solche verhängnisvollen Vor-Entscheidungen und Selbstbild-Einschränkungen. Wenn zum Beispiel in geselliger Runde Gretel gern etwas erzählen möchte, aber dann zu ihrem Ehemann sagt: «Hans, erzähl du!», so hat sie nach ihrer Werteordnung verinnerlicht, daß er besser erzählt als sie. Damit hat Gretel für sich den Anspruch aufgegeben, ihre eigenen Erfahrungen schöpferisch und kommunikativ zu gestalten, ihr Eigensein selbst und selbstverantwortlich zum Ausdruck zu bringen, selbst emotional, bilderreich und lustvoll mit Sprache umzugehen. Sie kann es ihrer festen Überzeugung nach nicht so gut wie Hans und schneidet sich mit dieser Negativbewertung von ihren eigenen lebendigen Quellen und Entwicklungsmöglichkeiten ab.

Doch der Vertrauens- und damit der Identitätsverlust vieler heutiger Menschen geht noch weiter. Erwachsene erkennen oft nicht, daß sie über höchst Erzählenswertes aus ihrem Alltag verfügen, daß jedes Leben einen Wert hat, einzigartig ist und reich an Erlebnissen, Beobachtungen, Begegnungen, Problemen, Auseinandersetzungen, Gedanken und Gefühlen und daß es noch bereichert wird durch das Aussprechen, eben das Erzählen. Sie wissen das alles nicht mehr und halten die Klischees, die ihnen von den Medien vorgesetzt werden, für das eigentliche Leben, für interessanter und vollkommener. Sie begnügen sich mit Sekundärproduktionen, anstatt in den eigenen primären Lebenszusammenhängen den Sinn zu finden, anstatt selbst schöpferisch tätig zu werden und überhaupt den Anspruch auf eigenes Gestalten und eigenes Sich-Verwirklichen aufrechtzuerhalten.

Es kommt also beim Erzählen-Lernen darauf an, das verlorengegangene Vertrauen zu sich selbst zurückzuerlangen.

Dieses ist nicht einfach, da unsere Leistungsvorstellungen fest verwurzelt sind und das ständige Hinhören auf sie immer wieder unsere gut gemeinten Bestrebungen untergräbt. Es beginnt schon damit, daß derjenige, der das Erzählen neu erlernen möchte, allein durch die Tatsache, daß er *lernen* möchte, in einen Teufelskreis gerät. Als Lernender nämlich begibt er sich in eine Schülerrolle, und das heißt in unserer Gesellschaft: Er stellt sich unter Bewertungszwang. Damit aber befindet er sich bereits auf dem geschilderten Holzweg.

Aus diesem Grunde fällt es auch der Schule so schwer, zum freien Erzählen anzuleiten. Natürlich möchte sie, die von jeher das schriftliche Erzählen übt, genauso zum mündlichen verhelfen (hierzu die Veröffentlichungen in der Zeitschrift *Deutschunterricht*, besonders 32. Jahrgang 1980/2, oder *Praxis Schule*, Oktober 1990). Selbstverständlich wäre es wünschenswert, daß freies mündliches Erzählen in jeder Art von Unterricht gepflegt wird, weil es «die Trennung zwischen Lebens- und Lernsituation zu mildern» in der Lage ist (Erhard Schlutz, S. 99). Auch kann Erzählen eine gute Rückmeldung geben für die erfolgte subjektive Verarbeitung eines Lernprozesses: Durch Erzählen, das heißt durch eigene sprachliche

Darstellung, machen sich Schüler ihre Lerninhalte und -erfahrungen erst wirklich verständlich und zu eigen.

Darüber hinaus übt das Erzählen die soziale Wahrnehmung, die Fähigkeit zuzuhören, aufeinander einzugehen und aufeinander Bezug zu nehmen. Alles wesentliche Erziehungsziele! Aber wenn die Schule sie wirklich will, muß sie selbst sich vorher ändern. Erzählen setzt immer einen bewertungsfreien Raum voraus. Solange Schule also bei ihren herkömmlichen Leistungsbegriffen und Bewertungspraktiken verbleibt, kann mündliches Erzählen hier nicht wirklich gedeihen. Doch gibt es heute schon einige unkonventionelle, beachtliche Wege, um Leistungskriterien und Bewertungszwänge wenigstens ansatzweise auszusetzen, vor allem in Grundschulen. Aber auch Lehrer, die bei freien Aktivitäten das spontane schöpferische Erzählen ihrer Schüler erleben, bei Nachtlagern etwa oder zum Beispiel nach internen Theateraufführungen auf dem Schulgelände, haben eine Vorstellung von dem, was sein könnte.

«Die Alternative zur Abhängigkeit von Schulen ist nicht die Verwendung öffentlicher Mittel für irgendeine neue Einrichtung, welche die Menschen lernen ‹macht›; sie besteht vielmehr in der Entwicklung eines neuen Stils von bildenden Beziehungen zwischen dem Menschen und seiner Umwelt.»
Ivan Illich:
«Entschulung der Gesellschaft»

Fünf Rahmenbedingungen des Erzählen-Lernens

Erzählängste treten nicht auf, wenn diejenigen, die das Erzählen fördern wollen, einige Rahmenbedingungen zu schaffen wissen. Diese Rahmenbedingungen lassen sich an den fünf Fingern abzählen:

1. Rahmenbedingung für das Erzählen-Lernen:

Äußere und innere Bewertungsfreiheit

In diesem Zusammenhang ist die Ergänzung wichtig, daß zur Bewertung nicht nur die Benotung gehört, sondern auch eine große Anzahl unserer üblichen Verhaltensweisen und daß Worte meist Bewertungen einschließen. Zu diesem Thema lesen wir bei Viola Spolin, die Ausbildungskriterien für Schauspieler erarbeitet hat. Auch sie sucht nach Wegen, um in neuer und befreiender Weise mit der Schüler-Rolle umgehen zu können, und kommt zu ganz ähnlichen Ergebnissen. Sie sagt, daß «alle Worte, die Türen schließen, ... die die Persönlichkeit ... angreifen oder den Schüler sklavisch vom Urteil eines Lehrers abhängig machen, vermieden werden müssen». Das bedeutet eine konsequente und permanente Selbstüberwachung auf seiten des Lehrers/Leiters, um die üblichen Bestätigungs- und Ablehnungsmethoden bereits in der eigenen Person zu eliminieren, «damit diese nicht in die Lehrer-Schüler-Beziehung eindringen» können. Genauso gilt für den, der das Erzählen lehren will, daß auch er grundsätzlich «nicht für andere Gutes vom Schlechten unterscheiden kann, denn es gibt keinen absolut richtigen oder falschen Weg für eine Problemlösung: Ein Lehrer mit großer Erfahrung mag hundert Wege kennen, um ein bestimmtes Problem zu lösen, der Schüler kann jedoch mit der Lösung Nr. 101 aufwarten! ... Beurteilungen von seiten des Lehrers/Leiters begrenzen dessen eigenes Erleben und das des Schülers, denn im Prozeß der Beurteilung kapselt er sich gegen frische Erfahrungen ab» (Spolin, S. 20).

Aus diesen Ausführungen ergibt sich die
2. Rahmenbedingung für das Erzählen-Lernen:

Verzicht auf Rangordnungen, Normen und Regeln

«Indem wir dem Studenten Formeln vermittelten, die er zu akzeptieren und aufzubewahren hatte, gaben wir ihm aber noch lange nicht die Mittel für ein eigenständiges Denken.»
Paulo Freire:
«Erziehung als Praxis der Freiheit»

Üblicherweise vollzieht sich eine Lehre über abgestufte formale Schritte, Regeln und Kriterien. Und so werden auch für das Erzählen-Lernen immer wieder entsprechende Anleitungen verlangt. Aber für das Erzählen stellt sich dieser Weg als falsch heraus. Diese Erfahrung mußte auch ich machen, als ich anfangs zu erarbeiten versuchte, was «gutes» Erzählen ausmacht und welche Lernschritte sich daraus ableiten. Entsprechend ging ich methodisch-didaktisch formal vor. Aber das Ergebnis fiel so aus, daß diejenigen, die bisher in der Gruppe als «gute» Erzähler angesehen waren und aus einem gesunden Selbstvertrauen heraus sicher und frei von der Leber weg erzählten, es noch routinierter erlernten. Dagegen konnten andere, die aufgrund eines eingeschränkten Selbstbildes Erzählhemmungen hatten, plötzlich überhaupt nicht mehr erzählen. Neue Außenanforderungen und neuerlicher Leistungsdruck vergrößerten ihre Unsicherheit und lähmten alle tastenden Versuche.

Also wäre es falsch, gleich zu Beginn Fertigkeiten im Erzählen über reglementierende Anforderungen lehren oder lernen zu wollen. Zu einem späteren Zeitpunkt, wenn ein Erzähler bereits frei und aus persönlicher Kongruenz heraus zu erzählen begonnen hat, können entsprechende Anleitungen auf ausdrücklichen Wunsch natürlich in Form von Angeboten oder Empfehlungen gegeben werden. Im allgemeinen aber nehmen Erzählfertigkeiten ihren eigenen Weg und vervollkommnen sich parallel mit der individuellen Entwicklung, so daß es die wichtigste Aufgabe ist, an dieser und an der eigenen Lebendigkeit zu arbeiten, an der Stärkung unseres Selbstwertgefühls wie am Erschließen unserer schöpferischen Quellen.

So heißt die Forderung der
3. Rahmenbedingung für das Erzählen-Lernen:

Eine Atmosphäre des Vertrauens schaffen

Es gilt, die Kräfte zu erkennen und zu fördern, die zu unserem ureigenen Wesen gehören, weil wir nur aus diesem heraus in Übereinstimmung (Kongruenz) sprechen und erzählen können. Wir müssen lernen, auf die eigene Intuition zu hören und Spontaneität zuzulassen, die Kraft nämlich, «die uns von allen Fakten, Informationen und unverdauten Theorien und Techniken befreit, die andere Menschen entwickelt haben. Spontaneität», sagt Viola Spolin, «ist ein Moment persönlicher Freiheit, in dem wir mit der Realität konfrontiert sind, sie wahrnehmen und erforschen und angemessen handeln. In dieser Realität funktionieren die Aspekte unserer Persönlichkeit als ein organisches Ganzes. Es ist ein Zeitpunkt der Entdeckung, der Erfahrung und des kreativen Ausdrucks» (S. 18). Das ganze nächste Kapitel («Ich kann erzählen!») wird sich ausführlich mit den Möglichkeiten beschäftigen, dieses Vertrauen zu sich selbst aufzubauen.

Wenn Erzählen sich aus solchem Vertrauen entfaltet, gedeiht es aus innerer Sicherheit und Selbstverständlichkeit, und zwar auf jeder einzelnen Stufe, jede einzelne Stufe trägt ihren Wert in sich.

Die 4. Rahmenbedingung heißt also:

Den Weg als Ziel anerkennen

Wir überlassen uns mutig und frei dem Prozeß des Erzählens. Der Prozeß ist wichtiger als das Ergebnis. Jede einzelne Wegstrecke gestaltet sich bereits aus unseren gesamten kreativen und kommunikativen Energien.

Schließlich gibt es noch eine 5. Rahmenbedingung:

Die demokratische Grundhaltung im mündlichen Erzählen

Von allem Anfang an vergegenwärtigen wir uns, daß es niemals nur einen Königsweg, sondern unendlich viele Wege im Erzählen gibt, daß jede Erzähler-Persönlichkeit ihre eigenen hat. Und jeder dieser Wege, so unterschiedlich er sich im Vergleich mit anderen auch ausnehmen mag, trägt von vornherein seine volle Berechtigung in sich. Diese Einstellung führt dann weiter dazu, daß der Erzähler auch in seinen Zuhörern deren Eigensein erkennt und sie, auch in Außenseiterrollen, als Partner (das heißt wörtlich «Teilhaber») anerkennt und mit ihnen «teilt», indem er ihnen Erfahrungen und Erlebnisse mit-*teilt*, und zwar in dem Bewußtsein, daß jeder in der Runde, genau wie er selbst, ein Recht auf persönliche Erfahrung, Auffassung und Entfaltung hat.

Welch eine Möglichkeit zum Abbau von unberechtigten Vormachtstellungen und Bevormundungen und gleichzeitig zum Heranwachsen von mündigen Bürgern liegt somit im Erlernen des freien mündlichen Erzählens!

«Bevor Demokratie eine politische Form wird, ist sie eine Form des Lebens.»
Paulo Freire:
«Erziehung als Praxis der Freiheit»

Wir verstehen jetzt auch die Worte von Heinrich Böll, der einmal formuliert hat, daß im Wesen des mündlichen Erzählens etwas unmittelbar Demokratisches liege: «Autorität gilt nicht! Es gilt nur die Überzeugungskraft von Wie und Was, Zwischenrufe, Zweifel sind erlaubt, müssen beantwortet und behoben werden, und damit sind wir fast (fast, sage ich) am Ende, beim wichtigsten Punkt: Das wahre mündliche Erzählen ist die einzig wirkliche Form der Demokratie.»

«Ich kann erzählen!»

Von Schatztruhen, Zauberformeln,
Bildern, Spielen, Meditationen, Märchen und Phantasie
oder: Über unseren inneren Reichtum, über unsere
schöpferischen Quellen und ihre Zugänge

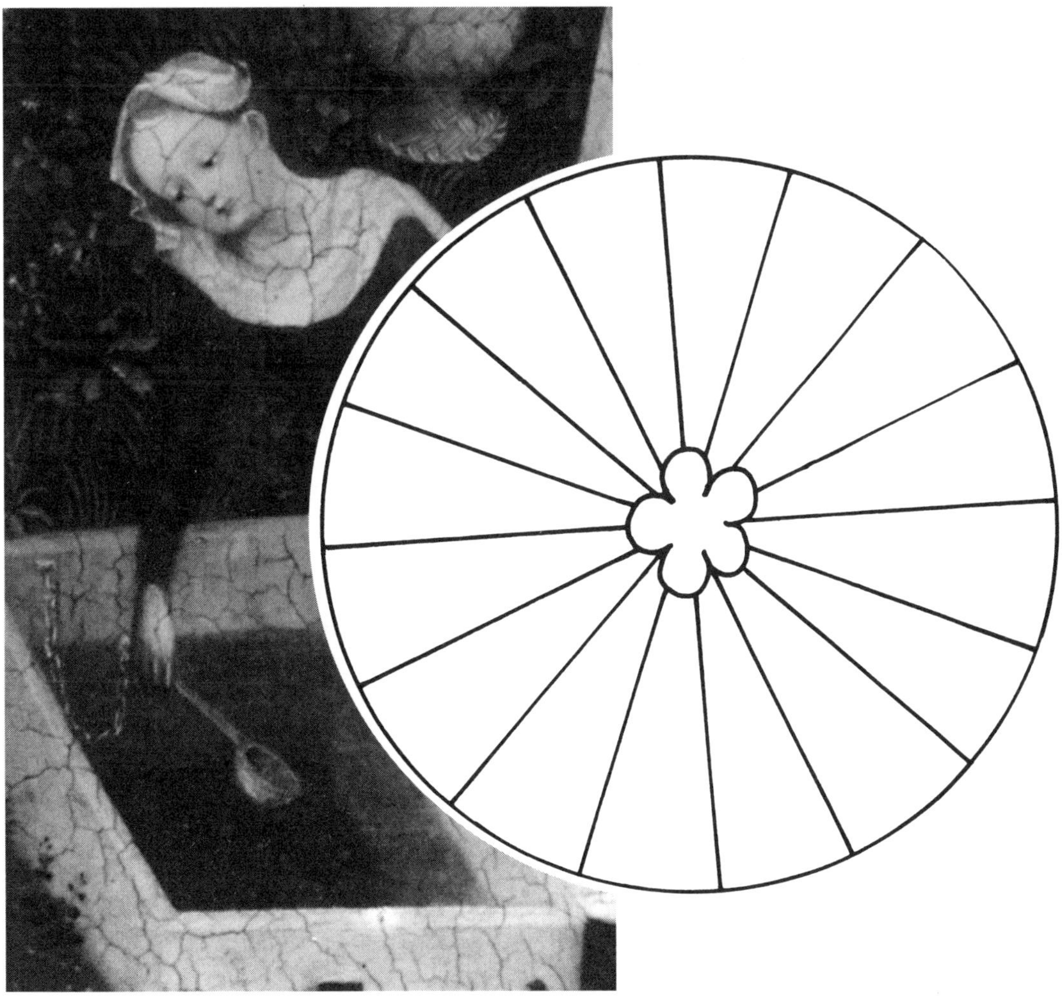

«Ich Narr vergaß der Zauberdinge!» –
Papageno (als es ums Leben geht) im 2. Aufzug der «Zauberflöte»

Die Grundlage allen Erzählens und allen erzählerischen Übens ist Vertrauen. Um dieses als energievolle Kraft aufzubauen, sind für jeden von uns verläßliche Quellen notwendig. Diese Quellen wollen gut gekannt sein, damit sie bei Bedarf zur Verfügung stehen. Der Bedarf aber ist immer wieder vorhanden, denn um uns und in uns ist es mit der «heilen Welt» schlecht bestellt. Manchmal sehen wir – wie Allerleirauh – die Sonne überhaupt nicht mehr. Dann müssen wir uns in der Rauhtierhaut und im Keller an die Sonnengewänder aus irgendeiner Heimat erinnern können und in der Lage sein, einen Schimmer von Licht und Festesfreude oder von einer «Trotz-allem-Geborgenheit» vorwegzunehmen, um das tun zu können, was notwendig ist, was die gegenwärtige Not wendet. Und genau um diese Kräfte des «Vorwegnehmen-Könnens» geht es. Diese Kräfte schöpfen wir aus unserem inneren Reichtum. Wir können auch sagen: aus unseren Quellen. Sie müssen wir zuverlässig kennen, denn wer aus der Quelle schöpft, ist «schöpferisch», wer nicht daraus schöpft, ist bald «erschöpft». So sagt es uns bild-logisch die Sprache.

Meist jedoch kennen wir diese Quellen nicht; eher schon das Gegenteil, das Gefühl des Erschöpft- und des Ausgetrocknetseins. Dann erzählen wir «trocken», wie es zutreffend unsere Sprache ins Bild setzt. Nicht zufällig hieß es im vorigen Kapitel, daß unter Leistungsdruck der Mund austrocknete. Dieses geschieht nicht, wenn wir mit unserer Quelle verbunden sind, wenn wir «aus den quellenden und strömenden Wassern» während des Erzählens schöpfen, statt «aus dem Staubecken des Besitzes» von Sprache (Martin Buber, 1967) und den entsprechenden Zwangsformen.

Mit diesem Satz ist eigentlich alles über das Erzählen und über lebendige Kommunikation gesagt, was gesagt werden kann. Wenn wir diesen Satz verstehen und danach handeln, bedarf es keines weiteren. Nur: Aus diesem Paradies sind wir vertrieben, wir leben heute nicht mehr an den quellenden und strömenden Wassern, sondern müssen uns auch diese ehemals so selbstverständlichen Gegebenheiten mit dem Bewußtsein neu erarbeiten. Wir müssen uns selber aufmachen, um dieses «Wasser des Lebens» zu suchen und uns seine verschütteten Zugänge zu eröffnen. Möglich ist das nach wie vor.

Nehmen wir uns also Zeit für die Frage, wo eigentlich jeder von uns seine Quellen findet.

Für den Baalschem war die unversiegbare Quelle, aus der er verläßlich schöpfen konnte, Gott. So konnte er sagen: «Wenn ich meinen Sinn an Gott hefte, lasse ich meinen Mund reden, was er will; denn alle Worte sind dann an ihre obere Wurzel gebunden» (Martin Buber, 1984, 9. Aufl., S. 131).

Wer die Möglichkeit des Baalschem als seine eigene erkennen kann, hat das Problem gelöst. Die anderen müssen weiter wandern, um die ihnen entsprechenden Quellen zu suchen. Aber gefunden müssen sie werden, sonst können wir nicht lebendig erzählen.

In einem Erzähl-Seminar trugen die Teilnehmer für das Wort «Quelle» gemeinsam den nachfolgenden Cluster zusammen:

Aus diesem Angebot läßt sich viel über das Wort «Quelle» ablesen, zunächst: daß es hier so viele unterschiedliche Vorstellungen gibt. Wir sind erstaunt darüber, was offenbar alles Quelle sein kann, zum Beispiel nicht nur das Wasser, sondern auch die Erde, die Luft und das Feuer.

Manche Bezeichnungen tauchen mehrmals auf, wie «Spiel» und «Kindheit». Das ist sicherlich kein Zufall. Selbstverständlich wollen wir diesen Cluster nicht als endgültig und vollständig ansehen: An jeder Stelle sind weitere Abzweigungen vorstellbar, und jedes neue Gruppenmitglied bringt zusätzliche Vorstellungen mit, aber es ergibt doch einen ungefähren Überblick.

Der Weg zur eigenen Quelle ist ein Erlebnis, das uns bereichert, bereits in seinen ersten Schritten. Schon diese führen zu energievollen Möglichkeiten unseres Lebens. Aber ein solches Vorhaben wird oft als schwierig empfunden, weil wir es nicht gewohnt sind, solche phantasievollen Wege zu gehen. Da wir in der Regel leistungsorientiert erzogen sind, hat das zur Folge, daß einzelne Wege in unserem Leben perfekt ausgebaut und gebahnt sind, andere jedoch, eben meist die der Phantasie, dafür brachliegen und bis zur Unkenntlichkeit zugewachsen sind. So haben wir es als Erwachsene fast immer mit einem spürbaren Ganzheitsverlust beziehungsweise Lebensverlust zu tun. Außerdem sind wir gewöhnlich dazu erzogen, vor allem mit unseren Mängeln und Unzulänglichkeiten kritisch umzugehen, hier immer wieder hinzuschauen und zu bessern, so daß wir diesen schließlich mehr Beachtung schenken als unseren positiven Möglichkeiten. Entsprechend haben wir es auch nicht gelernt, *unsere Phantasie als methodische Möglichkeit bewußt für ein positives und energievolles Ausgestalten unserer eigenen Lebenssituation einzusetzen.* Wie geht es Ihnen zum Beispiel mit dem folgenden Auftrag: «Erzähler, schaff dir in deiner Phantasie, was du brauchst, um dich wohl zu fühlen, so daß du im Erzählen aus deinem unerschöpflichen Überfluß geben kannst!» –? Jedenfalls bereitet eine solche Aufforderung vielen

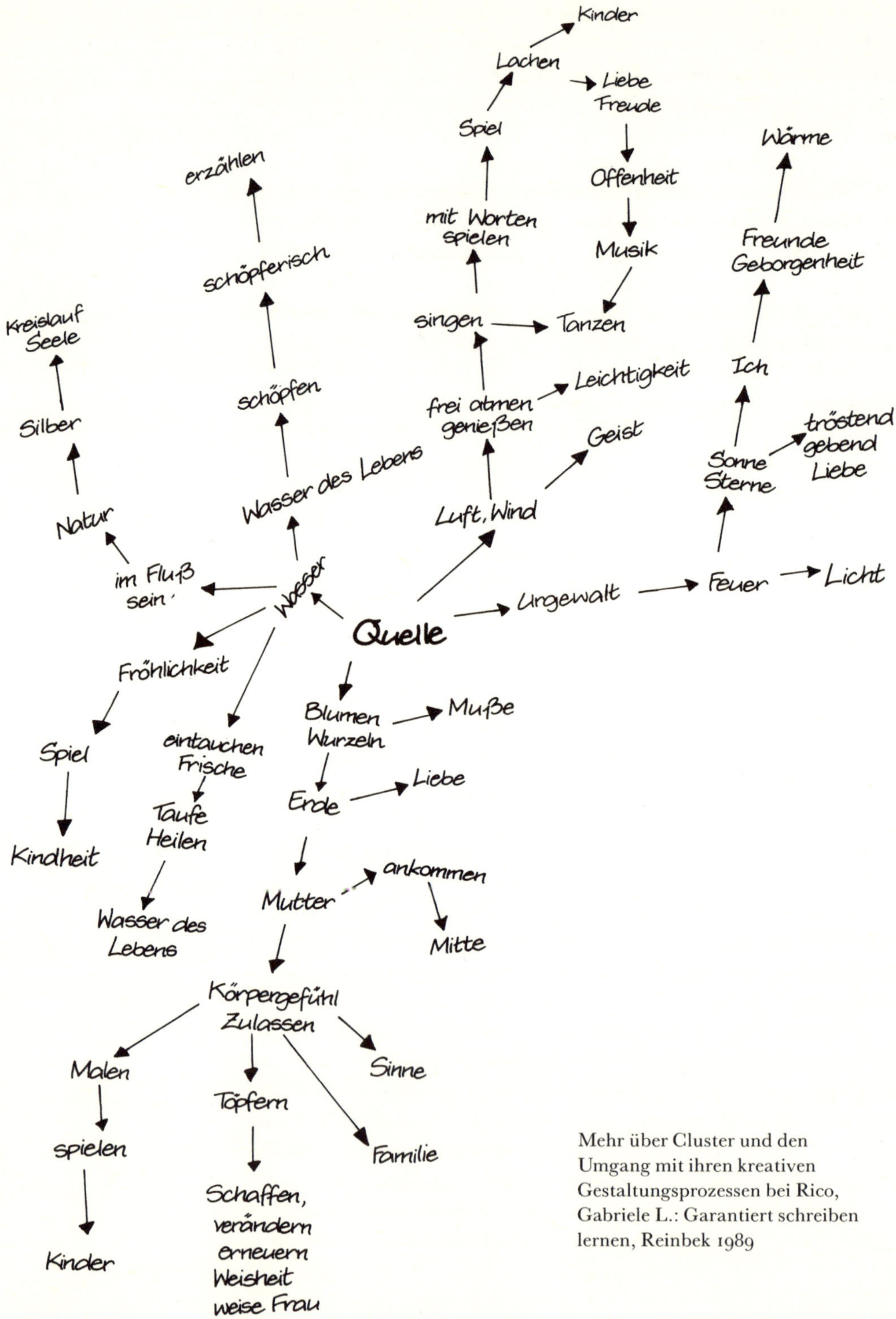

Mehr über Cluster und den Umgang mit ihren kreativen Gestaltungsprozessen bei Rico, Gabriele L.: Garantiert schreiben lernen, Reinbek 1989

Menschen Probleme, sogar Ängste. In einer solchen Bedrückung können wir jedoch nicht erzählen. Mindestens an dieser Stelle müssen wir deshalb den Sprung zu unseren positiven Möglichkeiten schaffen und uns dann eben auch ungewohnte Wege bahnen, um zu unseren persönlichen Quellen zu finden.

Im folgenden geht es jetzt um Zugangsmöglichkeiten zu Quellen. Vielleicht wundern Sie sich über die Vielzahl der Vorschläge. Aber ich habe versucht, ganz unterschiedliche Zugänge und ganz unterschiedliche Methoden auszuwählen, weil wir alle eben auch unterschiedliche innere Prozesse und innere Bilder haben und – um diese herauszufordern – einfach mehrere Angebote ausprobieren sollten. Finden Sie selbst heraus, welche Art Sie am meisten bewegt und welcher Bereich – der des Märchens, der Spiele, der Elemente oder der der Bilder – Ihre schöpferischen Möglichkeiten in der für Sie stimmenden Weise freisetzt.

Lassen wir uns überraschen von den Erfahrungen, die wir dabei machen werden. Jedoch eines ist sicher, daß diese Wege zu uns gehören und uns in unsere Mitte führen.

«Nach einer alten Legende hielt Gott, als er die Welt aus dem Einen geschaffen hatte, zum Schluß den Schlüssel zu allem Geschaffenen in der Hand. Aufgabe des Menschen sollte es nun sein, diesen Schlüssel zu finden. Um den Reiz zu erhöhen, wollte er ihn möglichst gut verstekken, und er befragte seine himmlischen Ratgeber, und sie wußten ihm viele Antworten, bis hin zum Mond. Gott aber sprach: ‹Ich will ihn doch lieber ganz nahe und doch ganz weit weg verstecken, dort, wo sie zuletzt suchen werden.› Und er verbarg ihn in der Mitte des Menschen.» (Zitiert bei Rüdiger Dahlke: «Mandalas der Welt», München 1989)

Um diese Mitte geht es.

«Gehen»

Wenn es heißt «Zugänge» und «Wege zur Quelle», so ist damit die Vorstellung des Gehens verbunden: Wir *gehen* zur Quelle. Beginnen wir damit, uns auf dieses Gehen zu besinnen.

Wenn wir wirklich bewußt gehen (nicht wie üblich unbewußt) und uns dabei im Einklang mit unserem Körper befinden, indem wir diesen vom Kopf bis in die Zehenspitzen hinein spüren, beginnt für uns eine erlösende Arbeit in bezug auf die Wiederherstellung unserer Ganzheit sowie die Auflösung von Blockaden und Verkrampfungen, die kein schöpferisches Erzählen zulassen würden.

Wir erleben also bewußt unseren ganzen Körper, wir erleben unsere Mitte und als nächstes, wie unser Fühlen, unsere Empfindungen und unsere Bewegungen aus dieser Mitte heraus lebendig werden.

Auf diese Weise eröffnet uns das Gehen als bewußtes Körpergefühl einen sicheren Zugang zur Quelle, vielleicht den einfachsten, der sich für unser Vorhaben anbietet. Das bewußte Gehen verbindet uns mit der Erde. Wir spüren mit unseren Sohlen, daß die Erde uns trägt. Mit diesem Gefühl lassen wir Ruhe in uns einkehren und gehen so lange durch den Raum, bis wir zum ruhigen Atem finden. Bald stellt sich im Gehen die für uns «richtige» Geschwindigkeit ein; wir gehen jetzt weder zu schnell noch zu langsam. In dem für uns stimmenden Rhythmus kommen wir innerlich immer noch mehr zu uns selbst. Wir gehen so lange durch den Raum, bis sich alle Gefühle der Entfremdung verloren haben. Als nächstes bemerken wir, daß wir auf diese Weise eine gute Orientierung im Raum finden. Wir bekommen ein Gefühl für seine Höhe und für seine übrigen Maße. Schließlich erleben wir im Rhythmus unserer Schritte auch das lebendige Gleichgewicht von «Erde-Fassen und Erde-Lassen»: Unsere Füße fassen und spüren den Boden und lassen ihn im Wechsel wieder los. Wir klammern uns nicht an, und wir heben auch nicht vom Boden ab. Die Links- und Rechtspolaritäten der linken und rechten Schritte lassen das Gefühl für «Mitte» entstehen.

Wenn wir auf diese Weise bewußt gehen, sind wir mit uns selber und unserer Mitte gut verbunden und doch in natürlicher Weise auch gelöst und unserem Umkreis – und auch unseren Zuhörern – zugewandt.

Von Goethe wissen wir, daß er, wenn seine Gedanken beim Diktieren ins Stocken gerieten, aufstand und im Raum zu gehen begann, dann kamen sie in Fluß, der Zugang zur Quelle war offenbar wieder gefunden.

Dies war bereits unsere erste Übung.

1. Übung:
Gehen und Ganzheit

Eine Übung, die wie eine Atemübung ist (wie eine Atembewegung von der Mitte zum Umkreis – und vom Umkreis zur Mitte).

Wir können diese Übung immer wieder durchführen, wenn wir spüren, daß wir vor dem Erzählen unruhig und nicht zentriert sind. ●

Bereits an dieser Stelle läßt sich im Anschluß an die Gehübung eine erste Erzählübung anfügen. Wenn wir uns durch das «Gehen» gut mit unserer Mitte verbunden haben, sind die Voraussetzungen gegeben für eine Reihungsgeschichte, wie wir sie kleinen Kindern erzählen, und zwar «Schritt für Schritt».

Hanna Peter: Erde

2. Übung:
Eine Reihungsgeschichte für ein Kind

Eine Reihungsgeschichte ist eine Geschichte, in der auch gegangen wird, und zwar mit der Sprache, im ruhigen Schritt-Rhythmus, von einem Bild zum nächsten, von einem Geschehen zum folgenden. Sie dürfen dabei Wörter, Satzteile und Satzanfänge immer wieder wiederholen. Wiederholungen sind bei diesem Erzählen wohltuend. Sie bilden sogar in der besonderen Mischung von Vertrautem und Neuem, von Verweilen und Bewegung die Struktur der Geschichte. Es bedarf dann auch keiner weiteren Steigerung mehr. Das additive Aneinanderreihen vermittelt genügend Bewegungsimpulse. In aller Ruhe knüpft eine Sinneswahrnehmung an die andere an und transportiert ihr «inhaltliches Gepäck» wie in den Wagen eines langen Güterzuges, etwa so wie die folgende Geschichte aus dem Volksgut:

«Auf einem Wunder-Wunder-Stern
liegt ein Wunder-Wunder-Land.
Und in dem Wunder-Wunder-Land
liegt ein Wunder-Wunder-Garten.
Und in dem Wunder-Wunder-Garten
steht ein Wunder-Wunder-Haus.

Und in dem Wunder-Wunder-Haus
ist ein Wunder-Wunder-Zimmer.
Und in dem Wunder-Wunder-Zimmer
steht ein Wunder-Wunder-Tisch.
Und auf dem Wunder-Wunder-Tisch
liegt ein Wunder-Wunder-Buch.
Und in dem Wunder-Wunder-Buch
steht geschrieben:
Du –
(jetzt den Namen des Kindes und eine entsprechende
Botschaft einfügen. In der Überlieferung heißt es:)
darfst deine Eltern lieben...»

Erinnern Sie sich an ein solches Erzählen aus Ihrer Kindheit?

Fast jede alltägliche Geschichte eignet sich als Reihungsgeschichte. Wer will, kann in diese unversehens auch *irreale* Kettenglieder einreihen.

Vorschläge:

«Stell dir vor, wie ich heute einkaufen ging – was ich da auf dem Wege fand und was ich damit erlebt habe –» (Tiere und Gegenstände können auch erzählen!) «Stell dir vor, was sich heute in meiner Schublade abgespielt hat –» Oder: «...in deinem Rucksack.»

Die «Suppengeschichten» von Ursula Wölfel zeigen herrliche Möglichkeiten auf für Reihungsgeschichten und sind hervorragende Übungen für Erzähl-Anfänger. «Die Geschichte vom Feuersalamander» ist eine meiner Lieblingsgeschichten, mit der sich gut beginnen läßt. Aber nehmen Sie sich während des Erzählens Zeit für Pausen, damit Sie selbst und Ihre Zuhörer sich den Weg auch ganz genau vorstellen können. Übrigens kann man ihn auch als Rückweg noch mal stufenweise erzählen!

Die Geschichte vom Feuersalamander

Einmal hat es geregnet, und die Feuersalamander haben in ihren Erdlöchern gesessen und gefroren. Da hat einer von ihnen gesagt: «Tief unten in der Erde ist ein großes Feuer, dorthin will ich!» Die anderen Feuersalamander haben ihn ausgelacht, sie haben gesagt: «Wir wollen lieber auf die Sonne warten.» Aber der eine Feuersalamander ist doch in die Erde gekrochen, an den Baumwurzeln vorbei und immer tiefer. Es war dunkel in der Erde, und der Feuersalamander ist sehr müde geworden. Aber er ist weiter und immer weiter gekrochen, immer tiefer hinunter: an den Wasserquellen unter der Erde vorbei, an den Kohlen in der Erde vorbei, an den Felsen mit den Edelsteinen vorbei. Endlich ist er an das große Feuer gekommen. Das war so heiß, daß die Steine gekocht haben, und es war außen blau und dann grün und dann rot und dann gelb, und in der Mitte war es weiß vor Hitze. Der Feuersalamander hat gestaunt, und er hat sich gewärmt an dem großen Feuer. Dann ist er wieder nach oben gekrochen. Er hat den anderen Feuersalamandern von dem großen Feuer erzählt, und sie haben gar nicht mehr gefroren, als sie das gehört haben. Er mußte es ihnen immer wieder erzählen, und sie haben dabei den kalten Regen ganz vergessen. (Ursula Wölfel: Siebenundzwanzig Suppengeschichten, S. 26) •

Ein einfacheres Erzählen als dasjenige, das aus additiven Reihungen und Wiederholungen besteht, gibt es nicht. Wer mit Kindern umgeht, weiß, wieviel Spaß ihnen auch die altüberlieferten, sich dann allerdings von Stufe zu Stufe steigernden Reihungsgeschichten machen und wieviel «Motivation» diese enthalten zum Vorstellen und Auswendiglernen, zum Beispiel die uralte Geschichte: «Der Herr, der schickt den Jockel aus...»

Bilder

von Ursprüngen und Anfängen, vom Paradies und von Kindern, von Landschaften, Lieblingsplätzen, Lieblingsmotiven und Lieblingsgegenständen

Von den Indianern wird gesagt, daß sie einander, wenn sie sich innerlich zerrissen fühlten, ihre Schöpfungsmythen erzählten, um sich die Welt wieder vom Anfang her zu ordnen und Körper, Seele und Geist von dem Gefühl der Ordnung und Ruhe durchdringen und «von Grund auf neu aufbauen» zu lassen. Dieser Gedanke ist mir wichtig. Wir haben in Erzählgruppen immer wieder die Erfahrung gemacht, daß uns Phantasien über Anfänge in Ruhe und Konzentration und in unsere Mitte hineinführten, so daß für weiteres Erzählen die stimmigen Voraussetzungen entstanden. Zu diesen Geschichten von «Anfängen» gehören zum Beispiel Geschichten über das Entstehen und Wachsen von Pflanzen oder über kulturelle Entwicklungen aus einfachen und überschaubaren Lebensweisen heraus, wie wir sie heute von einigen noch lebenden Naturvölkern her kennen. Auch Geschichten über die Wesenskräfte der Elemente, über Feuer, Wasser, Luft und Erde erreichen uns in unserer Tiefe und erfrischen unsere Gefühle mit der Kraft und dem Zauber ihrer gegensätzlichen Ursprünglichkeit.

Genauso gehen wir auf Anfänge und früheste Orte der Geborgenheit zurück, wenn wir Märchen erzählen oder Geschichten aus unserer eigenen Kindheit. Bei diesen Erzählungen gewinnen wir den Anschluß nicht nur an das Kind, das wir früher einmal waren, sondern gleichzeitig auch an die schier unerschöpflichen phantasievollen Möglichkeiten des Kindes überhaupt, auch des sogenannten «inneren Kindes», das in jedem Erwachsenen weiterlebt und für ihn zeitlebens schöpferische Kindheitskräfte bereithält.

«Wir besinnen uns ..., daß wir einmal schöpferisch waren, daß es eine Zeit gegeben hat, wo wir frei waren, uns der Sinnenwelt hinzugeben und alle Eindrücke nachklingen zu lassen, wo aus uns Tätigkeiten quollen, die nicht zweckbedingt waren. Damals waren wir Kinder» (Margarethe Hauschka, S. 81).

Diese Erfahrung können auch wir machen, wenn wir die entsprechenden Erinnerungen in uns aufrufen.

3. Übung:
Die Beziehung zur eigenen Kindheit

In jedem von uns warten Kindheitskräfte auf Spiel und schöpferisches Tun. Nehmen Sie die Beziehung zur eigenen Kindheit wieder auf. Gehen Sie in Ihrer Erinnerung in die Zeit zurück, in der Sie als Kind Ihre Umgebung entdeckten, einen Schrank, den Garten, eine besondere Schublade oder Ihnen damals fremd erscheinende Gegenstände, und wie Sie diese Entdeckungen damals in Ihr Spiel einbezogen haben.

Tom Robbins hat einmal gesagt, daß «es nie zu spät ist, eine glückliche Kindheit zu haben» (zitiert bei Jeremiah Abrams [Hrsg.] in: «Die Befreiung des Inneren Kindes», Scherz-Verlag 1993). Was für Einfälle und Gefühle löst dieses Zitat in Ihnen aus? Was verändert sich in Ihrer augenblicklichen Sichtweise? Oder: Welcher Gegenstand in Ihrem jetzigen Besitz löst Ihre kreativen Ideen aus, oder welchen könnte sich ein Kind zum Spielen aussuchen? Oder: Was müßten Sie verändern, damit ein Stück schöpferischer Kindheit sich in Ihrem augenblicklichen Dasein verwirklichen ließe? Ergibt sich ein Dialog? Oder eine kleine Geschichte?

Vielleicht nicht sofort, vielleicht erst in einigen Tagen? •

Das Paradiesgärtlein

Bei mir zu Hause hängt eine Kopie des Bildes vom «Paradiesgärtlein» (Bild eines oberrheinischen Meisters um 1410). Es zeigt eine Gartenecke, ein Stückchen Erde als Paradies, als einen Ort erfrischender Geborgenheit, und in seiner Mitte das musizierende Kind.

Dieses Bild ist für mich manchmal ein Zugang zur Quelle. Ich kann mich in meiner Vorstellung in dieses Bild hineinversetzen, an eine bestimmte Stelle, die ich mir aussuche, kann auch das Kind in der Mitte sein. Gelingt mir das, bin ich im selben Augenblick konkret verbunden mit Schöpfung und Schöpferischsein. Das Paradiesgärtlein stellt in seiner Sprache den Ort der Quelle als Grundbedingung für schöpferische Tätigkeit dar. Früchte, Bäume, Vögel, Blumen und Heilkräuter sind im Überfluß vorhanden, und der Betrachter, der nicht von außen, sondern assoziiert von innen her das Geschehen erlebt, kann ebenfalls das Bewußtsein von solch unglaublicher Fülle für sich entwickeln.

Das Dargestellte erfrischt spürbar alle Sinne: die Musik und das Vogelgezwitscher, die leuchtenden Farben, der Duft unzähliger Blumen, die erntereifen Früchte, die Quelle und das Getränk in dem kostbaren Gefäß.

Über die Gruppierungen und die einzelnen Gestalten im Bild sind kunsthistorisch viele beziehungsreiche Beobachtungen gemacht und inhaltliche Überlegungen angestellt worden, jedoch interessieren diese in unserem Zusammenhang nicht, sondern allein der Bezug zur Quelle und zum Schöpferischen. Zu diesem Kontext lesen wir nochmals ab: den umfriedeten Schutzraum, die Geborgenheit und das Kind in der Mitte. Diese drei Phänomene gehören für mich wesentlich zur Quelle. Die Größe des Platzes und die Gesamtübersicht dagegen sind nicht wichtig: Es wird nur eine Ecke des Gärtleins dargestellt. Diese genügt. Hier werden bestimmte Tätigkeiten ausgeübt: Das Schöpfen aus der Quelle (liest man das Bild von links nach rechts), das Pflücken der Früchte, dann das Bereithalten des Saiteninstrumentes, damit das Kind in der Mitte musizieren kann, während sich Maria in das aufgeschlagene Buch, das Wort, vertieft. Schließlich fällt unser Blick auf die Gruppe der drei männlichen Gestalten am rechten Seitenrand. Neben dem Schauen scheint ihr Hinhören wichtig zu sein, ihre rezeptive Haltung; sie nehmen auf, was der Engel, der sich unter ihnen befindet, spricht.

> Für eine
> glückliche Kindheit
> ist es nie zu spät.
> T. ROBBINS

Das «Paradiesgärtlein» ist ein Bild für Quelle und Schöpferischsein und enthält viele Hinweise und Bedingungen dafür, wie lebendiges Wasser (gleichzeitig auch ein Thema vieler Märchen) geschöpft werden kann.

Das Bild ist natürlich nicht als eine Anweisung zum Erzählen gemalt, aber eine Anweisung zum Erzählen ließe sich nicht treffender darstellen, zeigt das Bild doch, wie alle nährenden und erfrischenden Gaben reichlich zur Verfügung stehen und wie offenbar aus einer rich-

Das Paradiesgärtlein
um 1410; oberrheinischer Meister
(Städelsches Kunstinstitut,
Frankfurt;
Foto: Ursula Edelmann

tigen Anordnung von Nehmen und Geben die schöpferischen Kräfte in einen lebendigen Fluß geraten. Mir tut es gut, mich intensiv mit dieser Quellen-Darstellung zu verbinden und eine solche Erholungssituation in der eigenen Vorstellung auszuarbeiten. Selbst wenn im Alltagsbewußtsein die Quelle zugeschüttet und das Wissen über sie resignativ verdrängt ist und ich mich statt dessen mit dem gegenteiligen Zustand der Ermüdung, der inneren Leere und des Ausgetrocknetseins abplage, kann ich mir willensmäßig diesen Ort als Quelle erschließen und mir auf diese Weise Entspannung und Erfrischung verschaffen.

Das Kind erzählt

Bildausschnitt aus dem «Paradiesgärtlein»

In der vorderen Bildmitte und deutlich als Mittelpunkt im Kreis der Personen sitzt das musizierende Kind. Können wir uns mit diesem wichtigen Ort und mit dem Kind selbst verbinden? – Da Spiel und phantasievolles Imaginieren meist nicht die wesentlichen Formen unseres Lernens gewesen sind, fehlt uns hier oft die Erfahrung. Wir müssen daher in der Regel von vorne anfangen und bis in die Erlebnisse unserer eigenen Kindheit zurückgehen, um uns hier wieder Schlüssel und Spürfähigkeit zurückzuholen. Aber dazu ist es ja nie zu spät. Und was in der Realität nicht gewesen, kann die innere Bildungskraft jetzt schaffen: schöner und vollkommener, als es in der Realität jemals möglich gewesen wäre! Gelingt es uns, auf diese Weise den Anschluß an unsere ursprünglichen Kräfte wiederherzustellen, so ist es wie im «Paradiesgärtlein»: Der Zugang zur Quelle erschließt sich, und es ist plötzlich auch für uns Erwachsene wieder das Kind, das in der Mitte des Geschehens und in der Geborgenheit an der Quelle sitzt und musiziert oder spielt oder – erzählt.

4. Übung:
Kindern zuhören

Hören Sie Kindern zu und erzählen Sie nach, was diese erzählen.
Ziel: Von deren schöpferischen Fähigkeiten lernen. ●

Kinder-Erzählungen verdienen es, mit konzentrierter Aufmerksamkeit angehört zu werden. Wie oft werden sie überhört oder als Unsinn abgewertet. Wie oft werden über all den täglichen Versorgungen mit Nahrung, Kleidung, Medikamenten und den üblichen Förderangeboten die Kinder selber vergessen. Dabei erzählen sie hinreißende Geschichten und geben in diesen Geschichten sich selbst und eben ihre Ursprünglichkeit. Es gibt kaum etwas Originelleres und Herzerfrischenderes! Man nehme sich nur einmal die Zeit, zuzuhören, was sie, oft in Ermangelung menschlicher Zuhörer, zum Beispiel ihren Puppen und Stofftieren erzählen.

Ein Dreijähriger erzählt:
«Es war einmal eine Tomate, die wollte gerne Finger haben. Da nahm ich sie und aß sie auf, und da kam Spinat und alles drauf, und da konnte sie nicht mehr lachen.»

Oder ein andermal:
«Es war einmal ein Wald, der wollte einmal ausgehen und hatte doch keine Beine. Da nahm ich meine Finger und schenkte sie dem Wald, da konnte der Wald gehen. Und der Wald lief über Bäche und Gräben, sah

die Blumen und die Sonne, und plötzlich hörte er in der Ferne ein Weinen. Da saß da ein Engelein, das war vom Himmel gefallen. Da machte sich der Wald ganz schmal und lang, bis er mit den obersten Spitzen an die Wolken stoßen konnte, und da konnte das Engelein wieder hinaufsteigen.»

(Beides mitgeteilt von Wera Bockemühl: «Kinder erzählen Geschichten»; aus der Zeitschrift: «Der Elternbrief», Freiburg i. Br. 1958, Nr. 8)

Oder unser etwa fünfjähriger Sohn erzählt nach einem Gespräch über gefährliche Wölfe die folgende Geschichte:

«Wenn Menschen in den Wald gehen, in dem Wölfe sind, dann können sie ja Fleisch mitnehmen (damit die Wölfe das Fleisch fressen und nicht die Menschen)... Bumbi (sein geliebter Teddybär) hatte einmal einen Maulkorb. Da hat er Fleisch hineingetan. Und dann hatte er ihn (den Maulkorb) ganz schnell an den Ohren (des Wolfes) festgeschnallt. – Mal mußte der Bumbi ihn auch füttern, sonst starb er ja. Daher hat der Wolf ihm nichts getan. Jetzt kann er ihm schon aus der Hand zu fressen geben. – Du brauchst dich vor dem Bösen nicht zu fürchten, das Böse ist nämlich ganz schwach.»

Ein achtjähriger Sinti-Junge erfand die folgende Geschichte:

Die Vögel.

Im Sonnenhof lebten viele Kinder, und es gab dort auch viele Vögel, mit denen die Kinder spielten. Jedes Kind hatte seine eigenen Vögel. Es gab weiße Vögel, hellblaue Vögel, gelbe Vögel, auch ein paar schwarze Vögel.

Ein kleiner Junge war dabei, der hatte ganz lustige bunte Vögel. Es kamen immer viele Kinder zu ihm, um mit seinen bunten Vögeln zu spielen.

Aber einmal packten die schwarzen Vögel die bunten von dem kleinen Jungen und flogen mit ihnen davon.

Die weißen Vögel, die wollten die bunten Vögel befreien.

Die weißen Vögel, die sprachen mit den schwarzen Vögeln.

Sie fragten sie, warum sie die bunten Vögel eingesperrt haben.

Die schwarzen Vögel antworteten: «Sie sollen auch so schwarz werden wie wir. Wenn sie aber nicht möchten, dann bleiben sie einfach gefangen.»

Dann fragten die schwarzen Vögel: «Warum seid ihr nicht schwarz?»

«Das können wir auch nicht sagen!»

«Wir lassen die bunten Vögel frei, wenn ihr uns das erzählt.»

«Dann wollen wir nachdenken», sagten die weißen Vögel.

«Na, gut!» – Die schwarzen Vögel ließen die bunten Vögel heraus. Dann setzten sie sich zusammen, und die weißen Vögel freuten sich, daß sie ihre Vögel wiederhatten. Dann sagten die weißen Vögel: «Jetzt erzählen wir euch, warum wir so weiß sind.» Die weißen Vögel sagten: «Das wollte Gott so, daß wir so weiß sind.»

«Das ist alles?» sagten die schwarzen Vögel.

«Ja, das ist alles», sagten die weißen Vögel. «Und nun wollen wir euch fragen, ob ihr so weiß sein möchtet wie wir.»

«Ja, das möchten wir», sagten die schwarzen Vögel.

Sie spielten zusammen.

Auf einmal wurden die schwarzen Vögel ganz weiß. Da freuten sich die weißen Vögel. Und dann sagten die bunten Vögel: «Wir möchten auch so weiß werden.» Da sagten die weißen Vögel: «Na, gut, ihr müßt euch vertragen.»

Dann waren sie alle weiß. Sie flogen davon, und die Kinder freuten sich.

(Persönlich mitgeteilt von Renate Schubert)

In diesen Erzählungen spricht das Kind in liebenswerter Weise sein Wesen und seine schöpferischen Möglichkeiten und Einfälle aus, sein von starkem Wollen geprägtes und vorbehaltlos veränderndes Umgehen mit der Realität, sein Verarbeiten von Ängsten. Diese Erzählungen sind für den Erwachsenen Brücken zu Kindern und auch zu dem Kind, das er selbst in sich durch sein eigenes Leben trägt. Es wird durch diese Erzählungen erweckt, gleichfalls zu spielen und schöpferisch so lebendig zu sein wie das Kind im «Paradiesgärtlein».

Wenn wir üben, solche Kinder-Erzählungen nachzuerzählen, machen wir uns innerlich beweglich, so daß Kindheitskräfte wie Spiel, Spontaneität, Verwandlung und Originalität auch in unsere anderen Erzählungen mehr und mehr einfließen können.

5. Übung:
Meine früheste Erinnerung

Eine möglichst weit zurückliegende Geschichte aus der eigenen Kindheit erzählen.

Welche Situation fällt Ihnen ein?

Erzählen Sie sie sich selbst: vielleicht draußen beim Spaziergang, wo keiner Ihr Selbstgespräch hört.

Und wem möchten Sie sie jetzt gern erzählen? •

Auch Landschaften, Lieblingsplätze, -motive und -gegenstände können Zugänge zur Quelle sein, eine Melodie, eine bestimmte Atemübung, ein Tanz oder auch ein Geruch. Ebenso kann der «richtige»

Sessel unsere Erzählenergien freisetzen oder eine bestimmte Kleidung, ein Schal, ein Musikinstrument in der Hand und dessen Begleitakkorde, eine Clownmaske, eine Handpuppe oder ein kleiner «Begleiter» in der Tasche als Anker, zu dem eine ganz besondere Beziehung besteht und den man mit der Hand umfassen kann wie eine Muschel, eine Glasmurmel oder einen besonderen Stein.

Es gibt fürs Erzählen mindestens so viele Zugänge und Quellen, wie es Erzähler gibt, und es kommt einzig und allein darauf an, daß diese zwischen sich und der gefundenen Quelle die stimmige und verläßliche Verbindung herstellen, so daß Unrast, negative Gefühle und Hemmschwellen überwunden, ein gutes Selbstvertrauen geschaffen und die schöpferischen Energien zum Fließen gebracht werden. Je verläßlicher diese Verbindung ist, desto leichter spricht ein Erzähler seine eigene Erzählsprache.

In den nächsten Abschnitten (Elemente, Märchen und Spiel) geht es nicht mehr um Quellen und Quellenzugänge allein, sondern zusätzlich noch um das Entwickeln und Verstärken weiterer Erzählmöglichkeiten in uns.

Elemente – und «elementares Erzählen»

Nicht nur das Wasser, auch die anderen Elemente sind Quellen, die wir spielerisch und phantasievoll für uns ausprobieren können. Wie den Cluster «Quelle» auf Seite 34 können wir auch Sinn-Trauben zu «Erde», «Feuer», «Luft» und anderen Elementarvorstellungen entwerfen. Es ist nicht notwendig, daß wir diese Quellen in der Realität erleben, sondern es reicht, wenn wir sie uns innerlich vergegenwärtigen, so ähnlich, wie wenn wir uns in der Erinnerung oder in der Vorfreude in eine Ferienstimmung versetzen.

Wir können dazu ein einzelnes Element auswählen, können aber auch nacheinander mit allen vier arbeiten. In letzterem Fall ist es so, obwohl alles «nur» spielerisch und «nur» phantasievoll geschieht, als ob wir nacheinander Länder in vier verschiedenen Himmelsrichtungen bereisen oder uns im Rollenspiel die vier Temperamente erschließen. Warum gerade die Elemente? Weil sie neben ihren Quellen-Angeboten vier «elementare» Grundmöglichkeiten des Erzählens aufschließen. Jedes Element vermittelt eine ganz bestimmte Gestaltungskraft. Unbewußt wissen wir das auch. Außerdem sagt es uns die Sprache, zum Beispiel, daß wir manchmal «trocken» erzählen, dann wäre in unserem Erzählen das Element Wasser nicht vertreten. Wäre dieses hinge-

Hanna Peter: Luft

gen zu reichlich vorhanden, würde der Erzähler gleichmachend und «verwässernd» erzählen, unter Umständen auf «rührselige» Art, jedenfalls kämen die Konturen nicht heraus, er würde überhaupt nicht gliedern, ins Schwimmen geraten und Land und Weg nicht mehr sehen.

Zu viel «Erde» haben hieße, daß wir am Boden kleben, in der Schwere zu versinken drohen, nicht von der Stelle kommen oder sogar steckenbleiben. Es wird alles schwer, materiell und allzu konkret. Ist das Element der Erde jedoch zu schwach, so fehlen Festigkeit und Farbigkeit, überhaupt Sinnenhaftigkeit und Vielfalt. Alles wirkt körperlos, der Boden trägt nicht. Wir alle wissen, wie sich ein Erzählen anhört, bei dem der Erzähler immer wieder abhebt und den Boden unter den Füßen verliert.

Aber es gibt auch ein Erzählen, das «Feuer» hat, beziehungsweise eines, dem es fehlt, das wäre dann ein «kaltes» Erzählen.

Und wie ist es mit der Luft? Bewegt sich der Erzähler zu stark in diesem Element, wirbelt er im Erzählen herum, ohne Basis, und macht

GESANG DER GEISTER
ÜBER DEN WASSERN

Des Menschen Seele
Gleicht dem Wasser:
Vom Himmel kommt es,
Zum Himmel steigt es,
Und wieder nieder
Zur Erde muß es,
Ewig wechselnd.

Strömt von der hohen,
Steilen Felswand
Der reine Strahl,
Dann stäubt er lieblich
In Wolkenwellen
Zum glatten Fels,
Und leicht empfangen
Wallt er verschleiernd,
Leisrauschend
Zur Tiefe nieder.

Ragen Klippen
Dem Sturz entgegen,
Schäumt er unmutig
Stufenweise
Zum Abgrund.

Im flachen Bette
Schleicht er das Wiesental hin,
Und in dem glatten See
Weiden ihr Antlitz
Alle Gestirne.

Wind ist der Welle
Lieblicher Buhler;
Wind mischt vom Grund aus
Schäumende Wogen.

Seele des Menschen,
Wie gleichst du dem Wasser!
Schicksal des Menschen,
Wie gleichst du dem Wind!

Johann Wolfgang von Goethe

dauernd Gedankensprünge, wird atemlos schnell und überschlägt sich, die Sätze zerfetzen, alles fliegt durcheinander, auseinander. Zuwenig Luft, Atem, Bewegung, Geist beim Erzählen bedeutet: Lähmung, Langeweile, Tiefschlaf. Manchmal nimmt sich sogar die Stimme nicht genug Luft und kann beim Zuhörer schon deshalb nicht mehr richtig ankommen. Darin erfüllt sich der unausgesprochene (unbewußte) Wunsch: «Hauptsache, man versteht mich nicht!»

Ich habe festgestellt, daß fast jeder Erzähler von Haus aus sich in eines der vier angesprochenen Gestaltungselemente besonders gut eingelebt hat und aus diesem heraus auch erzählt. Meist lassen sich zwei weitere andeutungsweise noch erkennen, das vierte Element aber fehlt. Überprüfen Sie das einmal bei sich oder anderen! Wie gut täte manchem Erzähler im Erzählen eine Feuerquelle! Oder dem nächsten Erzähler das Fließende und Lösende und Entspannende (des Wassers), jenem die Festigkeit (der Erde) oder dem vierten ein frischer Wind, Schwung und Bewegung (eben das Luft-Element).

In meinen Kursen mache ich die entsprechenden Übungen in spielerischer Selbsterfahrung, sowohl um den Zugang zu den Quellen zu finden als auch zur Schulung unseres bildlichen Vorstellungsvermögens, besonders aber auch für die Beweglichkeit im Erzählen. Gerade dafür eröffnet sich uns hier ein unendliches Feld, in dem wir viele Entdeckungen für uns selbst und unsere künstlerischen Möglichkeiten überhaupt machen können.

Allerdings können Sie die nächsten vier Übungen nicht in der Form absolvieren, daß Sie diese einfach nur lesen, verstehen und «abhaken». In Kursen brauchen wir dafür eine ganze Woche. Sind die Elemente dagegen nur Randthema, genügt ein Abend. Aber ich erlebe immer wieder, daß die Teilnehmer von sich aus meist noch einen großen Teil der Nacht hinzunehmen. Es sind eben Selbsterfahrungsspiele, deren Sinn wir zwar schnell durchschauen, aber deren Konsequenzen für uns wir längst nicht so schnell in die Wirklichkeit umsetzen können. Das dauert viel länger. Und eigentlich erst zuletzt finden die neuen Erfahrungen auch in der Sprache ihre Resonanz. Haben Sie also Geduld mit sich, und lassen Sie sich für diese Übungen mit Langzeitwirkung auch besonders viel Zeit. Bis Sie in diesem ganzheitlichen Aneignungsprozeß auch für das Erzählen etwas erreichen, sind die Elemente jedoch immer schon Energie-Quellen auf dem Weg.

6. Übung:
Entspannend und fließend wie Wasser

Im Gleichmaß angewendet, bietet uns das Element des Wassers ein schöpferisches, lösendes und fließendes Erzählen.

Hanna Peter: Wasser

Stellen Sie sich vor, Sie sitzen – allein oder mit anderen – an einem alten Brunnen, zum Beispiel in einem verwilderten Park. Vielleicht führen breite Stufen hinunter zu diesem Brunnen, man kann auf seinem Rand sitzen und sich auf ein Stück Geländer aufstützen und ins Wasser schauen. Überlassen Sie sich den Bildern und Gedanken, die sich jetzt einstellen. Wenn Sie diese Übung mit mehreren Teilnehmern als ein Spiel durchführen, können Sie sich gegenseitig Ihre Einfälle mitteilen. Lassen Sie sich in jedem Falle genügend Zeit, die Situation in Ihrer inneren Vorstellung genau entstehen zu lassen und in Ihrer Phantasie wahrzunehmen. Vielleicht spiegelt sich die Sonne im Wasser, vielleicht etwas aus der Umgebung: Bäume, eine Mauer. Denken Sie an die Märchen, die uns von Brunnen erzählen, in deren Spiegelbild jemand sich selbst erkennt. Vielleicht schwimmen auch nur einzelne Blätter auf der Oberfläche. Und so weiter.

Oder wählen Sie andere Wasserbilder aus: ein Kinderspiel am See oder den Platz zu Füßen einer Uferweide, deren Stamm über das

Wasser hinausgewachsen ist, den Felsvorsprung an einem Wasserfall, die Blumenböschung an einem Wiesen- oder Gebirgsbach. Eine Meeresstimmung – weit draußen auf dem Wasser, mit oder ohne Horizont.

Wählen Sie jedenfalls eines dieser Bilder oder auch ein ganz anderes und arbeiten Sie es aus, bis es für Sie stimmt. Überprüfen Sie als nächstes, ob es für Sie und Ihre Einfälle günstig ist, das ausgearbeitete Bild wirklich *vor* sich zu haben, oder ob es günstiger ist, es *hinter* sich zu wissen, es im Rücken zu spüren. Probieren Sie auch diese Vorstellung wirklich aus, indem Sie sich im ersten Bild zum Beispiel mit dem Rükken an die – vorgestellte – Brunnenmauer anlehnen. Lassen Sie sich wirklich Zeit hierfür. In diesem Fall hätten Sie den Blick vor sich frei für die Weite einer Landschaft.

Ich kenne eine Erzählerin, die sich vor dem Erzählen regelmäßig mit dem Bild des *Flusses* als Quelle für ihre Erzählenergien verbindet. Sie muß ihn *hinter* sich spüren, um selber erzählerisch in Fluß zu kommen, das heißt, auch den Atem frei strömen zu lassen und mit diesem zuverlässig über lebendige Fülle, Weite und Kraft zu verfügen.

Wenn Sie Ihr Bild gefunden haben, werden Sie feststellen, daß es anregend ist und unsere Phantasiekräfte beein«flußt». Sie können mit dem Wasser auch spielen und dann ein Wasser-Erlebnis «schöpferisch» erzählen. Oder müssen Sie in Ihrer inneren Vorstellung dazu in das Wasser eintauchen? Auch das ist möglich. Mit all solchen Bildern kann der Erzähler sich ebenfalls assoziieren (so wie für manche Herzkranke das Bild von der Geburt der Aphrodite aus dem Wasser seelisch hilfreich ist: die entspannenden Wasserwellen des Gewandes über dem Herzen) und sich die notwendige innere Weite schaffen. Manchen gelingt das auch mit Chagalls blauen Fenstern oder bei der Auseinandersetzung mit den monochromen Bildern von Yves Klein. Ein weites Feld –

Beginnen Sie Ihre Wasser-Erzählung damit, daß etwas im Wasser schwimmt, ein Fisch oder ein Blatt, und erzählen Sie, wie es sich, dem Wasserrhythmus angepaßt, bewegt. ●

7. Übung:
Beweglich wie der Wind

Das Element Luft ist als Quelle für das Erzählen außerordentlich bedeutsam. Machen Sie es sich bewußt, indem Sie sich die Gelegenheiten vorstellen, die es uns erleben lassen: Tanzen, Schaukeln, Springen – vom Ast eines Baumes, vom Sprungturm, mit ausgebreiteten Armen von den Dünen hinunter – oder Schlittschuhlaufen auf einem großen See. Wir wissen, wie es ist, wenn uns Wind oder Sturm von vorne entgegenbläst, und was es dagegen für ein Gefühl ist, sie im Rücken zu spüren und sich von ihren Kräften bewegen zu lassen. Segeln, Surfen, Drachensteigen oder Bilder von Vögeln, Schmetterlingen und Engeln «beflügeln» uns – Fähigkeiten, die für unser Erzählen wichtig sind.

Geburt der Aphrodite
um 470 v. Chr., Rom
(Ludovisischer
Thron, vermutlich aber
Altaraufsatz)
Archiv für Kunst
und Geschichte, Berlin
Foto: Erich Lessing

Haben wir dieses Element im ausgewogenen Gleichgewicht zur Verfügung, erzählen wir erfrischend und begeisternd.

Oder unser Erzählen wird «spannend» wie die Sehne des Bogens, der den Pfeil in weitem Schwung durch die Luft schießt, damit er sein Ziel erreicht.

Suchen Sie sich jetzt einen Ball aus, nicht zu groß, nicht zu klein, nicht zu hart, nicht zu weich, nicht zu glatt: Er muß sich gut fassen und gut auffangen lassen. Stellen Sie sich mit anderen zusammen im Kreis auf und werfen Sie sich den Ball zu, zuerst links herum, dann rechts, dann nach freier Wahl auch diagonal hin und her. Nach einer Weile geben Sie dem Ball bei jedem Wurf ein Wort mit. In der ersten Runde sollte es der Vorname dessen sein, der den Ball erhält. Als nächste Übung werfen Sie sich irgendein einsilbiges Wort zu: «Schwung», «Ja», «Nein», «Weit» oder etwas ähnliches. Dann gehen Sie zu zweisilbigen Wörtern über, wie zum Beispiel «Mittwoch», «Morgen», «Freude», «Abend». Achten Sie darauf, daß Ihr Wort mit dem Ball wirklich mitfliegt und daß es bei seinem Empfänger möglichst so ankommt wie der Ball.

Verändern Sie hin und wieder die Abstände im Kreis.

Schließlich geben Sie Ihrem Wurf einen kurzen Satz mit. Wenn er Ihnen gefällt, können Sie denselben Satz alle benutzen. Üben Sie so lange, bis Sie spüren, daß Luft und Atem und Wort miteinander verwandt sind.

Wichtig ist, daß Sie für Ihr Sprechen die Vorstellungen von Luft, Entfernung und Ziel wirklich zulassen.

Üben Sie alles spielerisch und ungezwungen.

Allein läßt sich diese Übung nicht so einfach durchführen. Werfen wir den Ball zum Beispiel mit einem Wort gegen eine Wand, so macht uns das bald aggressiv. Es muß schon ein Mensch der Empfänger sein; das liegt im Wesen der Kommunikation. Zur Not jedoch könnten Sie sich alles vorstellen, den Zuhörer und auch den Ball, aber die Entfernung und das Ziel sollten Sie in der Realität konkret festlegen und genau dorthin auch Ihre Worte, zugleich mit einer werfenden Armbewegung, real und laut und deutlich, durch die Luft hinfliegen lassen.

So wird unsere Sprache frei. •

8. Übung:
Boden unter den Füßen

Wiederholen Sie als Einstimmung auf das Element «Erde» die 1. Übung «Gehen und Ganzheit».

Haben wir ein gutes Verhältnis zur Erde und akzeptieren dieses Element, so bewegen wir uns auf sicherem Grund, wohin wir wollen, farben- und formenreich, sinnenfreudig und verläßlich.

Entsprechend gibt es hier viele, viele Zugangsmöglichkeiten zu Quellen. Dennoch sollten wir uns wenigstens einen Zugang bewußt machen. Er führt in den meisten Fällen zu einem Ort der Geborgenheit und zu irgendeinem «Paradiesgärtlein». Es kann aber auch ein Wiesengelände sein, ein Berg, eine Dachbodenkammer oder ein Schrank, in dem man vielleicht als Kind saß, oder der Platz zwischen Kommode und Schrank, eine Baumkrone oder eine Gartenlaube.

Erzählen Sie von einem solchen Lieblingsplatz oder einer Landschaft. Vielleicht haben Sie dort etwas Wichtiges erlebt oder gedacht. Machen Sie durch Ihr Erzählen die Dinge «irdisch» und sinnenhaft, das heißt sichtbar, hörbar, fühlbar und nachvollziehbar spürbar. •

9. Übung:
Wärmend und leuchtend wie Feuer

Feuer durchwärmt und erhellt unser Erzählen. Die Kombination von Wärme und Licht («Licht» in einen Sachverhalt bringen – oder jemandem etwas so erzählen, daß ihm «ein Licht aufgeht») schafft für jede Art des Erzählens eine faszinierende Atmosphäre. Letztlich geht es hier um eine Gleichzeitigkeit von Herz und Kopf, Liebe und Erkenntnis, eben von Wärme und Licht. Für mich gibt es kein schöneres Symbol für unsere Lebendigkeit als das Feuer. Allerdings muß es ein umfriedetes Feuer sein und keine Feuersbrunst, damit seine Energien Lebenskräfte schenken und sie nicht womöglich zerstören. Eine schwierige Gratwanderung? Nein, in Wirklichkeit gibt es unzählige Alltagssituationen, in denen sie mühelos gelingt. Jede Mutter, die ihr Kind auf dem Schoß hält und ein Märchen erzählt, spendet Wärme und Licht.

Arbeiten Sie für sich das Element «Feuer» aus.

Hanna Peter: Feuer

Stellen Sie sich einen Platz am Feuer vor, zum Beispiel an einem Lagerfeuer, am Kamin oder einfach beim Kerzenlicht, wenn Sie dem Flammenspiel zuschauen. Es kann sich auch ein Spiel von Funken ergeben, die auf die Zuhörer «überspringen».

Oder wäre es für Sie günstiger, die Wärme im Rücken zu haben, wie zum Beispiel die eines Kachelofens?

Feuer ist aber gleichzeitig auch das Element, das verbrennt und *verwandelt.* Wir kennen die Symbole von Goldvogel und Phönix und Goethes «Stirb und werde» und die vielen Feuer-Märchen. Alles Angebote.

Oder noch einfacher: Wenn Sie sich dieses Element spielerisch intensiver erschließen wollen, weil Sie es vielleicht weniger als die anderen Elemente «haben», suchen Sie sich Ihr eigenes Feuer-Symbol. Ich habe lange einen glühend-roten geschliffenen Granat als Feuerbild mit mir herumgetragen und damit herumgespielt, ihn auf meinen Schreibtisch gelegt und Bilder von «kalten» Sachen verändert. Mein

SELIGE SEHNSUCHT

Sagt es niemand, nur den Weisen,
Weil die Menge gleich verhöhnet,
Das Lebendge will ich preisen,
Das nach Flammentod sich sehnet.

In der Liebesnächte Kühlung,
Die dich zeugte, wo du zeugtest,
Überfällt dich fremde Fühlung,
Wenn die stille Kerze leuchtet.

Nicht mehr bleibest du umfangen
In der Finsternis Beschattung,
Und dich reißet neu Verlangen
Auf zu höherer Begattung.

Keine Ferne macht dich schwierig,
Kommst geflogen und gebannt,
Und zuletzt, des Lichts begierig,
Bist du, Schmetterling, verbrannt.

Und solang du das nicht hast,
Dieses: Stirb und werde!
Bist du nur ein trüber Gast
Auf der dunklen Erde.

Johann Wolfgang von Goethe

Kasperle nahm den Stein real mit auf die Bühne und machte dort allerlei Unfug damit, wärmte aber auch der Großmutter die Füße und ebenfalls den Kaffee. Und die Kinder, die zuschauten, hatten lauter Einfälle, was alles in der Welt noch Wärme braucht. Und aus einem der Einfälle machten wir dann zusammen ein spannendes Abenteuerspiel, das eigentlich ein Feuerspiel war.

Vielleicht können Sie hierzu einen Beitrag leisten und eine Feuergeschichte erzählen, vielleicht auch eine nach dem Beispiel (auf Seite 38) von Ursula Wölfels «Feuersalamander»? •

Das Märchen als Zugang

«Was so mannigfach und immer wieder von neuem erfreut, bewegt und belehrt hat, das trägt seine Notwendigkeit in sich und ist gewiß aus jener ewigen Quelle gekommen, die alles Leben betaut, und wenn es auch nur ein einziger Tropfen wäre, den ein kleines, zusammengehaltenes Blatt gefaßt hat, so schimmert er doch in dem ersten Morgenrot.»
(Vorrede der Brüder Grimm zu den «Kinder- und Hausmärchen», 1819)

Mit den nebenstehenden Worten haben die Brüder Grimm wieder einmal das Entscheidende gesagt: Das Märchen «erfreut, bewegt und belehrt... und ist gewiß aus jener ewigen Quelle gekommen, die alles Leben betaut». Diese Quellkräfte vermittelt das Märchen auch heute noch jedem, der sich auf die Bilder und auf die Bildsprache der Märchen einläßt. Wenn ich ein Märchen höre und eben noch geglaubt habe, mich in einer fernen Vergangenheit zu bewegen, so kann sich in seiner Bildsprache blitzartig meine eigene Situation in der Gegenwart offenbaren. Ich erkenne Zusammenhänge, die mir vertraut vorkommen: Es ist, als ob ich nach langem Herumirren plötzlich nach Hause komme und jetzt alles und auch mich selbst in einer neuen Klarheit sehen kann. Diese Erfahrung ist erfrischend und ein Angebot für jeden, der bereit ist, sich auf Märchenbilder einzulassen. Im Gegensatz zur abstrakten Begriffssprache können Märchen durch ihre Bildersprache bis an unsere Ursprünge rühren und unsere eigenen bildschöpferischen Energien freisetzen, so daß sich hier unzählige Übungswege zum Erzählen auftun.

Als Beispiel wähle ich eine Textstelle aus dem russischen Märchen von der «Zarentochter Frosch». In diesem Märchen ist für den jüngsten Königssohn eine schwierige Situation entstanden: Damit er König werden kann, muß seine Frau ein kostbares Hemd nähen. Er verzweifelt ob dieser Aufgabe, denn alles, was er mit seinem Verstand erfassen kann, ist, daß seine Frau ein Frosch ist und deshalb in seiner Primitivität niemals in der Lage sein wird, ein solches Hemd zu nähen. So überfällt ihn tiefe Traurigkeit. Wie soll es möglich sein, etwas Sinnvolles zu gestalten, wenn der Verstand keinen Weg weiß!

An dieser Stelle fragt die Froschfrau den Königssohn nach dem Grund seiner Traurigkeit:

«Wie sollte ich denn nicht traurig sein», antwortete der Königssohn, «mein Vater befiehlt, du sollst bis morgen aus dieser Leinwand ein Hemd nähen!»

«Weine nicht, gräme dich nicht», sagte der Frosch, «lege dich schlafen, der Morgen ist weiser als der Abend, es wird alles recht gemacht!» Er nahm eine Schere und schnitt die Leinwand in kleine Flickchen, dann öffnete er das Fenster, warf sie in den Wind und rief: «Ihr wehenden Winde, tragt die Leinwandflickchen fort und macht daraus für den Schwiegervater ein Hemd!»

...Als aber am anderen Morgen der jüngste Sohn dem König das Hemd reichte, da konnte der sich nicht genug verwundern. Keine einzige Naht war daran zu sehen, es war wie aus einem Stück, und er sagte: «Dieses Hemd trage ich an den allerhöchsten Feiertagen.»

(Friedel Lenz: «Iwan Johannes»)

«Märchen sind Träume von einer heimatlichen Welt, nach der wir uns sehnen, in die wir mit unserem eigentlichsten innersten Wesen gehören.»
Novalis

Wie geht es uns mit dieser Märchenstelle?

Ein Kind würde sie tief befriedigt hinnehmen, das «Kind in uns» ebenfalls. Bilder sind ihm willkommene Nahrung. Nur der Verstand versteht an dieser Stelle die Welt nicht mehr: «Doch nicht ein Frosch!»

Lassen wir den Verstand jedoch probeweise einmal beiseite und spüren wir statt dessen den Bildaussagen meditativ nach: Es eröffnen sich dann ganz neue Wege. Im Märchen und der weisheitsvollen Logik seiner Bildersprache nämlich kann ein einfaches Wesen eben doch helfen. Man muß sich nur vergegenwärtigen, daß sich im Bild des Frosches eine ursprüngliche, elementare Kraft verkörpert, eine Kraft, über die auch der Mensch verfügen kann, wenn er sie sich bewußt macht, mit der er sogar (wie der Königssohn) eng verbunden sein kann. Nur hat er verlernt, diese Kraft anzuerkennen und sinnvoll für sich einzusetzen. Statt dessen hat er (bei dem üblichen Verlust von Ganzheit) gelernt, sich einzig auf seinen ausgebildeten Verstand zu verlassen und elementare Natur- und Lebensbereiche, für die in der Bildsprache solche ursprünglichen Wesen wie Frösche stehen, als «niedrig» abzuqualifizieren.

Im russischen Märchen folgt der Königssohn, weil die Not inzwischen so groß ist, schließlich doch seiner Ahnung und übergibt seiner Froschfrau die Aufgabe. Dabei macht er die für ihn absurde Erfahrung, daß die Froschfrau die Aufgabe tatsächlich bewältigen kann: Sie schafft auf ihre Weise ein so wundervolles nahtloses Hemd, daß kein Verstand es fassen kann, auch nicht die Schneiderinnen und Fachleute, die sich mit den beiden anderen Schwiegertöchtern des Königs phantasielos und nach gelernten Rezepten und Schnittmustern ebenfalls an die Arbeit gemacht haben. Ihre Hemden geraten alltagsmäßig und ge-

Wohin das führen kann, wenn mit dem Bild des Frosches die dahinterstehenden elementaren Kräfte subjektiv abgewertet werden, wurde mir einmal klar, als eine krebskranke Frau ihr Lieblingsmärchen «Der Eisenofen» (Grimm Nr. 127) gestaltete: Sie hatte in diesem Märchen das Thema ihres eigenen Lebens wiedergefunden. Zu meinem

Erstaunen ließ sie im Itschenhaus, das sie als Zentrum und als ihre Lieblingsstelle im Märchen bezeichnete, die Itschen (Kröten) weg. Auf die Frage, wo diese ihren Platz finden sollten, da sie doch laut Märchentext mit der dicken Itsche zusammen am Tisch säßen, wurde ihnen schließlich mit deutlichem Unwillen dicht an der Tür ein viereckiges Kästchen auf dem Fußboden eingeräumt. Es war zunächst keine Bereitschaft vorhanden, noch nicht einmal in der spielerischen Gestaltung, solche elementaren Wesen wie Frösche und Itschen und ihre Botschaften als aus tiefsten Quellen-Bereichen kommend zu erkennen und zu akzeptieren.

wöhnlich, das Hemd der Froschfrau aber kann der König «an den allerhöchsten Feiertagen tragen».

Der Königssohn weiß zu diesem Zeitpunkt noch nicht, daß seine Froschfrau in Wahrheit eine Königstochter ist. Das Bild der Königstochter ist in fast allen Märchen ein Bild für die erlösten seelischen Kräfte und Fähigkeiten. Die Froschfrau dagegen ist unerlöst, weil sie in ihrem Wert nicht erkannt ist. Erst als ihre Fähigkeiten als königliche erkannt beziehungsweise anerkannt werden, kann sich im selben Augenblick ihr wahres Wesen auch äußerlich sichtbar als königliches offenbaren. Die Froschfrau wird zur ebenbürtigen Königin.

Dieser Königssohn ist verwandt mit uns heutigen Menschen. Auch für uns ist die direkte Verbindung zu den unbewußten Kräften unseres Wesens nicht ohne weiteres herstellbar und annehmbar. Wir haben in vielen abstrakten Vorgehensweisen, traditionell durch unsere Erziehung bedingt, eine verstandesmäßige Vernetzung angelegt, die zwar unsere ganze äußere und innere Welt strukturiert, aber unsere eigentlichen Quellen und Lebenskräfte doch nicht erfassen kann. So stehen uns diese auch nicht bewußt zur Verfügung, sondern sind in der Regel abgewertet und abgespalten.

Andererseits ist der Königssohn uns in seinem Verhalten aber wiederum auch ein Vorbild, weil er sich im schöpferischen Prozeß letztlich *doch* von seinen Ahnungen leiten läßt und zu den elementaren Quellen allmählich so viel Vertrauen entwickelt, daß er diese schließlich erkennen, erlösen und integrieren kann.

Das Aufschlüsseln der Märchensprache erweist sich als Weg zur Quelle, weil sich auf diesem Weg unsere Ganzheit wiederherstellt; allein aus dieser heraus können wir stimmig erzählen.

Aber unsere Textstelle hat uns noch eine weitere wichtige Gegenwartsbotschaft zu übermitteln, und zwar in faszinierender Exaktheit, nämlich eine

Erzählanleitung

Auch uns geht es im mündlichen Erzählen um Gestaltungsprozesse, die nur im Vertrauen begonnen und durchgeführt werden können. So ähnlich wie der Königssohn zur Froschfrau müssen auch wir dieses Vertrauen zu den helfenden Kräften des Unbewußten und zu unserer Intuition wieder in uns aufbauen und so wenigstens einen Teil der verlorenen Ganzheit wiederherstellen. Dazu ist erstens eine Kummer-Stimmung unbrauchbar: «Gräme dich nicht, weine nicht...» Ferner erfolgt zweitens die Aufforderung zu einer weitgehenden Entspannung: «Lege dich schlafen, der Morgen ist weiser als der Abend.» – Das heißt für unser Erzählen: Vergessen wir, was wir über guten Stil gelernt haben!

Es ist «Abendwissen», herkömmliches, altes Wissen aus der Erfahrung des Vergangenen. Es muß zur Ruhe und zum Schweigen gebracht werden, weil zu neuer Gestaltung auch neue Gedanken und neue Vorstellungen gehören. Diese bringt der Morgen. Er ist jung und erfrischend. Er hat die Weisheit der Vorbehaltlosigkeit und des Anfänglichen und ermutigt zu neuen Wegen. Drittens: Habe Vertrauen – «es wird alles recht gemacht!»

Ab der vierten Stufe des Werdeprozesses scheinen sich nach der bisherigen Vorbereitung die elementaren Kräfte zu verselbständigen. Im Märchen wird spontan und vertrauensvoll gehandelt, nämlich der gewebte Stoff, das bedeutet, der gedanklich lange vorbereitete Erzählentwurf, wird auf dieser Stufe losgelassen, geopfert und zerschnitten, in kleinste «Abschnitte»! So wird der Kopf ganz frei, und fünftens geschieht noch mehr: Die Fenster werden geöffnet, so daß sich der Raum wesentlich über den eigenen hinaus erweitert, sechstens wird alles innerlich losgelassen, wird licht und frei und in die Luft geworfen, so daß die Winde die neue Gestaltung übernehmen können. Den Winden, dem Element der Luft, gebietet die Froschfrau, selbst im Elementaren zu Hause, ebenfalls. Wind ist seit alters ein Bild für «Atem» und «Geist». Im Griechischen werden alle drei Begriffe, Wind, Atem und Geist, mit demselben Wort «pneuma» benannt. Das heißt, daß im freien Raum, in Freiheit, *Geistesgegenwart* die eigentliche Gestalt schaffen kann.

Die kleine Märchenstelle ist eine kostbare Meditation für jeden Erzähler.

«Manche modernen Kritiker lehnen bedauerlicherweise das Märchen deshalb ab, weil sie völlig falsche Maßstäbe an diese Literatur anlegen. Faßt man Märchen als Tatsachenberichte auf, so sind sie wirklich in jeder Beziehung empörend, grausam, sadistisch und alles mögliche. Als Symbole psychologischer Ereignisse oder Probleme entsprechen sie jedoch der Wahrheit.
Deshalb hängt es weitgehend von der Einstellung des Erzählers zum Märchen ab, ob es wirkungslos verpufft oder einen tiefen Eindruck macht.»
Bruno Bettelheim: «Kinder brauchen Märchen»

10. Übung:
Die Erzählanleitung auswendig lernen

Die «Erzählanleitung» aus dem eben genannten Märchen auswendig lernen, sie laut sprechen, aber ohne Pathos. Wenn Sie den Text vorher für sich geklärt haben und überzeugt sind von seiner Bedeutung, können Sie ihn auch überzeugend aus dem Herzen oder aus der eigenen Mitte oder aus der Quelle zu Ihren Zuhörern hin-sprechen. So gesprochen, erreichen Ihre Worte ihr Ziel. •

In ähnlicher Weise zeigen uns auch andere Märchen Wege zu Quellen. Dabei sind die Weg-Bilder jedesmal andere, oft auch anderen Elementen zugeordnet.

Das nachfolgende Märchen von der «weißen Taube» lebt wesentlich vom Luft-Element. Eine Taube als Luftwesen muß hier aus steiniger, verfestigter Tiefe, aus Dunkelheit, Versponnenheit und erstickender Verstricktheit befreit und erlöst werden, und zwar durch Verwandlungskräfte, die aus den zur rechten Zeit gesprochenen Worten frei werden, sowie aus der Unvoreingenommenheit und dem Vertrauen des jüngsten Sohnes.

11. Übung: Sprechübung

Stellen Sie sich einen Zuhörerkreis vor und lesen Sie diesem den nachfolgenden Text Zeile für Zeile mit innerer Ruhe vor, so als erzählten Sie ihn frei. Dabei führen Sie sich den Inhalt Ihrer Worte in allen Einzelheiten deutlich vor Augen, bis diese sich zu lebendigen Bildern zusammenfügen. Nehmen Sie sich Zeit, diese wirklich ganz konkret innerlich nachzuvollziehen und zu erleben.

Niemals eine Stimmung nur äußerlich vortäuschen! Eine vorgetäuschte Stimmung wirkt sprachlich und stimmlich hohl oder übertrieben und macht letzten Endes auch die Zuhörer unfrei. Zuhörer haben feine Antennen dafür, ob die Beziehung des Erzählers zum Märchen eine echte ist oder nicht.

Die weiße Taube

✻ Vor eines Königs Palast
✻ stand ein prächtiger Birnbaum,
✻ der trug jedes Jahr die schönsten Früchte,
✻ aber wenn sie reif waren,
✻ wurden sie in einer Nacht alle geholt,
✻ und kein Mensch wußte,
✻ wer es getan hatte.
(Atempause)

✻ Der König aber hatte drei Söhne,
✻ davon ward der jüngste für einfältig gehalten
✻ und hieß der Dummling;
✻ da befahl er dem ältesten,
✻ er solle ein Jahr lang alle Nacht unter dem Birnbaum wachen,
✻ damit der Dieb einmal entdeckt werde.
(Atempause)

✻ Der tat das auch und wachte alle Nacht,
✻ der Baum blühte
✻ und war ganz voll von Früchten,
✻ und wie sie anfingen reif zu werden,
✻ wachte er noch fleißiger,
✻ und endlich waren sie ganz reif
✻ und sollten am anderen Tage abgebrochen werden;
✻ in der letzten Nacht aber überfiel ihn ein Schlaf,
✻ und er schlief ein,
✻ und wie er aufwachte,

* waren alle Früchte fort
* und nur die Blätter noch übrig.
(Atempause)

* Da befahl der König dem zweiten Sohn,
* ein Jahr zu wachen,
* dem ging es nicht besser als dem ersten;
* in der letzten Nacht konnte er sich des Schlafes gar nicht erwehren,
* und am Morgen waren die Birnen alle abgebrochen.
(Atempause)

* Endlich befahl der König dem Dummling,
* ein Jahr zu wachen,
* darüber lachten alle,
* die an des Königs Hof waren.
(Atempause)

* Der Dummling aber wachte,
* und in der letzten Nacht wehrt' er sich den Schlaf ab,
* da sah er,
* wie eine weiße Taube geflogen kam,
* eine Birne nach der andern abpickte und forttrug.
* Und als sie mit der letzten fortflog,
* stand der Dummling auf und ging ihr nach;
* die Taube flog aber auf einen hohen Berg
* und verschwand auf einmal in einem Felsenritz.
(Atempause)

* Der Dummling sah sich um,
* da stand ein kleines graues Männchen neben ihm,
* zu dem sprach er:
* «Gott gesegne dich!» –
* «Gott hat mich gesegnet in diesem Augenblick
* durch diese deine Worte»,
* antwortete das Männchen,
* «denn sie haben mich erlöst,
* steig du in den Felsen hinab,
* da wirst du dein Glück finden.»
(Atempause)

* Der Dummling trat in den Felsen,
* viele Stufen führten ihn hinunter,
* und wie er unten hinkam,
* sah er die weiße Taube
* ganz von Spinnweben umstrickt
* und zugewebt.
(Atempause)

* Wie sie ihn aber erblickte,
* brach sie hindurch,
* und als sie den letzten Faden zerrissen,
* stand eine schöne Prinzessin vor ihm,
* die hatte er auch erlöst,
* und sie ward seine Gemahlin
* und er ein reicher König
* und regierte sein Land mit Weisheit.

(Brüder Grimm, Ausgabe Friedrich Panzer I, Nr. 64) •

12. Übung:
Ein Verwandlungsbild aus einem Märchen auswendig lernen

Suchen Sie nach einem Verwandlungsbild in einem Märchen, das Sie anspricht, möglichst in Ihrem Lieblingsmärchen. Verbinden Sie sich mit diesem Bild und dem dargestellten Prozeß, auch wenn alles zusammen nur aus einem einzigen Satz bestehen sollte, bis Sie die genaue Abfolge auswendig können. •

Mit den bisherigen Ausführungen sind eine Reihe von Quellen-Zugängen dargestellt worden. Aber unsere inneren Spielräume lassen sich noch lebendiger ausgestalten, nämlich – wie könnte es anders sein – durch das Spiel selbst.

Das Spiel

Symbolsuche oder «Schatzsuche»

«Das Spiel offenbart die große Freiheit des Geistes...»
Johann Wolfgang von Goethe

Echtes Spiel ist immer ein Zugang zur Quelle und zu unseren Kindheitskräften. Nur ist «echtes» Spiel bei uns selten geworden. Zwar sind wir überschwemmt von Spielangeboten mit Spielanleitungen und Regeln, bei denen es am Ende Gewinner und Verlierer gibt, aber diese Spiele haben meist wenig mit jenem schöpferischen Spiel zu tun, in dem zum Beispiel Schiller noch die Erfüllung des Menschseins sehen konnte. Wir erinnern uns an sein bekanntes Wort, daß der Mensch «nur da ganz Mensch (ist), wo er spielt» («Über die ästhetische Erziehung des Menschen», 15. Brief). Zum Wesen dieses Spiels gehöre, daß es einen Bezug zu unserem Leben schafft, «weder subjektiv noch objektiv zufällig ist und doch weder äußerlich noch innerlich nötigt». Dieses Spiel erst mache den Menschen «vollständig». Bereits für Schiller gilt offensichtlich, daß diese Vollständigkeit dem Menschen nicht von selbst zufällt, sondern für ihn eine Aufgabe darstellt. Entsprechend muß er, um seiner Vollständigkeit willen, «auf eine künstliche Weise» (wir würden heute sagen: auf eine künstlerische Weise) «in seiner Volljährigkeit seine Kindheit nachholen» (3. Brief). Dieser Satz ist für uns außerordentlich wichtig, denn es verbinden sich in ihm die Begriffe von Kindheit und Spiel mit der Vollständigkeit des Menschen «auf einer reiferen Stufe». Es ist also ein Spiel gemeint, das nichts mit Routine und festgeschriebenen Regeln auf Beipackzetteln zu Spielkonserven zu tun hat, sondern das in schöpferischer und freilassender Weise unsere inneren und äußeren Handlungsräume, überhaupt alle unsere Kräfte im Sinne der ganzheitlichen Entwicklung unseres individuellen Wesens herausfordert.

Das Spiel Symbolsuche oder «Schatzsuche», das ich in Kommunikationskursen von Gundl Kutschera kennenlernte, weist einige Eigenschaften eines solchen echten Spieles auf. Es fordert unsere Gedankenspiele in bezug auf unsere individuellen Zielvorstellungen heraus und führt dazu, daß wir phantasievoll und in positiver Weise mit ihnen zu arbeiten beginnen, so daß wir schließlich überraschende Wege zu uns selbst und zu unserer «Vollständigkeit» entdecken.

In diesem Spiel gibt es statt bindender Regeln nur einige Rahmenbedingungen. Es kann mit jeder Altersstufe ab dem Grundschulalter gespielt werden. Ich beschreibe den Spielverlauf jedoch so, wie er für Erwachsene geeignet ist. Für Kinder müßte er entsprechend verändert werden.

Wir wollen das Spiel in Form einer Übung durchführen.

13. Übung:
Symbolsuche oder «Schatzsuche»

Zu Beginn wird die erste Rahmenbedingung vorgestellt, innerhalb deren sich jeder frei und nach seinen eigenen Vorstellungen bewegen kann.

1. Rahmenbedingung:
Jeder sucht für zwei bestimmte Situationen jeweils einen passenden Gegenstand. Die Aufgabe lautet entsprechend: Stellen Sie sich so intensiv wie möglich nacheinander diese beiden Situationen vor:

Die erste soll Ihren *augenblicklichen Alltag* vergegenwärtigen,

die zweite Ihre eigentlichen *Wünsche und Zielvorstellungen.*

Es erleichtert die Aufgabe, wenn Sie sich dazu die beiden folgenden Fragen stellen: Erstens, wie sieht mein Alltag mit seinen (für das «Überleben» derzeit notwendigen) Verpflichtungen und Anforderungen aus? Zweitens, wie sähe es aus, wenn ich alles das, was mich zur Zeit belastet, nicht hätte: Was wäre dann?

Mit diesen beiden Vorstellungen begeben Sie sich für ungefähr eine Viertelstunde allein und schweigend (wichtige Spielregel!) auf einen Spaziergang, gleichviel, ob dieser nach draußen oder durch ein Haus oder einen Raum führt, und suchen dabei nacheinander die zwei Gegenstände, die die betreffende Situation symbolisieren.

Den ersten finden Sie, während Sie sich gedanklich mit Ihrer gegenwärtigen Situation verbinden. Ihr Blick wird ganz von selbst auf einem konkreten Gegenstand hängenbleiben, der Ihren augenblicklichen Gedanken zu entsprechen scheint. Ihn nehmen Sie mit, auch wenn Ihnen der Zusammenhang zunächst noch unklar erscheint und Ihr Verstand Ihnen sogar einreden will, daß dieser Gegenstand unmöglich der zur Situation passende sein kann.

Wenn Sie diesen Gegenstand an sich genommen haben, verlangt die zweite Aufgabe, daß Sie sich gedanklich auf Ihre Zielvorstellungen konzentrieren, auf die schönste und vollkommenste Verwirklichung Ihrer Träume. Etwa so: Wie sähe mein Leben aus, wenn ich die Alltagssorgen und Probleme, die mich zur Zeit beschweren, nicht hätte? Wo wäre ich, was täte ich? Was würde ich erleben (wollen), im Sinne meiner neuen Lebendigkeit?

Sie überlassen sich bewußt dem Spiel Ihrer Gedanken und Phantasien und sind neugierig, welcher Gegenstand als Symbol für Ihr Ziel Ihnen jetzt ins Auge fallen und auf Ihre Stimmung antworten wird. Auch diesen Gegenstand heben Sie auf, selbst wenn sich wieder Bedenken anmelden und Ihre Entscheidung erschweren. Im folgenden wird es sich jedesmal erweisen, daß es doch sehr wohl einen Sinn ergibt, gerade diesen Gegenstand gewählt zu haben.

Es ist immer wieder erstaunlich, wie schnell die beiden Symbole gefunden sind.

Den ersten Gegenstand zu finden fällt in der Regel nicht schwer und dient an dieser Stelle einfach als Einleitung und zur Einstimmung. Das Bewußtsein wird aktiviert, auch gibt es schnell ein Erfolgserlebnis, da wir uns erfahrungsgemäß besser im bekannten Bereich des Alltags und seiner Probleme und Anforderungen zurechtfinden als in dem unserer Phantasie und unserer kühnsten Träume. In diesem sind wir meist ungeübt. Aber ist erst einmal die erste Aufgabe bewältigt, erscheint auch die zweite lösbar.

2. Rahmenbedingung:
Im zweiten Teil des Spielverlaufs kommt es darauf an, sich mit dem Zielgegenstand sorgfältig zu beschäftigen. Der erste Gegenstand bleibt für das Erzählen-Lernen außer Betracht; er hat lediglich eine vorbereitende Aufgabe, nämlich, die Gedanken an das Gegenwärtige und Alltägliche zu binden, es danach aber bewußt beiseite zu legen, auf daß die Gedanken frei sein können für die Beschäftigung mit dem zweiten Gegenstand. Dieser hängt auf rätselhafte Weise mit meinem eigentlichen und «lebendigen» Leben zusammen, sonst hätte ich ihn nicht aufgehoben. Er ist ein Geschenk meiner Sinneswahrnehmungen und meines Unbewußten und kann mir kraft eines solchen Aneignungsprozesses eine wichtige Botschaft über mich selbst mitteilen. Diese gilt es zu entschlüsseln.

Es ist ein wichtiger Nebeneffekt dieses Spiels, daß wir mit der Suche nach Symbolen für unsere Lebensgegebenheiten neue Ebenen schaffen und uns im Grunde für Gleichnisse, Metaphern, für Symbole und ganz allgemein für Bilder sensibel machen. Das ist auch für das Erzählen wichtig. Je bilderreicher unsere Sprache wird, desto mehr Ebenen sprechen wir an (mehr jedenfalls als in abstrakten Definitionen). Und umgekehrt finden wir uns mit dem Erüben der Bildsprache auch im Verständnis der Märchen besser zurecht; es entschlüsseln sich uns von nun an auch ihre Bilder leichter.

Für dieses Entschlüsseln ist es hilfreich, den gefundenen Zielgegenstand wie ein kostbares Symbol oder eben wie einen «Schatz» aufmerksam und genau anzusehen, in allen seinen Einzelheiten. Ich kann mich dieser Aufgabe allein unterziehen, ich kann das Spiel aber auch zu zweit oder zu dritt durchführen. Dann habe ich jetzt einen oder zwei Spielpartner, die ebenfalls ihre Gegenstände mitgebracht haben. Diese Zuhörer haben die Aufgabe, darüber zu wachen, daß zunächst wirklich nur eine *Beschreibung* stattfindet, *keinesfalls* dürfen die vielen *Interpretationen* oder gar *Urteile* und *Bewertungen* einfließen, die wir in der Regel immer bereit haben und so gut «können». Die Teilnehmer ergänzen die Beschreibung aus ihrer Sicht. Alle beschreibenden Aussagen gehören zum gefundenen Gegenstand und haben indirekt auch etwas mit seinem Finder zu tun. Deshalb ist es wichtig, daß der Gegenstand von allen Seiten wahrgenommen und genau in allen seinen Einzelaspekten ins Bewußtsein gerückt und beschrieben wird: Er kann zum Beispiel vielseitig, leicht, schwer, dynamisch, rund, eckig, scharf, farbig, hell, dunkel, glänzend, matt, beweglich, zentriert, symmetrisch, harmonisch, zart, offen sein, außen hart, innen weich, rauh, samtig, verschlossen, standfest. Auch muß er in einer besonderen Weise gehalten werden, damit die benannte Eigenschaft deutlich zum Ausdruck kommt, und so weiter.

An dieser Stelle ist die Vorbereitung abgeschlossen. Jetzt erst beginnt das richtige Spiel, nämlich ein Gedankenspiel, in dem Sie die vielen Aussagen und Beobachtungen überprüfen, sie innerlich hin und her bewegen, eben mit ihnen spielen. Diejenigen, die Ihnen am meisten zusagen und Ihnen etwas bedeuten, als die im Grunde zu Ihnen gehörigen, nehmen Sie in positiver Weise als Ihr Eigentum an. In diesem Augenblick verlassen Sie die Beschreibung und gehen die subjektive Beziehung zu dem gefundenen «Schatz» in positiver Weise ein. Jetzt dürfen Sie interpretieren, werten und phantasievolle Assoziationen zum vorher Beobachteten in der Weise zulassen, wie sie für Sie wünschenswert sind. Diese Ergebnisse fassen Sie als Abschluß zusammen, am besten in ein oder zwei Sätzen. Da Sie mit diesen Sätzen in diesem Augenblick eine Zielvorstellung integrieren, müssen Sie die Zukunft vorwegnehmen und folgerichtig mit «ich bin...» oder «ich habe...» anfangen. Die Aussage darf keinen Konjunktiv oder Wunsch für eine ferne Zukunft enthalten, sondern muß als reale Tatsache für die Gegenwart und im Indikativ formuliert sein.

Jetzt zeigt sich, wie groß die Schwierigkeiten sind, die eigene Person mit positiven Wertungen zu verbinden und diese auch noch verbal in der Ich-Form zu benennen.

Vielen Teilnehmerinnen und Teilnehmern fällt es schwer einzusehen, daß solche auf spielerische Weise und jenseits aller rationalen Schlußverfahren gefundenen Sätze in ihrer scheinbaren Beliebigkeit und Zufälligkeit dennoch zu Aussagen führen über unser eigentliches Wesen und Wollen. Der Haupteinwand ist meistens, daß es sich doch um sehr ferne Ziele handelt, nicht aber um etwas gegenwärtig bereits Erreichtes. Deshalb wird anfangs oft nur zögernd formuliert, obwohl man innerlich bereits spürt, daß die Aussage im tiefsten zu uns gehört und im Grunde bejaht werden möchte.

Im Laufe des Spiels wird jedoch mehr und mehr erkannt, daß nichts Fremdes, sondern wirklich nur Eigenes gefunden wurde, daß die Anerkennung dieses Eigentums eine Selbstverständlichkeit darstellt und schon lange darauf wartet, bestätigt zu werden.

Ich habe erlebt, daß in der Spielfreude Sätze zustande kamen wie «Ich bin ein tanzender Stern» (der gefundene Gegenstand war eine zarte, sternförmige Grasrispe). Oder: «Ich genieße meine Ruhe und Geborgenheit» (der Satz gehörte zu einer braunen schalenförmigen Borke). Oder – zu einer bunten Glasmurmel: «Ich habe alle Farben zur Verfügung und auch ein Lachen in mir.» Der Satz zu einer kleinen Feder lautete: «Ich genieße meine Leichtigkeit und Beweglichkeit.» Oder: «Ich bin ein leuchtender Löwenzahn!» Oder: «Mein Name ist: Der mit dem Feuer tanzt!» Sagt jetzt eine innere Stimme in Ihnen: «O nein, das ist viel zu schön für mich!», so bringen Sie diese Stimme zum Schweigen. Sie stammt nicht aus Ihrem eigentlichen Wesen, sondern aus einer verinnerlichten Gewohnheit. Nehmen Sie sich lieber ein Beispiel an jener Mutter, die sich viele Jahre hindurch in lauter Geben verausgabt hatte, aber nun mit einer Handvoll bunter Steine, Früchte

«Unsere Wünsche sind Vorgefühle der Fähigkeiten, die in uns liegen, Vorboten desjenigen, was wir zu leisten imstande sein werden. Was wir können und möchten, stellt sich unserer Einbildungskraft außer uns und in der Zukunft dar; wir fühlen eine Sehnsucht nach dem, was wir schon im stillen besitzen.»
Johann Wolfgang von Goethe: «Dichtung und Wahrheit» II,9

SPAZIERGANG
Schon ist mein Blick am Hügel, dem besonnten,
dem Wege, den ich kaum begann, voran.
So faßt uns das, was wir nicht fassen konnten,
voller Erscheinung, aus der Ferne an –

und wandelt uns, auch wenn wirs nicht erreichen,
in jenes, das wir, kaum es ahnend, sind;
ein Zeichen weht, erwidernd unserm Zeichen...
Wir aber spüren nur den Gegenwind.
Rainer Maria Rilke

und Blüten strahlend hereinkam. Und ihr Satz lautete: «Ich nehme alles!» Sie schrieb ihn auf einen Zettel, und später sah ich, daß er in ihrem Auto klebte...

Ist das Spiel gelungen, schaffen die Zielsätze als energievolle Metaphern befreiende und positive Verbindungen zu uns selbst und schwächen provokativ bisherige negative Selbstbilder und Minderwertigkeitsgefühle ab.

Wird das Spiel häufiger gespielt (es läßt sich beliebig oft wiederholen), erweitern sich die Sätze. Der jeweiligen Entwicklung entsprechend werden mitunter auch leidvolle biographische Begebenheiten, die bisher nur schwer angenommen werden konnten, als «Schatz» erkannt, das heißt, sie offenbaren sich in ihrer hilfreichen Kraft. Die Sätze sind dann geprägt von Ausdrücken der Geborgenheit, des Getragenseins und von der Erfahrung eines inneren Reichtums.

Sie erfüllen in jedem Fall ihren Autor mit Freude und erweisen sich in der Folgezeit immer deutlicher als zuverlässige und energievolle Quelle, die alle unsere Möglichkeiten und somit auch unsere erzählerische Sicherheit verstärkt. ●

14. Übung:
Die Integration des Zielsatzes

Wegen der vielen aus unserer Erziehung stammenden Bedenken und Gegenargumente und wegen vieler negativer Erlebnisse ist es wichtig, sich einen solchen auf spielerische und meditative Weise gewonnenen Zielsatz als Quelle selbstbewußt zu erschließen, um diese in der Folge wirklich verläßlich und abrufbar zur Verfügung zu haben.

Wiederholen Sie sich den Satz, indem Sie ihn auswendig sprechen, *spielen* Sie ihn, bringen Sie ihn bewegungsmäßig, gestisch und tänzerisch zum Ausdruck, singen Sie ihn, gestalten Sie ihn jedenfalls nach Ihren eigenen Vorstellungen, bis er auch körperlich assoziiert und ein Teil Ihrer selbst ist.

Wichtig: Erzählen Sie sich selbst einen Traum oder ein Märchen, in dem Sie in Ihrer «neuen» Rolle, also in der Akzeptanz Ihres Zielsatzes, eine Begegnung haben und etwas erleben.

Sie werden bald spüren, daß Sie mit diesem Spiel und mit diesem Satz an Ihrer Ganzheit arbeiten, daß Sie folglich eine bessere Beziehung zu sich selbst herstellen, und daraus wieder kann sich auch eine lebendigere Beziehung zu Ihren Zuhörern ergeben. ●

Sicherlich hatten es die Erzähler früherer Zeiten nicht nötig, sich für eine Tätigkeit wie das Erzählen auf solche Weise vorzubereiten. Rückblickend erscheint es mir so, als ob die Menschen, die mir in meiner Kindheit Geschichten erzählten, über einen unermeßlichen und unerschöpflichen Reichtum frei und zu jeder Zeit verfügten. Es war, als ob sie immer an der Quelle saßen und daraus schöpften, ohne daß diese zu versiegen drohte oder Erschöpfung sich zeigte. Wir dagegen leben nicht mehr aus jenen ehemals so selbstverständlichen Kraftquellen und müssen uns diese und sogar Begriffe wie «Mitte» und «Lebendigkeit» bewußt und übend immer wieder neu erschließen. Das ist unser Schicksal. Immerhin gelangen wir durch dieses willensmäßige Erarbeiten im Laufe der Zeit allmählich zu Klarheit und Selbstvertrauen und damit zu wirklich tragfähigen Grundlagen, nicht nur fürs Erzählen.

Erzählerrollen und -modelle

Der Umgang und das Spiel mit Erzählerrollen und -modellen bietet uns eine weitere phantasievolle Grundlage zum Erzählen.

Der Erzähler kann zwar aus seiner eigenen Rolle heraus erzählen, er kann sich aber auch auf spielerische Weise mit den zu ihm passenden Erzählervorbildern verbinden und aus diesen heraus erzählen. Erzählerrollen lassen sich wie Schauspielrollen übernehmen. Sie üben dann auf den Erzähler eine starke Wirkung aus, versetzen ihn in ganz neue Denk- und Erzählstrukturen und inspirieren ihn zu neuen Gestaltungsmöglichkeiten.

Ich selber habe ein paar solcher Rollen zur Verfügung und benutze sie gelegentlich.

Wenn ich mich zum Beispiel auf das Erzählen bei besonders lebhaften kleinen Kindern konzentrieren will, hilft mir das Erzähler-Vorbild meiner Großmutter, die beinahe ständig ähnliche Situationen im Erzählen meisterte. Wie im Rollenspiel versetze ich mich in der Erinnerung in die damalige Situation, in der wir, eine zahlreiche quirlige Enkelkinderschar, in der Dämmerstunde mit der Großmutter zusammen auf der Ofenbank saßen.

Ich war eines dieser Kinder und spürte in meinem Rücken die Wärme des Kachelofens. Gebannt lauschten wir den Erzählungen der Großmutter, die hier nach langer und beschwerlicher Tagesarbeit selber Erholung und Ausruhen suchte und eigentlich viel zu müde zum Erzählen war. Wir mußten die Geschichten «von früher» jedesmal regelrecht erbetteln. Schließlich begann sie zu erzählen, langsam und bedächtig, mit vielen Pausen – wir hatten dadurch immer genügend Zeit, uns alles Erzählte anschaulich auszumalen und uns in die Geschichten von früher hineinzuleben. Manchmal schlief unsere Großmutter beim Erzählen sogar ein. Das war besonders spannend: Schnell fragten wir etwas, und sie pflegte, obwohl sie nicht ganz wach war, trotzdem zu antworten. Aber die Antwort brachte so recht keinen Zusammenhang mit dem bisher Erzählten. Dann fielen wir vor Lachen fast von der Ofenbank, so daß die Großmutter aufwachte und sich wiederholen ließ, was sie gesagt hatte. Ungläubiges Erstaunen. Nun erzählte sie wieder «richtig». Dieses Spiel wiederholte sich einige Male, für uns ein Erzählvergnügen auf mehreren Ebenen: Etwas erfuhren wir immer «von früher», was unsere Wißbegierde und Vorstellungskraft befriedigte. Aber dazu die Worte aus dem träumenden Bewußtsein: Paßten sie nun in unser Bild oder nicht? Unsere Phantasie- und Kombinationskräfte arbeiteten fieberhaft – wir bastelten da aus einer Geschichte viele zusammen, stellten dauernd um und korrigierten: eine Erzählatmosphäre voller fertiger und offener Muster –

Martin Buber vermerkt im Vorwort zu seiner Erzählsammlung, wie der Seher von Lublin an einer Hütte vorbeigeht und durch die Wände hindurch einen Lichtglanz wahrnimmt. Als er eintritt, «saßen Chassidim drin und erzählten sich von ihren Zaddikim» (Martin Buber 1984, S. 5).

Ich mußte beim ersten Lesen dieser Geschichte spontan an unsere Situation auf der Ofenbank in Masuren denken. Ob wohl der ‹Seher› von Lublin – wäre er an dem Häuschen unserer Großmutter vorbeigegangen – in diesem Falle auch etwas hätte «sehen» können...

Jedenfalls – ich kann diese Erzählsituation aus der Vergangenheit noch heute nutzen. Ich spüre dann wie damals die Wärme des Kachelofens im Rücken und jenes mit dem Atmen strömende, Raum schaffende Geben und Nehmen des Erzählens meiner Großmutter. Von dieser unglaublichen Ruhe, die sie ausstrahlte, und der Haltung, die dahinterstand, lasse ich mich erfüllen, bis auch ich frei atmen und im ruhigen Atemrhythmus erzählen kann. Bis zum Einschlafen muß ich es nicht bringen, aber ich habe, wie die Erzählerin damals, Zeit und Humor, auf meine Zuhörer einzugehen. In dieser Rolle trage ich übrigens in meiner inneren Vorstellung einen weiten Rock, den ich ganz um mich ausbreite, auch wenn ich in Wirklichkeit in Jeans dasitze und mich mitten unter die Kinder auf den Fußboden setze und mich – wie heute nicht selten – eine poppige, kalte Kunststoff-Kindergarten-Umwelt umgibt. Trotzdem lebt in mir die Vorstellung von der Ofenbank, vom lebendigen Feuer, seiner Glut, seinem Knacken und Knistern. Alle meine Sinne fühlen sich durchwärmt und belebt, so daß ich beides, Wärme und Ruhe sowie Lebendigkeit, an die Menschen um mich herum abgeben kann. Natürlich liegt die Hilfe dieses Modells bereits darin, daß ich aus meiner festgelegten beruflichen Rolle aussteige. Allein durch diesen Wechsel erschließen sich mir neue Energiequellen, die mich von der zielorientierten unruhevollen Alltagsarbeit in die Ruhe und Rezeptivität hineinführen und –

schon brauche ich das Vorbild nicht mehr: das Rollenspiel hat mich zu meinen eigenen Quellen geführt und damit zu meiner Spontaneität. Ich bin bei mir selber angelangt!

Für andere Zuhörer suche ich mir andere Erzählermodelle. Manchmal kann ich auf ein solches Modell natürlich auch verzichten, weil ich mich selber, so wie ich dann im Augenblick bin, einfach rundum gut fühle. Oft aber muß ich anfangs ein gewisses Gefühl von Fremdheit überbrücken, und da sind Erzähler-Rollen hilfreich. Manche Erzählungen – zum Beispiel auch manche Ich-Erzählungen – sind sowieso aus einer anderen Rolle heraus konzipiert und müssen dieser entsprechend schauspielerisch bewältigt werden. Wir können bei einer solchen Rollenübernahme dann häufig erleben, wie uns diese, wenn wir bewußt Rezeptivität zulassen, zu neuen und phantasievollen Ideen zum Erzählen inspiriert.

Ich erinnere mich an eine junge Frau, die die Absicht hatte, Erwachsenen eine Geschichte zu erzählen. Sie setzte sich dazu auf den Fußboden, weil sie in ihrer inneren Einstellung das Ursprüngliche und zugleich das Unübliche (bis hin zum schöpferischen Chaos) liebte. Folglich lehnte sie den üblichen Sitzkomfort und das übliche festgelegte Verhalten ab, um in neuer Haltung, aus neuer Perspektive und mit neuen Augen innerlich vorstellen zu können, was sie erzählerisch weiterreichen wollte. Sie zog dazu, wie sie uns später erzählte, in ihrer Phantasie ein farbenprächtiges Gewand an, auf das sie zusätzlich und in Gedankenspielerei noch kleine Flickchen von den Kleidern der Zuhörer setzte, aber auch exotische Muster aus fernen Ländern der Erde, und dazu legte sie, auch in Gedanken, einen schimmernden Schmuck an. Und genauso bilderreich und verzaubernd erzählte sie. Ihre Worte waren einfach, kamen aus großer Ferne und erweckten auch in uns Zuhörern lebendige innere Bilder. Ihre Vorbereitungsrolle verriet sie uns erst nach ihrem Erzählen. Wir hatten nur Kongruenz verspürt.

Ein anderer Erzähler nahm sich zum Erzählen unsichtbare Helfer mit, zum Beispiel seinen Puppenspielkasper für das innere Lachen. Den stellte er sich in seiner Nähe vor, dicht an sein rechtes Ohr geschmiegt, gut und verläßlich.

Die Beispiele zeigen, daß wir ebenso an reale wie auch an fingierte Erzähl-Vorbilder anknüpfen können. Wir stellen uns ein Bild innerlich vor und arbeiten es aus, zum Beispiel einen Mann oder eine Frau in einer geglückten Verkörperung von Ganzheitlichkeit und Lebendigkeit. Wie würden diese aussehen, sich bewegen, und: Wie würden sie erzählen?

Auch können wir uns auf spielerische Weise mit unserer Phantasie für jede Geschichte die passende Umgebung schaffen. Wenn wir zum Beispiel ein fernöstliches Märchen erzählen wollen, können wir uns in unserer inneren Vorstellung in ein fernöstliches Land versetzen oder für eine weisheitsvolle Indianer-Geschichte in ein indianisches Dorf. Oder faszinieren uns mehr die Tanzrituale chinesischer Erzähler? Dann können auch diese – gedanklich oder real ausgeführt – eine gute Basis für unser Erzählen bilden. Vielleicht aber sind auch nur Tücher oder ähnliche Requisiten nötig, um unsere jeweilige Rollenübernahme zu sichern. Wie steht es mit einem weichen gewebten Schal voller Zaubermuster oder geheimnisvoller Zeichen im Rücken? Ein Erzähler sollte sowohl mit äußeren Mitteln als auch mit seinen inneren Vorstellungen immer gut für seinen Rücken sorgen. Das wirkt sich stärkend auf sein Vertrauen und sein Selbstvertrauen aus.

Ob Real- oder Phantasiemodelle, sie alle können Hilfen darstellen zum inneren Freiwerden, zum freien, lebendigen Erzählen, zu einem Erzählen, das dann in seiner Gestik und Mimik spontan und selbstverständlich aus unserer Mitte wie aus einer Quelle sprudelt, aus Einfallsreichtum und Sinnenfreude und Geistesgegenwart.

Als besonders notwendig erweisen sich derlei Vorbereitungen, wenn wir jemandem, dem es körperlich oder seelisch schlechtgeht, etwas erzählen wollen. Hier besteht die Gefahr, daß Kummer und Traurigkeit auch uns ergreifen und niederdrücken, so daß schließlich kein Erzählen mehr gelingen will. In diesem Fall könnte der Erzähler sich in seiner Vorstellung zum Beispiel auf einen Berggipfel begeben und sich in allen Sinnen und Gefühlen von Licht und Sonne durchströmen lassen, zugleich die Weite des Kosmos in sein Bewußtsein aufnehmen oder sich mit Klängen oder einem Meditationswort erfüllen. Durch eine solche Vorbereitung fühlt er sich innerlich aufgehoben und geborgen. Befreit von Alltagsgedanken und Selbstreflexionen, auch von Befürchtungen und von Sentimentalität, ist er in neuer Weise offen und kann so seinem Zuhörer das, was er ihm in dieser Situation vermitteln möchte, stimmig und konsequent erzählen.

15. Übung:
Meine Erzählerrolle

Vor jedem Erzählen wollen wir überprüfen, ob wir uns in unserer Rolle – sei es die eigene, sei es die übernommene – wirklich gut befinden. Wir müssen uns bis in alle Einzelheiten hinein kongruent, das heißt mit uns selbst im Einklang, fühlen, um Raum zu haben für Rezeptivität und Spontaneität. Stellen Sie sich eine konkrete Erzählsituation vor und überlegen Sie, welche Rolle für Sie hier günstig wäre.

Und: Welche realen oder imaginären zusätzlichen Hilfen könnten außerdem noch zur Unterstützung hinzugezogen werden? •

Erzähler, spiele dich frei!

Mit den bisherigen Ausführungen sind die wichtigsten Vorbereitungen für das mündliche Erzählen abgeschlossen.

In der folgenden Übung werden alle noch einmal zusammengefaßt:

16. Übung:
Ich habe alles zur Verfügung, was ich zum Erzählen brauche

Lesen Sie den nachfolgenden Text für sich durch und ändern Sie ihn so, wie er für Ihren Bedarf am günstigsten ist:

Ich habe alles zur Verfügung,
was ich zum Erzählen brauche:
meine Erzähler-Rolle und
meine Spielfreude,
und ich fühle mich verbunden mit meiner Quelle.

Ich weiß, daß ich nicht ins Erklären oder Bewerten oder Rechtfertigen verfallen muß.
Es gibt kein «richtig» oder «falsch» im Erzählen.
Ich muß mir keine besondere Leistung abverlangen oder mir vorstellen,
nach welchen Regeln ich erzählen sollte,
oder wie ich früher einmal besser erzählt habe
oder eines Tages routinierter erzählen werde,
sondern:

Ich kann hier und jetzt
aus meiner Kompetenz und aus meiner Ganzheit heraus
einfach erzählen!
Und so wie ich erzähle,
ist es mein Erzählen
und stimmt für mich.

Ich erzähle
in der Übereinstimmung mit mir selbst
in meiner eigenen schöpferischen Weise,
auf meine Intuition hörend
und ihr folgend.

So lasse ich Gedanken, Bilder und Vorstellungen zu
und lasse meine Geschichte von ihnen bewegen.

Während ich meine Zuhörer wahrnehme und respektiere,
bin ich offen für sie
und die Einmaligkeit ihrer Gegenwart,
die mich inspiriert.

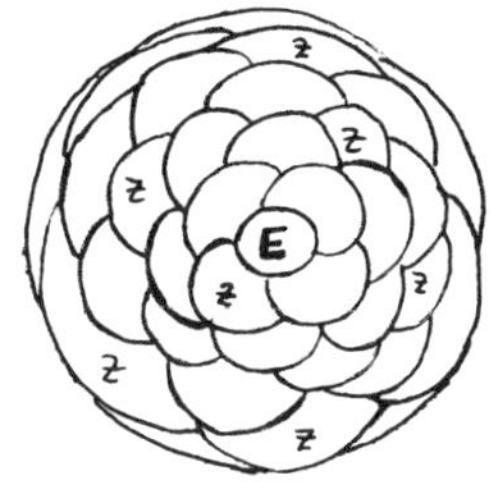

Mit ihnen teile ich meine Gefühle und Erfahrungen,
meine Freude, meine Trauer, mein Lachen und
auch das Lächeln, das ich mir selber schenke,
die Bilder, die ich sehe,
die Klänge und Stimmen, die ich höre,
die Bewegungen, Begegnungen und Einfälle,
alles, wozu ich gerade Lust habe,
meine Phantasien und
mein Spiel.

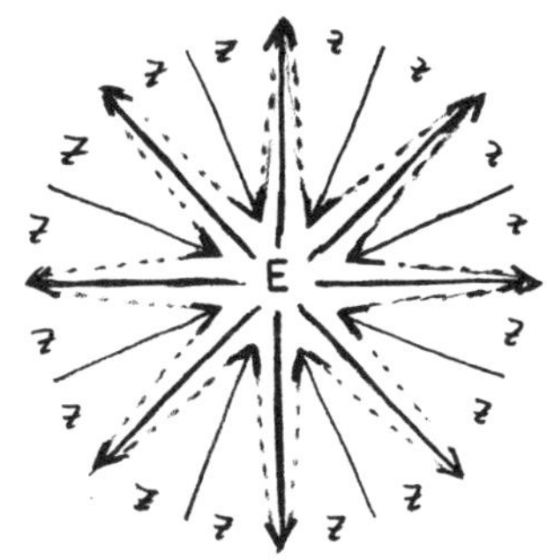

Ich erzähle so,
wie es sich in dieser augenblicklichen Situation
ergibt,
und ich lasse mich überraschen
von dem Neuen,
das auf diese Weise entsteht.

Im Vertrauen darauf
kann ich jetzt

einfach Erzählen! ●

Vielleicht ergibt sich jetzt in Ihrer Vorstellung von der Erzählsituation ein Mandala als Bild für die lebendige Beziehung zwischen Mitte und Umkreis, wohltuend und im Einklang mit dem Atem, mit Einatmen und Ausatmen.
Auch erscheint es lohnend, Mandalas überhaupt zu betrachten, sowohl die in der Natur vielfältig zu entdeckenden (Schneeflocken, Blütensterne, Schneckenhäuser und so weiter) als auch die künstlerisch ausgearbeiteten (zum Beispiel Sonnenuhren oder die bunten Fensterrosetten an den Kathedralen). Sie alle regen uns dazu an, uns zu immer neuen Beziehungen von Mittelpunkt und Umkreis herausfordern zu lassen als Gleichnis für die unendlich vielen Formen, die sich zwischen dem Erzähler, seiner Geschichte und den Zuhörern ergeben.

Zweiter Teil:

Freies Erzählen

Als zwei noch ungeborene Kinder zur Erde fliegen und drunten ihre Eltern erblicken, rufen sie ihnen zu: «Nun so seht uns freundlich an, ihr zwei Eltern, ... und tut uns nicht wehe, und spielet mit uns, aber lange, und erzählt uns viel, und gebt uns einen Kuß!» ***(Jean Paul; aus «Levana, eine Erziehlehre»)***

Zeichnung: Peter Lampasiak

Spiele und Übungen, die den Erzähler beweglicher machen und damit sein Erzählen

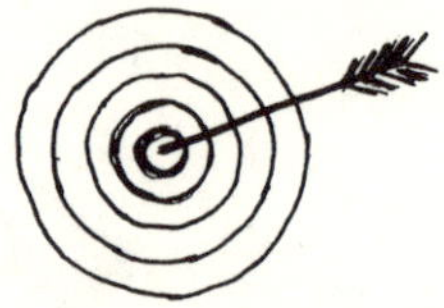

Es lebte einst im alten Japan ein junger Mann, der verspürte den unbändigen Drang, das Bogenschießen zu erlernen. Er suchte seinen Meister und fand viele gute Lehrer, die ihn in die Kunst des Bogenschießens einführten. Der Schüler aber war nicht zufrieden; er wollte zu dem Meister der Meister. Auf seiner Suche geriet er eines Tages in ein kleines Dorf und fiel auf die Knie, denn er hatte seinen Meister gefunden: in den Bäumen und in den Hauswänden steckten überall Pfeile, genau im Zentrum des Kreises. Der Sucher lief zum Bürgermeister und fragte ihn aufgeregt: «Sage mir, wo kann ich den Meister des Bogenschießens finden?» Der Bürgermeister blickte verdutzt auf den jungen Mann und antwortete: «Hier im ganzen Dorf kann kein Mensch Bogenschießen.» Der junge Mann blickte erstaunt und fragte: «Aber seht doch – überall Pfeile – genau im Zentrum des Kreises!» «Ach, das meinst du», lachte der Bürgermeister, «wir haben hier im Dorf einen Narren, der schießt den ganzen Tag Pfeile ab und malt anschließend Kreise darum.»

(Johannes Galli; Zeitschrift PAPAGALLI, Galli-Verlag Freiburg, 1/1994, S. 24)

Bleiben wir der These treu, daß Erzählen nicht formal und nach äußeren Regeln gelernt werden kann, sondern sich aus Vertrauen, Kongruenz und aus der gesamten subjektiven und objektiven Situation heraus entfaltet, so wählen wir zu seinem Erüben mit Recht das Spiel. Es ist eine unerschöpfliche Quelle für Energie und Beweglichkeit und zudem mit dem Erzählen eng verwandt.

Das Wort «Spiel» leitet sich vom mittelhochdeutschen «spil» oder «spel» ab, was gleichbedeutend ist mit «Bewegen», mit «Tanz, mit Vorwärts-, Rückwärts- und Seitwärtsschreiten…, das auch zur Umkreisung werden kann» (Friedrich Kluge, «Etymologisches Wörterbuch»). Dieselben «Bewegungsmittel» lassen sich im Erzählen wiederfinden und dort gleichfalls als spielerische Elemente erkennen, zum Beispiel in Wiederholungen, Rhythmen, eingestreuten Reimen, Aufzählungen, Steigerungen, in Spannung und Entspannung. So ist es kein Zufall, daß es neben Wortspielen und Gedankenspielen auch ausdrücklich «Erzählspiele» gibt.

Ich habe einige solche Erzählspiele, gleichzeitig auch als Übungen für unser Lern-Vorhaben, zusammengestellt, und zwar: Rundum-Spiele zum Einander-Kennenlernen sowie Spiele mit Sinneswahrnehmungen. Später folgen Angebote für den Umgang mit Bewegungselementen, mit Perspektiven und mit dem Erzählverlauf.

Rundum-Spiele zum Einander-Kennenlernen:

Für diese Spiele sollte die Erzählrunde nicht zu groß sein und möglichst nicht aus mehr als zwölf bis fünfzehn Teilnehmern bestehen. Am günstigsten gestaltet sich das Erzählen am Anfang sogar in noch kleineren Gruppen, etwa zu dritt oder zu fünft.

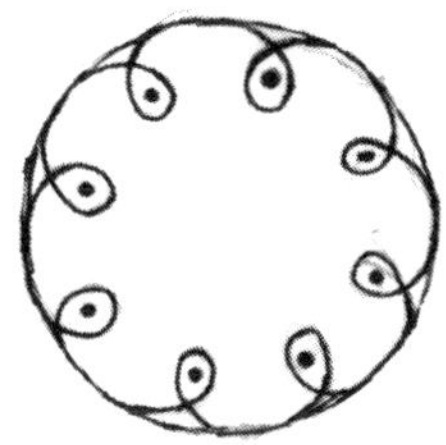

Einfaches Rundum-Erzählen

Bei Rundum-Spielen wandert etwas, wie der Name sagt, im Kreis rundum. Diesmal wandern Erzählbeiträge herum. Ein Teilnehmer macht den Anfang, dann schließt der nächste Teilnehmer an, und so einer nach dem anderen, bis auf diese Weise eine gemeinsame Erzählung entstanden ist. Mit dem Erzählbeitrag wandert auch die Rolle des Erzählers rundum, wobei diese natürlich auch quer durch den Teilnehmerkreis aufgerufen werden kann, etwa nach dem Zuwerfen eines kleinen Gegenstandes (Wollknäuel, Schlüsseltasche oder ähnliches) oder nach einem vereinbarten Handzeichen. Dabei kann Schnelligkeit hilfreich sein und Spaß machen. Die größte Schnelligkeit erzielen wir, wenn jeder Teilnehmer nur ein einziges Wort «erzählt». Sollten Spiel und Spaß sich dabei bis zum Chaos steigern, so ist das lustig, ermutigt zu neuen, von den bisherigen Gewohnheiten abweichenden Verhaltensweisen und steigert noch die Freude. Jedenfalls kommen in diesem Spiel überraschende und phantastische «Erzählungen» zustande, wobei die gemeinsam entstandenen Erzählungen jedem gehören, auch demjenigen, der sich vorher nie zugetraut hätte, anderen etwas zu erzählen. Auch er hat auf diese Weise plötzlich eine Geschichte erzählt. Es sind also Erzählübungen, die einen hohen Unterhaltungswert besitzen und gleichzeitig das Selbstvertrauen stärken.

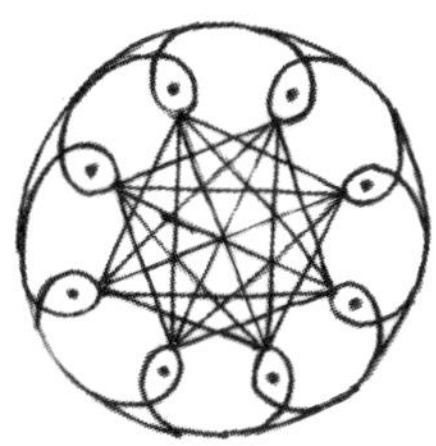

Gegenseitiges Wahrnehmen

Auf dem Prinzip des Rundum-Erzählens baut eine Reihe von weiteren Erzähl-Spielen auf.

Die Erzähl*weise* – ob zum Beispiel nur ein Wort oder längere Beiträge geliefert werden sollen – ist Vereinbarungssache. Spielregeln verabreden die Spieler und entwickeln dabei aus der Situation heraus viele einfallsreiche Varianten. Zum Beispiel finden es manche Teilnehmer gut, wenn ein einzelnes Wort oder ein kürzerer Erzählbeitrag eine kleine Weile im Raum stehenbleibt, um seine Wirkung zu entfalten, so daß die Fortsetzung sich nun überlegter und passender einfügen kann.

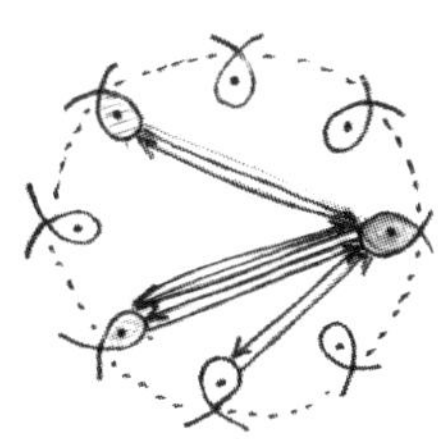

Abschreckendes Beispiel

Vielleicht wiederholt der nächste Teilnehmer sogar kurz den vorherigen Part auf seine Weise, ehe er selber weitererzählt. Es können auch einzelne «Stationen» vorher gemeinsam vereinbart werden, die dann in einer bestimmten Reihenfolge im Erzählen erreicht werden müssen.

Oder gemeinsam ausgewählte Gegenstände – oder spontan gegriffene – werden während des Erzählens zugereicht und müssen nun im Erzählgeschehen ihre Rolle spielen. Und so weiter und so weiter. Immer neue Spiel-Abwandlungen sind denkbar.

Rundumerzählungen lassen sich in jedem beliebigen Kreis und in jedem Alter durchführen und bilden häufig Kristallisationskerne für weitere und ausführlichere Geschichten. Oft fällt den Teilnehmern während des Spielens eine wirklich erlebte Geschichte ein, oder sie erläutern ein Bild näher oder malen erzählerisch einen phantasievollen Gedanken aus. Jedenfalls befinden sie sich unversehens mitten im freien mündlichen Erzählen.

17. Übung:
Eine Rundum-Erzählung als Gesellschaftsspiel

Wählen Sie aus den eben genannten Vorschlägen eine Rundumerzählung aus und führen Sie sie bei nächster Gelegenheit in freier Form durch. •

Die folgenden Übungen führen tiefer in die Bereiche der sozialen Wahrnehmung und des Kennenlernens hinein:

18. Übung:
Wörter schenken

Es werden Dreier- oder Vierergruppen gebildet. Jedes Gruppenmitglied stellt sich den anderen vor, indem es kurz etwas über sich erzählt, außer seinem Namen und seiner Herkunft vielleicht seine Lieblingstätigkeit und seinen Lieblingsort. Danach schenkt ihm jedes andere Gruppenmitglied ein Wort, das ein wirkliches Geschenk sein und Freude bereiten soll. Es ist möglich, daß sich die Teilnehmer dabei gemeinsam überlegen, welches Wort aus ihrer Sicht am geeignetsten ist, und daß dann alle zusammen dieses Wort schenken. Der Betreffende bekommt also mindestens ein Wort geschenkt, im Höchstfall die Anzahl von Wörtern, die der Zuhörerzahl in der Gruppe entspricht. •

19. Übung
(Fortsetzung):
«Mein Geschenk»

Zu dem eben geschenkten Wort oder den Wörtern erfindet jeder Beschenkte für sich einen phantasievollen Zusammenhang, so daß er im Anschluß den anderen erzählen kann, was das «Geschenk» für ihn bedeutet, was er damit macht, wo er es aufbewahren wird und so weiter. •

Eine andere Möglichkeit, eine gesellige Runde zum Kennenlernen anzuregen, besteht darin, daß für alle Teilnehmer Erzählvorgaben angeboten werden, nach denen dann rundum jeder etwas erzählt. Solche Erzählvorgaben können Stichwörter für eine Handlung oder auch umfangreichere Themen sein, wie sie zum Beispiel den folgenden Übungen zu entnehmen sind:

20. Übung:
Erzählen mit Erzählvorgaben

- eine Begebenheit / Begegnung in früher Kindheit;
- eine Geschichte erzählen, die mit den Worten beginnt: «Kannst du dir vorstellen, daß ich einmal das und das erlebt oder das und das angestellt habe?»;
- jeder erzählt, wie er als Kind einmal auf dem Fahrrad, Traktor, Wagen oder einem ähnlichen Gefährt mitgenommen wurde und aus der Perspektive des kleinen Kindes etwas in besonderer Weise (und anders als ein Erwachsener) wahrgenommen hat;
- oder: Wie er einmal als Kind etwas Sonderbares in einer fremden Familie, in einer unbekannten Umgebung oder in einem fremden Land erlebte;
- oder wie man nach langer Abwesenheit (nach dem Semester oder einem langen Auslandsaufenthalt oder nach langer Krankheit oder überhaupt nach vielen Jahren) nach Hause fährt und wie und woran man auf dem Weg immer deutlicher erkennt, daß man allmählich ankommt (beziehungsweise *nicht* ankommt);
- oder einen Wunschtraum;
- oder es werden Geschichten erzählt, die mit den Worten enden: «Und das einen Tag vor Weihnachten!» (oder: vor der Hochzeit – vor Ferienbeginn – vor dem Examen oder vor einem anderen wichtigen Ereignis). ●

Erzählspiele mit Sinneswahrnehmungen

«Die Sinne sind uns die Brücke vom Unfaßbaren zum Faßbaren. Schauen der Pflanzen und Tiere ist: ihr Geheimnis fühlen.
Hören des Donners ist: sein Geheimnis fühlen.
Die Sprache der Formen verstehen heißt: dem Geheimnis näher sein, leben.»
August Macke: «Die Masken», in: Wassily Kandinsky: «Der Blaue Reiter», Almanach 1912

Im Alltag lassen uns unsere – notwendigerweise – selektiven Wahrnehmungen bestimmte Sachverhalte immer im selben Licht erscheinen. Im Schutzraum des Spiels jedoch können wir diese bewährt-beschränkten Sichtweisen probeweise einmal aufgeben oder erweitern, indem wir neue Sinneseindrücke zulassen und uns diese bewußtmachen. Es ist immer wieder erstaunlich, wie beweglich uns derartige Spiele innerlich und äußerlich werden lassen. Unser einseitiges «Kopfdenken» wird plötzlich durch die Wahrnehmungsorgane des ganzen

Körpers spürbar erfrischt. Auch unsere Phantasie wird in neuer Weise angeregt und damit unser gesamtes Erzählen lebendiger. Eine einfache Übung macht das deutlich:

21. Übung:
Den Fußboden ertasten

Schicken Sie unmittelbar vor dem Erzählen Ihr Bewußtsein in Ihre Fußsohlen und ertasten Sie mit diesen durch die Schuhe hindurch den Boden. Ist der Fußboden allzu glatt und «langweilig» für Ihren Fußsohlen-Tastsinn, versuchen Sie in Ihrer Phantasie, «wirklich» (mit dem Gespür Ihrer Füße) über Waldboden zu gehen, «wirklich» über Steine am Strand oder «wirklich» über eine Wiese. Sie werden erstaunt sein über Ihre neue Stimmlage, ihre größere Resonanz und die neue Weite in Ihrem Erzählen!

Führen Sie diese Übung mit anderen zusammen durch, wird Ihnen an deren Gesichtsausdruck ebenfalls eine deutliche Entspannung auffallen.

Diese Übung läßt sich auch auf andere Bereiche übertragen, zum Beispiel auf die konkreten Vorstellungen und Berührungen von Wasser, Wärme oder Wind. ●

Dieses Konkretisieren und Auskosten von Sinneswahrnehmungen kommt in unserem Alltag in der Regel zu kurz, so daß es eine Erholung bedeutet, wenn dieses Defizit wenigstens durch lebendige Vorstellungen ausgeglichen wird. Und das ist in spielerischer Weise im Erzählen möglich. Voraussetzung dafür ist allerdings, daß wir uns selber ganz bewußt für die Wirkung von Sinneseinwirkungen öffnen. Dann können wir diese erzählerisch auch an unsere Zuhörer weitergeben. Unser Erzählen wird durch das Einbeziehen unserer Sinne «dicht» und öffnet zugleich Türen zu mancherlei subjektiven Erfahrungsräumen. So ganzheitlich erreicht uns weder die Alltagssprache noch eine linear-abstrakte Ausdrucksweise. Mit Staunen nehmen wir wahr, auf wie einfache Weise wir wieder in lebendiges Erleben zurückfinden.

Übungen zum Aktivieren unserer Sinneswahrnehmungen:

22. Übung:
Sinneswahrnehmungen als Geschenke

Wir machen einander – zu zweit, zu dritt oder im größeren Kreis – Sinneswahrnehmungen zu Geschenken. Überlegen Sie, welchem Teilnehmer Sie mit welcher Sinneswahrnehmung eine Freude machen können, und dann «schenken» Sie ihm diese.

Ein Teilnehmer beginnt: «Ursel, ich schenke dir das Gefühl, an einem warmen Sonnentag im Schatten zu liegen und einen kühlen Windzug auf deiner Haut zu spüren.»

Dann ist Ursel an der Reihe, einem anderen Partner ein Geschenk zu machen: «Peter, ich schenke dir den Klang der ‹Morgenstimmung› aus der Peer-Gynt-Suite von Edvard Grieg.»

Für Möglichkeiten, Geschenke zu machen, steht die ganze Welt zur Verfügung. Jeder Sinnesbereich wird auf diese Weise lebendig, der des Sehens, des Hörens, des Riechens, des Schmeckens und der des kinästhetischen Wahrnehmens. Letzterer vereinigt in sich die Tast-, Körper- und Bewegungsgefühle.

Beispiele für die einzelnen Bereiche:

Für den visuellen Bereich:
Ich schenke dir den Anblick des Meeres beim Sonnenaufgang – das Strahlen eines Sternes – der Sterne in der Weite des Nachthimmels – die Farbenpracht eines orientalischen Basars – den Anblick einer Gebirgswiese im Sommer – das Lächeln eines Kindes/deiner kleinen Tochter/deines kleinen Sohnes – das Leuchten eines Herbstblumenstraußes – den Schimmer eines Schneekristalls.

Für den auditiven Bereich:
Ich schenke dir, daß du das Rauschen eines Wasserfalls vernimmst – Vogelgezwitscher in der Frühe – ein Frühlingslied, von einer Kinderstimme gesungen – eine Melodie, auf deinem Lieblings-Musikinstrument gespielt – die angenehme Stimme eines dir lieben Menschen – den Lieblingssong deiner Teenagerzeit – den Klang der Schritte eines sehnlich erwarteten Menschen – das Rascheln von Herbstlaub unter deinen Füßen – eine Windharfe.

Für den olfaktorischen Bereich:
Ich schenke dir den Duft von frischgebackenem Kuchen – von gemahlenem Kaffee – den Duft deines Lieblingsparfums – einer Rose – der klaren Luft nach einem Gewitter – deines Lieblingsgewürzes.

Für den gustatorischen Bereich:
Ich schenke dir den Geschmack eines Butterbrotes auf deiner Zunge – eines frischen Kaffees – einer Erdbeere – deines derzeitigen Lieblingskäses – den Geschmack von Pizza – von Wermut – einer Tomate – von Ingwerkonfekt.

Für den kinästhetischen Bereich:
Ich schenke dir das Gefühl, das deine Hand hat, wenn du das Fell deines Hundes streichelst – das wohlige Gefühl eines warmen Bades – das Gefühl, das du hast, wenn jemand dir sagt, daß er/sie dich liebt – das Gefühl, in einem weiten Raum zu tanzen – das Aufatmen, wenn dir ein Stein vom Herzen fällt.

Auch mit Synästhesien, das heißt mit Bündeln verschiedener Sinneswahrnehmungen, läßt sich spielen. Stellen Sie sich vor, Sie haben eine schnurrende kleine bunte Katze auf dem Arm – ein kleines verschmutztes schreiendes Kind springt auf Ihren Schoß – Sie bringen eine metallglänzende schwere Glocke in Schwingung und zum Tönen.

Oder stellen Sie sich einen Säugling vor, der seine Nahrung mit allen Sinnen bis in die Zehen hinein schmeckt, schauen Sie ihm zu und hören Sie ihm zu, achten Sie auf seinen Duft, seine Wärme und seinen Atem. Oder dasselbe bei jungen Tieren.

Übrigens: Die Novellen von E.T.A. Hoffmann sind eine Fundgrube für synästhetisches Erzählen. Hierzu eine «Kost»probe:

«Der große Magus Hermod zog herbei auf einer feurigen Wolke, umgeben von Elementargeistern jedes Geschlechts, und ließ sich, während in den Lüften aller Wohllaut der ganzen Natur in geheimnisvollen Akkorden ertönte, herab auf den buntgewirkten Teppich einer schönen duftigen Wiese. Über seinem Haupte schien ein leuchtendes Gestirn zu schweben, dessen Feuerglanz das Auge nicht zu ertragen vermochte. Das war aber ein Prisma von schimmerndem Kristall, welches nun, da es der Magus hoch in die Lüfte erhob, in blitzenden Tropfen zerfloß in die Erde hinein, um augenblicklich als die herrlichste Silberquelle in fröhlichem Rauschen emporzusprudeln» (E.T.A. Hoffmann, «Prinzessin Brambilla», 3. Kapitel).

Schöne Beispiele zum Überkreuzen von Synästhesien fand ich in einem Buch von Maureen Murdock. Sie empfiehlt diese spielerischen Übungen auch für die Schule und bereits für das Alter ab sieben Jahren. Zum Beispiel: «Stellt euch vor, daß ihr zum Klang von blauem Samt tanzt und den Duft eines Eiswürfels riecht. Schmeckt ein Gänseblümchen und seht die Oberfläche von rauhem Sandpapier...» Und so weiter (S. 47).

Oder: Stellen Sie sich zu Ihren Lieblingstätigkeiten eine Musik vor, zum Beispiel zum Skilaufen. Können Sie auch den Klang des Schnees hören oder den Duft der Winterluft schmecken? Hat die Musik Farben und können Sonnenstrahlen duften? ●

23. Übung:
Ich sehe was, was du nicht siehst

Ich sehe was, was du nicht siehst, und das ist rund. Was ist das? – «Der Mond?» – «Nein!» – «Der Ball in der Ecke?» – «Nein!» – «Der Buchstabe O auf dem Bilderbuch?» – «Ja!»

Wer kennt nicht dieses Ratespiel aus frühesten Kindertagen? Und wer erinnert sich nicht daran, wie es unsere Wahrnehmung aktivierte und uns plötzlich Dinge sehen ließ, die uns vorher überhaupt nicht aufgefallen waren?

Jetzt gehen wir einen Schritt weiter und charakterisieren eine Sinneswahrnehmung so genau wie möglich als eine solche, aber *ohne sie zu benennen*. Wovon wir erzählen, sollen die Zuhörer aus unserer Beschreibung erraten. Wenn Sie zum Beispiel das Geräusch einer Kreissäge ausgewählt haben, müssen Sie deren beide Phasen (Leerlauf und Sägearbeit) und den Wechsel zwischen beiden schildern, also das dumpfe monotone Maschinengeräusch, das ganz plötzlich übergeht in ein lautes, hohes Kreischen.

Oder lassen Sie durch Ihre Beschreibung einen bestimmten Duftstoff, ein Gewürz oder ein Nahrungsmittel erraten.

Schließlich folgt die nächste Übungsstufe, auf die es eigentlich ankommt, weil wir auf dieser wieder zu unseren Synästhesien kommen:

«Betrachten» Sie mit einem erblindeten Menschen (eventuell aus dem Altenheim) oder mit jemandem, der sich zum Spiel die Augen verbunden hat, ein Bild. Schaffen Sie es mit Ihren Worten für ihn nach, die Farben, die Anordnungen und die Stimmung. Führen Sie mit Ihren Händen behutsam seine Hände über die Formen und die Linien; lassen Sie ihn so die Spannung des Bildes «begreifen», den kräftigen Ausdruck in den Schwerpunkten und auch die zarteren Stellen. ●

Wir spüren, nachdem wir uns auf diese Übungen eingelassen haben, eine Aktivierung unserer eigenen Lebendigkeit. Und aus dieser Erfahrung heraus sollten wir von jetzt an die Sinneswahrnehmungen im Erzählen ebenfalls berücksichtigen, denn:

Sinnenhaftes Erzählen ist bereits das halbe Erzählen.

Besonders bei kleinen Kindern sollten wir uns im Erzählen viel Zeit für das sinnenhafte Auskosten nehmen, weil gerade sie es besonders lieben, in allen Sinnen angesprochen zu werden. Sie sind ja selber fast ausschließlich damit beschäftigt, diese zu erproben, indem sie sich die Welt erobern, Dinge in den Mund nehmen, ihren Klang durch Hämmern und Werfen ausprobieren, alles mit den Händen «begreifen» und so weiter.

Ich erinnere mich, daß ich noch im Alter von fünf oder sechs Jahren keine Gelegenheit ausließ, mir solche gebündelten Sinneseindrücke zu verschaffen:

Wenn ich im Spätsommer einige Tage auf einem Bauernhof verbrachte, beendete ich meinen Tag damit, daß ich bei Dunkelheit noch einmal mit einer Taschenlampe über den Hof zu dem am anderen Ende gelegenen Holzklo wanderte. Auf diesem Wege machte ich, sobald ich aus dem Haus kam, die erste Station: Ich öffnete eine unter der Treppe liegende kleine Tür, hinter der die Junghühner untergebracht waren, die nicht mehr bei der Glucke lebten und noch nicht mit den ausgewachsenen Hühnern im Hühnerstall. Mehr als hundert dieser Junghühner schliefen dort dicht gedrängt auf einem niedrigen Stangengestell. Ich fuhr dann mit meinen nackten Armen zwischen sie und rührte sie um – bis sie alle aufgeregt piepsend und mit den Flügeln schlagend von ihren Stangen flatterten. Dieser wärmende und lärmende, bewegliche Aufruhr war für mich ungeheuer wohltuend, lustvoll und lustig. Leise schloß ich die Tür und setzte meine Wanderung fort. Auf dem Rückweg war inzwischen alles wieder zur Ruhe gekommen und friedlich, aber ich brachte es nicht fertig, einfach vorbeizugehen, ich öffnete erneut das Türchen und rührte abermals freundlich sämtliche Bewohner von ihrer Stange. – Obwohl alles liebevoll geschah, distanziere ich mich inzwischen natürlich von meinem damaligen, unbeobachtet gebliebenen Verhalten den Tieren gegenüber. Aber noch heute spüre ich alle meine Sinne, wenn ich an diese Geschichte denke.

24. Übung:
Eine Synästhesie aus der eigenen Kindheit

Erzählen Sie aus Ihrer eigenen Kindheit ein Erlebnis, in dem möglichst viele Ihrer Sinne aktiviert wurden.

Es könnte das Beispiel auch aus den folgenden Themen gewählt werden:

- Weihnachten in meiner Kindheit
- Ein Kindergeburtstag vor vielen Jahren
- Ein Erlebnis im Krankenhaus
- Jahrmarkt
- Zum erstenmal auf dem Fahrrad
- Abendbummel in einem fremden Land
- Im Zelt
- Im Garten der Großeltern (oder in deren Wohnung)
- Ein Ferienmorgen in meiner Kindheit
- Immer wieder hautnahe Erfahrungen mit einem der vier Elemente. ●

Wenn Sie diese Übung gemacht haben, dann verstehen Sie auch, warum die folgende, allen bekannte Rotkäppchen-Märchenstelle jedem Zuhörer, vor allem aber Kindern, immer wieder «durch und durch» geht:

«Ei, Großmutter, was hast du für große Ohren!» –
«Daß ich dich besser hören kann.»
«Ei, Großmutter, was hast du für große Augen!» –
«Daß ich dich besser sehen kann.»
«Ei, Großmutter, was hast du für große Hände!» –
«Daß ich dich besser packen kann.»
«Aber, Großmutter, was hast du für ein entsetzlich großes Maul!» –
«Daß ich dich besser fressen kann.»

Zum Abschluß noch zwei Übungen zum Thema «Spiel mit Sinneswahrnehmungen»:

25. Übung:
Ein Schlüssel-Erlebnis

Jemand schenkt allen Teilnehmern gleichzeitig einen imaginären Gegenstand, den sich jeder so sinnlich-konkret wie möglich vorstellen soll. Zum Beispiel:

«Ich lege jedem von euch einen Schlüssel in die geöffnete Hand. Schließt die Hand und spürt den Schlüssel darin.» Danach beschreibt jeder Teilnehmer einzeln, wie er diesen Schlüssel empfindet, sein Aussehen, seine Größe, Beschaffenheit und so weiter, ebenso was er für ihn bedeutet und was er sich damit aufschließen oder zuschließen möchte. Indem jeder seine Version erzählt, ergeben sich viele unterschiedliche Geschichten. Auf diese Weise wird wieder die soziale Wahrnehmung füreinander geübt sowie das Aufeinandereingehen. Beides ist zum Erzählen unerläßlich. •

26. Übung:
Verweilen und Vertiefen

Diese Aufgabe verlangt ein Erzählen, das so lange mit Ruhe bei einer Sinneswahrnehmung verweilt und sie zeitlich so lange ausgestaltet, bis sich bei den Zuhörern ein wirklicher und ganz intensiver Eindruck bilden und vertiefen kann. Für den visuellen Bereich kann sich zum Beispiel die Beschreibung eines Kätzchens, von dem wir einem Kind erzählen, so anhören:

«Stell dir vor, ich habe eine Katze gesehen. Sie war winzig klein. Hast du schon einmal so eine winzig kleine Katze gesehen? Ganz winzig klein war sie allerdings auch nicht mehr, sie konnte schon draußen spielen. Als ich sie sah, lag sie zusammengerollt auf einem alten Brett und wärmte sich in der Sonne. Sie schlief aber nicht, sondern es sah so aus, als träume sie mit halboffenen Augen. Als ich nah an sie herankam, fing sie an, ganz leise zu schnurren, und schmiegte ihren Kopf noch tiefer auf das Brett. Und weil sie so ruhig dalag, konnte ich sie genau betrachten. Ihr Fell glänzte, und es hatte drei Farben: weiß, schwarz und gelb. So gelb wie Bernstein – fast so wie die Farbe dieses Streifens in deinem Pullover...»

Für den kinästhetischen Bereich wären entsprechende Übungen:
- das Erholungsgefühl im Liegestuhl,
- beim Skifahren,
- auf der Terrasse,
- am Strand oder
- beim Segeln.

Jeden Sinneseindruck auskosten! Bei jedem Beispiel so lange verweilen, bis der Zuhörer die Entspannung selber sichtlich nachvollzieht. Dabei wird der Erzähler wahrscheinlich sein verbales Erzählen noch durch seine Mimik und Gestik unterstützen. ●

Mimik und Gestik sind verstärkende Ausdrucksmittel des Erzählers. Sie werden beim Verdeutlichen und Nachvollziehen von Sinneswahrnehmungen meist unbewußt eingesetzt. Überprüfen Sie einmal, wieweit auch Sie schon Gebrauch davon machen!

27. Übung:
Die Hände erzählen mit

Erzählen Sie
- ein Ablenkungsmanöver, das Sie miterlebt haben,
- eine autoritäre Handlung oder
- die Vorgehensweise einer Person, die aufbrechende Emotionen in einer Gruppe permanent zu beschwichtigen sucht.

Achten Sie auf das «Erzählen» der Hände! ●

28. Übung:
Mimische, gestische und stimmliche Ausdrucksmittel

Erzählen Sie
- eine Szene aus einem Café oder
- eine Szene aus dem Wartezimmer des Tierarztes,
- einen Witz oder
- wie sich ein Kind von einer älteren Person ein Eis erbettelt. Erzählen Sie so, daß die Zuhörer deutlich unterscheiden können, ob das Kind spricht oder die ältere Person.

Welche Ausdrucksmittel haben Sie oder andere Teilnehmer der Gruppe spontan benutzt? ●

Neben diesen natürlichen und immer verfügbaren Hilfsmitteln wie Mimik, Gestik und stimmliche Imitation gibt es noch weitere Möglichkeiten, unser Erzählen auf sinnlich wahrnehmbare Weise zu verstärken, zum Beispiel durch Puppen, Verkleidungselemente, Requisiten und Masken.

Auch Malen und Skizzieren sowie fertige Bilder können als Vorstellungs- und Konzentrationshilfen während des Erzählens eingesetzt werden. Und die eigene Stimme kann, wenn sie Tiere, unterschiedliche Personen, sonstige Wesen oder Geräusche stärker oder differenzierter zu Gehör bringen will, zusätzlich noch durch Rhythmik- oder Musikinstrumente unterstützt werden.

In den Bereichen des Schmeckens und Riechens gibt es dagegen für ein verstärkt sinnenhaftes Erzählen weitaus weniger Ansatzpunkte. Doch letztlich lassen sich auch durch sie phantasievolle Kontakte zur Umgebung herstellen, wenn der Erzähler die Gelegenheit nicht versäumt, etwas spürbar auszu«kosten» oder mit der Nase zu riechen, bis auch seine Zuhörer dieses Sinneserlebnis nachvollziehen können.

Ein Geruchserlebnis, das ich nie vergesse: Im Hause meiner Großeltern wurde der Weihnachtsbaum bereits einige Tage vor Weihnachten in einem Zimmer aufgestellt, das nun «das Weihnachtszimmer» und streng für uns verschlossen war. Wenn unsere Erwartung sich fast nicht mehr bezähmen ließ, durften wir am 22. Dezember vor dem Schlafengehen und wenn es schon stockdunkel war, einmal mit unseren Nasen durch einen schmalen Türspalt riechen, was sich in diesem geheimnisvollen Raum offenbar schon alles befand. Dazu wurden uns, obwohl wir beim besten Willen in der Dunkelheit keinen Schimmer mehr erkennen konnten, umständlich die Augen verbunden, und ein Erwachsener nahm uns, einen nach dem anderen, an die Hand und hielt uns fest, während wir mit einigen schnellen Atemzügen versuchten, soviel wie möglich aus dem Weihnachtszimmer in uns aufzunehmen, den Tannenduft, den Duft von Pfefferkuchen oder von frisch gebranntem Marzipan.

Wenn wir uns am folgenden Tage nicht allzuwüst betrugen, hatten wir am Abend des 23. noch einmal dasselbe. Und nun war es spannend, nur mit Hilfe der Nase zu «erkennen», was im Zimmer inzwischen gegenüber dem Vortage dazugekommen war.

Spielerisches Umgehen mit Bewegungselementen

Mimik und Gestik

Jeder Erzähler erzählt auf seine Weise mimisch und gestisch. Durch diese nach außen hin sichtbar werdende innere Bewegtheit wird seine Geschichte stimmig. Auch die Zuhörer vollziehen diese Bewegtheit innerlich mit, Kinder aus der Nachahmung heraus sogar so genau, daß aus ihrem Gesichtsausdruck und Bewegungsverhalten wiederum die Mimik und Gestik des Erzählers ablesbar ist. Es gibt eine Reihe von Spielgeschichten (und Liedern) für das Kindergartenalter, die auf dieses Nachahmungsbedürfnis eingehen und Kindern großen Spaß machen.

Was ein Erwachsener nicht ohne weiteres könnte, Kinder begleiten mit Freude erzählte Ereignisse mit Körpergesten: das Aufgehen der Sonne, das Fallen des Regens, das Sich-Winden einer Schlange und so weiter.

Darauf werden wir später in den Übungen 94, 95 und 97 zurückkommen.

Aus dieser Vorliebe, Worte bewegungsmäßig auszugestalten, erklärt sich eine große Zahl von Erzählspielen aus dem sogenannten Volksgut. Vor allem sind hier die Fingerspiele und ihre vielen Varianten zu nennen, die dem Kind helfen, seinen Körper zu spüren und sich in ihm heimisch zu fühlen. Zum Beispiel: «Da kommt die Maus, da kommt die Maus (Fingergetrippel den Arm empor), Klingelingeling, ist der / die ... (den Namen des Kindes einsetzen) zu Haus?» (Freundliches Zupfen am Ohrläppchen)

Wir können sagen, daß alles Erzählen im Grunde Beweglichkeit ist und sich bewußt oder unbewußt auch auf die Zuhörer auswirkt, indem es diese ebenfalls «bewegt». Aber wieviel größer ist – neben der hör- und sichtbaren Bewegung – in Wirklichkeit der Bewegungsraum, der unsichtbar hinter jedem Erzähler steht, nämlich der seines eigenen Lebens und seines noch viel größeren Lebenszusammenhanges. Dieser Raum bewegt ihn innerlich und äußert sich, ihm selbst meist unbewußt, in seiner Gestik, seiner Mimik, seiner Stimme und seiner Sprache. Ihm gegenüber sitzen seine Zuhörer, auch diese ihrerseits jeweils erfüllt und bewegt von ihren eigenen unsichtbaren, unendlichen Räumen. Das Erzählte berührt diese Räume und löst in allen innere und äußere Bewegungen und Prozesse aus. Wir wollen dieses im Bewußtsein behalten, wenn wir unsere Aufmerksamkeit jetzt wieder konkreten Bewegungselementen zuwenden, nämlich denen der Sprache.

Beginnen wir mit den Rhythmen und Reimen, Wiederholungen und Sprachformeln bis hin zu den Zaubersprüchen. Sie alle haben eine besondere Prägekraft, können den Erzählstrom in Abschnitte einteilen – «dieses war der erste Streich, doch der zweite folgt sogleich» –, ihn unterbrechen, verlangsamen, beschleunigen oder auch unvermutet auf einer anderen Ebene weiterfließen lassen. Oft muten sie dem Erzähler wie den Zuhörern eine unerwartete Sprach- und Sprechform innerhalb der üblichen Sprechsprache zu. Ein solcher Wechsel ist aufrüttelnd, macht wach und eben beweglich. Wo es sich anbietet, sollten wir im Erzählen auf diese sprachlichen Kostbarkeiten nicht verzichten! Beginnen wir mit:

Beschwörungsformeln und Zaubersprüche

Sie fordern unseren vollen Atemeinsatz und unsere gesamte sprachliche Beweglichkeit heraus, die wir später im Erzähltheater noch gestisch-mimisch, bis zu groß angelegten Tanzgebärden hin, erweitern können. Bleiben wir an dieser Stelle jedoch zunächst «nur» bei der Sprache. Unsere entsprechenden Übungs-Sprüche sollten wir frei erfinden. Das ist viel leichter als zunächst angenommen. Bereits nach dem Muster «Abrakadabra» lassen sich auch die anderen Vokale spielerisch zu Beschwörungsformeln abwandeln.

29. Übung: Beschwörungs- und Zauberformeln

Beschwörungsformeln für verschiedene Vokale oder Lautgruppen entwerfen und sprachlich (lautmalend und mimisch-gestisch) gestalten.

Wie verändert sich mit jedem Vokal die Imaginationsebene? (Ibrikidribri ist etwas anderes als Öbröködröbrö.)

Probieren Sie spielerisch für sich aus, wie sich beliebige Sätze und Sprüche, auch unsinnige, verändern, wenn sie «magisch» beschwörend gesprochen werden. Sprechchöre sind zum Experimentieren besonders gut geeignet, weil sie sich lautmalend und im Wechsel von laut zu leise und von leise zu laut, von langsam zu schnell und von schnell zu langsam dirigieren lassen. Wer sich an diese größer angelegten Übungen nicht gleich herantraut, sollte sie zunächst für sich allein durchführen. Beschwörungsformeln können auch geflüstert werden. Wenn sie mit vollem Atem und aufs äußerste ausartikuliert geflüstert werden, klingen sie unglaublich wirkungsvoll. Und sofort wird spürbar, wie sich mit dem Bewegungsraum gleichzeitig auch der Klangraum der Sprache vergrößert, so daß der einzelne Erzähler sich nach dieser Erfahrung ermutigt fühlt, mit seiner Stimme immer mehr zu spielen, sie zu verändern und insgesamt vielfältiger und lebendiger im Erzählen einzusetzen. •

Deutlichkeit oder der Klangraum der Stimme

Ein Nebeneffekt der vorangegangenen Übung und der beiden folgenden ist, daß sie zu guter stimmlicher Flexibilität führen und zu deutlicherem Sprechen, was erfahrungsgemäß während des Erzählen-Lernens immer auch geübt werden muß. Dadurch jedoch, daß diese Sprachspiele und -übungen einfach Spaß machen, bewirken sie mit dem Freiwerden des Atems und der stimmlichen Beweglichkeit die Deutlichkeit fast von selbst.

Außerdem leiten die beiden nächsten Übungen bereits über zum Thema «Rhythmen und Reime».

30. Übung: Gedichte als Sprechübungen

Flüstern Sie so deutlich wie möglich die beiden folgenden Gedichte, aber so, daß sie auch aus größerer Entfernung noch zu verstehen sind. Anschließend sprechen Sie sie lauter, dann singen Sie sie, bewegen sich dazu, und dann wieder sprechen Sie sie «nur», aber nun in der Lautstärke, in der sie für Ihre Begriffe am deutlichsten und schönsten zum Ausdruck kommen.

Erstes Gedicht:
Der Schaukelstuhl auf der verlassenen Terrasse
Von Christian Morgenstern

Ich bin ein einsamer Schaukelstuhl
und wackel im Winde,
im Winde.

Auf der Terrasse, da ist es kuhl,
und ich wackel im Winde,
im Winde.

Und ich wackel und nackel den ganzen Tag.
Und es nackelt und rackelt die Linde.
Wer weiß, was sonst wohl noch wackeln mag
im Winde,
im Winde,
im Winde.

Beim Sprechen des folgenden Gedichtes kein einziges K oder T weich werden lassen oder gar verschlucken; die beiden Laute eher übertrieben hart artikulieren:

Zweites Gedicht:
Traktorgeknatter
Von Hans Adolf Halbey

Ein Traktor kommt um die Ecke gerattert,
Man kennt ihn gleich, wie er klappert und knattert
und rüttelt und ruckelt
und zittert und knackt
und schüttelt und zuckelt
und stottert im Takt –
bis unter die Brücke zum dicken Bagger
wackelt der Traktor mit taketa-taka
taketa-taka, taketa-pff
take-pff
take – – aus!
Dann geht der Traktorfahrer nach Haus.

Beide Gedichte im Wechsel sprechen und dabei mehr und mehr ihre extremen Unterschiede stimmlich herausarbeiten.

Weitere geeignete Gedichte zum Üben suchen!

Für die erste Gruppe (Schaukelstuhl) sind lyrische Gedichte geeignet, auch Wiegen- und Tanzlieder, für die zweite (Traktor) Balladen. ●

Rhythmen und Reime

In den letzten Übungen haben wir bereits erlebt, wie Rhythmen und Reime der Sprache eine enorme Beweglichkeit verleihen. Ein Grund also, Rhythmen und Reime auf keinen Fall im Erzählen zu vergessen. Sie sind niemals nur zusätzliche Verzierungen, sondern elementar, bewegend, befreiend und ausgestattet mit allen kostbaren Eigenschaften des Spiels. Tief prägen sie sich in unser Gedächtnis ein. Spüren wir ihnen innerlich nach! Haben wir manchmal ein bestimmtes Märchen längst vergessen, so klingen doch seine vor vielen Jahren erzählten Verse weiter in unserer Erinnerung:

Knusper, knusper, knäuschen,
wer knuspert an meinem Häuschen?

Der Wind,
der Wind,
das himmlische Kind

Bäumchen, rüttel dich und schüttel dich,
wirf Gold und Silber über mich

Jungfer grün und klein,
Hutzelbein,
Hutzelbeins Hündchen,
hutzel hin und her,
laß geschwind sehen, wer draußen wär

Manntje, Manntje, Timpe Te,
Buttje, Buttje in der See,
myne Fru, de Ilsebill,
will nich so, as ik wol will

Da kam eine Maus,
Das Märchen ist aus

Lassen Sie in dem nachfolgenden türkischen Rabenmärchen einmal besonders die rhythmischen Elemente auf sich wirken:

Vom Raben, der jemanden glücklich machen wollte

Vor langer Zeit, als das Kamel noch Kalif war, der Esel Wesir, meine Mutter meine Tochter und ich meiner Mutter Vater, spazierte ein Rabe über die Felder, schwang sich in die Lüfte und flatterte von Baum zu Baum. Fröhlich krächzte er sein Lied, und alle Leute hielten sich die Ohren zu.

Den Menschen mißfällt mein Gesang, dachte der Rabe traurig. Sie mögen mich nicht leiden. Ob ich denn auch einmal jemanden glücklich machen kann?

Eines Tages stolzierte er wieder über ein Feld. Dabei trat er sich einen großen Splitter ein, zog ihn heraus und flog zu einer alten Frau.

«Großmutter, ich bringe dir einen Span, den ich nicht immer mitschleppen will, aber fortwerfen möchte ich ihn auch nicht, weil er recht wohlgeraten ist. Darf ich ihn bei dir lassen, bis ich wiederkomme, um ihn zu holen?»

Die Alte versprach, die Spleiße wie ihren Schatz zu hüten. Doch als am Abend die Petroleumfunzel blakte, versuchte sie den Docht zu richten. Dazu nahm sie den Splitter, der beim Stochern in der Flamme verbrannte.

Bald schwebte der Rabe herbei.

«Kra, kra, kra.
Ist mein Spänchen noch da?
Großmutter, hast du's aufgehoben,
will ich dir danken und dich loben.»

«Ach», sprach die Alte, «als ich den Docht aufrichten wollte, weil meine Lampe flackerte und rußte, fing der Span plötzlich zu brennen an.»

«Kra, kra, kra.
Kein Spänchen mehr da?
Gib's Lämpchen dafür.
Mein Splitter nicht hier?
Die Lampe mir her!»

Die Alte stellte sich taub, und der Rabe flatterte aufs Fensterbrett. Dort krächzte er so lange, bis der Frau die Ohren schmerzten. Da rückte sie dem Quälgeist ihre Lampe heraus.

Am Morgen flog der Rabe zu einer Bäuerin. «Ach, liebes Mütterchen, verwahr die schöne Lampe für mich, ich bitte dich. Sie ist so schwer, daß ich sie nicht überallhin mitschleppen kann. Darf ich sie bei dir lassen, bis ich wiederkomme, um sie zu holen?»

Die Frau versprach, das gute Stück wie ihren Schatz zu hüten.

Am Abend ging sie in den Stall, um die Kühe zu melken, stellte die Lampe neben sich auf eine Kiste, und während die Milch in den Eimer floß, wehrte ein Kälbchen die Fliegen ab. Dabei traf sein Schwanz die Lampe, die in tausend Scherben ging.

Schon schwebte der Rabe herbei.

«Kra, kra, kra.
Ist die Lampe noch da?
Mütterchen, hast du sie aufgehoben,
will ich dir danken und dich loben.»

«Ach, lieber Rabe», sprach die Bauersfrau, «um Licht zu haben und besser sehen zu können, habe ich die Lampe in den Kuhstall gestellt, und das Kälbchen hat sie mit dem Schwanz zerschlagen.»

«Kra, kra, kra!
Keine Lampe mehr da?
Gib's Kälbchen dafür.
Meine Lampe nicht hier?
Das Kälbchen mir her!»

Die Bäuerin wollte das Kälbchen behalten und tat, als höre und verstehe sie nichts. Da flatterte der Rabe aufs Fensterbrett und krächzte ihr so die Ohren voll, daß er das Kälbchen schließlich erhielt.

Der Rabe führte das Kalb zu einer armen Witwe. «Schwester, Schwester, glaube mir, ich weiß nicht mehr, wohin mit dem Tier. Darf ich das Kälbchen bei dir lassen, bis ich wiederkomme, um es zu holen?»

Der Stall der Witwe war natürlich leer, und sie versprach, das Kalb wie ihr eigen zu hüten.

Nun wohnte nebenan ein junger Zuckerwarenverkäufer, der die Tochter der Witwe gern geheiratet hätte und nur nicht um sie freite, weil die Witwe so arm war.

Doch wie staunte der junge Mann, als er hörte, daß seine Nachbarin ein teures Kälbchen erworben habe. Da war er mit der Heirat sogleich einverstanden. Die Braut wurde eingekleidet und das Kalb mit der übrigen kärglichen Mitgift zum Nachbarn gebracht.

Das Mädchen liebte jedoch nicht den jungen Mann, der Naschwerk verkaufte, sondern einen Hirten, der wunderschön auf der Flöte spielen konnte.

Kaum war die Hochzeit vorbereitet, die Braut eingekleidet, das Kälbchen dem Bräutigam übergeben, schwebte der Rabe herbei.

«Kra, kra, kra.
Ist's Kälbchen noch da?
Schwester, hast du es aufgehoben,
will ich dir danken und dich loben.»

«Ach, bester Rabe», sprach die Witwe, «meine Tochter soll den Sohn des Nachbarn heiraten, und zur Hochzeit kommen so viele Gäste, daß wir es hinüberbrachten, damit sie es für den Festschmaus schlachten.»

«Kra, kra, kra.
Kein Kälbchen mehr da?
Gib's Bräutchen dafür.
Mein Kälbchen nicht hier?
Das Bräutchen mir her!»

Die Witwe schüttelte den Kopf, aber der Rabe krächzte so lange, bis ihr ganz schwindlig wurde und sie die Tochter hergab.

Der Rabe und das Mädchen begaben sich auf die duftige Weide.

«Schau, lieber Hütejunge, ich bringe dir die Braut, angetan mit ihrem Hochzeitskleid», sprach der Rabe und flog auf einen hohen Baum. Von oben sah er zu, wie die Schäfchen Gras rupften und das junge Paar lachte und auf der duftigen Weide tanzte.

«Dem Hirten hab ich die Braut gebracht», sang er zufrieden zu dem Flötenspiel des Hirten,

«zwei Menschen habe ich glücklich gemacht.
Das hab ich fein mir ausgedacht.
Krah-h-h»

(Aus: Günter Löffler: «Das Mondpferd. Türkische Märchen», Verlag Der Morgen, Berlin)

Wollte man beim Erzählen dieses Märchens die rhythmischen Sprachelemente weglassen, wäre sein Charme dahin.

Wir wollen anhand dieses Märchens den Umgang mit Rhythmen und Reimen üben, indem wir diese «spielen», so daß Mimik, Gestik und Stimmführung im Vorgriff auf das «gestaltete Erzählen» schon an dieser Stelle etwas freier werden.

31. Übung: Märchenverse als Sprechübung

Das Raben-Märchen laut lesen und dabei die Verse auswendig lernen. Nicht alle Verse haben Reime, jedoch immer eine bestimmte rhythmische Form. Dann das ganze Märchen *frei* nacherzählen, jedoch seine

Verse im genauen Wortlaut. In diese Verse «ganz» hineingehen, und zwar so intensiv, bis sich schließlich wie von selbst eine überzeugende Gestik ergibt.

Hilfen dazu:

Beginnen Sie mit der Gestik des entschiedenen Forderns:

«Die Lampe mir her!»

«Das Kälbchen mir her!»

«Das Bräutchen mir her!»

Die Geste mit dem ganzen Arm ausführen. Am besten die Hand vom Herzen her entschieden und kräftig und nun aus dem ganzen Arm heraus zum Nehmen öffnen.

Die dramatischen Gesten des Forderns steigern wir, indem wir bei der Forderung nach der Lampe noch etwas zurückhaltend sind, beim «Kälbchen» schon entschiedener und beim «Bräutchen» absolut unerbittlich.

Bei dieser Gelegenheit können Sie gleich noch die Steigerung in den Verszeilen mit den drei «Kras» des «heranschwebenden» Raben mit der Stimme üben. Beim ersten Kra «schwebt» er noch fern, beim zweiten schon näher, beim dritten sitzt er da!

Als nächstes üben wir die scheinheilig-listige Erkundigung des Raben:

«Ist mein Spänchen noch da?»
«Kein Spänchen mehr da?»
«Mein Splitter nicht hier?»

«Ist die Lampe noch da?»
«Keine Lampe mehr da?»
«Meine Lampe nicht hier?»
und so weiter...

Genießen Sie seine besserwisserische Überheblichkeit. Probieren Sie aus, welche Handgeste und Kopfneigung dazu am besten passen. Diese Gesten lassen sich noch steigern, dürfen aber nicht zu «groß» ausfallen, denn die Forderungsgesten müssen die stärksten bleiben.

Jetzt würde ich mir das Kra-Kra-Kra der jeweils zweiten Strophen vornehmen. Dieses muß nervensägend sein und nicht zum Aushalten, aber nicht dämonisch-böse, denn der Rabe tut ja alles aus guter Absicht, und diese muß auch der Erzähler während seines Erzählens die ganze Zeit über im Hinterkopf behalten.

Das Schluß-Kra-h-h am Ende des Märchens hat die gute Absicht dann wirklich im freundlichen Hinhauchen zu verdeutlichen. Es muß auf Rabenart Liebe und Zärtlichkeit zum Ausdruck bringen. •

32. Übung: Selbstgemachte «Einstreu»-Verse

Erzählen Sie Kindern eine kleine Geschichte, in die Sie an bestimmten Stellen ähnliche Verse wie im Rabenmärchen einflechten und möglichst auch wiederholen. Sprechen Sie diese beim Erzählen besonders ausdrucksvoll. (Das heißt nicht, daß das mit besonderer Lautstärke geschehen muß.)

Achten Sie während des Erzählens bei Ihrem Publikum auf die Wirkung dieser Stellen! •

Sind wir gute Beobachter, können wir bei den Zuhörern – nicht nur bei Kindern – deren innere Bewegung immer auch äußerlich wahrnehmen. Wenn der Erzähler zum Beispiel

Erzählformeln

benutzt wie: «Es war einmal», geht durch die Schar, auch der erwachsenen Zuhörer, eine leise Bewegung. Entsprechend sind Aufatmen und Entspannung spürbar bei der Schlußformel: «Und wenn sie nicht gestorben sind –»

Die Märchenerzählerin Micaela Sauber leitete einmal ihre Erzählung von «König Laurins Rosengarten» mit einer kurzen Betrachtung über die fünfblättrige Rose ein. Den ersten Abschnitt ihrer Erzählung beendete sie dann mit den Worten: «Für das erste Rosenblatt». Nun wußten die Zuhörer, daß es fünf Abschnitte im Erzählen geben würde. Darüber hinaus aber entstand im Raum als lebendige Form für die Erzählung die Gestalt einer fünfblättrigen Rose.

Die Erfahrung mit derlei wiederkehrenden Erzähl-Formeln ermuntert uns, besonders wenn wir kleinen Kindern etwas erzählen, selber solche belebenden und gestaltenden Elemente zu erfinden. Reime sind dabei nicht erforderlich. Aber die Wiederholungen solcher Formeln sind wichtig.

Wiederholungen

Sie haben im Erzählen mehrere Funktionen. Einerseits strukturieren sie eine Geschichte, wie zum Beispiel in den Märchen bei den vielen «Dreimaligkeiten». Andererseits steigern sie die Spannung. Außerdem aber sind sie wieder verwandt mit Spiel und Bewegung und scheinen hier einem seelischen Bedürfnis entgegenzukommen.

Und nicht nur einzelne Aussagen und Handlungsabschnitte können wiederholt werden, sondern auch vollständige Texte. Hierzu gehört das bekannte Wiederholen von Bilderbuchgeschichten und Märchen. Sie bewegen die Kinder immer wieder aufs neue zu immer wieder neuem inneren Vorstellen und neuen Identifikationen und sind offenbar ein Anreiz, sich mit einer Situation immer wieder aufs neue zu verbinden. Vielleicht besteht für Kinder, sogar in bezug auf den Ausgang der ihnen bekannten Geschichte, jedesmal doch eine leise Unsicherheit: Geht alles auch wirklich wieder so gut aus wie das letztemal? Jede Geschichte ist für das Kind ein Lebenserlebnis, und jede Wiederholung des guten Ausgangs bringt Erlösung und Freude und eine Stabilisierung des Lebensvertrauens.

So gilt für die Wiederholung noch immer, was einst Walter Benjamin über sie gesagt hat: «Wir wissen, daß sie dem Kind die Seele des Spiels ist; daß nichts es mehr beglückt, als ‹noch einmal›... Immer wieder, Erfahrung in Gewohnheit – das ist das Wesen des Spielens.» (Walter Benjamin: «Spielzeug und Spielen»)

Statt einer Übung erzähle ich eine Begebenheit aus der Praxis: Zwei Studentinnen boten einmal die Bilderbuch-Geschichte vom «Kleinen Zweifuß» sechs Wochen hintereinander täglich im Kindergarten erfolgreich an, indem sie dieselbe Geschichte lediglich immer wieder mit neuen Schwerpunkten versahen und nach dem Erzählen kleine Szenen malen, mit Knetwachs plastizieren oder spielen ließen. Nach dieser Zeit brachen die Studentinnen ihren Versuch ab, weil sie glaubten, dieses Thema nun erschöpft zu haben, und weil es sich für sie persönlich auch wirklich erschöpft hatte. Aber die Kinder hätten sich noch viel länger damit beschäftigen können. Jedenfalls traf eines der Kinder eine Studentin nach einem halben Jahr in der Stadt und fragte: «Wann kommt ihr wieder und erzählt vom kleinen Zweifuß?»

Eine Freundin erinnerte sich in diesem Zusammenhang: «Meine Mutter erzählte fast nie. Nur wenn wir krank waren, dann erzählte sie. Leider war ich kaum krank. Zum Glück hatte ich aber ein paar Kinderkrankheiten wie Masern zum Beispiel. Dann setzte sie sich an mein Bett und fragte, was sie mir erzählen solle. «Hänsel und Gretel!» – «Aber Traute, bei dem Märchen mußt du doch immer so schrecklich weinen! Soll ich nicht lieber was anderes erzählen?» Ich bat so lange, bis sie mir «Hänsel und Gretel» erzählte. Natürlich rollten meine Tränen. Meine Mutter erzählte das Märchen ganz schnell zu Ende und wollte mich sogleich mit einem anderen ablenken. «Traute, was soll ich dir jetzt mal erzählen?» Und unter Tränen schluchzte ich: «Hänsel und Gretel!»

Und wie steht es mit den Erwachsenen und ihrem Verhältnis zu Wiederholungen? Hier gehen die Meinungen auseinander. Jedenfalls ist aber auch ein erwachsener Zuhörer in einer Geschichte, die er schon kennt, anders bewegt und gefordert als in einer unbekannten. In der bekannten Geschichte ist er dem Erzähler näher, er könnte jederzeit selber weitererzählen. Er hört die Abweichungen heraus, kombiniert vielfältiger und kann freier das gesamte Umfeld der Geschichte miterfassen. Allerdings muß die wiederholte Geschichte «gut» sein, damit sie jedesmal wieder mit unverminderter Freude und Aktivität angehört werden kann. Heinrich Böll behauptet sogar: «Eine Geschichte, die man nicht mindestens fünfzigmal erzählen kann, ist keine Geschichte. Wiederholung ist nicht nur erlaubt, Wiederholung ist das wahre Wie.» (Heinrich Böll 1969, S. 187)

Perspektiven – Spannung – Steigerung

Die Perspektive ist der Blickwinkel des Erzählers, aus dem heraus er eine Geschichte sieht und erzählerisch gestaltet. Alles auf einmal kann er nicht übersehen. Seine Zuhörer würden ihm eine solche Perspektive der Allwissenheit auch entsprechend übelnehmen. Eine Perspektive ist wie ein Scheinwerfer, der immer nur einen Teil der Geschichte ausleuchtet. Einiges gerät dabei ins Licht, das andere bleibt im Dunklen, beziehungsweise in den Übergängen von Licht und Dunkelheit, in einer Grenzzone der Andeutungen und Vermutungen.

Nun hat der Erzähler viele Möglichkeiten des Ausleuchtens. Er kann zum Beispiel seinen «Scheinwerfer» gleich zu Beginn auf das Ende seiner Geschichte richten und ihn erzählend allmählich wieder zurück zum Anfang wandern lassen oder die Mitte «aufblenden» und dann zum Ende hin oder auch vorwärts- und zurückspringend die Ereignisse ausleuchten, oder wirklich am Anfang des Geschehens beginnen. Jedesmal ist es ein anderes Erzählen. Hinzu kommt, daß die Perspektive eines jeden Erzählers persönlich gestaltet ist. Sie kann weit oder eng sein in dem Sinne, daß sie wenige oder viele Zusammenhänge erfaßt und – der eigenen Einstellung gemäß – entweder duldet, ablehnt oder freudig begrüßt. Außerdem kann jeder Erzähler seine eigene Perspektive noch durch die Informationen anderer ergänzen.

33. Übung: Erzählperspektiven

Erzählen Sie drei Fassungen von «Rotkäppchen»: 1. vom Schluß, das heißt vom Fest, her, 2. von der Mitte aus, da Rotkäppchen vom vorbestimmten Weg abweicht, und 3. vom wirklichen Anfang an: «Es war einmal...»

Und weiter:

Wie würde sich das Märchen verändern, wenn aus der Perspektive des Wolfes erzählt würde, aus der des Jägers, der Großmutter, der Mutter oder aus der von Rotkäppchen?

Oder:

Richten Sie Ihren «erzählerischen Scheinwerfer» auf einen Gegenstand Ihrer Umgebung oder Ihres persönlichen Gebrauchs, zum Beispiel auf den Schuh, den Sie gerade im Begriff sind anzuziehen. Er hat eine Geschichte, vielleicht halten Sie in diesem Augenblick das Ende seiner Geschichte in Ihrer Hand. Wie lange wird er Ihnen voraussichtlich noch dienen? Wie lange tut er es bereits? Welche Wege über die Erde hat er Ihnen ermöglicht? Und wie ist seine Geschichte, bevor er der Ihre wurde? Wie unterschiedlich kann seine Vorgeschichte jetzt sein, je nachdem, um was für ein Material es sich handelt. Ein Kunststoff-Schuh erzählt eine ganz andere Geschichte als der aus dem Leder einer Bergziege.

Und wenn Sie Ihr Augenmerk jetzt auf einen menschlichen Fuß richten – auch er hat eine Geschichte, die so alt ist wie der Mensch, zu dem er gehört. Was könnte ein Fuß für eine Geschichte erzählen? Hat er vielleicht Narben? Einmal hatte er die Größe eines Säuglingsfußes! Was würde er sich, könnte er erzählen, wünschen? Würde er gerne ohne Strumpf und Schuh laufen? Und über welchen Boden, und wo ist er schon überall gewesen? – Erhält er Dankbarkeit, Massage, Pflege? Was wäre, wenn er seinem Besitzer eines Tages den Dienst aufsagte? •

Aus relativ engen Perspektiven pflegen sich interessante Geschichten zu ergeben. Jedenfalls ist es ein Irrtum zu meinen, die Spannung einer Erzählung sei allein vom großen und aufregenden Thema abhängig, vielmehr entsteht sie durch die Art und Weise, wie ein Erzähler mit seiner Perspektive umgeht. Wenn er gleich zu Anfang «alles» verrät, kein Geheimnis mehr bleibt, kann die Geschichte kaum noch spannend sein. Wenn er sich dagegen erzählerisch langsam herantastet, das Geheimnis stückweise lüftet, eventuell vorher noch andere Menschen oder in Phantasiegeschichten andere Wesen befragt, die ihm zunächst auch noch etwas Falsches sagen können, absichtlich oder unabsichtlich, hört sich die Geschichte schon ganz anders an. Vielleicht begegnet der Erzähler auch «zufällig» jemandem, der mehr weiß und damit stufenweise die erzählerische Perspektive erweitert. So erhält die Geschichte allmählich eine immer größere, sich steigernde Spannung.

Um eine solche sich erweiternde Spannung geht es meist auch in den Geschichten, die von fremden Wesen und unbekannten Verhaltensweisen erzählen. In dem folgenden Beispiel aus dem norwegischen Märchen vom «Siebenten Vater im Haus» sind dieses die Trolle. In diesem Märchen erweitert sich die Erzählperspektive besonders langsam, und zwar durch sieben Steigerungen. Die sieben Autoritäten, die nacheinander gefragt werden müssen, sind Väter von immer kleinerer Gestalt.

Erst der kleinste hat wirklich das Sagen und erweist sich absurderweise auch als der mit der größten äußeren Kraft. Es ist eben ein Trollmärchen. Dieses Trollmärchen ist Gegenstand der nächsten Übung.

34. Übung: Steigerungen

Den folgenden Märchenauszug aufmerksam lesen:

Ein Mann kommt spät am Abend ermüdet auf seiner Wanderung zu einem großen Bauernhof und bittet dort um ein Nachtlager:

Dicht dabei stand ein alter Mann mit grauem Haar und grauem Bart und hackte Holz. «Guten Abend, Vater», sagte der Wandersmann, «könnt ihr mich wohl über Nacht behalten?»

«Ich bin nicht der Vater im Hause», sagte der Alte, «geh in die Küche hinein und sprich mit meinem Vater.»

Der Wandersmann ging in die Küche hinein. Dort traf er einen Alten mit schlohweißem Haar und Bart, der kniete vor dem Herd und blies das Feuer an. «Guten Abend, Vater», redete der Mann ihn an, «könnt ihr mich heute nacht wohl beherbergen?» – «Ich bin nicht der Vater im Hause», erwiderte der Alte, «aber geh in die Stube und frage meinen Vater, der sitzt dort am Tisch!»

Der Mann ging hinein und fragte den Greis, der dort am Tische saß und in einem großen Buche las. «Guten Abend, Vater, könnte ich wohl bei euch übernachten?» – «Ich bin nicht der Vater im Hause. Geh und sprich mit meinem Vater, der dort im Lehnstuhl sitzt.»

Da saß wahrhaftig ein noch kleineres Männchen, das war ganz bucklig und verschrumpelt und runzlig wie eine getrocknete Birne. Er war gerade dabei, eine Pfeife zu stopfen, aber seine Hände zitterten so, daß er sie kaum halten konnte. «Guten Abend, Vater», sagte der Wandersmann wieder, «könnt ihr mich heute nacht beherbergen?» – «Da mußt du meinen Vater fragen», entgegnete das Männchen, «denn ich bin nicht der Vater im Hause. Geh hinüber zum Bett, da liegt er!»

Als der Wanderer sich übers Bett beugte, lag da ein uraltes Männchen, das war ganz kahl und seine Haut schien völlig vertrocknet, und nichts schien lebend an ihm als ein Paar große Augen. «Guten Abend, Vater, könnt ihr mich wohl über Nacht behalten?» – «Ich bin nicht der Vater im Hause», hauchte der mit den großen Augen, «aber geh und sprich mit meinem Vater, der dort in der Wiege liegt!»

Ja, der Mann ging hin zur Wiege, da lag ein uraltes Männchen drin, das war so zusammengeschrumpft, daß es nicht größer war als ein neugeborenes Kind. «Guten Abend, Vater!» sagte der Mann, dem allmählich bange wurde, denn an dem Kleinen war kaum ein Lebenszeichen zu bemerken. «Wollt ihr mir eine Unterkunft geben zur Nacht?» Kaum verständlich murmelte der uralte Greis: «Ich bin nicht der Herr im

Hause, sprich mit meinem Vater, der hängt dort im Horn an der Wand.»

Der Mann suchte an den Wänden entlang, endlich entdeckte er das Horn. Was aber darin lag, war nicht mehr als eine Hülse, die einem Menschenantlitz glich. Da bekam es der Mann mit der Angst zu tun und schrie: «Guten Abend, Vater, kann ich bei euch übernachten?» Da zirpte es in dem Horn wie eine kleine Meise: «Ja, mein Kind!»

Da atmete der Mann erleichtert auf, aber der Alte im Horn wollte erst noch wissen, woher er komme und wo er zu Hause sei. «Von Selgjord», antwortete der Mann. «Laß mich sehen», piepste der Mann im Horn, «ob die Männer dort noch so stark sind wie in alten Tagen. Reich mir deine Hand und laß mich fühlen, ob du noch Mark in den Knochen hast!» Der Mann streckte die Hand aus, da gab ihm der am Tisch ein Zeichen, er solle statt seiner Hand dem Alten eine Eisenstange reichen, die dort in der Ecke stand. Er tat es. Da preßte der Alte die Stange so fest zusammen, daß Wasser daraus tropfte. «Ich sehe, du hast noch Mark in den Fingern», sagte er, «und doch ist es nichts als Schafsmilch im Vergleich zur Stärke deiner Landsleute in alten Zeiten!»

So wurde dem Wanderer dann Essen und Trinken und das Nachtlager bereitet. Am nächsten Morgen fand er sein Pferd am Hoftor angebunden, und als er es bestieg, ein Stück geritten war und sich umschaute, da «war der prächtige Hof verschwunden. Da begriff der Mann, daß er bei Trollen zu Gast gewesen war, und ritt schnell und eilte, daß er nach Hause kam.»

(Gekürzt wiedergegeben aus dem Märchenbuch: «Die Kormorane von Ut-Röst»; Mellinger Verlag, Stuttgart, S. 153 ff)

Dieses Märchen soll jetzt frei nacherzählt werden, um den Umgang mit den sich erst allmählich erweiternden Erzählperspektiven und den damit verbundenen Spannungs-Steigerungen versuchsweise nachzuvollziehen. Mit der Unterschiedlichkeit der Väter erzählt sich gleichzeitig das Umfeld mit, denn mit jedem Vater, der neu hinzukommt, erweitert sich der Raum: So hackt der erste Vater noch draußen das Holz, dann geht es zu dem Vater in der Küche, der vor dem Feuer kniet, dann zu dem in der Stube, der mit dem Buch am Tisch sitzt, zu dem im Lehnstuhl, zu dem im Bett, dem in der Wiege und schließlich zu dem im Horn an der Wand. ●

Besonders spannend sind Erzählungen, die so mit der Perspektive umgehen, daß sich das Geheimnis erst mit dem Schlußsatz in seiner ganzen Weite offenbart, wie in dem schon bekannten türkischen Raben-Märchen.

35. Übung: Steigerung der Perspektiven

Erfinden Sie eine Geschichte, in der die Handlungsträger unterschiedlich eingeengte Sichtweisen haben, zum Beispiel eine Maus (mit einem zu kleinen Blickwinkel), ein Hund (verschlafen oder aggressiv), ein kleines Kind (das die fehlende Erfahrung durch Phantasie ersetzt) und eventuell ein Schwerhöriger (dessen auditiver Bereich eingeschränkt ist). Dazu wählen Sie ein beliebiges Thema: «Polterabend», «Diebstahl», «Hausputz», «Weihnachtsvorbereitungen» oder anderes. Das gewählte Ereignis wird zu Beginn aus der unwissendsten Perspektive heraus entsprechend verfremdet geschildert, so daß niemand den Sinn erkennen kann, sondern etwas ganz anderes, eventuell sogar etwas Furchterregendes erwarten muß. Wenn Sie ein Beispiel wollen, lesen Sie die Weihnachtsgeschichte von Tove Jansson. In dieser Geschichte wird erzählt, wie Trolle, die zur Weihnachtszeit ihren Winterschlaf halten und daher nicht wissen, was «Weihnachten» ist, einmal durch einen Zwischenfall doch um diese Zeit aufwachen. Sie erleben die für sie ganz unverständlichen Weihnachtsvorbereitungen und die entsprechende Hektik. Auf ihre Fragen bekommen sie nur die ihnen immer größere Angst einjagende Antwort, daß eben Weihnachten «komme». Die Geschichte ist ein herrliches Beispiel für den Aufbau von Spannung mit Hilfe von zunächst eingeschränkten, sich dann aber immer mehr erweiternden Erzählperspektiven. (Tove Jansson: «Geschichten aus dem Mumintal», Zürich 1966) •

Übungen mit Erzählperspektiven sind letztlich Übungen mit dem

Erzählverlauf

Dieser folgt den wechselnden Perspektiven: Er bleibt nicht mehr linear eingleisig, von Anfang bis Ende aufgereiht, wie das in den Reihungsgeschichten der Fall war, sondern fließt jetzt auf vielerlei Art dahin. Ein Thema wird umkreist, variiert, auf eine neue Ebene gehoben, mit dieser verflochten, und es kann auch wieder zur alten zurückkehren. Außerdem ergibt sich die Möglichkeit, den Erzählverlauf durch Anspielungen, Vergeßlichkeiten oder Nichtsnutzigkeiten aus der subjektiven Ebene des Erzählers noch zusätzlich zu unterbrechen.

Je mehr der Erzähler sich auf solche Wege und Möglichkeiten einläßt, desto mehr wächst seine Beweglichkeit. Desto geübter wird auf die Dauer auch sein

Gleichgewichtssinn,

mit dem er schließlich wie von selbst die einzelnen Möglichkeiten miteinander verbindet und gegeneinander ausbalanciert. Auch beim Erzählen gilt – wie überall im Leben –: Wenn etwas einseitig und ausschließlich angewandt wird, fordert es das andere Extrem heraus. Hat also die erzählerische Beweglichkeit sich eben fast überschlagen, muß zwangsläufig eine ruhigere Phase folgen. Ebenso darf der Zuhörer nicht unausgesetzt angesprochen werden. Nach sehr viel Nähe muß diesem auch wieder Distanz angeboten werden und umgekehrt. Ebenso verhält es sich mit der Erzählstimmung.

Der Erzähler kann zwar ohne weiteres lange Zeit hindurch Gespensterhaftes und Unheimliches erzählen, aber irgendwann wird das zuviel, das lebendige Gleichgewicht ist gestört, und es gibt eine Explosion, zum Beispiel durch einen Witz, den ein Zuhörer macht, vielleicht sogar der Erzähler selbst. Genauso geht es mit den anderen Erzählstimmungen, selbst Harmonie und Idylle lassen sich nicht auf die Dauer ertragen.

Es ist immer dasselbe:

Das freie Erzählen ist ein lebendiges Gebilde und wird wie dieses vom Einatmen wie vom Ausatmen geprägt. Es verträgt keine langanhaltenden Einseitigkeiten. So verlangt auch die permanent aufgebaute Spannung nach einiger Zeit die entsprechende Entspannung. Auch für eine durch extreme Ereignisse gestaute Handlung muß ein entsprechendes Ausschwingen angeboten werden, damit sich die Gefühle und Empfindungen wieder zurechtschaukeln können. Kinder praktizieren solche Lebensgesetze aus sich heraus auf ganz selbstverständliche Weise.

Wenn einer unserer Söhne im Kindergarten oder in der Grundschule eine Panne erlitten hatte, setzte er sich, zu Hause angekommen, wortlos auf sein Schaukelpferd und schaukelte so lange, bis sich die Belastung innerlich ausgeglichen hatte und die Welt für ihn wieder stimmte. Ich ließ mich als Kind in ähnlichen Situationen auf dem Schoß meiner Großmutter hin- und herschaukeln. Der Schaukelrhythmus und der Tonfall des Erzählens, dem Hin und Her der Bewegung angepaßt, taten ihre ausgleichende Wirkung.

Entsprechend gestalten wir unser Erzählen, indem wir nach dramatisch erzählten Stellen eine Weile episch und ruhig weitererzählen und etwa eine Situation ausführlich beschreiben. Danach darf es dann wieder «spannender» zugehen. Auch die Übungen mit den unterschiedlichen Elementen (Nr. 6–9) sind günstig für das Ausgleichen von Extremen. Dieses heilsame Entspannungs- und Entlastungserzählen ist ein natürliches und lebendiges Spiel. Damit soll aber keinesfalls gesagt werden, daß jedes Erzählen zum Happy-End führen soll. Es gibt viele Erzählungen, die uns gerade deshalb stark berühren, weil sie kein «gutes» Ende haben.

In diesen Zusammenhang gehört noch ein weiteres Wechselspiel, nämlich das der beiden Erlebnis- und Erzählebenen von Assoziieren und Dissoziieren.

Assoziieren und Dissoziieren

Wenn wir in eine Situation real oder vorstellungsmäßig mit all unseren Empfindungen und Gefühlen hineingehen, wenn wir zum Beispiel aufgefordert werden, uns vorzustellen, daß wir uns wirklich in einer Flasche befinden, wirklich in der Einsamkeit, in einer Erdhöhle, auf einem Motorrad bei Höchstgeschwindigkeit oder hoch oben auf dem Riesenrad, dann erleben wir diese Situation subjektiv assoziiert. Stellen wir dagegen einen Abstand her und erleben aus diesem heraus dieselbe Situation, schauen zum Beispiel von der Bank im Park zu, wie sich das Riesenrad in dreihundert Metern Entfernung dreht, und sehen uns dazu, wie im Film, aus dem Abstand winzig klein, wie wir dort gestern oben in der Gondel saßen und die Landschaft von oben betrachteten, dann sind wir gefühlsmäßig weniger tangiert und erleben die Situation innerlich frei und gelöst. Wir sind dissoziiert.

Ein Erzähler erzählt je nach seiner eigenen Betroffenheit immer entweder assoziiert oder dissoziiert. Er befindet sich während des Erzählens entweder mitten in einer Situation, oder er stellt diese aus dem Abstand dar. Im allgemeinen geschieht dieses unbewußt. Aber er kann sich für diese Erlebnisebenen auch beweglich machen und sie bewußt auswählen beziehungsweise so abwechseln, daß sich wieder das erwähnte Gleichgewicht herstellt. Hat er sich eben erzählend noch tief in der Assoziierung befunden – und natürlich seine Zuhörer dahin mitgenommen, zum Beispiel in eine Gespenstergeschichte – so kann er im nächsten Augenblick in der Dissoziierung erreichen, daß dieselbe Situation jetzt von draußen und aus dem sicheren Überblick erlebt wird, etwa dadurch, daß er mit den Klängen der Kirchturmuhr die Gespensterstunde beendet. Der Zuhörer kommt aus dem Strudel der Gefühle wieder in den ruhigen Fluß des Erlebens.

Der Umgang mit den Erlebnisebenen, der Wechsel in der Intensität des Erlebens, ist ein wichtiges erzählerisches Mittel, wenn man bedenkt, wie vieles wir damit ausgleichen können, etwa in Streß-Situationen, in denen wir fast immer zu stark assoziiert, zu tief in irgendeines unserer Gefühle verstrickt und verwickelt sind. Mit der Dissoziierung können wir auch hier eine wohltuende und heilsame Distanz herstellen.

Und umgekehrt: Haben wir durch längere Zeit hindurch aus dem Abstand erzählt, womöglich noch zeitlich stark gerafft – «Jahre sind vergangen...» – oder aus räumlicher Weite – von einem hohen Berg herunterschauend –, so sollte sich der Zuhörer nun auch wieder ein

Stück weit mit der Handlung verbinden und diese möglichst von «innen» erleben können. Das heißt dann, daß sich auch der Erzähler wieder assoziiert in die Handlung hineinbegeben muß.

Die spielerische Beweglichkeit des Erzählers kennt keine Grenzen und macht natürlich auch die Zuhörer beweglich, wenn sie plötzlich von einem vertrauten Ort an einen ganz entfernten versetzt werden oder in eine andere Zeit oder aus dem Abstand wieder mitten in das Geschehen, je nachdem, wie es dem Erzähler gerade gefällt und wie er es fügt. Er verändert den Verlauf seiner Erzählung nach dem augenblicklichen Bedarf, räumlich und zeitlich, schlägt Brücken in die Zukunft wie in die Vergangenheit und bestimmt, welche Stellen er aus nächster Nähe als Großaufnahme gestaltet und welche er in weite Ferne rückt.

36. Übung:
Assoziieren und Dissoziieren I

Bevor Sie die Übung beginnen, vergegenwärtigen Sie sich jenes alte Gesellschaftsspiel, in dem ein vorher versteckter Gegenstand gesucht werden muß. Ist man von dem Versteck weit entfernt, schreit alles: «Kalt!», kommt man der Sache dagegen näher, heißt es: «Warm! Wärmer!» und schließlich, am Versteck angelangt: «Heiß!» So ist es mit dem Erzählen auch; ist man von einer Sache persönlich betroffen, schwingen im Erzählen alle Gefühle mit, man erzählt ebenfalls erhitzt und feurig. In äußerster Betroffenheit nimmt einem die Hitze sogar den Atem, im Extremfall gibt es überhaupt keine Äußerung, man ist blokkiert. Worte brauchen und schaffen (befreienden) Abstand. Mit dem Größerwerden dieses Abstandes, werden auch wir distanzierter, und unser Erzählen wird schließlich kühler bis – im Extrem – kalt. Ich führe dieses an, um zu sagen, daß beide Phänomene im Extrem kein Erzählen mehr sind. Erzählen ist immer eine Mischung von beiden, ein Mehr-oder-Weniger, je nachdem. Üben Sie das Assoziieren und das Dissoziieren, indem Sie nacheinander zwei Szenen erzählen:

1. dissoziiert (von außen beobachtet): eine Arbeitssituation,
2. assoziiert (aus der Betroffenheit und dem konkreten eigenen Erleben heraus): eine Feriensituation.

Und dann dasselbe umgekehrt:

1. dissoziiert: die Feriensituation und
2. assoziiert: die Arbeitssituation. ●

Freies Erzählen für Kinder

Nicht durch Geburt, ach was, durch die Erzählungen in den Innenhöfen bin ich Troerin geworden.»
Christa Wolf: «Kassandra»

Das Erzählen meiner Großmutter

Jetzt erzähle ich einfach, wie ich in meiner Kindheit das Erzählen erlebt habe, weil sich – wie ich meine – daraus grundsätzliche Einsichten in das Wesen des Erzählens, seine Bedeutung, seine Möglichkeiten und Dimensionen ergeben.

Dem Erzählen meiner Großmutter habe ich bereits als Vorschulkind viele faszinierende Lern- und Lebenserfahrungen zu verdanken. Sie hatte soviel Verständnis für mich, daß sie mir abends und morgens und wann immer ich sie darum bat, Geschichten erzählte, in der Dämmerung und auf der Ofenbank, wenn wir miteinander zum Markt gingen oder während des Fliegeralarms im Luftschutzkeller oder wenn sie am Herd stand und kochte. Ich ließ ihr keine Ruhe, verfolgte sie auf ihren Gängen durchs Haus oder in den Garten, wenn sie von dort das Gemüse zum Essen holte. Während sie es in der Küche putzte und zubereitete, stand ich daneben, sah ihren ruhig arbeitenden Händen zu und fragte und fragte, und sie erzählte, fast wortwörtlich die Märchen und in freier Weise Ereignisse, Begegnungen, Erfahrungen. Meistens waren es keine vorbereiteten Erzählungen, sondern sie erzählte frei, was ihr aus ihrem alltäglichen Leben und aus der Situation heraus in den Sinn kam: Wie sich alles einmal wirklich zugetragen hatte oder sich hätte zutragen können.

Das alltägliche Leben war für sie nie bedeutungslos oder selbstverständlich, sondern alles war voller Erlebnisse, Fragen, Überraschungen und Erwartungen. Aus allem entstanden für mich Geschichten, und die wiederum brauchte ich genauso wie meine täglichen Mahlzeiten und wie meine Bewegung.

Mündlich erzählte Geschichten gehören für ein Kind im Vorschulalter zum Leben. Ihre jeweiligen Inhalte sind wichtig in bezug auf *Informationen und zugleich ein Angebot, das soeben über Welt und Menschen Erfahrene mit dem Erzähler in angemessener Weise zu verarbeiten.*

Das Fernsehen gab es in meiner Kindheit noch nicht, auch keine Kassetten, Tonbänder oder dergleichen. Ich hatte damals «nur» Menschen um mich, und ich mußte sehen, wie ich über diese «live» und eben mit Hilfe eigener Strategien zu den Geschichten kam, die ich brauchte.

Allerdings waren für uns Kinder und unser Lernbedürfnis die damaligen Arbeits- und Lebensgewohnheiten günstig: Sie enthielten in sich bereits die Gelegenheiten zum Erzählen. An der Spitze stand für mich das Wäschemangeln. Das ließ ich mir niemals entgehen, denn dazu gehörte die Fahrt auf der Wäschemangel. Im Hause meiner Großmutter war eine handbetriebene Wäschemangel in Gebrauch, ein schwerer hölzerner Wagen, in dessen Mitte sich eine mit großen Feldsteinen gefüllte Lade befand. Dieser Wagen wurde von zwei Frauen über mit Wäsche umwickelte Rollen abwechselnd hin und her gezogen und geschoben. An jeder Seite des Wagens befand sich zu diesem Zweck eine Griffstange, hinter der jeweils ein Kind auf dem Wagenboden Platz finden konnte, geborgen zwischen den Frauenarmen. Und während wir Kinder im schwerfälligen und gemütlichen Rhythmus auf diesem leise quietschenden Wagen über die Wäsche mitfuhren, lauschten wir gespannt dem Hinüber und Herüber des Erzählens. Es gab immer Geschichten: Sie begleiteten die Arbeit. So er«fuhren» wir im wahrsten Sinne des Wortes Alltagsereignisse und Räuberpistolen, Trivialitäten und Intimitäten, Lebensansichten und Klatsch, vergangene Zeiten und Vertraulichkeiten, Zukunftspläne und Festvorbereitungen. Es war eine umwerfende Lebendigkeit!

Oder das Vergnügen, wenn im Sommer in den Semesterferien Studenten, Freunde und Verwandte an die Masurischen Seen angereist kamen, wenn also im Hause meiner Großeltern die Betten knapp wurden und Notlager aufgeschlagen werden mußten, so daß wir schließlich zu mehreren in den einzelnen Zimmern schliefen und für mich die Aussicht bestand, eine Fülle von Geschichten zu hören. Manche Nacht habe ich als Kind in diesen Wochen auf alle mögliche Weise versucht, wach zu bleiben, mich gekniffen, um nicht einzuschlafen und mitzubekommen, was meine Tanten und ihre Freundinnen, wenn sie spät am Abend und in der Nacht endlich müde und ausgelassen nach Hause kamen, erzählten, von allem, was sie erlebt hatten. Ich erinnere mich an ihr Flüstern und leises Lachen, sie wollten mich ja nicht wecken. Auf diese Weise kam ich zu meinen ersten Liebesgeschichten.

Meinen Großvater begleitete ich gern zu seiner Skatrunde, und zwar wegen der Geschichten, die dort erzählt wurden. Meistens handelten diese vom Krieg, und irgendwann kannte ich sie alle. Aber ich fand es dennoch spannend, dieselben Geschichten wieder und wieder zu hören, denn sie waren jedesmal verändert, je nachdem, in welcher Situation der Erzähler sich gerade befand und oft auch abhängig davon, ob er gerade gute Karten hatte oder ein mieses Blatt.

Natürlich war ich in meinem Hunger nach Geschichten aufdringlich und für die Erwachsenen nicht immer bequem. So recht begriff ich das erst viele Jahre später, als ich selber Kinder hatte, die mich in ähnlicher Weise «begleiteten». Als einmal frühmorgens um fünf unser kleiner Sohn putzmunter in mein Bett kletterte und mich mit den Worten weckte: «Wir wollen uns was erzählen – du fängst an!» – da fiel mir sogleich mein eigenes Verhalten aus meiner Kindheit ein. Aber: Was ist schon eine Ruhestörung, gemessen an einer derartig lebendigen Initiative!

Denn um eine solche handelt es sich. Die Jagd nach Geschichten bedeutet eine energische *Entfaltung von Eigeninitiative: Ein Kind nimmt wie im Spiel selbständig sein eigenes Lernen in die Hand.*

So wie ich verbrachten damals viele Kinder einen großen Teil ihres Lebens mit der Jagd nach Geschichten. Sie waren unsere eigentliche Nahrung, von der wir lebten, denn der Mensch lebt bekanntlich nicht vom Brot allein!

Die fünf Töchter meiner Freundin hätten in einem riesigen alten Pfarrhaus jede ohne weiteres ein Zimmer für sich haben können. So wurde es ihnen auch immer wieder angeboten. Sie lehnten jedoch ab und schliefen statt dessen jahrelang alle zusammen in einem einzigen Zimmer, teils in Etagenbetten. Wieso das denn?? «Weil Anne (die zweitälteste der Schwestern) abends immer so schön erzählt!»

Kinder, die auf mündliches Erzählen angewiesen sind, müssen eine unglaubliche Aktivität entwickeln. Erwachsene erzählen und erzählten Geschichten keineswegs immer freiwillig und bereitwillig. Ich mußte die Menschen suchen, die mir Geschichten erzählten, oft darum betteln und darum handeln, oft lange eine günstige Gelegenheit abwarten oder diese listig herbeiführen beziehungsweise die Orte aufsuchen, von denen aus ich als Kind mithören konnte, was die Erwachsenen einander erzählten. So saß ich manchmal unter dem Wohnzimmertisch, von der herabhängenden Tischdecke verborgen, manchmal auch ganz offen und unauffällig an der Holzkiste neben dem Küchenherd und spielte mit dem Holz, während die Erwachsenen sich unterhielten und im Eifer ihres Erzählens mich und meine Ohren vergaßen.

Ich deutete bereits an, daß es auch für die damaligen Erwachsenen nicht immer bequem war, die Erzählbedürfnisse der Kinder zu befriedigen. Aber das Leben ist nun einmal nicht auf Bequemlichkeit angelegt. Vor kurzem schrieb mir eine Mutter von zwei kleinen Kindern aufatmend, der «große» (höchstens drei Jahre alte) Sohn könne «sich nun kassettenhörend gut alleine beschäftigen». Wie wenig müssen er und seine Mutter tun, damit Unterhaltung läuft. Aber was läuft in Wirklichkeit bei einem solchen Verhalten alles *nicht*?

Wie groß der Hunger der Kinder nach Erzählungen sein kann und wie ausgeprägt die Beharrlichkeit, Geschichten zu erbetteln, geht daraus hervor, daß Erwachsene früherer Zeiten, die das Kind nicht einfach an den Recorder oder den Fernseher verweisen konnten, ihrerseits gewisse Strategien entfalteten, um sich der Nachfrage-Plage mitunter auch zu erwehren.

Diese Strategien bestanden, der Zeit entsprechend, manchmal wiederum aus Erzählungen, wie zum Beispiel:

Es war einmal ein Mann,
der hatte sieben Söhne.
Die sieben Söhne sprachen:
«Ach Vater, erzähl uns doch eine Geschichte!»

Da fing der Vater an:
«Es war einmal ein Mann,
der hatte sieben Söhne,
die sieben Söhne sprachen ...»

und unendlich so weiter.

In diese Kategorie gehörte damals für mich auch das Märchen vom goldenen Schlüssel, den ein armer Junge im tiefen Schnee findet, und dann findet er auch das eiserne Kästchen, «aber es war kein Schlüsselloch da, endlich fand er doch noch ein kleines und probierte, und der Schlüssel paßte gerad, da drehte er ihn einmal herum, und nun müssen wir warten, bis er vollends aufgeschlossen hat, dann werden wir sehen, was darin liegt» (Panzer, S. 518).

Solche «Geschichten» haßten wir!

Kinder, denen erzählt wird, kommen nachahmend selber ins Erzählen und lernen auf selbstverständliche Weise *das Entfalten ihrer sprachlichen Gestaltungsmöglichkeiten.*

Ich erinnere mich, wie ich als Kind aus den mir erzählten Geschichten meine «eigenen» machte, für die ich dann wiederum Zuhörer suchen mußte. Aber ich kann mich nicht an einen einzigen Fall erinnern, daß ich eine Geschichte etwa nicht losgeworden wäre. Wenn die Erwachsenen auch mitunter streikten, so gab es in meiner Kindheit immer jüngere Kinder, die ebenfalls hungrig waren nach erzählten Geschichten, und die nahmen dann mit den meinigen vorlieb.

Natürlich hatten wir in einer Zeit, in der noch erzählt wurde, mehr Gelegenheit als heute, Selbsttätigkeit und kommunikatives wie sprachliches Lernen im Ergattern von Geschichten zu entwickeln, Lernziele, um die wir uns heute in pädagogischen Zusammenhängen oft auf recht komplizierte Weise und durchaus nicht immer erfolgreich bemühen.

Von der List, zum Erzählen zu verführen:
«Die Mutter ist listig, wie sie mich zum Erzählen bringt, so sagt sie: ‹Heute ist ein schöner Tag, heut geht der Wolfgang gewiß nach seinem Gartenhaus, es muß noch recht schön da sein, nicht wahr, es liegt im Tal?› – ‹Nein es liegt am Berg, und der Garten geht auch bergauf, hinter dem Haus, da sind große Bäume von schönem Wuchs und reich belaubt.› – ‹So! und da bist Du Abends mit ihm hingeschlendert aus dem römischen Haus?› – ‹Ja, ich habs Ihr ja schon zwanzigmal erzählt;› – ‹so erzähls noch einmal. Hattet Ihr denn Licht im Haus?› – ‹Nein, wir saßen vor der Tür auf der Bank, und der Mond schien hell.›» (Und so weiter, bis Bettina beginnt, im Zusammenhang zu erzählen)
Bettina Brentano zu Goethe über seine Mutter

Aber wir dürfen heute nicht alles mit veränderten Zeitverhältnissen entschuldigen, sondern müssen uns klarmachen, daß heutige Kinder mindestens dieselben Lernansprüche haben wie Kinder damals.

Fest steht, daß mit dem Erzählen von Geschichten vielfältigste Lernmöglichkeiten verbunden sind, abgesehen von der bereits im Vorwort erwähnten Tatsache, daß Kinder im mündlichen Erzählen gleichzeitig mit den Geschichten *Geborgenheit und Wertschätzung* erfahren. Wenn meine Großmutter mir Geschichten erzählte, erlebte ich es als beglükkend, daß mich ein erwachsener Mensch als Gesprächspartner ernst nahm, obwohl ich noch ein Kind war. Ich war es offenbar wert, daß mir Geschichten erzählt wurden, genauso wie auch ich im umgekehrten Fall meine Geschichten erzählen durfte und diese ebenfalls von meiner Großmutter mit der entsprechenden Zuwendung angehört wurden. Begierig nahm ich in der förderlichen Situation der Geborgenheit und der persönlichen Wertschätzung die Geschichte auf, die Erzählsituation und die Großmutter selber, die erzählte, heute so und morgen anders, mal knapp, mal ausführlich – ihre Sprache, ihren Tonfall, ihre Gestik, ihre Mimik, ihr Lachen, ihre Empörung, ihre Gefühle und Wertungen.

Die Pausen, die sie zum Überlegen brauchte, waren für mich willkommene Gelegenheiten, alles noch einmal zu überdenken, mit dem Gehörten innerlich experimentierend umzugehen, indem ich die einzelnen Sachverhalte in meiner Weise miteinander in Beziehung setzte, sie ausschmückte und eventuell spielerisch neu kombinierte.

So wurde neben der gegenseitigen persönlichen Wertschätzung, neben der Entfaltung von Eigeninitiative, neben Information und sprachlicher Entwicklung noch etwas ganz Wichtiges gelernt: Die Erfahrung mit mündlichem Erzählen ist eine Erfahrung mit Erzählern – eine grandiose, unerschöpfliche Lektion in *Menschenkenntnis*.

Bedenken Sie, daß ein Kind, das um eine Geschichte bettelt, auch in dieser Hinsicht seine Lerninitiative betätigt. Es sind ja keineswegs nur die erzählten Inhalte, die ihre Wirkung ausüben und zur phantasievollen Verarbeitung herausfordern, sondern jeder Erzähler teilt mit dem Inhalt seiner Geschichten, auch wenn er von scheinbar noch so entfernten Dingen spricht, immer auch sich selber mit. Nur *er* kann in seiner individuellen Besonderheit und Einmaligkeit diese Geschichten so und nicht anders erzählen.

So fragte ich mich als Kind: Wie verändert sich ein Ereignis, wenn Oma es erzählt, und wie, wenn Opa es erzählt? Wie kommt es, daß Opa deftiger erzählt? Opa ist so! Und er malt nicht alles so schön aus wie Oma. Oma sieht so viel. Die Geschichte paßt so richtig zu Oma. Oma *ist* so!

Oder wenn mir jemand eine Geschichte erzählte, die ich schon anderswo gehört hatte, war es spannend für mich, die Abweichungen herauszuhören. Wie anders klang die Geschichte auf einmal!

Diese Beobachtung betraf sowohl die kleinen Erzählungen aus der alltäglichen Arbeit als auch die längeren zusammenhängenden «von früher» oder sogar die Geschichten aus der Bibel oder die Märchen, die doch eigentlich unveränderlich sein sollten. Mindestens im Tonfall aber klangen auch die letzteren bei jedem Erzähler und jedem Erzählen ganz anders.

Schließlich stand für mich fest: Der Erzähler und seine Geschichten gehören zusammen. Sogar wenn ein und derselbe Mensch eine Geschichte zweimal oder mehrmals erzählte, auch dann ist sie immer wieder anders.

Denn wie kommt es, daß Anna heute vergißt zu erzählen, daß sie damals, als sie barfuß über die Wiese ging und eine Biene sie stach, daß sie damals vor Schreck und Schmerz ihre leere Blumengießkanne in die Luft schleuderte und diese Gießkanne sich dabei in der Luft überschlug und sich kreiselnd drehte!? Das ist doch keine Geschichte, wenn Anna heute einfach sagt, daß die Biene sie gestochen hat und der Fuß weh tat! Warum läßt sie plötzlich so wichtige Sachen, wie die mit der Gießkanne, weg?

Anna erzählt heute nicht richtig, weil sie an etwas anderes denkt. Man merkt es der Geschichte an. Muß man nicht, wenn man eine Geschichte erzählt, nur an sie denken? Vielleicht geht es Anna heute nicht gut?

Also: Auch dieselben Geschichten, von ein und demselben Menschen erzählt, sind niemals genau gleich. *Geschichten sind so, wie ihre Erzähler sich gerade befinden.*

Entsprechend hat ein Kind während des Zuhörens zu tun, eine Geschichte samt allen ihren Variationen zu verstehen. Unbewußt kombiniert und experimentiert es mit den einzelnen Ebenen: Wie war die Begebenheit wirklich?

Heute weiß ich ganz sicher: Kinder haben einen Anspruch auf solches Lernen durch lebendiges Erzählen. Sie brauchen die Gelegenheit, mit der Geschichte Informationen zu bekommen, aber zugleich müssen sie auch lernen, den persönlichen Erzähler in seiner Einmaligkeit und Bedingtheit zu erleben, je nach seinem augenblicklichen Kontext, seiner augenblicklichen Wahrnehmung, seinem Hören, Fühlen und Gestimmtsein. Der Inhalt der Geschichte ist nur die eine Hälfte, die andere besteht aus der Vermittlung von unendlich vielen Lebensbezügen und -zusammenhängen.

Mit diesen differenzierenden Erfahrungen wird gleichzeitig vermittelt: *Geschichten sind nichts Endgültiges und Fixiertes* (im Gegensatz zu den immer gleichen Kassettenangeboten), *sondern etwas grundsätzlich Veränderbares.*

Die Begebenheiten einer Geschichte können im Erzählen aus immer neuen Sichtweisen beleuchtet und gewichtet werden. Dadurch ergeben sich neue Zusammenhänge, Orientierungsmöglichkeiten und Wertungen in bezug auf diese Begebenheiten. Dieses bewegliche Neu-Sehen beziehungsweise Um-Erzählen von Geschichten ist etwas außerordentlich Wichtiges, besonders wenn man bedenkt, wie vielen Menschen diese Fähigkeit heute fehlt. Sie sehen Geschichten, respektive Lebensgeschichten und -ereignisse, besonders unglückliche, als unveränderbar gegeben an. Ein Großteil therapeutischer Arbeit besteht dann darin, solche festgezurrten Lebensgeschichten und zementierten Ansichten und Urteile wieder in lebendige und bewegliche Prozesse zurückzuverwandeln. Meist fällt ein solches Lernen schwer und gelingt nicht ohne Hilfe. Aber Kinder, die mit mündlichem Erzählen aufwachsen, lernen meist spielend, daß Geschichten immer von mehreren Seiten aus betrachtet und eben umerzählt werden können. Im Grunde fordert jede Geschichte zu einem lebendigen Dialog heraus, zum Drehen und Wenden ihrer Motive, zur kommunikativen Auseinandersetzung mit dem Geschehen, eben zum Verändern in bezug auf Sichtweisen und Sinnfindung. Das Um-Erzählen von Geschichten schult *unsere Flexibilität* und unser Umgehen mit Sinnfragen.

Ein weiteres Phänomen des freien mündlichen Erzählens nenne ich

Rezeptivität

Rezeptivität ist das Aufnehmen dessen, was sich aus dem Hinhören auf die eigene Intuition ergibt. Dieses sich hingebende Hinhören auf die Intuition ist eine Grundbedingung allen schöpferischen Formulierens im Gegensatz zur «schnellen» Methode unseres üblichen und durchtrainierten Sprechens einzig aus der linear-rationalen Denkweise heraus.

Wenn wir irgendein Erlebnis der Vergangenheit im zeitlichen Abstand sehen und es nun erzählen wollen, pflegen wir uns im allgemeinen die Zeit zu nehmen, es zunächst innerlich vorzustellen und dafür ab und an Pausen einzulegen. Diese Pausen sind oft nur kurz und fast unmerklich, kleine Intervalle, aber sie reichen doch aus, um auf die Bilder zu lauschen und auf das, was uns jetzt dazu «einfällt», was als nächstes kommen könnte und in welchen Worten uns unsere innere

Stimme dieses mitteilen möchte. Dieses Aufnehmen aus einem selbstlosen Lauschen heraus, wie aus einem träumenden Dialog mit dem Ereignis, aber auch mit uns selber, mit unserer inneren Eingebung, der Intuition, ist Rezeptivität. In jedem künstlerischen Tun empfangen wir aus dieser Haltung der Rezeptivität heraus weit mehr Botschaften als aus einem nur verstandesmäßigen Nachfragen.

Auch dieses außerordentlich wichtige Phänomen habe ich als Kind erleben können, wenn Erwachsene sich gegenseitig oder mir Geschichten erzählten, habe aber erst sehr viel später bewußt erfaßt, daß diese Rezeptivität zum Erzählen gehört: eine grundsätzlich andere Haltung als wir sie zum linear-rationalen Sprechen, zum Diskutieren, zum Lösen von Problemen, zum Halten eines Referates, zum Bewerten oder zum Rechtfertigen benötigen. Dazu erzähle ich zwei Beispiele aus meiner Kindheit:

Wenn man das Haus meiner Großeltern betrat, gelangte man nach dem Öffnen der Haustür im Hausflur an eine offizielle Tür mit Namensschild und Klingelknopf. Man konnte aber an dieser offiziellen Tür auch vorübergehen, dann kam man zur Küchentür, die ich nie als verschlossen erlebt habe und die die Nachbarn, der Postbote oder Freunde des Hauses zu benutzen pflegten. Es war der schnellste Weg zur Großmutter, die dort während einiger Stunden des Tages am Herd stand und kochte. Der Besucher, aus welchem Anlaß er auch gekommen sein mochte, ließ sich auf der Holzbank neben dem Küchentisch nieder, bekam eine Erfrischung hingestellt und genoß die Pause mit Ausruhen und Erzählen. Als ich die beiden folgenden Begebenheiten erlebte, spielte ich nicht mehr mit dem Holz in der Holzkiste, sondern saß, etwa zehnjährig, mit meinen Schularbeiten ebenfalls am Küchentisch. Mich hatten die Schulaufgaben im Griff, die mich trainieren sollten, gegliedert und folgerichtig zu schreiben. Wiederholungen waren unerwünscht, die Sätze hatten grammatisch wohlgebaut und vollständig zu sein. Aber während ich mich um solche Dinge bemühte, erlebte ich neben mir ein faszinierendes Erzählen – mit vielen Wiederholungen und unvollständigen Sätzen –, meinen Übungen genau entgegengesetzt und im Urteil meiner Deutschlehrerin sicherlich nur mit der schlechtesten Zensur zu bewerten. Also während ich mir bei meinem hölzernen Formulieren den Kopf zerbrach, zerbrachen sich jene Erzählerinnen intellektuell überhaupt nichts: ihr Erzählen war ein machtvolles intuitives Sprechen, das aus der Entspannung und aus der Resonanz ihres *ganzen* Körpers kam. Es war eine sprudelnde Produktivität aus der Rezeptivität, aus einem inneren Offensein, Wahrnehmen und Erlauschen, aus dem Gleichgewicht von Einatmen und Ausatmen, Geben und Nehmen, fast über die Grenzen von Diesseits und Jenseits hinweg.

Es war, als ob bei dieser Haltung ein Raum entstand, der gleichzeitig auch alle Zeitvorstellungen auflöste, ein Erzählraum, der mehr als nur die beiden kommunikativen Partner umschloß. Und so reichte auch die Sprache, einfach und bilderreich, weiter als meine Schulsprache mit den sogenannten vollständigen Sätzen, man könnte sagen, bis in den Himmel, aber auf alle Fälle: bis in unsere Herzen.

Dort saß zum Beispiel manchmal eine Nachbarin, von allen «Tante Klimaschewski» genannt, die alte Schwester des Gärtners. Bevor sie das letzte Wegstück zu ihrem Haus in Angriff nahm, pflegte sie bei uns in der Küche zu einer Ruhepause einzukehren. Ich sehe noch heute ihre knotigen Hände, die den Krückstock umklammerten, ihr mageres, bewegliches Gesicht, soweit das schwarze Kopftuch, das die einfachen Frauen in Masuren von einem bestimmten Alter an trugen, es frei ließ. Sie roch immer nach irgend etwas, im besten Fall nach Erde, Zwiebeln oder auch nach Tabak, und ich höre immer noch ihre krächzende, schreiende Stimme, in der Lautstärke der Schwerhörigen, mit der sie ihren Rheumatismus in Gottergebenheit beklagte. Dann wurde die Familie durchgegangen: Jeder einzelne, ganz gleich, ob er sich zu Hause oder an der Front (es war in der Zeit des Zweiten Weltkrieges) befand, ob er verstorben war oder lebendig, Kind oder Erwachsener, jeder wurde erwähnt und nach den kleinen Pausen des Lauschens erzählend durch diesen imaginären Erzählraum bewegt und im Rhythmus von kleinen Stockbewegungen zur Ganzheit der Familie versammelt.

Wenn das geschehen war, verlangte die alte Frau von der Großmutter die erzählerische Gegengabe. In meiner Wahrnehmung fiel das Erzählen meiner Großmutter kürzer und distanzierter aus, strömte aber ebenfalls aus der gleichen inneren Haltung, aus einer sich herstellenden inneren Weite, ebenfalls aus dem Rhythmus des Atems und der jeweiligen Beschäftigung und war ebenfalls inhaltlich vollständig. Beider Erzählungen waren bar aller Sensationen und dennoch originell, weil sie sich intuitiv und einmalig aus der jeweiligen persönlichen Sichtweise heraus entfalteten. Es genügte, daß man von jemand erfuhr, daß er hinter der Scheune arbeitete. Von jeder Familie entstand auf epische Weise so etwas wie ein Blumenstrauß, nicht unbedingt aus schönen, eher aus urigen Gewächsen bestehend. Und waren beider «Bunde» fertig, gab es ein kurzes inneres Vergegenwärtigen, ein nachhörendes Überprüfen, aus dem wechselseitig ein «ja ja» und «na - ja» und «so ist das» die innerlich abrollenden Filme bestätigte. Gelegentlich wurde über diesen oder jenen noch etwas nachgetragen. Jedenfalls waren beide Erzählerinnen ruhevoll entspannt, andächtig und zufrieden, in einer Atmosphäre des Vertrauens auf die sich herstellende Stimmigkeit und Ganzheitlichkeit, in einem In-sich-Ruhen, einem Zu-Hause-Sein

«Sie ließen immer Raum.
Sie nährten es mit keinem Korn,
nur immer mit der Möglichkeit, es sei.
Und die gab solche Stärke...»
Rainer Maria Rilke:
«Die Sonette an Orpheus» II, 4

im Strom des Lebens. Das Erzählen war ein Schöpfen aus diesem Strom. Lauter Einfälle und Impressionen, lustige wie traurige, kamen wie von selbst zutage.

Das zweite Beispiel ist ähnlich: Auch der alte Hausarzt betrat das Haus durch die Küche. Sein langer französischer Name faszinierte mich ebenso wie seine gesamte freundliche Erscheinung. Auch ihn sehe ich noch heute vor mir, wie er, weißhaarig und leicht gebeugt, in seiner himmelblauen Leinenjacke sein Netz mit dem Einkauf – oft in Zeitungspapier eingewickelter Fisch – an die Türklinke in der Küche hängte und sich mit der Arzttasche in der Hand zuerst zum Kaffee ebenfalls auf der Küchenbank niederließ. Meist waren es Erholungsgesten und -äußerungen, mit denen er die Unterhaltung begann. Er entspannte sich sichtlich, und dann mußte die Großmutter erzählen, was es mit dem kranken Enkelkind auf sich hatte. Dabei hörte er wach und gesammelt zu, sein Blick ging in die Ferne, durch das Fenster, in die Zweige des Apfelbaumes, während wieder dieser Raum entstand und die Großmutter in einer ähnlichen Ruhe und gesammelten Offenheit, mehr passiv als aktiv, aber, wie mir schien, gerade dadurch sehr kompetent, die Krankengeschichte nicht vortrug, sondern diese während der Arbeit am Herd assoziativ aus ebendiesem weiten Raum heraus mehr von selber entstehen ließ, bis der Arzt sich irgendwann so weit im Bilde fühlte, daß er sich erhob und zu seinem Patienten hinüberging. Aus einer selbstverständlichen Übereinstimmung der Menschen mit sich selbst, aus einer ruhigen Haltung von Konzentration, innerem Hinhören und Raumlassen ergaben sich die Zusammenhänge und Gedankenfolgen.

In diesen Erzählsituationen waren die Darstellungen also nicht geradlinig, systematisch und zielstrebig auf den Punkt gebracht, wie das in meinen Schularbeiten die Aufgabe war, sondern sie waren ein spontanes kommunikatives Kunstwerk, aus vielen und vielschichtigen Fragmenten bestehend und trotzdem vollständig.

Die alte Gärtnerin oder meine Großmutter hätten es sich nicht träumen lassen, daß sie eines Tages einmal als Musterbeispiele für gutes Erzählen dargestellt werden würden. Sie lebten einfach in der rezeptiven Haltung, im abtastenden Hinhören auf das, was ihnen innerlich entgegenkam. Und wenn sie erzählten, dann geschah das eben aus dieser selbstverständlichen Lebenshaltung heraus. Wir aber spüren an diesen Beispielen, daß aus dieser Haltung des Selbstvertrauens und der Übereinstimmung mit der eigenen Intuition das eigentliche Erzählen kommt: Erzählen ist eine schöpferische Tätigkeit aus der *Rezeptivität* heraus.

Es ist also etwas sehr Wichtiges, was ein Kind mit dem Erzählen aufnimmt. Es erlebt unbewußt Menschen, die in selbstverständlicher Weise mit ihren Quellen verbunden sind und ihrer Intuition vertrauen.

Und es erlebt in seinem Nachahmungslernen, und dies ist vielleicht das allerwichtigste:

AUCH ICH KANN MEINER INTUITION VERTRAUEN

Erzählen heute

Erste biographische Geschichten

So ist heute unter den vielen Begründungen, warum wir Kindern und mit Kindern erzählen, sicherlich die wichtigste, daß wir ihnen auf diese Weise dazu verhelfen, ebenfalls das Vertrauen zu ihrer eigenen Intuition zu wecken und zu verstärken. Aber wie sehen die konkreten Möglichkeiten dazu aus, heute, da wir die Großmütterküchen der Großfamilien nicht mehr haben und sich statt dessen jene bereits mehrfach geschilderten Medien-Mechanismen und Leistungszwänge erdrükkend und verengend und verödend auswirken? Auch scheint es so, als ob die Kinder unserer Tage, die gar nicht mehr daran gewöhnt sind, daß ihnen erzählt wird, dieses folglich auch nicht erwarten. Daraus jedoch zu schließen, daß sie dann also auch keine Geschichten *wollen*, wäre allerdings ein Fehlschluß. Machen Sie eine Probe und erzählen Sie Kindern bei der nächsten Gelegenheit etwas aus deren eigener Geschichte. Vielleicht ein paar der sogenannten «Wortwitze», deren Urheber die Kinder einst selber waren.

37. Übung: «Wortwitze»

Erzählen Sie Vorschul-Kindern, die Sie gut kennen, lustige Geschichten aus deren eigener Vergangenheit mit ihren damaligen Wortschöpfungen. Besonders wirkungsvoll sind die Geschichten, wenn sie noch aus der Zeit stammen, an die sich das betreffende Kind selbst nicht mehr erinnern kann, weil es damals noch zu klein war und eben noch nicht richtig sprechen konnte. Was hatte es damals für Wörter zum Benennen zur Verfügung?

Da sagte zum Beispiel ein Kind zum Metronom «Wackelkontakt», ein anderes zum Nußknacker «Nußkacker», ein drittes, als im Herbst die Blätter von den Bäumen zur Erde fielen und im Winde tanzten: «Blätterlinge». •

Solche Geschichten sind Türöffner und verlangen nach einem «Mehr!» und nach dem erzählerischen Ausmalen der betreffenden Situation.

«Geschichten von früher» – Erzählen auf einer 14tägigen Segeltour – Immer wieder gibt es Erzählzeiten, und immer wieder hören die Kinder (11, 12, 14 und 14 Jahre alt) zu

So kommt es zu ersten biographischen Geschichten und zu «Geschichten von früher». Diese sind vergleichsweise einfach zu erzählen, weil man hier genügend Ansatzpunkte findet und sich rezeptiv dem Gedanken- und Bilderfluß überlassen kann.

Mitunter heißt es auch: «Erzähl mir was, es muß auch nicht wahr sein!» Sollte ein Kind das zu Ihnen sagen, können sie sich über diesen Vertrauensbeweis freuen. Jetzt wäre es günstig, wenn Sie Geschichten aus dem Stegreif erfinden könnten.

Erfinden von Geschichten – Ansatzpunkte und Assoziationen

Beim Erfinden von Geschichten ist mehreres zu berücksichtigen. Zunächst gilt wie immer beim Erzählen: Wir müssen mit unseren Quellen verbunden sein.

Will man Geschichten für Kinder erfinden, geschieht dies am besten aus der selbstlosen Wahrnehmung der Kinder und ihrer jeweiligen Gefühls- und Bilderwelt. Was sie bewegt und was sie sich wünschen, das sind Ansatzpunkte, die die Phantasie dann weiter entfalten kann.

Solche Ansatzpunkte lassen sich auch erfragen: «Wovon soll ich erzählen?» Oder: «Was alles soll in der Geschichte vorkommen?»

Es ist ein Unterschied, ob wir auf die Bitte hin: «Erzähl mir eine Geschichte!» erzählen, oder ob uns gesagt wird: «Erzähl mir eine Geschichte, in der ein Baum, ein See, ein Haus und ein Krokodil vorkommen». Während sich auf die erste Aufforderung hin die Erzählung möglicherweise nur zögernd entwickelt und die Ideen sich nur schwerfällig einstellen, weil die Hemmschwelle einfach zu hoch ist, verhilft uns die zweite Aufforderung schneller zur Gestaltung einer Geschichte. Hier findet die Phantasie eben schon Kristallisierungspunkte als Vorgabe.

Günstig sind Geschichten mit Fortsetzungen. Wenn sich eine Geschichte einmal bewährt hat, kann man meist ein paar Fortsetzungen «dranhängen». Das ist einfacher, als täglich von Grund auf neue Geschichten zu ersinnen. Ebenso werden auch Wiederholungen akzeptiert. Jedenfalls sollten wir sie anbieten, denn wir wissen: Auch dieselbe Geschichte ist niemals dieselbe!

Dazu kommt die Möglichkeit, uns von spielerischen Hilfsmitteln beim Erfinden von Geschichten leiten zu lassen, besonders wenn mehrere Kinder zugleich zuhören wollen. Beginnen wir mit den alten Mal- und Zeichenspielen. Meist sind sie Abwandlungen von dem bekannten Spiel «Der Vorhang geht auf». Ein großes Blatt Papier, zum Beispiel eine Tapetenrolle, wird auf dem Tisch ausgebreitet. Ein Kind beginnt, indem es etwas zeichnet und dabei erzählt, was gerade entsteht. Dann kommt der nächste an die Reihe und ergänzt die Zeichnung und die Erzählung und so weiter, bis die Geschichte ihr Ende gefunden hat. Zu empfehlen sind hier wieder die Reihungsgeschichten, aber auch kleine Vorkommnisse aus dem Familienalltag oder Haustiergeschichten, oder man geht von dem aus, was sich zeichnerisch zunächst als «machbar» anbietet: «Hier steht ein Haus» (es wird gezeichnet) – der nächste: «mit vielen Fenstern –» (die Fenster werden eingezeichnet). Wieder der nächste: «An der Seite des Hauses befindet sich ein Balkon –» (wird gezeichnet) – «An dem kann man eine Strickleiter herunterlassen, dann kommt man von dort auf das Garagendach und von da in den Garten.» – «Hinter diesem Fenster wohnt Heidi und hinter jenem Kerstin.» – «Und im Balkonzimmer wohnen...?»

Erzählen Sie nur für ein einzelnes Kind, so sitzt es wahrscheinlich auf Ihrem Schoß, und es wird im Zweierwechsel gemalt und erzählt. Kindliche Träume, eventuell auch Angstträume, lassen sich auf diese Weise gut darstellen und verarbeiten, indem sie zum Beispiel zu befriedigenderen Schlüssen führen können als die Träume in der Nacht. Vielleicht wird die Geschichte irgendwann dann nur noch verbal weitererzählt.

38. Übung:
Erzählen und Malen/Zeichnen

Erzählen Sie nach dem eben angeführten Beispiel mit Kindern eine Geschichte. •

Das Beispiel zeigt, wie eine Geschichte über eine Kette von Vorstellungen entstehen kann. Im Grunde erfolgt alles Erfinden von Geschichten über solche frei fließenden Vorstellungsketten oder sogenannte Assoziationen. Die Kinder, die sich eine Geschichte wünschen, sind meistens gern bereit, selber bei solchen Assoziationen mitzutun, und erleben gespannt, wohin diese schließlich führen.

Oft sind die Ergebnisse Nonsens-Geschichten und zum Lachen. Haben Sie jedoch schon einige Übung im Erfinden von Geschichten erworben, gelingt Ihnen dann und wann auch einmal eine «sinnige», das heißt eine besinnliche, die plötzlich einen Sinn offenbart, wie mitunter auch in einem Traum ein solcher Sinn erkannt werden kann.

Eine besonders schöne Möglichkeit zum Finden und Erfinden von Geschichten bietet uns ein SCHATZKÄSTLEIN. Mir schenkte einmal ein kleiner Junge ein solches. Es war eine etwa handgroße bunte Blechdose, und sie enthielt lauter Kostbarkeiten: kleine bunte Federn, Muscheln, Steine, einen kleinen Edelstein, eine Holzperle, Glasmurmeln, eine kleine Metallkugel, ein Stückchen polierte Borke, eine winzige Flasche, jedenfalls alles Dinge, die eine Geschichte hatten oder schon fast von selbst zu einer führten, wenn diese «Schätze» nur in der «richtigen» Reihenfolge angeordnet wurden. Solche Geschichten lassen sich gut gemeinsam erzählen. Dabei reicht selbstverständlich auch ein einzelnes Fundstück aus, und besonders spannend werden solche Geschichten, wenn die Erzähler selbst darin vorkommen.

Peter Spechts «Märchenschrank»

Ein selbstgezimmerter, selbstbemalter kleiner Wandschrank als Geschenk für zwei kleine Kinder – eine Schatztruhe für Märchen, Legenden, Gedichte und viele schöne Gedanken. Hineingelegt werden Bilder, Selbstgemaltes, Selbstgeschriebenes, Gefundenes wie Steinchen, Federn, Schneckenhäuser, Muscheln, ein wichtiger Brief, ein Notenblatt, eine Postkarte: alles was die Erinnerung weckt und die Phantasie anregt und Erzählen immer wieder neu bewirkt.

Ein solches Kästchen kann jede Mutter, jede Großmutter an einer bestimmten Stelle aufbewahren, und sein Inhalt läßt sich immer weiter ergänzen, vielleicht um Stoffstückchen, um einen Ring, um eine alte Münze, eine Kerze, ein Duftöl, eine kleine Tasche, ein Türschloß, einen geheimnisvollen Schlüssel und so weiter. Besonders schön ist es, wenn dieses Erzählen zu einer festen Gewohnheit wird, zum Beispiel immer zu einem bestimmten Abend gehört.

Die folgende Übung bietet eine weitere Möglichkeit, nach Assoziationsketten frei zu erzählen:

39. Übung: Erzählen nach Assoziationsketten

Wählen Sie ein beliebiges Wort aus, schreiben Sie es auf und lassen Sie einen Cluster daraus entstehen (zum Vergleich S. 34). Dann suchen Sie sich einen Weg aus und erzählen entlang dieses Weges von Stufe zu Stufe, von einem Cluster-Begriff zum nächsten, bis die Geschichte ein sinnvolles Ende findet. ●

Inzwischen bewegen wir uns beim Erfinden von Geschichten mitten in den beiden großen Gebieten von Phantasie und Phantastik.

Obwohl diese beiden sich immer wieder überschneiden, wollen wir sie doch einzeln und nacheinander kurz behandeln, um uns im Erzählen für beide sensibel zu machen.

«Was du nicht kennst, das meinst du, soll nicht gelten?
Du meinst, daß Phantasie nicht wirklich sei?
Aus ihr allein erwachsen künftige Welten:
In dem, was wir erschaffen, sind wir frei.»
Michael Ende: «Das Gauklermärchen»

Phantasie

Unsere Phantasie lebt im Erzählen auf. Oft war sie vorher schon richtig vertrocknet. Aber durch das Erzählen kann sie wieder zur beschwingenden Kraft werden, die uns befähigt, die Realität aus neuen Perspektiven zu betrachten.

Von Goethes Mutter wird gesagt, daß sie schließlich so erzählen konnte, daß sie «ihrem Sohn Luft, Feuer, Wasser und Erde als wunderschöne Prinzessinnen dargestellt habe und wie dadurch die ganze Natur reicher an Bedeutungen wurde. Wege wurden erfunden, die von Stern zu Stern führten, und auf diesen Sternstraßen traf man die bedeutendsten Geister». (Bruno Bettelheim, S. 144)

So ist es wohl kein Zufall, wenn der Sohn viele Jahre später der Phantasie die Fähigkeit zuschreibt, «gewisse Geheimnisse zu ergründen». Und er fährt fort: «Mag uns der Verstand noch so viele äußere Tatsachen liefern, die echte Phantasie kann viel wahrer sein. Der Mensch ist veranlagt, hinaufzusteigen in die Welten des Geistigen, denn in jedem Menschen schlummern die entsprechenden Fähigkeiten.»

«Schließlich und endlich: was vermisse ich unter meinen Mitmenschen am meisten: wirkliche, *wirkliche* Phantasie.»
Christian Morgenstern, «Stufen»

Phantasie also hat in einem höheren Sinne mit Wahrheit und Wirklichkeit zu tun. Es fällt auf, wie oft diese beiden in Definitionen für Phantasie genannt werden (im Gegensatz zur Phantastik, die sich um Realität und Wahrheit wenig kümmert). Maurice Sendak macht diesen Zusammenhang ausdrücklich zur Bedingung. Für ihn hat «Phantasie nur dann Sinn, wenn sie zehn Klafter tief in der Wirklichkeit verwurzelt ist» (1974), wobei der Charme dieser Definition darin liegt, daß die Phantasie mit einem ihr gemäßen Maß gemessen wird: Jeder möge, eben in seiner Phantasie, ausloten, wie viele Schichten und was alles die zehn Klafter eigentlich als Abmessung von Wirklichkeit erfassen.

Jedenfalls bedeutet Phantasie niemals Flucht vor der Wirklichkeit, sondern vielmehr ihre poetische Verarbeitung. Die Skala der Wirklichkeit erstreckt sich dabei von den Alltagserlebnissen und biographischen Gegebenheiten bis hin zu den unendlichen transzendenten Sinnzusammenhängen.

Begrenzungen und Fixierungen werden aufgehoben. Das macht den Erzähler und das Erzählte frei, etwa im Sinne Walter Benjamins, der behauptet, daß allen großen Erzählern «die Unbeschwertheit gemein (sei), mit der sie auf den Sprossen ihrer Erfahrung wie auf einer Leiter sich auf und ab bewegen. Eine Leiter, die bis ins Erdinnere reicht und sich in den Wolken verliert, ist das Bild einer Kollektiverfahrung, für die selbst der tiefste Chock jeder individuellen, der Tod, keinerlei Anstoß und Schranke darstellt.» («Der Erzähler»)

So kann die Phantasie im Erzählen Erde und Himmel, Begrenztes und Unbegrenztes miteinander verbinden, wie es für das Empfinden, das sich im gewöhnlichen Alltag oft genug als beschränkt erleben muß, stimmig und wohltuend ist.

Die besten Übungsfelder zum Entwickeln unserer Phantasiekräfte sind die Märchen. Wir wollen jedoch an dieser Stelle noch nicht mit den bekannten Volksmärchen beginnen, sondern zunächst mit märchenähnlichen Geschichten, die sich frei aus der Phantasie erfinden und erzählen lassen.

40. Übung:
Eine märchenähnliche Geschichte erfinden

Für das Erfinden eines Märchens müssen wir uns Zeit lassen. Auch wenn wir die Handlung bereits wissen sollten, ist es gut, mit dieser noch einige Tage (und Nächte!) träumend umzugehen.

Als Ausgangspunkt wählen wir ein Tier oder eine Pflanze oder auch unseren Zielgegenstand aus dem Spiel «Schatzsuche». Aus der eingehenden Beobachtung des jeweiligen Gegenstandes oder Lebewesens sinnen wir in der Haltung der Rezeptivität darüber nach (mit allen Sinnen, aber auch die Gedanken sind nicht verboten), wie es zu seinem *Namen* und eben zu seiner Erscheinung gekommen sein könnte. Wir lassen Bilder und Phantasien und Klänge und Dialoge bewußt zu und warten, bis sich das Ganze zu einer Geschichte fügt, die als Gleichnis möglichst auch einen Bezug zum eigenen Leben haben sollte. Dabei muß dieser nicht ausdrücklich ausgesprochen werden; es genügt, wenn er – wie im echten Märchen – in die Bilder-Ebene eingeflochten ist. •

Phantastik

Phantastik ist zu unterscheiden von der Phantasie.

Von der Phantastik muß gesagt werden, daß sie sich jedem Nachsinnen und Nachdenken entzieht. Jedoch macht sie noch stärker beweglich, weil sie total willkürlich mit der Wirklichkeit umgeht, diese beliebig durcheinanderschüttelt oder mutwillig in ein Chaos auflöst (mitunter aus der revolutionären Hoffnung, daß sich auf diese Weise ein besseres Neues bilden möge). Sie liebt den Un-Sinn mehr als den Sinn. Sie kombiniert und spielt mit Unwirklichem, und es ist «Nonsens», was dabei herauskommt. Das Volksgut bewahrt aus beiden Be-

...Auf offner See ein Schober brennt,
Ein Walfisch über Wiesen rennt.
Ein Hühnchen uns ein Stierlein wirft,
Ein Ferkel Ostereier legt.
Der braune Bär fliegt durch die Lüfte,
Er lenkt mit Schwänzchen und mit Hüfte.
Auf einer Eiche kläfft die Stute,

Im Pferdestall schwingt der Köter die Knute.
Im Pferch der Schafbock sein Nestchen baut...

Alexander Nikolajewitsch Afanasjew (1826–1871), russischer Märchenforscher und Ethnograph

reichen, aus Phantasie und Phantastik, viele Geschichten auf. Während die Märchen schöpferische Gebilde der Phantasie sind, aber auch Phantastisches enthalten können, gibt es zahlreiche Produkte reiner Phantastik. Sie haben ebenfalls ihren Reiz und ihre Bedeutung. Jeder weiß, wie schulreife Kinder jubeln über die Kuh, die im Schwalbennest sitzt.

Weil Phantastik den Erzähler und seine Zuhörer in besonderer Weise wach und beweglich macht, hat sie besonders im therapeutischen Zusammenhang ihre Bedeutung und wird dort ausführlicher dargestellt. An dieser Stelle soll nur gesagt werden, daß wir im Erzählen beide Gestaltungselemente, die Phantasie wie die Phantastik, begrüßen. Sie gehören beide in die Erzählsprache hinein, übersteigen Grenzen und tun allzu verfestigten Vorstellungen gut.

Erzähl-Anregungen für phantastisches Erzählen bieten uns manche Träume.

Zum Schluß kommen wir zu einer Frage, die immer wieder gestellt wird: Was ist erzählerisch im Hinblick auf die einzelnen Altersstufen zu berücksichtigen?

Geschichten für bestimmte Altersstufen?

Grundsätzlich muß der Erzähler bei jeder Geschichte überlegen, ob sie altersgemäß beziehungsweise für einen bestimmten Menschen geeignet ist oder nicht. Wenn wir Kindern erzählen, haben wir in dieser Hinsicht eine besondere Verantwortung, und die Entscheidung ist nicht so einfach, daß wir nur je jünger die Kinder sind, desto kindlicher erzählen müßten. Denn was heißt das schon, und wie nahe liegt die Gefahr, daß aus dem «kindlich» ein «kindisch» wird?

Natürlich heißt das nicht, daß Kinder mit jedem Thema in Berührung kommen sollten, noch nicht einmal mit allen Märchen. Nur recht wenige von ihnen sind zum Beispiel für drei- bis vierjährige Kinder geeignet.

Andererseits müssen wir uns vergegenwärtigen, daß der Mensch auf jeder Altersstufe seines Lebens ein Bild von der Welt hat, und zwar aus seiner Sicht ein umfassendes. Objektiv gesehen ist dieses Bild natürlich nicht vollständig, das ist es aber nie, auch im Erwachsenenleben nicht. Man sollte sich deshalb hüten, aus der Tatsache der Unvollständigkeit abzuleiten, daß hier eine Korrektur notwendig sei. Ein viel besserer Ansatz als eine solche Besserwisserei ist der gegenseitige Austausch. Wir können einander auf jeder Altersstufe viel von dem inneren Reichtum unserer jeweiligen Welterfahrungen mitteilen. Aus der respektvollen Wahrnehmung des Kindes heraus ist es dem Erzähler möglich, die angemessene Erzählebene zu treffen. Kinder verstehen im allgemeinen viel mehr, als wir ihnen zutrauen.

Dazu kommt, daß das mündliche Erzählen kein unsensibler Monolog ist, sondern vielfältige Wechselwirkungen auslöst. Und aus der Rezeptivität nimmt der Erzähler nicht nur sehr gut die eigene innere Stimme wahr, sondern er spürt auch mit Ehrfurcht die des Kindes. Im Blickkontakt mit dem Kind entsteht ein sensibler innerer und äußerer Dialog, der manchmal wie ein Weg durchs Gebirge ist, an vielen Stellen schmal, der aber für kleine Kinder immer verläßlich und sicher bleiben sollte, trotz weiter Ausblicke.

Wollen Sie eine Kostprobe vom «Gedankenlesen» Sechsjähriger? Unser Sohn kommt im ersten Schuljahr eines Tages aus der Schule: «Mami, heute haben wir alle laut gelacht! Mitten in der Stunde klopft es. Herr B. (der Lehrer und gleichzeitig der Rektor der Schule) denkt(!): ‹die junge Lehrerin von nebenan.› Er ruckelt seinen Schlips zurecht und sagt mit freundlicher Stimme: ‹Herein!› Die Tür tut sich auf. Ein lachendes Kindergesicht. Karsten (Mitschüler) kommt vom Klo. – ‹Na, du brauchst doch nicht anzuklopfen!› sagt Herr B.»

Im übrigen können wir in der Frage des altersgemäßen Erzählens viel von guten Schriftstellern, zum Beispiel von Astrid Lindgren, lernen, die Kindern nicht nur von spannenden und lustigen, sondern auch von schweren Lebensthemen wie Tod und Leid in der richtigen Weise zu erzählen weiß.

Damit deutlich wird, was ich meine, erzähle ich zum Abschluß eine Geschichte von meiner Großmutter: Ich vergesse nie eine bestimmte Situation, in der ich sie als Kind um eine Geschichte bat, wohl wissend, daß meine sonst so erzählfreudige Großmutter diesmal nicht in der Stimmung war, zu erzählen. Sie wollte unter der Einwirkung einer unglücklichen Nachricht allein sein. Es war das Leben eines ihrer Kinder, um das sie fürchten mußte, und sie hatte sich deshalb für eine Weile zurückgezogen. Ich kannte jedoch ihren geheimen Platz und hatte sie bald dort gefunden. Ihren Kummer spürend, wußte ich genau, daß das übliche Betteln um eine Geschichte diesmal nicht angebracht war, aber dennoch sprang ich auf ihren Schoß: «Erzählst du mir eine Geschichte?» Sie schaute mich nicht an, sondern war in Gedanken weit weg. Vorsichtig nahm ich ihren Kopf in meine Hände und drehte ihn zu mir hin, so daß ihre Augen mich schließlich anschauen mußten. Erneut sagte ich meinen Satz. Und sie begann mit leiser Stimme tatsächlich zu erzählen, wie aus der eigenen Tiefe heraus. Sie erzählte die Geschichte aus den Apokryphen, wie der Engel das Kind Tobias durch die Wüste führt. Wie es behütet seinen weiten, schweren Weg geht. Die Großmutter erzählte langsam und behutsam. Ich spürte in diesem Erzählen eine starke umhüllende Geborgenheit, die Stimme wurde allmählich fester und getröster. Nicht daß sich Sorgen und Leid minderten, aber im Erzählen hatte sich etwas hergestellt wie ein Zuwachs an Kraft.

Und ich habe damals als kleines Kind sowohl die Geschichte verstanden als auch die Großmutter in ihrer Sorge.

Aber was für eine geniale erzählerische Fähigkeit, nicht von ihrem Kind zu erzählen, sondern von dem Kind Tobias!

Freies Erzählen für Erwachsene

«Zuhause ist, wo man mich hört.»
Reiner Kunze: «Flüchtlingserinnerungen»

«Damals im Lager hatte ich häufig einen Traum. Ich träumte, ich wäre heimgekehrt, zu meiner Familie zurückgekehrt, und erzählte, und man hörte mir nicht zu ... Ich habe mich dann für das Schreiben als Äquivalent des Erzählens entschieden.»
Primo Levi im Gespräch mit F. Camon:
«Ich suche nach einer Lösung, aber ich finde sie nicht.»

Erzählen ist nicht nur für das Kind, sondern genauso für den erwachsenen Menschen wichtig: Es weckt unsere Energien und unsere Lebendigkeit und verbindet uns – beziehungstiftend – mit den Zuhörern und auch mit uns selbst.

Was das Kind durch das Erzählen erhält – Geborgenheit, Wertschätzung, Erfahrung, Menschenkenntnis und Selbsterkenntnis, Kräfte zum Neu-Sehen, Umdenken und Verändern, das Hinhören auf die eigene Intuition und das Vertrauen zu ihr –, dieses alles ist auch für uns Erwachsene wichtig und lebensnotwendig. Auch wir brauchen das Erzählen und seine Verwandlungskräfte, seine «Königstochter-Qualitäten», von denen in der Einführung die Rede war. Wir brauchen sie allein schon deshalb, weil sich durch sie unsere sich immer wieder verfestigenden Rollenmuster und Anpassungszwänge erkennen und verändern lassen. Wir werden durch das Erzählen ganz einfach wieder lebendiger und kommen in die Richtung und Nähe zu dem, was wir eigentlich wollen, und auch zu unseren inneren Reichtümern.

Begeben wir uns also auch für uns selber zu unseren Quellen oder wiederholen wir die Übungen mit den Elementen (Nr. 6 bis 9), weil diese als energievolle Gestaltungs- und Lebenskräfte immer wieder erfrischend unsere erzählerische Vielfalt anregen.

Dazu gibt es eine Fortsetzungsübung:

41. Übung:
Erzählspiel mit den vier Elementen

Suchen Sie sich für jedes der Elemente stimmige (für Sie stimmende) Symbole, also für die Erde bunte Steine, Holz- oder Borkestückchen oder auch Baum- und Blütenblätter, für das Wasser kleine Gefäße, zum Beispiel Muscheln; für die Luft Federn, zarte Gräser, oder schnitzen Sie sich einen kleinen Pfeil. Für das Feuer käme eine Kerze in Betracht oder Räucherwerk oder natürlich auch die Friedenspfeife, denn mir wird gerade klar, daß die vier gefundenen Zeichen Schätze sind, die wir eigentlich wie alte Indianer als Talisman in einem «Medizinbeutel» um den Hals tragen sollten. Auch sind es «Schätze» insofern, als sie sich als Erzählmotive immer weiter metamorphosieren lassen. «Wasser» ist, so erinnern wir uns, schließlich nicht nur «Wasserfall» oder «Waldsee» oder eine andere konkrete Vorstellung dieses Elementes, sondern Metapher für «Lösen» und «Entspannen». Und das «Feuer» tut als Wärme in jeder Erzählung gut, so wie auch «Luft» und «Erde» weiterführende Angebote für uns bereithalten.

Suchen Sie von allen aufgezählten Dingen ein paar mehr, damit Sie auch Geschenke für andere haben. Die eigentliche Übung beginnt erst jetzt:

Erzählen Sie einander, was Ihnen beim Sammeln oder beim Finden der Symbole eingefallen ist. Wenn jemand seine Geschichte erzählt hat, schenken Sie ihm spontan etwas von ihren Schätzen, was zu dem Erzählten paßt. Genauso wie jedes andere Geschenk kann auch dieses etwas bereits Vorhandenes noch ergänzen oder verstärken oder aber auch als etwas bisher Fehlendes überreicht werden. Schenken Sie nicht aus Überlegung oder Besserwisserei, sondern aus dem Herzen, so wie es sich als Einfall aus Ihrer eigenen Tiefe ergibt. Nur so können Ihre Geschenke auch wirklich als solche angenommen werden.

Diese Übung läßt uns eine Zuwendung erleben, die sich in künstlerischer Weise phantasievoll in lebendigen Bildern ausspricht (statt in abstrakten Zensurenrastern) und dennoch, exakt zutreffend, die Arbeit an unserer inneren Ganzheit und Vervollständigung weiterführt.

Nehmen Sie diese Herausforderung an und eröffnen Sie sich neue Wege. •

«In Stendhals *Erinnerungen eines Touristen* findet sich eine aufschlußreiche Stelle, wo er erzählt, wie er während einer Reise durch Frankreich eine Kalesche nahm, um die Schönheiten der Landschaft in Ruhe genießen zu können, sich nach einer gewissen Zeit aber zu langweilen begann und deshalb in eine Postkutsche umstieg, um mit den Mitreisenden sprechen und bei Tisch ihren Geschichten lauschen zu können.»
W. Somerset Maugham: «Zehn Romane und ihre Autoren»

Eigentlich könnte dieses Kapitel hier enden, denn freies Erzählen findet nach dieser Übung mit Sicherheit und sicherlich auch in überwältigend lebendiger Weise statt. Aber es ist doch mein Bedürfnis, an dieser Stelle aufzuzeigen, was noch alles zum Erzählen und zu seinem *maßlosen* Reichtum gehört. Ich tue dies unter dem Stichwort «beziehungstiftendes» Erzählen.

Dabei geht es um die Beziehung zum Zuhörer, um die zum Erzähler und drittens im sogenannten biographischen Erzählen um die Beziehung des Erzählers zu sich selbst.

Die Beziehung zum Zuhörer

Spielregeln für die direkte und die indirekte Zuhörer-Einbeziehung

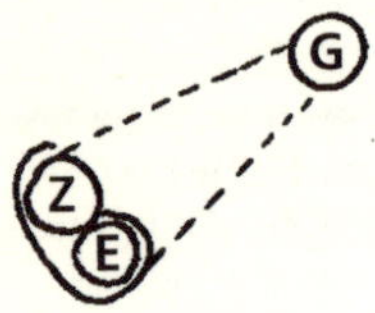

Vertrauensverhältnis
Erzähler – Zuhörer

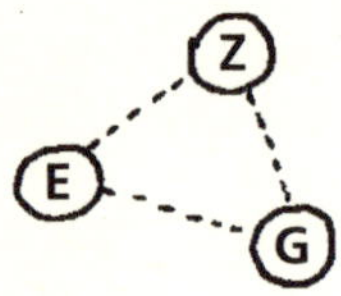

Freilassendes
Erzählerverhältnis

In jedem Erzählen wird das Erzähler-Zuhörer-Verhältnis neu festgelegt, und es ist meist der *Erzähler*, der dieses – bewußt oder unbewußt – bestimmt und gestaltet. Ihm stehen dazu viele Möglichkeiten zur Verfügung. Er kann seinen Zuhörer ins Vertrauen ziehen, ihn somit eng an sich binden, ihn direkt, sogar suggestiv, ansprechen, er kann ihn aber auch frei lassen, ihn seine eigenen Wege in der Erzählung beschreiten und die Handlung sogar miterzählend selbst übernehmen lassen. Der Erzähler kann mit dem Zuhörer spielen, er kann ihn zum Komplizen machen, ihn an der Nase herumführen, lange im Ungewissen lassen und so weiter. Immer jedenfalls bezieht er ihn in sein Spiel ein, direkt oder indirekt.

Die direkte Zuhörer-Einbeziehung:

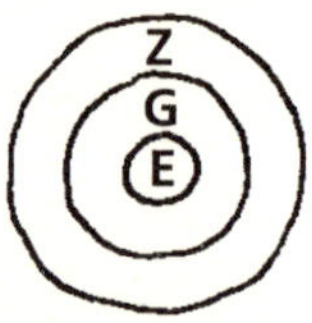

Der Erzähler erzählt
aus der Betroffenheit und engsten
Verhaftung mit der Geschichte

«Yah Allah, meine Brüder, kommt und hört, wißt und seht, was unser ist und ich Euch gebe. Seht Ihr in meinen leeren Händen goldene Äpfel, seht Ihr sie? Achtet auf, ich werfe sie Euch zu: Dir einen, Dir dort ganz hinten einen, Dir so verborgen im Winkel einen, und diesen noch und den letzten auch. Haltet sie, derweil ich Euch berichte von vielem, das geschah, vielleicht geschah, vielleicht gehört ward, vielleicht nur gesehen – wer kann es sagen? Wer weiß es, was wirklich ist, wer, was nur Gedankenschatten? Wenn wir es alles sahen und hörten, werft sie mir zurück, die goldenen Äpfel, die ich Euch gab aus leeren Händen, und aus Euren Seelenaugen werde ich sie sehen, meine goldenen Äpfel, fangen und halten. Habt Ihr vernommen, Freunde und Brüder?» (Elsa Sophia von Kamphoevener)

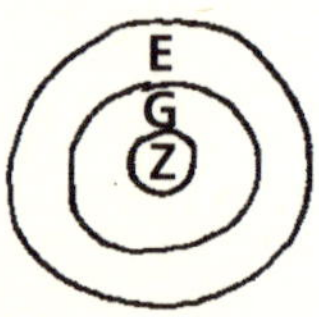

Der Erzähler versetzt den Zuhörer
ins Zentrum der Geschichte

Hier spielt eine Erzählerin in vollendeter Weise direkt mit ihren Zuhörern, indem sie diese als «Brüder» anspricht und ihnen «goldene Äpfel» zuwirft. Auch das Erzählte selbst ist freies, lösendes Spiel: Vielleicht nur geschah es – wer kann es sagen? Auch die Zuhörer sollen mitspielen, indem sie die goldenen Äpfel fangen, halten und zurückwerfen. Elsa Sophia von Kamphoeveners Text steht vor ihrer Sammlung von Märchen und Geschichten alttürkischer Nomaden «An Nachtfeuern der Karawan-Serail». Alle diese Erzählungen haben

E = Erzähler Z = Zuhörer G = Geschichte

etwas zu geben, was sich spielerisch auffangen läßt, sich als goldener Apfel offenbaren und vielleicht auch wieder zurückgeworfen werden kann.

Noch auf viele andere Weisen lassen sich Zuhörer direkt in das Erzählen einbeziehen und zum Mitmachen auffordern. Die bereits genannten Rundumspiele sind Beispiele hierfür. Direktes Einbeziehen sorgt für Lebendigkeit und Aufmunterung und sollte geübt werden, damit es beim Erzählen in selbstverständlicher Weise zur Verfügung steht: «Gerda, du hast gestern die bunte Katze gesehen?» – «Hannes, ist dir so was auch schon mal begegnet? Wie war das?» – «Ines, wie hättest du an meiner Stelle gehandelt?» – «Petra, hast du eine Ahnung, wie die Geschichte weitergehen könnte?» – «Jochen, was jetzt?»

42. Übung:
Zuhörer-Einbeziehung I
Zuhörer-Einfälle

Ermuntern Sie als Erzähler Ihre Zuhörer dazu, Ihnen Vorschläge zuzurufen oder Ihnen wirkliche oder imaginäre Gegenstände, eventuell Zettel mit aufgeschriebenen Stichwörtern oder kleinen Skizzen als zu berücksichtigende Hinweise für das weitere Erzählgeschehen zuzureichen. (Material dazu bereitlegen.) Sie müssen dann diese Hinweise in den Inhalt Ihrer Geschichte einbauen. Zum Beispiel kann ein Zuhörer Ihnen eine Taschenlampe aushändigen, die in einem dunklen Kellergewölbe aufschlußreiches Licht zu spenden vermag. Oder durch den Zettelhinweis eines Zuhörers könnte eine Person aus der erzählten Handlung plötzlich auftauchen und nun hilfreich oder komplizierend in den Handlungsverlauf eingreifen. Zum Beispiel kann ein Schlüssel übergeben werden, der eine Tür aufschließen oder mit dem ein Geheimnis entschlüsselt werden kann. In einem Korb könnte etwas mitgenommen oder gebracht werden. Und so weiter. Es können zu diesem Zweck auch Erzählpausen eingerichtet werden, in denen Sie die von den Zuhörern ausgewählten realen oder vorgestellten Gegenstände (letztere werden auf Zettel geschrieben) einsammeln, die Sie dann im Laufe des nächsten Erzählabschnittes sinnvoll zu einem Zusammenhang gestalten. Fühlen sie sich durch ein Zuhörer-Angebot überfordert, können Sie den «Spender» bitten, seinen Vorschlag selbst in die Erzählung einzuflechten. •

43. Übung:
Zuhörer-Einbeziehung II
Farben erzählen

Die Zuhörer beeinflussen nach vorheriger Vereinbarung die «Farbe» der Erzählung durch Zureichen von farbigen Bändern, farbiger Wolle oder farbigem Papier. (Material vorher bereitlegen.) Die Geschichte wird also durch eine bestimmte Farbgebung stimmungsmäßig verändert, etwa durch Rosagrün ins Frühlingsmäßige (blühende Bäume), durch Buntkariertes ins Lustige, durch Grauschwarz ins Traurige, durch Signalrot ins Spannende oder vielleicht durch Silbergrau ins Besinnliche. So läßt sich in einer Gespenstergeschichte zum Beispiel der Spuk durch ein goldgelbes Tüchlein, das den Sonnenaufgang anzeigt, beenden. Oder ein lustiges buntes Band bringt witzige Aspekte in die Erzählung. Grau und Schwarz dagegen könnten sie wieder verdüstern.

Selbstverständlich kann auch hier das Erzählspiel so vereinbart werden, daß ein Zuhörer mit dem Aufzeigen einer «Farbe» den entsprechenden Erzählabschnitt selber übernimmt und nach seinen eigenen Vorstellungen gestaltet. •

Damit, daß Zuhörer ganz oder teilweise das Erzählen mitgestalten, werden Erzähler und Zuhörer zu Partnern. Partnerschaftliches Geben und Nehmen aber vermittelt das Erlebnis echter Kommunikation (das Wort kommt von lateinisch *communis*: allen gemeinsam; *communicare* heißt: gemeinschaftlich handeln, mit-teilen).

Besonders ausgeprägt ist die Möglichkeit der direkten Zuhörer-Einbeziehung in der

Phantasiereise

In ihr wird der Zuhörer immer wieder direkt angesprochen und dazu aufgefordert, selbst einen möglichst weiten Raum des Erzählgebietes zur eigenen Ausgestaltung zu übernehmen und sich dieses immer stärker anzueignen.

Aus diesem Grund erzählt der Erzähler so offen und aus einem so weiten Blickwinkel heraus, wie es ihm irgend möglich ist. Kennzeichen für eine solche offene Erzählweise sind vor allem die sogenannten unspezifischen Wörter. Sie geben den Sachverhalt nur allgemein und ungefähr wieder und legen ihn auf keinen Fall bis in die Einzelheiten hinein fest, so daß dem Zuhörer die Spezifizierung, die seiner eigenen Vorstellung entsprechende Ausgestaltung überlassen bleibt. Unspezifische Verben sind zum Beispiel «gehen», «sehen», «erleben», statt der spezifischen wie: trödeln, stieren, erschrecken. Unspezifische Adjektive sind: «schön», «groß», «klein», im Gegensatz zu: lieblich, gigantisch, zierlich. Unspezifische Substantive wären «Baum», «Wald», «Blume» gegenüber den spezifischen Bezeichnungen Birke, Nadelwald, Schneeglöckchen.

Weiterhin typisch für die offene Erzählweise sind Anweisungen wie die folgenden: «Du machst eine Reise, wie du sie dir schon lange gewünscht hast...» Oder: «ein Raum, wie er für dich stimmt...» Oder: «eine Farbe, wie du sie gerne hast...» Auch Weglassungen wirken sich im selben Sinne aus. Zum Beispiel geht jemand in einer Phantasiereise «über Stufen». Es wird ihm nicht gesagt, ob diese in die Höhe oder in die Tiefe führen. Das kann er selbst bestimmen.

Der Erzähler macht also nur rahmenartige Angebote und immer wieder Pausen, damit der Zuhörer genügend Zeit hat, das ihm gemäße auszuwählen, und so wirklich ein Reisender und Erlebender im eigenen Gebiet wird:

«Stell dir vor...» Mit diesen Worten beginnen Phantasie-Erzählungen in der Regel – «stell dir vor,
du wanderst durch einen Wald.
Du gehst einen Weg, den du gerne gehst.
Vielleicht ist es ein Weg, den du schon einmal in deinem Leben gegangen bist,
in deiner Kindheit, in den Ferien oder sonst einmal,
vielleicht aber ist es auch ein Weg, der nur in deiner Vorstellung lebt.
Du läßt dir Zeit, diesen Weg genau wahrzunehmen...
die Landschaft...
die Pflanzen...
den Himmel.
Du weißt, welche Jahreszeit es ist und welche Tageszeit.
Und während du gehst, spürst du den Boden unter deinen Füßen
und den Rhythmus des Gehens in deinem Körper...
Und vielleicht will dir dieser Weg etwas zeigen, was im Grunde zu dir gehört –
vielleicht entdeckst du plötzlich etwas, was du mitnehmen möchtest,
eine Frucht, eine Blume, eine kleine Feder, ein Stückchen Rinde oder einen Stein,
oder irgend etwas ganz anderes?...
und du hörst innerlich ein Wort – einen Satz, der dazugehört...»

44. Übung:
Eine Phantasiegeschichte

Erzählen Sie in einfachem «Aufreihen» (statt in komplizierten Satzkonstruktionen) eine Phantasiegeschichte, unspezifisch und freilassend. Sprechen Sie dabei Ihre Zuhörer immer wieder direkt an und führen Sie sie auf diese Weise zu einer Quelle, zu einem Schatz, in eine Zukunftsvorstellung, zu einem Ort der Erholung, der Ruhe oder der Erinnerung. ●

Die indirekte Zuhörer-Einbeziehung

So lange wie es «Erzählen» gibt, gibt es auch die Möglichkeit, eine Geschichte so zu erzählen, daß der Erzähler den Zuhörer niemals ausdrücklich und direkt anspricht. Und dennoch ist dieser «ganz Ohr» und intensiv mit der Geschichte verbunden. Das liegt an der Art des Erzählens, an der Haltung des Erzählers, an seiner eigenen Betroffenheit und letztlich daran, ob er mehr episch oder mehr dramatisch erzählt. Epik und Dramatik sind zwei Grundmöglichkeiten des erzählerischen Darstellens und sollen an dieser Stelle genauer in ihrem Wesen und in ihrer Bedeutung gekennzeichnet werden, damit wir im Erzählen bewußter mit ihnen umgehen.

Episches Erzählen

Im epischen Erzählen erzählen wir ruhig, entspannt und freilassend, mitunter in der sogenannten «epischen Breite», was auch bedeuten kann: rhythmisch und monoton. Der Zuhörer findet dabei ebenfalls Zeit und Raum, über die Handlung während des Erzählens nachzudenken, sie in seine Belange zu übertragen oder Doppelbödigkeiten und Sinnzusammenhänge zu erkennen. Bereits diese Freiheiten als Anregungen zu Eigentätigkeiten fesseln ihn, auch wenn er nicht ausdrücklich angesprochen wird. Die Hände des Erzählers (wie die des Zuhörers) können während eines solchen Erzählens mit einer Arbeit beschäftigt sein, denn Mimik und Gestik sind im epischen Erzählen auf ein Minimum reduziert. Der Erzähler verzichtet in jeder Hinsicht auf extreme Ausgestaltungen, denn diese würden den Zuhörer zu stark in seiner Eigentätigkeit beeinflussen. Er soll sich sein Bild selber machen. Zum epischen Erzählen läßt sich gut die Spinnstuben-Atmosphäre früherer Zeiten vorstellen, wenn mit dem Spinnen des Fadens im rhythmischen Treten der Räder Erzählen reihend «dahinfloß» («und schnurr, schnurr, schnurr, dreimal gezogen, war die Spule voll» – aus «Rumpelstilzchen»), etwa so:

Sie war vielleicht sechs Jahre alt. Die Woche über mußte sie auf dem Bauernhof helfen, die Hühner füttern und das Kraut für die Kaninchen sammeln. Meist pflückte sie dieses am Feldrand. Dann mußte sie beim Säubern der Ställe helfen oder im Garten und in der Küche. Nur am Sonntag, nach der Kirche, durfte sie spielen. Ihr Spielzeug war eine kleine Schachtel mit Perlen. Die ordnete sie immer neu an. Erst wenn sie eine schöne Reihenfolge gelegt hatte, fädelte sie die Perlen zur Kette auf, hängte sich diese um und betrachtete sich im Spiegel. Schließlich löste sie alles wieder auf, um am nächsten Sonntag von neuem zu beginnen und neue Muster zu erfinden.

Bei einer solchen Tätigkeit war es, daß ihr eines Sonntags der Knecht zuschaute...

Bleiben wir noch kurz bei dem Zusammenhang von handwerklicher Tätigkeit und Erzählen, weil hier die Beziehung von Hand und Wort deutlich wird und von uns neu begriffen werden sollte.

Walter Benjamin bezeichnet das Erzählen überhaupt als ein «Handwerkliches», eine «handwerkliche Form der Mitteilung»:

«Geschichten erzählen ist ja immer die Kunst, sie weiter zu erzählen, und sie verliert sich, wenn die Geschichten nicht mehr behalten werden. Sie verliert sich, weil nicht mehr gewebt und gesponnen wird, während man ihnen lauscht. Je selbstvergessener der Lauschende, desto tiefer prägt sich ihm das Gehörte ein. Wo ihn der Rhythmus der Arbeit ergriffen hat, da lauscht er den Geschichten auf solche Weise, daß ihm die Gabe, sie zu erzählen, von selbst zufällt.»

«Die Hand ist jenes feine, komplizierte Organ, das es der Intelligenz gestattet, sich nicht bloß kundzugeben, sondern in ganz bestimmte Beziehungen zur Umwelt zu treten.»
Maria Montessori: «Kinder sind anders»

Oder an anderer Stelle führt er aus: «Seele, Auge und Hand sind... in einen und denselben Zusammenhang eingebracht. Uns ist diese Praxis nicht mehr geläufig. Die Rolle der Hand in der Produktion ist bescheidener geworden, und der Platz, den sie beim Erzählen ausgefüllt hat, ist verödet. Das Erzählen ist ja, seiner sinnlichen Seite nach, keineswegs ein Werk der Stimme allein. In das echte Erzählen wirkt vielmehr die Hand hinein, die mit ihren in der Arbeit erfahrenen Gebärden das, was laut wird, auf hundertfältige Weise stützt... Ja, man kann weitergehen und sich fragen, ob die Beziehung, die der Erzähler zu seinem Stoff hat, dem Menschenleben, nicht selbst eine handwerkliche ist? Ob seine Aufgabe nicht eben darin besteht, den Rohstoff der Erfahrungen – fremder und eigener – auf eine solche, nützliche und einmalige Art zu bearbeiten?»

Diese Ausführungen finde ich außerordentlich wichtig und bedenkenswert. Nicht, daß wir uns alle wieder ein Spinnrad anschaffen müßten, aber als ich meine berufliche Tätigkeit in einem Internat begann, machte ich eine ganz ähnliche Erfahrung. Ich mußte dort am Nachmittag bei mehreren zehn- bis zwölfjährigen Kindern die Schularbeiten beaufsichtigen und wußte nicht recht, wie ich die Kinderschar in der Konzentration halten konnte. Es arbeitete immer nur derjenige, neben dem ich gerade stand. Sobald ich mich dem nächsten zuwandte, wurde der letzte wieder unruhig. Schließlich brachte ich einen alten Webstuhl im Raum in Ordnung und begann zu weben. Bald füllte das rhythmische Klappern der Holzmechanik den Raum, und – siehe da: die Kinder begannen ebenfalls zu arbeiten. Und: War ein Kind mit seiner Arbeit fertig, kletterte es zu mir auf die Webstuhlbank und begann – zu *erzählen*! Wichtige Dinge kamen da zutage, die mir in meiner pädago-

«Die Erzählung, wie sie im Kreis des Handwerks – des bäuerlichen, des maritimen und dann des städtischen – lange gedeiht, ist selbst eine gleichsam handwerkliche Form der Mitteilung. Sie legt es nicht darauf an, das pure ‹an sich› der Sache zu überliefern wie eine Information oder ein Rapport. Sie senkt die Sache in das Leben des Berichtenden ein, um sich wiederum aus ihm hervorzuholen. So haftet an der Erzählung die Spur des Erzählenden wie die Spur der Töpferhand an der Tonschale.»
Walter Benjamin, «Der Erzähler»

gischen Arbeit entscheidend weiterhalfen und unvergeßliche Kontakte zwischen uns allen herstellten. Dies ist eine meiner wichtigsten Geschichten!

Die Hand ist zum Reden da!
In einem einsamen Bergdorf wird das erste Telefon installiert und dem Postvorsteher seine Bedienung erklärt: «Mit der linken Hand hältst du den Hörer, und mit der rechten Hand wählst du die Nummer!» – «Ja – aber welche Hand bleibt mir dann zum Reden?»

Selbst wenn unsere Arbeit heute nicht mehr vom Handwerk geprägt ist, können wir doch beobachten, daß sich immer noch über die Handgestik und den Körperausdruck Sprache motivieren und transportieren läßt. Wir beobachten, wie die Hand sich mitunter von ihrer Arbeit abwendet, um gestisch ein bestimmtes Wort zu suchen, es quasi auf diese Weise vorzuformulieren, bis dieses sich dann wirklich einstellt und «äußern» läßt. Die Hand ist so etwas wie ein vorsprachliches Erkenntnisorgan, mit dem wir «begreifen» und «erfassen» und gestikulierend auch «sprechend» das Erzählen ausgestalten können.

Von daher können wir verstehen, daß sich Handbewegungen aus kreativen Tätigkeiten und handwerklichen Arbeitsrhythmen günstig auf das Erzählen auswirken: Stricken, Weben und Spinnen und das entsprechende Schwingen der Hände im Drehen des Fadens, das Hin- und Herschieben der Wäschemangeln und so weiter.

«Aus einem unbewußten Instinkt haben die Menschen seit uralten Zeiten Sprache und Handbewegungen als zusammengehörig empfunden.»
Maria Montessori: «Kinder sind anders»

Die Hand vermittelt viel mehr, als uns gemeinhin bewußt ist. Zu meinen liebsten Geschichten gehört eine, die die Märchenerzählerin Friedel Lenz vor vielen Jahren einmal erzählte, wie sie nämlich als kleines Kind unter dem Wohnzimmertisch saß, verborgen von der herunterhängenden Tischdecke. Dieser Tisch hatte viel Schnitzwerk. Und während das Kind dort, in seine Tätigkeit versunken, spielte, sah es plötzlich, wie eine Hand mit einem Staublappen behutsam und sorgsam und gründlich um jede Rundung und jede Kante wischte und keine Ecke und keine Rille ausließ. Die Hand gehörte zu einer jungen Dienstmagd. Aber das Kind erlebte in diesen Augenblicken nur die liebevoll und beweglich arbeitende Hand, und dieses Bild prägte sich so tief ein, daß sich später aus der Erinnerung der Wunsch formen konnte: «So wie diese Hand, so möchte auch ich meine Arbeit tun.»

Wenn wir noch einen Schritt weiter gehen, erkennen wir, daß es nicht nur die Hand, sondern unser ganzer Körper ist, der unser Erzählen durchatmet und gestaltet. Seine Ausdrucksfähigkeit trägt wesentlich zur Kongruenz des Erzählens bei. Wir haben das in unserer 1. Übung zum «Gehen» bereits erfahren.

Sogar in bezug auf das kunstvolle epische Vortragen sind uns Berichte überliefert, nach denen bestimmte Körperbewegungen dieses offenbar förderten. Wie «körperlich» und ganzheitlich die Volksepen zu Gehör gebracht wurden, beschreibt Elias Lönnrot, der Sammler und Aufzeichner der Kalewala. Die «Laulajat» nämlich, so hießen in früheren Zeiten die «Sänger» in Finnland, zogen einst zu zweit von Hof zu Hof, und nachdem sie, freudig erwartet, von den Gastgebern bewirtet

Rudolf Geiger erzählt die Geschichte von den fünf Fingern

worden waren, sangen sie die alten Sprechgesänge ab, indem «die beiden sich rittlings auf einer Holzbank gegenübersetzten, die Finger ineinander verschränkt, sich einige Male wortlos hinüber und herüber wiegten, um dann unter fortgesetztem Auf- und Abbeugen... zu beginnen... Jeder der beiden Laulajat ‹sagte und sang› jeweils eine der beiden Parallelzeilen, und so machte sich einer zum lebendigen Echo des

Clown Waudi und seine Hand beim Erzählen

anderen. Der Strom der Erinnerung floß mit einer unerhörten Quellkraft zugleich mit dem Strom der rhythmisch durchmusikalisierten Rede. Strophe schloß sich an Strophe, ohne daß eine Erschöpfung zu merken war» (Herbert Hahn, S. 263).

In ähnlicher Weise vom körperlichen Rhythmus getragen, kann man sich das Erzählen auch bei Troubadouren, Märchenerzählern und Bänkelsängern vorstellen. Jedoch ist dieses aus dem Körperrhythmus heraus vorgetragene Erzählen mit der Zeit verlorengegangen. Übrig geblieben ist heute ein fast nur auf das Verbale reduziertes, beinahe körperfeindliches Erzählen, was sicherlich auch auf den Zuhörer eine entsprechende Wirkung ausübt.

Aber körperlich entspanntes Erzählen läßt sich üben, und dieses Erzählen tut auch dem Zuhörer sichtlich gut. Lernen wir an dieser Stelle vom «handwerklichen» Erzählen früherer Zeiten, indem wir ebenfalls beim ruhigen epischen Erzählen einfachen Tätigkeiten nachgehen, unsere Hände etwas tun lassen, so daß diese Bewegungen uns körperlich entspannen und unseren Erzählstrom zum Fließen bringen.

45. Übung:
Episches Erzählen während einer Tätigkeit

Erzählen Sie bei einer handwerklichen Arbeit, beim Abwaschen, beim Stricken, bei Malerarbeiten oder ähnlichen Tätigkeiten, einem oder mehreren Zuhörern einen kurzen Handlungsverlauf aus einem beliebigen Geschehen.

Wenn wir wirklich bei einer solchen gleichmäßigen Tätigkeit erzählen, was geschieht dann mit unserer Erzählung, was mit uns und gelegentlich mit unserer Hand, was mit dem Zuhörer? •

Dramatisches Erzählen

Auch das dramatische Erzählen bezieht den Zuhörer in den meisten Fällen nur indirekt ein, fesselt ihn aber dadurch, daß der Erzähler hier – im Gegensatz zum soeben geschilderten epischen Abstand – selbst so dicht am Geschehen ist, daß er es schließlich wie aus einer Schauspieler-Rolle heraus in wörtlicher Rede inszeniert, von ausdrucksstarker Mimik und Gestik unterstützt. Ein Inhalt wird sichtbar dargestellt, assoziiert vom Erzähler her und assoziierend in bezug auf den Zuhörer. Es ist unmöglich, daß der Erzähler noch irgend etwas nebenbei mit der Hand tut, denn die Hand und im Grunde der ganze Körper – mitunter springt der Erzähler bei dieser Art von Erzählen sogar von seinem Stuhl auf – werden dringend als Ausdrucksmittel gebraucht. Und auch der Zuhörer kann beim Zuhören nicht – wie etwa beim epischen Erzählen – einer ruhigen Tätigkeit nachgehen, er braucht seine volle Aufmerksamkeit für dieses Erzählen, er ist zum Zuschauer geworden.

Wir kennen dieses «Erzählen mit Händen und Füßen», und um dieses handelt es sich im dramatischen Erzählen, wie in der Geschichte von Laura, die auf hinreißende Weise von den letzten Tagen vor der Geburt ihrer gesunden Vierlinge erzählte. Alle Worte untermalte sie, von Beruf Schauspielerin, mit temperamentvollen Bewegungen und ausdrucksstarker Mimik: «Am schlimmsten war alles in der Nacht! Wenn ich mich im Bett umdrehen wollte, dann ging das nicht! (Ergebnislose Schulterbewegungen, als ob eine große Last herübergewälzt werden sollte.) Alles zog und drückte, nichts ließ sich bewegen! (Die Arme deuten den riesigen Umfang an.) Ich mußte aus dem Bett raus (mühsame Schiebebewegungen), aufstehen, sich vor dem Bett umdrehen (wird vorgeführt) und so wieder hinein...»

Es ist klar, daß ein solches Erzählen *gesehen* werden muß, wobei natürlich auch die akustische Ausdrucksskala weiter reicht als beim epischen Erzählen. Dramatisches Erzählen kann sich auf allen Ebenen bis zum sogenannten Erzähl-Theater steigern, und genauso nimmt der Zuhörer dieses alles innerlich ohne Abstand auf, in derselben Art, wie es ihm dargeboten wird. Er kann fast keine eigenen Gedanken denken, weil er angesichts einer solchen Vehemenz der Darbietung innerlich und äußerlich völlig «mitgenommen» wird.

Bereits in der Vergangenheit sind die Unterschiede und Wirkungsweisen von epischer und dramatischer Darstellung immer wieder charakterisiert worden. Goethe behandelt in seinem Aufsatz «Über epi-

«So soll man Geschichten erzählen. Man bat einen Rabbi, dessen Großvater ein Schüler des Baalschem gewesen war, eine Geschichte zu erzählen. ‹Eine Geschichte›, sagte er, ‹soll man so erzählen, daß sie selber Hilfe sei.› Und er erzählte: ‹Mein Großvater war lahm. Einmal bat man ihn, eine Geschichte von seinem Lehrer zu erzählen. Da erzählte er, wie der heilige Baalschem beim Beten zu hüpfen und zu tanzen pflegte. Mein Großvater stand und erzählte, und die Erzählung riß ihn so hin, daß er hüpfend und tanzend zeigen mußte, wie der Meister es gemacht hatte. Von der Stunde an war er geheilt. So soll man Geschichten erzählen.›»
Martin Buber,
«Die Erzählungen der Chassidim»

sche und dramatische Dichtung» (1797) beide Phänomene. Für den Epiker (von ihm «Rhapsode» genannt) stellt er fest, daß dieser «die entferntere Welt, wozu ich die ganze Natur rechne... durch Gleichnisse näher» bringt, sich «überhaupt an die Imagination wendend». Er übersieht «in ruhiger Besonnenheit das Geschehene; sein Vortrag wird dahin zwecken, die Zuhörer zu beruhigen, damit sie ihm gern und lange zuhören; er wird das Interesse egal verteilen, weil er nicht imstande ist, einen allzu lebhaften Eindruck geschwind zu balancieren; er wird nach Belieben rückwärts und vorwärts greifen und wandeln; man wird ihm überall folgen; denn er hat es nur mit der Einbildungskraft zu tun, die sich ihre Bilder selbst hervorbringt, und der es auf einen gewissen Grad gleichgültig ist, was für welche sie aufruft.»

Dagegen will der Dramatiker, «daß man an ihm und seiner nächsten Umgebung ausschließlich Teil nimmt, daß man die Leiden seiner Seele und seines Körpers mitfühlt, seine Verlegenheiten teilt und sich selbst über ihn vergißt». Der zuschauende Hörer muß «...in einer steten sinnlichen Anstrengung bleiben; er darf sich nicht zum Nachdenken erheben, er muß leidenschaftlich folgen; seine Phantasie ist ganz zum Schweigen gebracht; man darf keine Ansprüche an sie machen, und selbst was erzählt wird, muß gleichsam darstellend vor die Augen gebracht werden».

Das Ergebnis fällt immer so aus, daß der Zuhörer durch episches Erzählen zwar äußerlich beruhigt wird, dafür aber in seinen eigenen Imaginationen und Vorstellungen um so lebendiger und aktiver, während der dramatische Erzähler mit so viel sinnenhaftem Einsatz vorgeht, daß sein Zuhörer nicht zum eigenen Nachdenken kommt, sondern ganz im Sinne des Erzählers diesem distanzlos und engagiert folgt. Zum Weiterführen seiner eigenen Gedanken und Vorstellungen ist die Zeit – wenigstens im Augenblick – nicht vorhanden. Erst unter dem Eindruck der Nachwirkungen setzt er sich möglicherweise mit dem Erzählstoff erneut und nun auch mit eigenen Gedanken auseinander.

Für unsere Arbeit werden sich die Ausführungen von Bert Brecht als wichtig erweisen: Er gibt in seiner «Kurzen Beschreibung einer neuen Technik der Schauspielkunst, die einen Verfremdungseffekt hervorbringt» (1940), den epischen Darstellungsformen den Vorzug, weil diese, in einem politisch verstandenen Theater, die stärkere innere Beteiligung und willensmäßige Aktivierung des Zuschauers gewährleisten. Deshalb sollen Bühne und Zuschauerraum auch von allem «Magischen» gesäubert werden. Es sollen keine «hypnotischen Felder» entstehen. Das Publikum soll «weder durch die Entfesselung von Temperament ‹angeheizt›, noch durch ein Spiel mit angezogenen Muskeln ‹in Bann gezogen›» werden, «kurz, es wurde nicht angestrebt, das

Publikum in Trance zu versetzen...», vielmehr soll es sich mit Engagement die dargestellte Sache selber zur eigenen machen.

Damit dieses geschehen kann, darf der Schauspieler sich nicht restlos in seine Rolle verwandeln, er muß «auf Abstand» zu ihr gehen (Verfremdungseffekt). Durch diese Zurücknahme entsteht ein Raum für den Zuschauer, gewissermaßen der Spielraum.

Drei Hilfsmittel dienen einer solchen Spielweise:

1. Die Überführung der Sprache in die dritte Person (also aus der Ich-Form in die distanziertere Er-Sie-Es-Form),

2. das Übertragen in die Vergangenheit (ebenfalls als Distanzierung, nun in zeitlicher Hinsicht, gemeint) und

3. das Mitsprechen von Spielanweisungen und Kommentaren (wieder ein Durchbrechen der dramatischen Spielformen zugunsten einer epischen Gestaltung).

Diese Anweisungen Brechts sind nicht nur für den Schauspieler, sondern auch für den Erzähler von Bedeutung, besonders im Erzähltheater beziehungsweise in dessen Form des Tischtheaters.

Je nach der Gegebenheit wird also entweder episch oder dramatisch erzählt. Erzählstoffe, die mehr die eigene Bilderwelt und das Mitvorstellen des Zuhörers anregen sollen, das heißt also, einen offenen Raum für die verschiedenen Vorstellungen brauchen, wie das zum Beispiel bei den Märchen der Fall ist, diese Erzählstoffe werden episch erzählt. Durch eben diesen Spielraum, den der Zuhörer hier für seine Eigentätigkeit erhält, ist die epische Erzählweise für ihn mitunter sogar spannender als die dramatische.

Dagegen hat diese ihre Berechtigung dann, wenn der Erzähler entweder selbst seine künstlerische Gestaltung eindeutig zum Ausdruck bringen will oder aber wenn er seinen Zuhörern die notwendige Vorstellungsfähigkeit nicht zutraut – und wenn diese vielleicht auch wirklich nicht vorhanden ist.

So haben beide Erzählweisen ihre Aufgaben, und der Erzähler sollte beide beherrschen, um mit ihnen sensibel umgehen und sie bei Bedarf auch wechseln zu können.

«In seinem Selbst bestätigt will der Mensch durch den Menschen werden und will im Sein des anderen eine Gegenwart haben. Die menschliche Person bedarf der Bestätigung, weil der Mensch als Mensch ihrer bedarf. Das Tier braucht nicht bestätigt zu werden, denn es ist, was es ist, unfraglich. Anders der Mensch: Aus dem Gattungsbereich der Natur ins Wagnis der einsamen Kategorie geschickt, von einem mitgeborenen Chaos umwittert, schaut er heimlich und scheu nach einem Ja des Seindürfens aus, das ihm nur von menschlicher Person zu menschlicher Person werden kann; einander reichen die Menschen das Himmelsbrot des Selbstseins.»
Martin Buber, «Urdistanz und Beziehung»

Die Beziehung zum Erzähler

Zuhörer, kannst du zuhören?

Das «Himmelsbrot des Selbstseins», von dem Martin Buber im nebenstehenden Text spricht, könnten sich Menschen in selbstverständlicher Weise im Erzählen reichen. Sie würden einander die Aufmerksamkeit und die Bestätigung zollen, die jeder Mensch zu seiner Identitätsfindung notwendig und regelmäßig zugesprochen bekommen muß, mindestens durch *einen* anderen Menschen. Aber Erzählen in diesem Zusammenhang zu sehen ist auch heute noch den meisten Menschen fremd. Man erzählt entweder gedankenlos einfach so dahin, oder man hält es für eine Sache von Profis. So geht man zu Erzählveranstaltungen, wenn eine bekannte Märchenerzählerin erzählt oder ein Erzählkünstler auftritt. Gelegentlich kann bei Geselligkeiten auch ein Gast diese Rolle übernehmen, der so viel Selbstvertrauen und persönlichen Charme und dadurch eben auch so viel Zuspruch hat, daß er einfach im Besitz seiner Identität ist und frei erzählen kann, witzig und fesselnd.

Aber so faszinierend ein solches Erzählen, das als ein besonderes empfunden wird, auch sein kann, es gäbe ein noch faszinierenderes, wenn nämlich jeder Teilnehmer in seiner Besonderheit wahrgenommen und bestätigt würde und dann eben auch als ein «besonderer» Erzähler erzählen könnte.

Dazu jedoch, daß Erzählen ein solches «besonderes» werden kann, gehören immer zwei. Dazu gehört nicht nur der Erzähler, sondern auch der Zuhörer, der dieses Erzählen durch sein richtiges Zuhören hervorlockt. Wenn in der richtigen Weise zugehört wird, kann letztlich jeder erzählen. Heißt das, daß das Zuhören etwa noch wichtiger ist als das Erzählen?

Daran ist etwas Wahres.

Was Zuhören sein kann, erfahren wir am besten von «Momo»:

«Wirklich zuhören können nur ganz wenige Menschen. Und so wie Momo sich aufs Zuhören verstand, war es ganz und gar einmalig.

Momo konnte so zuhören, daß dummen Leuten plötzlich sehr gescheite Gedanken kamen. Nicht etwa, weil sie etwas sagte oder fragte, was den anderen auf solche Gedanken brachte, nein, sie saß nur da und hörte einfach zu, mit aller Aufmerksamkeit und aller Anteilnahme. Dabei schaute sie den anderen mit ihren großen dunklen Augen an, und der Betreffende fühlte, wie in ihm auf einmal Gedanken auftauchten, von denen er nie geahnt hatte, daß sie in ihm steckten. Sie konnte so zuhören, daß ratlose oder unentschlossene Leute auf einmal ganz genau wußten, was sie wollten. Oder daß Schüchterne sich plötzlich frei und mutig fühlten. Oder daß Unglückliche und Bedrückte zuversichtlich und froh wurden. Und wenn jemand meinte, sein Leben sei ganz verfehlt und bedeutungslos und er selbst nur irgendeiner unter Millionen, einer, auf den es überhaupt nicht ankommt und der ebensoschnell ersetzt werden kann wie ein kaputter Topf – und er ging hin und erzählte alles der kleinen Momo, dann wurde ihm, noch während er redete, auf geheimnisvolle Weise klar, daß er sich gründlich irrte, daß es ihn, genauso wie er war, unter allen Menschen nur ein einziges Mal gab und daß er deshalb auf seine besondere Weise für die Welt wichtig war.

So konnte Momo zuhören!»
(Michael Ende: «Momo»)

Erst durch ein solches Zuhören also wird Erzählen möglich und in der Folge immer vollständiger und lebendiger. Bruno Walter hat einmal gesagt, daß selbst in der Zeit des Radios, des Films und des Telefons «im Musizieren, in der dramatischen Darstellung, im Gespräch – wie in der Liebe – nur persönliche Anwesenheit das Klima schafft, in dem die Seele sich erwärmt und zum höchsten Geben und Nehmen steigert» (Bruno Walter: «Themen und Variationen», 1950, S. 193f). Dieser Anspruch hat auch für das Erzählen seine volle Gültigkeit.

Bettina Brentano erzählt Goethe von seiner Mutter:
«Wie ich von der Reise kam, da mußte ich die Rolle des Erzählens übernehmen, und obschon ich lieber geschwiegen hätte, so war doch ihres Fragens kein Ende, und ihrer Begierde, mir zuzuhören auch nicht. Es reizt mich unwiderstehlich wenn sie mit großen Kinderaugen mich ansieht, in denen der genügendste Genuß funkelt. So löste sich meine Zunge, und nach und nach manches vom Herzen, was man sonst nicht leicht wieder ausspricht.»

Wer ein Gespür für solche förderlichen Erzählbedingungen entwickelt hat, kann in der Folge wahrnehmen, daß beim rechten Zuhören und Erzählen zwischen den Teilnehmern jedesmal etwas entsteht, was mit einem kunstvollen Gewebe verglichen werden kann, einmalig in seiner Art in bezug auf Muster und Farbgebung.

Sogar die einfachsten Alltagserzählungen können bei einer solchen Zuwendung der Zuhörer mitunter eine starke schöpferische und poetische Kraft entfalten und auf ihre Weise die Faszination ganz neuer Muster erlebbar machen, so daß auf einmal alles von allen neu gehört, neu gesehen, neu gespürt, erweitert und bereichert wird. Ja manchmal kann der Alltag im Erzählen so durchleuchtet werden, daß sich in ihm gleichnishaft fast der Sinn des Daseins auszusprechen scheint.

Ist dieses Zuhören, das die Geschichten hervorlockt, erlernbar?

Wer es wirklich will, kann es üben. Die drei Schritte hierzu sind: Vorbehaltlosigkeit, Zuwendung im aktiven Zuhören und das bewußte Akzeptieren des Erzählers.

Vorbehaltlosigkeit
Der Zuhörer muß seinen Kopf freimachen von eigenen Vorbehalten, Erwartungen, Mustern, Urteilen und Ideen, das heißt, er soll sich nicht schon vorher sein eigenes Bild machen. Tut er das, können gefährliche Ausgrenzungen geschehen. Nicht nur wird das Erzählte nicht richtig

wahrgenommen (man weiß ja schon, was er sagen will), sondern als nächstes folgt in der Regel eine Bewertung, meist eine Abwertung, eventuell sogar der ganzen Person. Um aber wirklich zuhören zu können, muß sich der Zuhörer bewußt in eine aufnahmebereite Haltung begeben: Offen sein für alles, was vom Erzählenden her auf ihn zukommt.

46. Übung:
Zuhören I
(Vorbehaltlosigkeit)

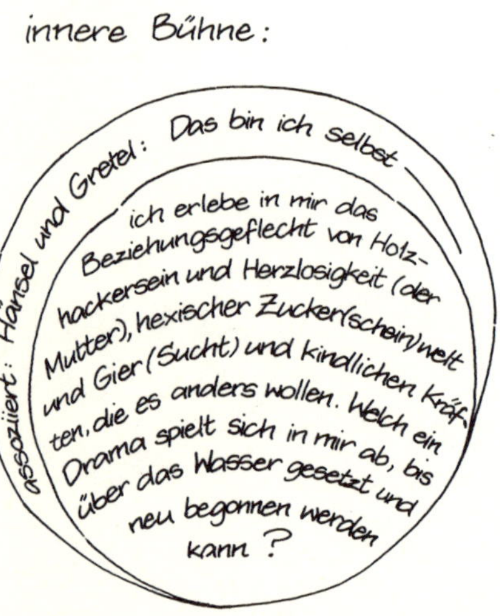

Wir stellen uns aufs Zuhören ein, indem wir den Ballast der eigenen Gedanken zurückstellen, uns innerlich «leer» machen und mit Ruhe erfüllen. Üben Sie dieses vor jedem Gespräch.

Auf den Philippinen erzählt man sich ein Märchen von einem König, der zwei Söhne hat und nicht weiß, welchem von ihnen er das Reich geben soll. Schließlich stellt er ihnen die Aufgabe, eine große Halle zu füllen. Womit, das läßt er ihnen frei.

Der erste Sohn läßt eine Menge ausgepreßtes Zuckerrohr herbeibringen, das bei der Ernte als Abfall entstanden ist. Damit wird die Halle gefüllt. Danach verlangt er die Krone. Doch der Vater besteht darauf, daß auch der zweite Sohn die Gelegenheit bekommt, seine Aufgabe zu erfüllen.

Dieser läßt die Halle vom Zuckerrohr räumen und säubern. Als sie ganz leer ist, stellt er in ihre Mitte eine Kerze und zündet sie an, und sie erfüllt die ganze Halle mit ihrem Licht.

Der jüngere Sohn bekommt die Krone, denn er hat die Halle mit dem gefüllt, was die Menschen brauchen.

Dieses Märchen kann man, wie jedes andere auch, auf doppelte Weise erleben, entweder so, daß alle Figuren, die darin vorkommen, eigenständige Personen sind. Es ist aber auch möglich, alle Figuren so zu sehen, *als ob sie einzelne Aspekte eines einzigen Menschen sind,* als ob sie also auf dessen innerer Bühne auftreten. Im letzteren Fall gehören die Brüder zusammen in einen Menschen. Dann hat dieser sowohl die Seite in sich, die Nutzloses, Altes und Wertloses ansammelt, als auch die Seite, die aufräumen und den Ballast als Abfall von gestern beiseite schieben kann, damit Neues Platz gewinnen kann.

Im Märchen wird der Kraft das Reich und die Krone zuerkannt, die die Abfälle und den Ballast hinausfegen, die Halle leerräumen und das Licht hineinstellen kann.

Dieses Bild von scheinbarer Fülle und Leere kann eine Hilfe sein, um die innere «Leere» und Aufnahmebereitschaft in uns herzustellen. Spüren Sie an Ihrem Atem, ob Sie diesen Zustand vor dem Anhören einer Geschichte schon ganz erreicht haben. ●

Zuwendung im aktiven Zuhören
Die vorbehaltlose Zuwendung des Zuhörers schafft für den Erzähler eine gute und tragfähige Vertrauensgrundlage. Das beginnt schon mit Kleinigkeiten des äußeren Verhaltens. Wendet sich der Zuhörer etwa ab und zeigt dem Erzähler die «kalte Schulter», ist dieser bereits verunsichert. Schnürt er sich aber womöglich den Schuh zu oder schaut auf die Uhr oder lenkt sein Interesse sonstwie sichtbar in eine andere Richtung und gibt durch Gestik und Mimik zu verstehen, daß er nicht bei der Sache ist, beginnt er gar Gespräche mit anderen, so ist die Erzählmotivation des Erzählers im selben Augenblick ganz und gar zerbrochen.

Ein solches Verhalten läßt sich leicht vermeiden, aber das richtige «aktive» Zuhören muß gelernt und immer wieder bewußt geübt werden:

Zuhören:
«Gestern saß ich der Mutter gegenüber auf meinem Schemel, ... ich wollte, sie solle mir erzählen; – ich hatte den Kopf in meine Arme verschränkt. ‹Nein!› sagte sie, ‹wenn Du mich nicht ansiehst, so erzähl ich nichts.›»
(Bettina Brentano erzählt von Goethes Mutter)

47. Übung:
Zuhören II
(Aktives Zuhören)

Wir setzen uns in Dreiergruppen zusammen und legen fest, wer A, B und C ist. A bestimmt ein Thema («Feriengestaltung», «Theaterkleidung», «Geburtstagsfeier» oder ähnliches) und bringt dazu seinen Beitrag. B ist der Diskussionspartner. Er darf seine Gedanken erst aussprechen, nachdem er zuvor möglichst genau zugehört und dann mit seinen eigenen Worten wiederholt hat, was A gesagt hat. Erst dann bringt B seinen eigenen Beitrag. Danach ist wieder A an der Reihe, und auch er muß, ehe er seine eigenen Ausführungen macht, zunächst wiederholen, was B gesagt hat. Auf diese Weise wird das Gespräch einige Male im Wechsel durchgeführt.

C ist «nur» Beobachter und achtet auf das Einhalten der Spielregeln. Er greift nicht während der Übung ein, sondern gibt erst im Anschluß seine Eindrücke wieder. Durch ihn wird jedoch deutlich, wie stark sich allein die Gegenwart eines Menschen auswirkt. Mitunter verändert seine Anwesenheit eine Erzählsituation total.

Nach zehn Minuten ist Rollenwechsel, so daß jeder einmal A, B und C sein und seine Erfahrungen machen kann.

Jeder Teilnehmer kann in dieser Übung überprüfen, ob er gelernt hat, wirklich vorbehaltlos zuzuhören, und nicht etwa schon, während der andere noch spricht, die eigenen Beiträge / Argumente ausdenkt und innerlich vorformuliert, womöglich die Gegenargumente. •

Bewußtes Akzeptieren des Erzählers
Hier geht es nochmals um eine neue Ebene des Zuhörens. Es ist notwendig, daß der Zuhörer sich vergegenwärtigt, zu welchen Konsequenzen seine Haltung führt. Bereits macht es einen wesentlichen Unterschied, ob er zum Beispiel Antipathien gegen den Erzähler hegt oder

ob er ihn toleriert, aber entscheidend ist, zu erkennen, was es bedeutet, wenn der Zuhörer bewußt eine positive innere Einstellung zum Erzähler aufbauen kann. Diese Einstellung verlangt mehr als das bisher Erübte: sie verlangt eine bewußte positive Aktivität. Jeder Lehrer weiß, daß er mit einer solchen Haltung bei seinen Schülern Wunder wirken kann.

48. Übung:
Zuhören III
(Bewußtes Akzeptieren)

Im griechischen Märchen vom «Goldgrünen Adler» ist der goldgrüne Adler ein verzauberter Königssohn, und die Königstochter kann ihn erlösen, wenn es ihr gelingt, «Gekochtes ungekocht» zu machen.

Meditieren Sie über den Ausdruck «Gekochtes ungekocht machen»! Wie ist diese Aufgabe zu bewältigen?

Zunächst versteht die Königstochter diese Aufgabe nicht. Aber dann kommt ihr ein weiser Rat zu Hilfe. Sie muß zur fertig gekochten Speise etwas vom Rohen, Ursprünglichen legen, dann ist «das Gekochte ungekocht»! Sie muß dem bisherigen «Fertiggericht» etwas vom Ursprünglichen beifügen. In unserem Zusammenhang heißt das:

Can people give each other grace by talking? It is so difficult to know what goes on beneath the words.
Susan Baur: «Confiding», New York 1994, S. 303

Der Zuhörer muß sich bemühen, seine fertig «gekochten» Ansichten und fixierten Urteile – oft von Emotionen noch besonders erhitzt und gewürzt – zurücktreten zu lassen und bereit sein zu einer ganz neuen Begegnung mit dem eigentlichen ursprünglichen Wesen seines Gegenübers. Gelingt es ihm, dieses wahrzunehmen, und sei es auch nur ansatzweise, statt Aufregung, Hilflosigkeit oder Ungeschicklichkeit, so ist es oftmals wie eine Erlösung: Plötzlich können wir einen Menschen in seinem Erzählen neu und faszinierend erleben, und auch der Erzähler gelangt unerklärlicherweise oft erst jetzt, wie befreit und beflügelt, in den freien Strom seiner Gedanken. •

Die Beziehung zu sich selbst

Biographisches Erzählen

Zu den wichtigsten Bereichen im freien Erzählen gehört das biographische Erzählen. Zwar ist letztlich alles Erzählen immer auch ein biographisches und kann gar nicht losgelöst werden von uns und unseren Lebensgefühlen und -erfahrungen; aber es gibt doch darüber hinaus ausdrücklich noch ein biographisches Erzählen, nämlich dann, wenn wir bewußt von unserem Leben erzählen und von den Ereignissen, die wir für die herausragenden und wesentlichen halten. Im Grunde gibt es nichts Spannenderes. Und ebenso spannend ist es zu erfahren, was ein anderer Mensch, der uns etwas bedeutet, als bestimmend für sein Leben erfahren hat. Oft werden uns erst in solcher Art des Erzählens eigene und andere Lebenszusammenhänge erkennbar und bewußt. Wir lernen, Schicksalsbegebenheiten wie auch scheinbar unbedeutende alltägliche Ereignisse in größeren Zusammenhängen zu sehen. Dadurch erhalten sie einen bestimmten Stellenwert und manchmal einen so nicht erwarteten. Und wenn ein Ereignis sich als in einem größeren Sinnzusammenhang stehend erkennen läßt, kann es besser eingeordnet und angenommen werden.

Weiter lernen wir, im biographischen Erzählen und in der dabei wachsenden Achtsamkeit im Umgang mit uns selbst unsere eingeschliffenen Muster und stereotypen Verhaltensweisen zu durchschauen. Viele davon sind uralt und stammen noch aus unserer Kindheit, wurden geprägt durch das Verhalten unserer Eltern oder durch gesellschaftliche Klischees. Alle diese Muster lassen uns innerlich erstarren und unlebendig werden, manchmal kommen wir uns wie eingekerkert oder ausgesetzt vor oder sogar wie in eine bestimmte Rolle verhext. Unser eigentliches Wesen möchte aus diesem Zustand erlöst werden. Geschichten bewirken das, indem sie von diesem Zustand erzählen und gleichzeitig die lösenden und erlösenden Kräfte in uns freisetzen. Es wird uns dann immer deutlicher, worauf es uns im Leben wirklich ankommt und was uns im Augenblick zu tun wichtig ist.

Außerdem lernen wir, durch dieses Erzählen auf Wiederholungen und wiederkehrende Konturen zu achten, auf Ereignisse, die einander ähneln, oder auf Konstellationen, auf die wir immer wieder hereinfallen. Oder wir erkennen, daß andere Menschen zwar dieselben Erfahrungen machen, aber mit diesen ganz anders umgehen als wir.

So ist das biographische Erzählen eine intensive Arbeit an uns selbst und führt sicherlich dazu, daß wir uns besser verstehen und akzeptieren können, also ein differenzierteres und damit verläßlicheres Selbstbild gewinnen.

Ich möchte auf die Wichtigkeit dieser Erzählart hinweisen und zu ihr hinführen. Ich weiß aber, daß hier oft «Rückzieher» gemacht werden mit der Begründung, daß die eigenen Geschichten ja doch wohl ohne Belang und Bedeutung seien – in Wirklichkeit aber, weil es oft leichter erträglich erscheint, im Althergebrachten und Vertrauten zu verharren, als den Mut aufzubringen, sich auf die Ungewißheit eines neuen Lernens einzulassen. Andererseits, in ihrem eigentlichen Wesen, träumen doch die meisten von einer Veränderung. So beginne ich zunächst wieder mit Übungen zur Ermutigung.

Abbildungen zur Übung 49

49. Übung:
Geben und Nehmen

Dieses Spiel ist sowohl Einzel- wie Gruppenspiel und setzt voraus, daß die Teilnehmer sich schon von gemeinsamen Erfahrungen her kennen. Eine weitere Voraussetzung ist, daß genügend phantasievolles Gestaltungsmaterial vorhanden ist. Am besten eignen sich die Symbole für die vier Elemente, also bunte Steine, Muscheln, Federn, Kerzen, aber auch Tücher in allen Farben, Seidenpapiere, glänzende Metallstückchen, Edelsteine, Naturmaterialien, überhaupt alles, was unsere Phantasie anregt. Dazu braucht jeder Teilnehmer eine feste Pappe, am besten eine runde, um auf ihr seine Gegenstände anordnen zu können.

Die Aufgabe lautet:

1. «Suchen Sie sich draußen oder im Raum etwas, was zu Ihnen und Ihrer gegenwärtigen Situation (zur äußeren, zur inneren, zu Wünschen, Gefühlen und Vorstellungen) paßt.» (5 bis 10 Minuten Zeit)

2. «Haben Sie den Gegenstand oder die Gegenstände gefunden, wählen sie sich für diese eine passende Unterlage, Farben, Tücher und so weiter, die nun das Gefundene in der richtigen Weise zur Geltung und zur Würdigung bringt. Gestalten Sie jetzt das ganze zu einem Tableau, probieren und ergänzen Sie so lange, bis Ihnen Ihr Werk gefällt.» (5 bis 10 Minuten Zeit)

3. Wir setzen uns in einen Kreis, vor jedem Teilnehmer steht jetzt sein Tableau. Jeder erzählt dazu eine kurze Geschichte. Meistens wird in dieser Geschichte das Tableau zu einer Landschaft, in der etwas erlebt wird. Aber es kann auch alles andere daraus werden, beispielsweise ein Mandala als Symbol für ein bestimmtes Erlebnis, ein bestimmtes Gefühl oder einen bestimmten Wunsch.

4. Der rechte Nachbar schenkt dem Erzähler nach dessen Erzählen noch etwas dazu. Dieser Gegenstand wird dem Erzähler überreicht. Er wird nicht etwa in dessen Tableau gelegt. Das darf der Erzähler nur selber tun. In jedem Fall muß der Gegenstand ein Geschenk sein und auch als ein solches empfunden werden. Die Voraussetzungen hierfür sind wieder: Zuwendung und Wahrnehmung.

5. Der linke Nachbar sagt jetzt, was ihm an der Geschichte besonders gefallen hat und ihm etwas bedeutet und was er aus diesem Grunde selbst gerne hätte. Dieses sollte für ihn besorgt, keinesfalls aus dem Tableau genommen werden. •

Im Verlauf dieser Übung wird jedem Teilnehmer bestätigt, daß sein Gestalten und sein Erzählen für seine Mitspieler offenbar wichtig sind, daß sein Leben demnach ebenfalls wichtig sein muß, denn alle beschäftigen sich mit ihm und nehmen ihn wahr. Sie schenken ihm etwas und nicht nur das: Sie nehmen sogar etwas von ihm an. Geben und Nehmen aber wirken sich in ihrem gesunden Rhythmus verstärkend auf unser ganzes Lebens- und Selbstbewußtsein aus. Es gibt so viele Menschen, meist sind es Frauen, die meinen, nur mit dem Geben auskommen zu können, und die in diesem Spiel dann eine ganz besondere Erfahrung machen.

Sollten die Teilnehmer einer Gruppe sich noch nicht genügend kennen, empfiehlt sich das nachfolgende Spiel. Auch dieses verhilft uns dazu, von unseren Erlebnissen zu erzählen, und enthält darüber hinaus das Angebot, auch unsere negativen Erfahrungen mitzuteilen und diese versuchsweise in einen anderen, besser annehmbaren Zusammenhang zu bringen, das heißt also, die biographische Geschichte umzuschreiben. Jeder Therapeut weiß, daß ein Mensch sich ändert, wenn es ihm gelingt, seine Geschichte zu verändern.

50. Übung:
Die kleinen Tyrannen

Dieses Spiel – ich verdanke es Gundl Kutschera – spielt man in Gruppen zu dritt.

Da in diesem Spiel die negativen Erlebnisse unseres Lebens ausgesprochen werden, beginnt jeder Teilnehmer damit, auf einem großen Blatt Papier in die Mitte einen runden «Schutzschild» zu malen, wie ein Mandala. Symbolisch oder konkret ausgestaltet, kann darin das Bild der eigenen Quelle erscheinen. Jeder malt so lange, bis Farben und Formen für ihn stimmen, ihm innerlich guttun. Am Rande werden dann die «kleinen Tyrannen» (man sollte nicht gleich mit den «großen» beginnen!) eingezeichnet oder symbolisch angedeutet. Das sind Fakten oder Faktoren, die uns im Alltag immer wieder ärgerlich und lästig sind und uns das Leben erschweren. Danach erzählt jeder seinen beiden Gruppenmitgliedern, was solch ein «kleiner Tyrann» für ihn genau ist und wodurch er als Plage erfahren wird.

Und nun verlangt die Spielregel, daß dazu ein Satz formuliert wird, der mit «Ich bin so wichtig, daß...» beginnt und in den «der kleine Tyrann» so eingesetzt wird, daß durch die Formulierung das negative Erlebnis eine positive Funktion erhält. Das Bild von der positiven Mitte, der Quelle, verleiht die Kraft zu dieser zunächst unlösbar erscheinenden Aufgabe. Dann aber setzt die Erkenntnis ein, und wir lernen, die Tyrannen als Herausforderungen zu verstehen, als Botschaften für Veränderung zu entschlüsseln und somit als Bereicherung zu begrüßen. Lachen ist nicht verboten!

Da kommt zum Beispiel heraus: «Ich bin so wichtig, daß mein Nachbar sehr viel Geld ausgibt für ein Radio und dieses ständig laufen läßt, nur, damit ich Geduld und Konzentration lerne beziehungsweise die richtige Art und Weise finde, um mit meinem Nachbarn zu sprechen.»

Es fällt keineswegs leicht, «Tyrannen» positiv zu formulieren. Deshalb ist es günstig, wenn zwei weitere Gruppenmitglieder dabei helfen. In diesem Spiel wird, bis schließlich die positive Formulierung gefunden ist, erstaunlich viel vom eigenen Leben und seiner Bedeutung erzählt. ●

In Erzählseminaren mit Erwachsenen habe ich erste Übungen zum biographischen Erzählen manchmal auch mit Musikinstrumenten in der Weise eingeleitet, daß der jeweilige Erzähler bestimmte Klänge anschlug: «Meine Mutter...»! Andere Klänge: «Mein Vater...»! Es folgten Worte der Erklärung, der Korrektur, des Ausmalens, und schon war der Betreffende dabei, von sich selber zu erzählen. Die Instrumente waren Türöffner.

Aber es gibt noch eine Fülle weiterer faszinierender Übungen, die helfen, erzählenswerte Beziehungen und sinnvolle Zusammenhänge im eigenen Leben zu erkennen. In neuester Zeit finden wir in wachsender Zahl auch spielerische Angebote, die über meditationsähnliche Wege und gelenkte Phantasien zu inneren Bildern führen und uns in diesen Bildern die eigene Lebensgeschichte oder ihre Teilbereiche erleben lassen:

51. Übung:
Die «leere Bühne»:
Eine Geschichte entsteht.

(Dieses Spiel ist mir in mehreren Abwandlungen immer wieder begegnet, meist in gestaltpädagogischen oder -therapeutischen Zusammenhängen. Wem ich es letztlich verdanke, weiß ich beim besten Willen nicht zu sagen.)

Lassen Sie alle Gedanken an Verpflichtungen und Belastungen hinter sich und stellen Sie sich vor, Sie sitzen in den Ferien irgendwo, vielleicht sogar in einem anderen Land, in einem kleinen Theater vor einer Bühne.

Besonders günstig ist es, wenn jetzt ein anderer, etwa ein Spielleiter, die folgenden Anweisungen als Phantasiereise anbietet:

«Der Vorhang geht auf.
Die Bühne ist leer. (Zeit lassen –)
Langsam entstehen Kulissen wie für ein Theaterstück.
Sie sitzen im Zuschauerraum in Ihrem Sessel und schauen zu und lassen sich überraschen, was Sie beobachten.
Welche Farben sind zu erkennen?
In den Kulissen tauchen jetzt Menschen auf, Tiere oder andere Lebewesen (Zeit lassen –)
Sie sehen zu, wie sie sich auf der Bühne bewegen,
sprechen,
etwas tun –
Begegnungen finden statt – (lange Pause, etwa 5 Minuten –)

Allmählich endet das Stück – (Zeit lassen –)
und der Vorhang schließt sich wieder –»

Die Geschichte, die erlebt worden ist, hat sehr viel mit ihrem Zuschauer zu tun, auch wenn das zunächst noch undeutlich ist. Der Zusammenhang läßt sich in der Regel aber bald erkennen. Jeder kann anschließend das Erlebte erzählen, vielleicht sogar als seine eigene Geschichte. •

Ebenso motivieren spielerische Übungen mit dem eigenen Namen zum biographischen Erzählen:

52. Übung:
Den eigenen Namen malen

Auch bei dieser Übung ist zu Beginn eine Entspannung günstig, damit die Hand frei und gelöst malen kann. Die Aufgabe lautet, den eigenen Namen zu gestalten, besser: ihn sich gestalten zu lassen. Sie dürfen überrascht sein, wie Ihre Hand diesen Auftrag malerisch oder zeichnerisch ergreift und löst. Vielleicht malen Sie den Klang des Namens, vielleicht seine Buchstaben oder die sich im Zusammenhang mit dem Namen einstellenden Assoziationen.

Oft versteckt sich der Maler / Zeichner in abstrakten Darstellungen. Bald aber erkennt er, daß auch diese Farben und Formen unverwechselbar zu ihm gehören. Nun geht jeder in seinem Bild spazieren und probiert aus, welcher Platz für ihn der angenehmste und schönste ist und was sich auf ihm erleben läßt. Es beginnt ein Dialog mit diesem Platz und anderen besonderen Stellen im Bild. Man fragt, was sie einem mitteilen wollen, was diese Stellen sich untereinander zu sagen haben, und erfährt so allmählich immer mehr über sich selbst, über die hellen und die dunklen Stellen, über die besonders farbigen, vielleicht auch über auffallende zeichnerische Gestaltungen. Was bedeutet der Kreis, was die scharfe Abgrenzung, was die Kante, die Überschneidung, die Windung, das Gitter und so weiter. Wenn mein Kopf die Antwort nicht weiß, versetze ich mich tiefer in die betreffende Bildstelle hinein und spüre in meinem Körper nach, was dort geschieht. Bald kann jeder den anderen anhand seines Bildes eine ganze Geschichte von sich selbst erzählen. •

53. Übung:
Den eigenen Vornamen rückwärts lesen

Den eigenen Vornamen rückwärts schreiben, lesen, im Sprechen erklingen lassen, singen, auf seine Aussage hören; das Ergebnis den anderen mitteilen.

Auch dieses Spiel verhilft uns zu einer Geschichte über uns selbst. Meist haben wir schon als Schulkinder, kaum daß wir schreiben konnten, ausprobiert, wie unser Name sich, rückwärts gelesen, anhört. Fällt auch Ihnen eine Erinnerung aus Ihrer Kindheit dazu ein?

Wie erlebe ich dieses Spiel mit meinem Namen heute?

Wie wäre es, wenn ich mit diesem Namen durchs Leben ginge?

Frauen entdecken in diesem Spiel manchmal, daß ihr Name, rückwärts gelesen, männlich klingt. So wird «Susanne» zu «Ennasus», «Katrin» wird zu «Nirtak», «Nicole» zu «Elocin». Und umgekehrt klingen einige Männernamen plötzlich weiblich: «Andreas» wird zu «Saerdna», «Hannes» zu «Sennah», «Erik» zu «Kire». Was sagt mir diese Entdeckung? •

So werden auf spielerische Weise immer mehr Themen und weitere Aspekte des biographischen Erzählens berührt. Es ergeben sich immer neue Einsichten, immer neue Gelegenheiten, diese soeben gewonnenen Einsichten mit den Zielbildern zur Übereinstimmung zu bringen. Neue Perspektiven werden versuchsweise assimiliert, Gefühlsakzente wiederholt und dynamisch verändert, bis eines Tages größere Ereignisse, äußerer oder innerer Art, wieder die totale biographische Neubearbeitung verlangen. Dieser Prozeß kann als kommunikative Arbeit mit dem eigenen Ich-Bild verstanden werden, sowohl mit dem, das ich selbst von mir habe, als auch mit dem, das sich andere von mir machen.

Allerdings gibt es im biographischen Erzählen auch Fußangeln und Sackgassen, zum Beispiel die, in der eigenen Geschichte Vollständigkeit anzustreben. Diese erreicht man nie. Wir müssen den Mut haben, hier selektiv vorzugehen und Verkürzungen in Kauf zu nehmen, allein schon deshalb, damit die Konturen herauskommen.

Ein anderes Problem stellen die fixierten Selbstbilder dar. Sie bestehen manchmal schon lange Zeit hindurch in der Vorstellung eines Menschen, und alle neuen Ereignisse werden, fast ehe sie geschehen sind, in diese Schablone eingeordnet. Es gibt dann gar keinen Spielraum mehr für die lebendigen Wechselfälle des Lebens. Gerade in diesen Fällen ist es wichtig, im Erzählen Beweglichkeit und Vielfalt neu zu erfahren und über die vielen eigenen Möglichkeiten wieder staunen zu lernen.

Auch der Umgang mit der Wahrheit stellt sich manchmal als schwierig heraus. Hier gilt es jedoch zu entdecken, daß, abgesehen von vorsätzlichen Lügengeschichten, Erzählen – subjektiv gesehen – immer «wahr» ist, denn immer bringt der Erzähler seinen Zuhörern durch die Art seines Erzählens sich selbst und seine augenblickliche Stimmung nahe. Sie ist ausschlaggebend. Jeden Tag, jede Stunde, in jeder Situation kann er dieselbe Begebenheit im Kreise seiner Zuhörer anders und doch jedesmal «wahr» erzählen, kurz oder lang, mit wechselnden Akzenten, spielerisch, erfinderisch, tendenziös, fragend, nachdenklich, traurig oder lustvoll. Unter Umständen stimmt dann an einer traurigen Geschichte inhaltlich nicht alles oder sogar gar nichts, aber die Trauer des Erzählers stimmt. Oder in den Erzählungen von einer heilen Welt stimmt oftmals nur die Sehnsucht nach dieser und nach dem Aufgehobensein in ihr. Dann kann er sich wenigstens in der Geschichte wohl fühlen und im Erzählen dieser Geschichte das erleben, was er jetzt braucht, und deshalb erzählt er sie eben so, wie er sie jetzt braucht.

Ich sah einmal ein englisches Lustspiel: Zwei alte vereinsamte Menschen mit leicht schäbigem Äußeren begegnen sich auf einer Parkbank, und jeder reichert in der Hoffnung auf eine Beziehung seine Biographie mit wundervollen Klischees an. Er war als Kapitän zur See gefahren, sie hatte Klavierunterricht gehabt und ihre Kindheit behütet in einem herrlichen Landhaus verbracht. Mit dem Wachsen von Vertrauen und Freude aneinander gewinnen beide die Kraft, die wechselseitigen biographischen Wunschtraum-Erzählungen wieder in Richtung Realität aufzugeben. Zug um Zug werden – mit wachsender Heiterkeit – wie in einem Spiel die Klischees zurückgenommen. Welche Erfahrungen aber haben beide gemacht! Welche Bereicherung dadurch, daß sie angefangen haben, aus ihrem Leben zu erzählen! Was spielt es für eine Rolle, daß es gar nicht die realen Ereignisse waren: Es waren aber ihre realen Gefühle und Wunschvorstellungen, und mit denen sind sie einander begegnet.

Wenn unser Sinn für das, was sich im Erzählen abspielt und alles abspielen kann, geschärft ist, können wir die wunderbarsten Entdekkungen machen, denn manchmal ist es auch so, daß jemand in den erzählten Erfahrungen eines anderen die eigene Sehnsucht nach gerade einem solchen Erlebnis erkennt, und dann ist es faszinierend zu erleben, wie er sich ganz in die Rolle des anderen hineinbegibt und eines Tages die Geschichte so erzählt, als ob er selbst das alles ganz genau so erlebt hätte. Das geht so weit, daß mancher bei dieser Biographie-Arbeit das kritische Gefühl für wahre oder unwahre Begebenheiten gänzlich verliert. Auch beim besten Willen kann er schließlich nicht mehr sagen, wie es sich in Wirklichkeit alles zugetragen hat und wie nicht, was Dichtung ist und was Wahrheit. Aber ein solch kompliziertes Gebilde ist nun einmal unser Leben. Wer Kinder aufgezogen hat, weiß zu diesem Lied noch eine Extra-Strophe zu singen! Bei der folgenden Geschichte ist mir leider entfallen, wem ich sie verdanke, jedenfalls wurde mir versichert, sie habe sich wirklich so zugetragen:

Ein Kind im Vorschulalter besteht darauf, im Garten hinter dem Haus die Begegnung mit einem Löwen gehabt zu haben. Die Mutter will dem Kind helfen und macht Vorschläge, was dieser Löwe in Wirklichkeit gewesen sein könnte, der Hund des Nachbarn, ein Schaf, eine große Katze. Das Kind aber beharrt auf dem Löwen. Schließlich erklärt die Mutter, das Ganze sei eine Lüge, und als auch dieses nichts verändert, sagt die Mutter dem Kind, eine so große Lüge müsse es am

Abend dem lieben Gott sagen. Auf die Frage der Mutter schließlich, ob dieses geschehen sei, antwortet das Kind: «Ja! Aber er meinte auch, daß es ein Löwe war.»

Solche Löwen geistern eben durch unsere Biographien und – enthalten immer auch etwas Wahres! In diesem Fall ahnen wir die inneren Prozesse, die das Kind durchgemacht hat, als es zu der Begegnung mit dem Löwen gekommen ist.

Natürlich ist neben dem Erzählten immer auch das Nicht-Erzählte interessant. Die Themen «Vergessen», «Verdrängen von Ereignissen» sowie die sogenannten «Deck-Erinnerungen» – eine Erinnerung deckt eine andere, unerwünschte, zu – spielen eine große Rolle. Jedenfalls gehört eine Fülle von Fähigkeiten dazu, erfolgreich mit Erinnern und Vergessen umzugehen. «Das Vergessen ist die Schere, mit der man wegschneidet, was man nicht brauchen kann, wohlgemerkt unter allerhöchster Aufsicht der Erinnerung.» So skizzierte es Kierkegaard bereits im Jahre 1843. Und weiter heißt es bei ihm: Manches könne man zum Beispiel deshalb «nicht brauchen», weil es zu unbequemer Auseinandersetzung und Änderung führen könne. Andererseits gilt, daß «die Kunst des Vergessens und Erinnerns... denn auch verhüten (wird), daß man sich in einem Lebensverhältnis festrennt». – Wie spannend wird uns das Thema «Erzählen», wenn wir auch für diese Vorgänge sensibel geworden sind!

Schließlich noch eine Ergänzung zum Thema «Erzählen und Erinnerung»: Auch wiederholtes Erzählen verändert die Erinnerung. Jeder kann diese Erfahrung machen, der selbst ein und dieselbe Geschichte öfter erzählt beziehungsweise zuhört, wie ein anderer eine Geschichte wiederholt erzählt: «Gestalterschließungszwang nennen es die Analytiker des Erzählens, und Johannes Merkel bringt es schließlich auf diesen Punkt: ‹und alles war wirklich so gewesen, wie wir es am schönsten erzählen konnten›» (zitiert bei Wilhelm Mader 1989, S. 126).

Wir dürfen in diesem Zusammenhang aber nicht vergessen, daß wiederholtes Erzählen auch Verarbeiten und Abarbeiten von Erlebnissen bedeutet und manch eine Variante sich daraus erklärt.

Käme einer jetzt zu dem Ergebnis, daß es überhaupt keine Objektivität im Erzählen gibt, so wäre das ein falscher Schluß. Der *geübte* Zuhörer wird in der intensiven Zuwendung bald eine gewisse Sensibilität und Sicherheit für die wirklichen Sachverhalte entwickeln. Und der *geübte* Erzähler wird einen immer größeren Reiz darin entdecken, die objektive Wirklichkeit in immer tieferen Schichten freizulegen. Der Umgang mit der Wirklichkeit ist ein Übungsweg. Es ist zugleich auch ein Übungsweg zur Ich-Findung:

Vielleicht stellt der Erzähler in diesem Zusammenhang auch fest, daß zum Beispiel in besonders bedrohlichen Situationen in ihm eine Kraft bestimmend gehandelt hat, die offenbar weisheitsvoller war als alles, was er sich selbst bewußt zugetraut hätte. Er macht die Erfahrung, daß es solch eine Kraft in ihm gibt. Auch in anderen schwierigen Begebenheiten hat er sie spüren können. So schult ein solches biographisches Erzählen das Bewußtsein von einem «höheren Selbst» in uns. Bei Rudolf Steiner heißt es dazu:

«Wenn man im Leben öfter eine Art Rückschau hält auf dasjenige, was man erlebt oder getan hat, so wird man an sich eine eigentümliche Entdeckung machen. Und man wird diese Erfahrung um so bedeutungsvoller finden, je älter man wird. Wenn man sich fragt: Was hast du in dieser oder jener Zeit deines Lebens getan oder gesprochen?, dann stellt sich heraus, daß man eine ganze Menge von Dingen getan hat, die man erst in einem späteren Lebensalter versteht. Da hat man vor sieben oder acht Jahren, oder vielleicht vor zwanzig Jahren Dinge getan, von denen man ganz genau weiß: Jetzt erst, nach langer Zeit, reicht eigentlich dein Verstand so weit, daß du die Dinge verstehen kannst, die du damals getan oder gesprochen hast. – Viele Menschen machen solche Selbstentdeckungen nicht, weil sie nicht darauf ausgehen. Aber es ist außerordentlich fruchtbar, wenn der Mensch öfter eine solche Einkehr in seiner Seele hält. Denn von einem solchen Moment, in welchem der Mensch gewahr wird: Du hast eigentlich in früheren Jahren Dinge getan, die du jetzt erst anfängst zu verstehen; damals war dein Verstand noch nicht reif, um die Dinge zu verstehen, welche du getan oder doch gesprochen hast – von einem solchen Moment, in welchem man eine Entdeckung dieser Art macht, geht etwas aus wie die folgende Empfindung der Seele: Man fühlt sich wie geborgen durch eine gute Macht, die in den eigenen Wesenstiefen waltet; man fängt an, immer mehr und mehr Vertrauen zu gewinnen zu der Tatsache, daß man eigentlich im höchsten Sinne des Wortes doch nicht allein ist in der Welt und daß alles dasjenige, was man versteht, was man bewußt kann, im Grunde genommen nur ein kleiner Teil dessen ist, was man in der Welt vollbringt.»

(«Die geistige Führung des Menschen und der Menschheit», S. 9f)

Es möge deutlich geworden sein, daß das biographische Erzählen so vielseitig und spannend ist wie das Leben selber, und deshalb gehört es zu den schönsten Erzählerfahrungen, wenn in einer Runde jeder reihum von sich erzählt. Bei diesem Erzählen rückt mehr und mehr auch die Erkenntnis ins Bewußtsein, daß heute jeder Mensch biographiewürdig ist, nicht nur ein Künstler, Nobelpreisträger oder Politiker, nein, in gleicher Weise die Hausfrau, der Arbeiter, der Arbeitslose.

Und auch die scheinbar kleinen Alltagserlebnisse, so wie sie sind und ohne ausschmückendes Dazutun, erfahren wir als Teile einer bestimmten Biographie und erleben sie in ihrem unerhörten Reiz, wenn wir nur aufmerksam darauf hören.

54. Übung:
Biographisches Erzählen I

Versuchen Sie in dieser Übung, etwas aus der Biographie eines Menschen zu erzählen, dessen Hilfeleistung Sie in Anspruch nehmen. Die Putzfrau, die Ihre Wohnung/Ihr Büro säubert, die Tagesmutter, die Ihre Kinder betreut, der Nachbar, der Arzt, der Briefträger – wo kommen sie her? Wie leben sie? Welche Wünsche, Hoffnungen, Ängste haben sie? ●

55. Übung:
Biographisches Erzählen II

Erzählen Sie ein Ereignis, das Sie selber gerne erlebt hätten. Und danach erzählen Sie, was Ihnen dazu aus Ihrem realen Leben einfällt. ●

Biographische Märchen

Wenn wir uns eine Geschichte ausdenken, frei und, wie wir meinen, ohne Bezug zu uns selbst, so können wir nachträglich jedesmal die Entdeckung machen, daß diese Geschichte eben doch sehr viel mit uns zu tun hat, sogar wesentliche Züge unserer Biographie enthält.

Auch unser «Lieblingsmärchen» erzählt uns eine Menge über uns. Manchmal durchschauen wir das lange Zeit nicht. Aber eines Tages fällt es uns wie Schuppen von den Augen, und wir erkennen, daß unser Märchen nicht nur von fernen Königstöchtern und -söhnen spricht, sondern von uns selbst und genau von der Situation, in der wir uns befinden. In dem Augenblick sind wir mit dem Märchen assoziiert, wir erleben es wie von innen und aus unserer Mitte. Plötzlich sind wir alles selbst beziehungsweise mit allem und allen verbunden und selbst auf einer langen Wanderschaft oder mitten in einem unwegsamen Wald, und die Frage aus dem alten verrosteten Eisenofen ist an uns gerichtet:

«Wo kommst du her und wo willst du hin?»

Oder die Frage des Königssohns an Allerleirauh:

«Wer bist du?»

Und dann ihre Antwort:

«Ich bin ein armes Kind, das keinen Vater und Mutter mehr hat»

und als nächstes:

«Ich bin zu nichts gut, als daß mir die Stiefeln um den Kopf geworfen werden.»

Ist eine solche Antwort übrigens zu fassen? Wie kann Allerleirauh nur in einer solchen Weise antworten! Sie, die in Wirklichkeit eine Königstochter ist, die eben noch, trotz Armseligkeit und Dunkelheit ihrer Alltagswelt, in Sonnen- und Sternenkleidern zum Fest ging und mit dem Königssohn tanzte. Und wir wissen: im Märchen ist ein solcher Tanz ein Bild für höchste Lebenserfüllung. Allerleirauh hat diese selbst herbeigeführt. Wie nur kann sie nach diesem allem dennoch eine solche Antwort geben?

Aber die Stelle berührt uns, weil sie irgendwo auch unsere Situation trifft, unsere Ambivalenz-Situation von Positivität und Negativität. Es gibt eben beide Seiten, und beide müssen von uns gesehen werden, die eine, die wir mit dem «Prinzip Hoffnung» beantworten, und die andere, die uns in die Depression zu treiben droht. Wir müssen beide Seiten sehen. Sehen wir nur die schlimme, verengen wir unser Selbstbild und verlieren alle Kraft und schließlich die Möglichkeiten unseres Menschseins und auch die Möglichkeiten, angemessen zu handeln. Viele heutige Menschen leben jedoch in der Situation, daß sie für sich nichts Positives mehr sehen können. Wie viele Mütter und Hausfrauen und Kursteilnehmerinnen habe ich negativ über sich sprechen hören, und das, nachdem sie im Kurs genügend anderes erlebt hatten, genügend positive Erfahrungen mit sich gemacht hatten, wonach sie es hätten besser wissen müssen.

Und wie steht es mit dem Königssohn? Er hat im Grunde dieselben Unsicherheiten und Erkenntnisprobleme und hat «die Stiefel» auch tatsächlich geworfen, wie wir es in der früheren Fassung des Märchens (Ausgabe von Friedrich Panzer) nachlesen können. Daß er aber fragt und nicht aufhört, zu fragen und zu suchen, ist offenbar seine Stärke und eröffnet ihm seine Wege und den Anteil am gemeinsamen Erlösungsweg.

Mich bewegt es immer wieder zu sehen, wie treffend die Märchen die Wirklichkeit erzählen und sich doch immer wieder noch zu einer Lösung und Erlösung durchzuarbeiten verstehen. Meine Auswahl von «Allerleirauh» zeigt mir, daß es sich offenbar um ein für mich wichtiges Märchen handelt.

Und welche Märchenstelle spricht Sie besonders an? Fällt Ihnen jetzt eine ein, aus irgendeinem Märchen? Vielleicht aus Ihren Kindertagen? An welches Bild können Sie sich erinnern? Könnten Sie es darstellen? Welche Botschaften vermittelt es Ihnen heute? Welche Botschaft vermittelt Ihnen Ihr selbsterdachtes Märchen?

Wir wollen uns an dieser Stelle mit «unserem» Märchen oder wenigstens mit einem seiner Bilder beschäftigen.

Malen Sie auf einem großen Blatt Papier mit Wachsmalblöcken die schönste oder wichtigste oder Sie am meisten anrührende Stelle aus Ihrem Lieblingsmärchen oder aus dem Märchen, das Ihnen jetzt gerade einfällt. Beginnen Sie mit leichten Farb-Andeutungen. Vereinen Sie dieses Bild mit einer Ihrer Quellen-Vorstellungen oder mit einem zu Ihnen passenden Element (Feuer, Wasser, Luft oder Erde), indem Sie einfach Farben im Bild übermalen. Wie verändert sich das Bild? Arbeiten Sie jetzt mit einem etwas stärkeren Auftragen der Farbe. Wo sind die schönsten Stellen in diesem Bild, in die Sie sich in Ihrer Phantasie hineinbegeben können, um sich darin gut zu fühlen? Nehmen Sie sich die Zeit, um in diesem Bild zu wandern, zu träumen, zu leben. Schließlich wählen Sie den schönsten Ort im Bild für sich aus. Was für eine Geschichte erleben Sie dort?

Erzählen Sie anderen diese Geschichte und schreiben Sie sie nach dem Erzählen gleich auf. •

56. Übung:
Ein Märchen für uns selbst

«Wer der Stimme in seiner Brust folgt, der wird seine Bestimmung nicht verfehlen, dem wächst ein Baum aus der Seele, aus dem jede Tugend und jede Kraft blüht, und der die schönsten Eigenschaften wie köstliche Äpfel trägt, und Religion, die ihm nicht im Weg ist, sondern seiner Natur angemessen, wer aber dieser Stimme nicht horcht, der ist blind und taub, und muß sich von andern hinführen lassen, wo ihre Vorurteile sie selbst hin verbannen.»
(Frau Rat Goethe zu Bettina von Brentano)

Es folgen drei Beispiele biographischer Märchen, die auf diese Weise in einem Erzählkurs entstanden sind und sogleich nach dem Erzählen aufgeschrieben wurden. Sie zeigen, wie gern auch Erwachsene sich auf das Erzählen einlassen und darin für sich ebenfalls jene faszinierenden Möglichkeiten entdecken, die beim freien Erzählen für die Kinder schon genannt wurden.

Aber etwas kommt für Erwachsene noch hinzu, und das ist ganz wichtig: daß nämlich im Erzählen alte eingefleischte Muster überwunden und neue und lebendige Beziehungen gestiftet werden können, zur eigenen Person und zu anderen. Als Zuhörer von Geschichten lernen wir Erzähler kennen und verstehen, ihre Biographie, ihre Familie, ihre Ziele, Ängste, Verletzungen, Lebensformen und Träume. Und das über die Grenzen von Rassen, Nationalitäten und Glaubenszugehörigkeiten hinweg. Wir kommen über Geschichten zu Gesprächen persönlicher Art, und so kann das mündliche Erzählen immer auch ein Beitrag zur *Friedensarbeit* sein.

Erstes Märchen
Es war einmal ein gestrenger und harter König, der hatte neun Kinder. Seine älteste Tochter liebte er sehr und versuchte, sie vor den Nachstellungen der Freier zu schützen, weil er von der Schlechtigkeit der Königssöhne im Lande überzeugt war.

Als die Prinzessin jedoch 17 Jahre alt geworden war, traf sie einen schönen, klugen und zärtlichen Prinzen, der sie küßte und zu sich auf sein Pferd nahm. Sie schnitt sich ihre Zöpfe ab und schenkte sie ihm als Zeichen ihrer ewigen Liebe.

Fortan mußten sie vor dem Grimm des eifersüchtigen alten Königs fliehen. Sie fühlte sich jedoch so wohl in der Umarmung ihres Prinzen, daß sie ihr Elternhaus fast vergaß.

Eines Tages reiste der junge König für lange Zeit in ferne Länder, um zu lernen und sich selbst zu verwirklichen. Die junge Königin wartete mit sehnsüchtigem Herzen auf ihn in ihrem Schloß auf einem Hügel im Walde, er aber kehrte selten und immer fremder zurück.

Eines Tages vernahm sie die sanfte Stimme eines Vogels mit samtenem Gefieder und goldenen Augen, der sang ihr auf dem Fenstersims die süßesten Melodien. Sie sang mit ihm und begann bald, jeden Tag sehnlicher auf sein Kommen zu hoffen. Als sie bemerkte, daß dieser Vogel für sie sang, weil er sie liebte, und daß sie seine Liebe mehr und mehr erwiderte, wurden ihre Lieder immer süßer, aber auch wehmütiger und angstvoller.

Als der junge König erfuhr, daß die Königin mit dem Vogel mit den goldenen Augen von ihrer Liebe sang, war er sehr verzweifelt und zielte mit seinem Pfeil auf ihr Herz.

Wehklagend flog da der Vogel davon, zurück in seine Heimat in einem kühlen, nördlichen Lande. Die junge Königin trauerte lange um diesen Verlust, ein Teil vom Herzen des Königs jedoch war von nun an zu Stein erstarrt.

Trotzdem lebten beide nun viele Jahre friedlich und liebevoll miteinander. Sie bauten sich ein neues, prächtiges Schloß, das so golden war wie die Sonne. In seiner Nähe jedoch befand sich ein tiefer Teich, aus dem nachts wunderbare Gesänge ertönten. Das waren die Nixen, die auf dem Grunde des Wassers lebten.

Als die junge Königin merkte, daß ihr Mann immer sehnsüchtiger den zarten Klängen aus dem See lauschte, fürchtete sie sich und verflocht die Handgelenke des Königs nachts mit den ihren. Aber der Gesang wurde immer lauter und lockender. Eines Nachts stand der König auf, küßte seine Frau mit wehmütigem Blick und ging in die Nacht hinaus, zum See der Nixen hinunter.

Die junge Königin weinte viele Tage und Nächte. Ab und zu kehrte ihr Mann nachts zu ihr zurück, und sie hielten sich in den Armen. Aber jedesmal war er am nächsten Morgen wieder verschwunden.

Auch die Prinzen, die von nun an im Schloß der Königin zu Gast waren, konnten ihr über ihren Schmerz nicht hinweghelfen.

Eines Nachts hatte die junge Königin einen Traum: Sie besuchte eine alte weise Frau, die in einer Höhle des Waldes saß. Diese gab ihr den Rat: Suche nach dem uralten, braunen Mantel, den die weisen Frauen der Vorzeit gewebt haben. Er schützt vor Sturm und Kälte. Wenn du ihn gefunden hast, wirst du in dir Ruhe und Zufriedenheit finden und dich nicht mehr nach dem Glück mit deinem verlorenen Mann sehnen. Du findest diesen Mantel hinter sieben großen Wäldern an dem alten schwarzen Brunnen der ungeborenen Kinder; er wird von einer Hirschkuh bewacht. Wenn du diese im dichten Unterholz aufgespürt hast, wird sie dir zu dem Mantel verhelfen.

Die Königin irrte nun jahrelang in der Welt umher auf der Suche nach diesem Mantel. Sie fürchtete sich vor den sieben dunklen Wäldern, die sie durchqueren sollte. Aber vor dem ersten Wald traf sie einen schwarzen Fuchs, der ihr mit seiner feinen Nase und seiner Schlauheit zur Seite stand.

Vor dem zweiten Wald lag ein tiefer See, auf dem ein alter morscher Kahn schwamm, in den das Wasser eindrang. Aber sie traf eine Häsin, die während der Fahrt so von einer der lecken Stellen auf die nächste sprang, daß die Königin sicher am anderen Ufer anlangte und auch diesen Wald durchqueren konnte.

Auch vor den nächsten Wäldern fand die angstvolle Königin immer irgend jemanden, dessen Gegenwart sie fühlen konnte, wenn die Dunkelheit zu groß wurde.

Sie spürte, daß sie den König, dem sie all die Jahre über auf ihrer Reise wiederzubegegnen gehofft hatte, nicht mehr wiederfinden konnte, aber sie wollte den Mantel gewinnen, den die weisen Frauen gewebt hatten.

Im letzten und dem dunkelsten Walde traf die einsame Königin einen schlafenden Mann, der halb verborgen innerhalb einer dornigen Hecke ruhte. Sie wurde von seiner Schönheit so ergriffen, daß sie zu ihm eindrang und sich still neben ihn setzte. Sie hielt seine Hand, bis er erwachte. Da sahen sie sich in die Augen und gewannen einander lieb. Als er ihr sagte, daß er kein Prinz sei, legte sie ihre Krone ab und wurde seine Frau.

Er begleitete sie fortan auf ihrer Reise als ihr treuester und hilfreicher Gefährte.

Der Wald, an dessen Rand die Königin nun in einem kleinen Hause lebt, ist so groß, daß sie ihn noch immer suchend durchwandern muß. Sie spürt, daß der Mantel der weisen Frauen in ihrer Nähe verborgen ist, und hat erfahren, daß viel Zeit vonnöten ist, bis es einem menschlichen Wesen gelingen kann, zu dem schwarzen Brunnen vorzudringen. Die braune Hirschkuh hat sich der Königin auf ihren Streifzügen durch das Dunkel des Waldes schon häufiger, meist von ferne, mehrmals auch schon von ganz nahe, gezeigt. Und froh hört sie auf das Rieseln von Quellen, die in diesem Walde niemals versiegen.

(Barbara)

Zweites Märchen

Ganz hinten, wo der Wald am dichtesten ist, lebte in einer kleinen Höhle unter einem engen, dunklen Gebüsch eine kleine Haselmaus.

Die wollte so gerne tanzen; aber so oft sie auch die Arme ausstreckte und sich zu drehen versuchte, stachen die Dornen, so daß ihr Fell schon ganz zerzaust war. «Ach, könnte ich doch einmal hier heraus», seufzte die kleine Maus traurig und las wieder still in ihrem Buch all die Geschichten von der großen weiten Welt.

Eines Tages gab es ein heftiges Gewitter. Ganz dicht neben der Höhle fuhr zischend der Blitz in die Erde, so daß die Haselmaus vor Schreck ganz fest die Augen zumachte. Doch als sie sie wieder öffnete, entdeckte sie in der einen Ecke ihrer Behausung ein Loch. Schnell schnappte sich die Haselmaus ihr Lieblingsbuch und schlüpfte nach draußen.

Sie reckte und streckte sich und sog tief die duftende Waldluft ein. «Ach, ist das schön!» dachte sie, schaute neugierig hierhin und dorthin und lief einfach geradeaus, bis der Wald einem Maisfeld Platz machte.

Ganz müde von all den neuen Eindrücken, suchte die Maus sich ein kuscheliges Plätzchen in den Maisblättern und schlief tief und fest. Am nächsten Morgen wachte sie auf, weil etwas sie an der Nase kitzelte: Ein winziger Sonnenstrahl hatte den Weg durch das dichte Blättergewirr gefunden.

«Guten Morgen», hörte sie plötzlich eine Stimme, und als die Haselmaus sich umdrehte, sah sie eine dicke alte Kröte, die neugierig zu ihr herüberschaute. «Du siehst aber zerzaust aus!» sagte die Kröte.

«Sieh dich doch selber mal an», antwortete die Haselmaus, «so viel schöner als ich bist du auch nicht! Du bist ja ganz nackicht!»

«So gesehen hast du wohl recht. – Ehrlich gesagt, wäre ich sogar froh, wenn ich ein solches Mäntelchen hätte wie du.»

«Weißt du, eigentlich brauch ich es gar nicht mehr», sagte die Maus und zog ihr Mäntelchen aus. «Du kannst es haben!»

Gleich legte die Kröte es an, obwohl es ein bißchen zu eng war, und hüpfte vor Freude in großen Zickzacksprüngen davon.

Nun machte sich die Haselmaus auf den Weg aus dem Feld heraus und kam bald an eine Blumenwiese. So etwas Schönes hatte sie noch nie gesehen! Sie hüpfte und tanzte im Kreise herum und konnte gar nicht genug kriegen. Doch plötzlich rutschte sie aus und – schwupp – plumpste sie in eine tiefe feuchte Kuhle.

Schnell stellte sie ihr Buch gegen die Wand, um es als Leiter zu benutzen. Aber die Wände waren viel zu hoch und viel zu glatt. Sie rutschte immer wieder herunter. «O je, o je! Jetzt sitze ich wieder im Dunkeln, wie soll ich hier jemals wieder herauskommen?» seufzte sie.

«Wenn's weiter nichts ist: Das ist doch kein Problem!» hörte sie neben sich eine Stimme und entdeckte erst jetzt einen Frosch, der von dem Getöse aus seinem Mittagsschlaf erwacht war.

«Aber sag mir doch, was ist das für eine merkwürdige Leiter, die du da hast?» fragte er.

«Das ist ein Buch», antwortete die Haselmaus. «Darin stehen viele Geschichten von der großen weiten Welt. Wenn du möchtest, kannst du es haben. Ich brauche es nicht mehr.»

«Ja gern», antwortete der Frosch und wollte gleich anfangen zu lesen.

«Kannst du mir nicht erst verraten, wie ich hier wieder herauskomme?» bat die Haselmaus ein bißchen ungeduldig.

«Na gut. – Setz dich auf meinen Rücken und halte dich fest, dann bringe ich dich wieder nach oben.»

Das war leichter gesagt als getan. Denn der Frosch war so glatt, daß die Maus gar nicht wußte, wo sie sich festhalten sollte. Aber schließlich schaffte sie es doch. Mit einem kräftigen Sprung schnellte der Frosch hinauf auf die Wiese. «Danke!» sagte die Maus, sprang eilig herunter, winkte ihm noch einmal zu und machte sich wieder auf den Weg.

Die Haselmaus war glücklich, wieder die Weite um sich zu haben, streckte sich zum Himmel und zur Sonne, die auf sie herabsahen, und tanzte vor lauter Lebensfreude.

Da lag plötzlich vor ihr ein See. «Was ist denn das?» rief die Maus, lief hin und schaute auf das spiegelblanke Wasser. Ein kleines spitzes Gesicht mit großen Augen sah ihr entgegen. Vorsichtig bewegte die Haselmaus den Kopf nach links und dann nach rechts und wackelte ein bißchen mit der Nasenspitze. Das Bild im Wasser tat das gleiche. Da begriff die Haselmaus, daß sie sich selber sah. «Hmmmm, na ja!!! – Kann ja vielleicht noch werden!» sagte sie sich. Dann stippte sie mit einem Finger ins Wasser, und das Bild lief in immer größer werdenden Ringen auseinander. Unverdrossen setzte die kleine Haselmaus ihren Weg fort.

Nach einer Weile traf sie auf einen herrlichen großen Baum. Staunend schaute die Maus zu ihm auf und sagte: «Bist du aber schön! – Ich würde ja so gerne mal zu dir raufklettern!»

«Nur zu!» schmunzelte der Baum.

«Aber ich bin doch viel zu klein und kann gar nicht klettern!» piepste die Haselmaus.

«Ach was!» sagte der Baum. «Was du wirklich willst, das kannst du auch!»

Da nahm die Maus all ihren Mut zusammen und kletterte den Baum hinauf. Auf dem ersten Ast wollte sie verschnaufen und merkte mit einem Male, daß sie von hier aus weit ins Land sehen konnte. Fast hätte sie vor Freude einen Luftsprung gemacht. Aber gerade noch rechtzeitig besann sie sich und hielt sich lieber fest.

Sie schaute sich in alle Richtungen um und entdeckte in einer Astgabel ein Vogelnest. Vorsichtig ging sie näher und wollte hineinschauen. Da streckte ein Vogel mit schönen bunten Federn seinen Kopf heraus, sah die Haselmaus fröhlich an und sagte: «Ich habe dir vorhin zugeschaut. Nie zuvor habe ich jemanden so wunderbar tanzen sehen! – Wo kommst du denn her?»

«Von ganz, ganz weit. Ich weiß es schon gar nicht mehr so genau!»

«Tritt nur ein. Mein Nest ist groß genug für uns beide», sagte der Vogel und sang ihr zur Begrüßung ein schönes Lied.

Die Maus lauschte andächtig, hatte Tränen der Freude in den Augen und sagte leise: «Du kannst so wunderschön singen. Ich könnte dir ewig zuhören!»

«Laß uns doch zusammenbleiben», bat der Vogel. «Dann können wir uns aneinander freuen und gemeinsam die große weite Welt anschauen.»

«O ja! – Aber wie soll das gehen? Ich kann nicht fliegen», entgegnete die kleine Haselmaus.

«Da geht schon!» antwortete der Vogel. «Du setzt dich einfach auf meinen Rücken; dann fliegen wir gemeinsam los, immer der Sonne entgegen.»

(Ruth)

Das dritte Märchen ist durchzogen vom Erlebnis eines schweren Schicksalsschlages. Ordnung, Schönheit, das ganze Weltbild zerbersten. Aus dem Schöpferisch-Werden der Trauer kann schließlich etwas Neues entstehen.

Drittes Märchen

In ferner grauer Zeit stand in einem abgelegenen Winkel der Welt eine wunderschöne Schale voll der schönsten, wärmenden Sonnenstrahlen. Sie glühten und blitzten voller Wärme und Leben.

Jedem, der das sah, wurde es leicht und froh ums Herz, und eine große Klarheit ging davon aus.

All diese Lebendigkeit trug einen geheimnisvollen, dunkelgrün schimmernden Stein.

Der gab ihr Ruhe und Ausgeglichenheit, und beide waren in Harmonie miteinander.

Viele Menschenkinder sehnten sich nach diesem Bild, und sie überquerten reißende Flüsse, gingen durch tiefe Wälder und die weite Heide, um danach zu suchen.

Sie ahnten nicht, daß sie selbst alle dieses Bild in ihren Herzen trugen. Es war im Inneren des Bettlers am Wegesrand. Diener und Könige trugen es in sich, den Kranken tanzte es in ihren Fieberträumen, und wer recht zu schauen vermochte, der hätte es in den Augen der Kinder und der scheuen Tiere erkennen können.

Aber wie es so geht in der Welt, möchte eins das andere oft beherrschen und niederdrücken, weil es sich seiner selbst unsicher wird. So drückte auch der dunkle Stein immer mehr all die schönen, sorglosen Sonnenstrahlen, so lange, bis sie ihn nicht mehr tragen konnten und er in ihnen versank, sie mit sich riß, ins Schleudern kam und in tausend Stücke zerbarst.

Durch die ungeheure Bewegung entstand ein großes Chaos. Das war so stark und wild, riß alles mit sich fort, und es wurde zu einem gewaltigen, glühenden Feuerball, der in den unermeßlichen, herrlich weiten Sternenraum flog. In der Unendlichkeit schoß er dahin, voller Bewegung und Veränderung in sich, bis sich alles zu einer Spirale formte und dann in einem Kreis zur Ruhe kam. Darin waren alle Farben der Welt voller Harmonie miteinander.

Alles hatte seinen Platz. Nichts war verloren.

Wenn ein kleiner Bogen dieses Kreises am Himmel zu sehen ist, dann spüren die Menschen etwas von der Schönheit und dem Frieden des kostbaren Schatzes am Ende der Welt.

(Heike)

Dritter Teil:

Gestaltetes Erzählen

Merle Storyteller
Katherine H. Rust
Albuquerque, New Mexico

Während der Erzähler seine Geschichten bisher im Fluß seines Erzählens und im Hinblicken auf die Zuhörer *frei* und spontan aus der Fabulierfreude heraus entstehen und je nach der kommunikativen Situation sich verändern ließ, gilt es im gestalteten Erzählen, Geschichten in einer vorgegebenen oder vorher bedachten und genau *festgelegten* Abfolge *vorzutragen*.

Zwei kleine Brüder machten einen Unterschied, wenn sie ihre Mutter um eine Geschichte baten. Wollten sie eine «von früher», jedenfalls eine frei erzählte, so sagten sie: «Erzähl uns eine Geschichte!» Wollten sie dagegen ein Märchen im vertrauten (genauen) Wortlaut vorgetragen haben, zum Beispiel «die Sterntaler», so sagten sie: «Sing uns eine Geschichte!»

Die beiden hatten in der Schule noch nicht gelernt, daß die Geschichtenerzähler früherer Zeiten «Sänger» genannt wurden.

Ein Beispiel, das uns über den Unterschied zwischen freiem und gestaltetem Erzählen nachdenken läßt.

Erzählen von Märchen

«Der erste wahre Erzähler ist und bleibt der von Märchen.»
Walter Benjamin, «Der Erzähler»

Märchen erzählen zu können stellt für viele Erzähler einen Höhepunkt ihres Erzählens dar. Kinder verlangen immer wieder ein Märchen, und auch wir Erwachsenen entdecken zunehmend, welch eine Fundgrube ein Märchen für unser Lebensverständnis ist.

Inzwischen gibt es eine reiche pädagogische und psychotherapeutische Literatur über die Bedeutung des Märchens, wo darauf hingewiesen wird, wie bereits ein einzelnes Märchen wichtige Impulse im Lebenskonzept vermitteln kann. Es sind vor allem die genialen Bilder, überhaupt die bilderreiche und bildschaffende Sprache des Märchens, die uns vielfältige Identifikationsmöglichkeiten anbieten und uns gleichzeitig in der Aufschlüsselung der Bilder gangbare Wege für die Lösungen unserer Probleme finden lassen. So wollen wir uns dieser «Sprache» zuerst zuwenden.

«Um ihren Trost, ihren symbolischen Sinn und vor allem ihre zwischenmenschliche Bedeutung auszuschöpfen, sollte man Märchen lieber erzählen als vorlesen.»
Bruno Bettelheim: «Kinder brauchen Märchen»

Die Bildsprache des Märchens

Wer eines erzählen will, muß etwas wissen vom Wesen des Märchens und von der Besonderheit seiner Bildsprache. Auch darüber ist viel geschrieben worden. Erich Fromm zum Beispiel nennt die Symbolsprache «die einzige Universalsprache, die die Menschheit je hervorgebracht hat». Und er fügt hinzu: «Wenn wir diese Sprache nicht verstehen, verlieren wir einen großen Teil von dem, was wir in den Stunden wissen und uns selber sagen, in denen wir nicht damit beschäftigt sind, die Außenwelt zu beherrschen» (Erich Fromm: «Märchen, Mythen, Träume»). Gemeint ist, daß uns diese Sprache nicht nach außen, sondern in unsere eigene Mitte und zu uns selber führt. Es lohnt sich deshalb, die Vokabeln dieser Sprache zu lernen und damit etwas von ihrer verinnerlichenden und lebensordnenden Kraft zu erfahren.

Natürlich wecken Bilder immer und auch in der Alltagssprache Vorstellungen und Assoziationen, und zwar in jedem Zuhörer andere. Das hängt damit zusammen, daß in jedem Menschen – je nach seinen Erfahrungen – andere innere Prozesse ablaufen und die Bilder daher ganz unterschiedliche Zusammenhänge ansprechen. Dieses gilt auch für die Bilder in unseren Redensarten und Sprichwörtern, die wir im Erzählen gerne benutzen. Es wäre sicherlich aufschlußreich, einmal zu erfahren, wie diese Bilder für jeden einzelnen in einer Runde genau aussehen, wenn es zum Beispiel heißt: «Morgenstunde hat Gold im Munde» oder «Lügen haben kurze Beine». Auch für die Schimpfwörter-Bilder gilt dasselbe: Hören wir, wie jemand als «Affe», «Dreikäsehoch», «Kamel», «Esel», «Gans» oder «Tolpatsch» tituliert wird, weiß jeder, was gemeint ist, aber jeder konkretisiert das Bild auf seine besondere Weise.

Dazu kommt, daß Sprachbilder in uns nicht nur *visuelle* Vorstellungen wecken, sondern gleichzeitig auch klangliche, geruchliche oder Berührungserinnerungen. Oft werden sogar ganze innere Szenenfolgen oder Filme ausgelöst und assoziativ vergegenwärtigt. Das Wort «Flickenteppich» ruft bei mir zum Beispiel das Geklapper eines alten Webstuhls auf. Gleichzeitig sehe und spüre ich, wie Sonnenstrahlen wärmend durch die kleinen Fenster eines masurischen Bauernhauses mit Lichtfiguren auf diesem Teppich spielen und seine Farben wechselnd zum Aufleuchten bringen. Für mich ein Ankerwort für «Lebenskultur», für einen anderen vielleicht ein Auslöser für die Vorstellung von Ärmlichkeit und Primitivität.

Doch die Sprachbilder des Märchens leisten noch mehr, weil sie nicht nur Einzelbilder sind, sondern in einem Beziehungsgeflecht mit anderen Bildern stehen, eben in einer wirklichen *Bild-Sprache* zu uns sprechen, die ein umfassendes «Bildern» oder auch «Bild-Denken» in uns auslöst. Dieses Bilddenken ist zwar unserem Verstand fremd, nicht aber unserer Seele. «Das Denken in Bildern geht dem Denken in Worten voraus, und diese Art des primären Denkens bleibt lebenslänglich Teil des subjektiven Erlebens – in Form von Träumen, Phantasien und Vorstellungen.» So Frances Vaughan, und sie fährt fort: «Innere Bilder... können auch Träger tiefer intuitiver Einsichten sein. Innere Bilder werden unmittelbar wahrgenommen und vermitteln in einem Augenblick Gefühle und Beobachtungen, die nur mit vielen Worten zu beschreiben wären» (S. 87).

Diese vorsprachliche «Selbstregulierung und Selbstentwicklung» entfalten derartige Bilderfolgen, im Gedächtnis gespeichert, auch noch nach Jahren und wirken dann wie Stichwörter, die ein ganzes inneres Drama in Fluß bringen können, mitsamt der Möglichkeit, inzwischen gemachte Erfahrungen neu zu verarbeiten. Allerdings ist oftmals Zeit erforderlich, um diesen Prozessen und Zusammenhängen nachzusinnen. Das nur einmal kurz vermerkte Bild kann stumm bleiben, kann als ein nur äußeres Bild stehen bleiben, ohne transparent zu werden für den Erkennungsprozeß. Wenn wir die Bilder aber innerlich zu bewegen lernen, uns auf sie einlassen, ihnen die Bereitschaft zum Verständnis ihrer Tiefenschichten entgegenbringen, offenbaren sie sich allmählich, und zwar einem *jeden* von uns.

Eigentlich kann ich erst auf dieser Stufe des Verständnisses von Bildern, auf der mir diese ihr Beziehungsfeld eröffnen, damit beginnen, Märchen zu erzählen. Erst jetzt weiß ich, wovon und von welcher Ebene ich spreche.

«Ich sah das Bild, das in den Augen des Teichhuhns sich bricht, wenn es untertaucht: die tausend Ringe, die jedes kleine Leben einfassen, das Blau der flüsternden Himmel, das der See trinkt, das verzückte Auftauchen an einem anderen Ort – erkennt meine Freunde, was Bilder sind: das Auftauchen an einem anderen Ort.»
Franz Marc

Es ist allgemein üblich, die Bilder des Märchens als «Symbole» zu bezeichnen. Darin liegt eine Gefahr, wenn das zu der Auffassung verführt, ein bestimmtes Symbol bedeute etwas Bestimmtes, so daß die Symbolsprache vokabelmäßig gelernt werden könnte. Wir erkennen darin aber eine geradezu geniale Bezeichnung, wenn wir das Wort bis zu seiner Entstehung zurückverfolgen. «Sýmbolon» kommt aus dem Griechischen und kann dort soviel heißen wie «Erkennungszeichen». In alten Zeiten bestand in Griechenland der Brauch, mit dem scheidenden Gast zum Abschied einen Scherben aus gebranntem Ton zu zerbrechen. Die eine Hälfte blieb im Haus, die andere Hälfte nahm der Gast mit auf seine Wanderung. Kehrte er eines Tages, vielleicht nach vielen Jahren, vielleicht auch erst einer seiner Nachkommen, in dieses Haus zurück, so wurden wie in einem Ritual beide Bruchstücke wieder zu einem Ganzen zusammengefügt. In diesem «Zusammenfügen» (griechisch «symbállein») der beiden passenden Scherben konnten Wiedererkennen und Zusammengehörigkeit erlebt werden.

«Kein Symbol hat echtes Sein im Geiste, wenn es nicht echtes Sein im Leibe hat.»
Martin Buber

Der entsprechende Vorgang ereignet sich bei der Begegnung mit den Symbolen des Märchens. Sie sollten nicht intellektuell gedeutet, sondern innerlich bewahrt werden, bis sie sich uns eines Tages als Antwort auf eine Frage – möglicherweise auf eine, die wir seit langem in uns bewegen oder als Problem in uns tragen – offenbaren. Plötzlich paßt ein Bild in einem Märchenzusammenhang genau zu unserer Frage, bringt in sie Licht und Erkenntnis und erhellt den Weg und eine ganze Landschaft für eine Problemlösung.

Ein solcher Vorgang ist kein abstrakt-intellektueller, sondern ein Erlebnis und wird als ein Glück erlebt, genauso wie es uns befriedigt, wenn sich zwei auseinandergebrochene Scherben geradezu nahtlos aneinanderfügen lassen. Es geschieht etwas Helfendes und Heilsames, indem sich etwas wieder zum Ganzen schließt. Fast ist es so, als hätten wir die Lösung in dieser Stimmigkeit immer schon in uns getragen, als sei alles nicht nur Erkennen, sondern Wiedererkennen. Wir kommen in diesem Prozeß wie in Altvertrautes, wie nach Hause, und das heißt: zu uns selbst.

Jedoch drängen uns die Bilder niemals diese inneren Vorgänge auf. Grundsätzlich lassen sie uns frei, sind sie doch bereits in ihrer gegenständlichen Aussage für das Verständnis des Märchens ausreichend. Märchen können somit immer doppelt erlebt werden: einerseits schlüssig in den äußeren Bildern ihrer erzählten Welt und andererseits in ihren tieferen Schichten und Zusammenhängen und da oftmals zu überwältigenden Erkenntnissen führend. Es ist wirklich so, als hätten wir plötzlich «neue Ohren» bekommen, wie Felicitas Betz das einmal sagt. Und sie fährt fort: «Keiner fragt mehr nach einer Deutung, weil seine Phantasie angeregt ist, der rätselhaften Poesie nachzuhängen, ihr Raum zu geben» (1983, «Der Märchenerzähler», S. 115).

Das Märchen also erzählt in einer solchen Bildersprache, und es wählt häufig Bilder des praktischen, vor allem des handwerklichen und bäuerlichen Lebens, so wie sie den Zuhörern früherer Zeiten geläufig waren. Da wird geschmiedet, gefischt, Tiere werden versorgt, es wird geerntet, gesponnen, gewebt und genäht. Die Menschen früher verstanden diese Bilder, weil sie in ihnen zu Hause waren. Aber auch wir können uns heute noch mit diesen Bildern vertraut machen, denn die meisten von ihnen leben in unserem Wortschatz oder in unseren Träumen fort. Es ist auch eines unserer großen Erlebnisse, daß sich unser so kompliziert gewordenes Leben, auf das Wesentliche reduziert, immer noch in den scheinbar so einfachen Bildern des Märchens wiederfinden läßt, so als ob diese uns immer noch die Formeln zu unserem heutigen Erleben liefern. Betrachten wir diese Bilder so lange, bis sie uns ihr Kräftefeld stimmiger Beziehungen und Bedeutungen offenbaren und sich die Brücke zu unserem eigenen Leben herstellt. Was sagt uns heute zum Beispiel das Bild des Jägers im Märchen? Sind wir etwa Jäger und gehen zur Jagd? Auch wenn wir dieses nicht tun, verhalten wir uns trotzdem in dem Augenblick wie ein Jäger, in dem wir ein Ziel haben, das wir verfolgen. Oder wir sind Schmiede unserer Pläne. Ebenso angeln wir manchmal etwas auf, was erst im nachhinein seine positive oder negative Bedeutung offenbart. Oder wir spinnen uns was zurecht. Das kann Seemannsgarn sein oder Spinnerei, aber auch der «rote Faden», den wir im folgenden nicht wieder verlieren dürfen. Und was geschieht, wenn wir den «roten Faden» verarbeiten und einen Text herstellen? Im Lateinischen heißt *texere* «weben». Die Römer hatten also die Vorstellung, daß ihre «Texte» – gesprochene wie geschriebene – Gedanken-*Gewebe* waren. So können wir uns heute in der Tätigkeit der Textherstellung als Weber erleben und es hier wie dort mit Überkreuzungen, Knoten, Fehlern, abgerissenen und verlorenen Fäden, aber auch wichtigen durchgehenden und Halt gebenden zu tun bekommen oder mit Farben und beabsichtigten und unbeabsichtigten Mustern. Und wir brauchen die Haspel zur Ordnung unserer Gedankenfäden und um uns nicht zu «verhaspeln». Wenn also allerlei «Textilien» im Märchen als so große Kostbarkeiten empfunden werden, sogar und besonders, wenn es sich um gewebte Hemden handelt, wie läßt sich das erklären? Sind die Gewebe etwa gleichzeitig auch Bilder für solche «Texte», das heißt für gedankliche Vorstellungen? Ist der Wunsch nach einem neuen Hemd also der Wunsch nach einem neuen Denken? Etwas muß ja wohl dahinterstecken, sonst wären diese Hemden nicht so unerhört teuer. Der Zar gibt seine Krone und sein Reich her für ein Hemd! Oder in den norwegischen Märchen warten die Trolle sehnlichst auf feinen Stoff für Hemden, hundert, zweihundert und dreihundert Jahre lang, und zahlen jeden Preis für Drillich, Zwillich oder – als höchste Kostbarkeit – für Leinen als Hemdenstoff («Sorge und Leid», Sammlung Diederichs, Norwegische Volksmärchen). Einzig «Christenfleisch» bringt diesen kostbaren Stoff zustande, und das wiederum erklärt die Haß-Liebe der Trolle zu «Christenmenschen», die sie tatsächlich fressen, falls diese sich nicht durch ein Hemdenstoff-Geschenk retten. Wenn sie ein solches jedoch liefern können, werden sie geliebt, und einfach alles wird ihnen aus Dankbarkeit geschenkt.

Hier ist so eine Nahtstelle, an der wir uns entscheiden müssen, in welcher Sprache wir uns weiterbewegen wollen. Unser übliches Denken und unsere übliche Erfahrung kann mit dem Bild eines derart begehrten und kostbaren Hemdes nicht mehr ganz zurechtkommen. Verbleiben wir in unseren gewohnten Vorstellungen, können wir das Bild nur als «märchenhaft» im Sinne von «unverständlich» dem Bereich des Phantastischen, und das heißt der Unwirklichkeit, zuordnen.

Es gibt aber auch den anderen Weg, nämlich sich auf die Bildersprache des Märchens einzulassen und diese mit innerer Ruhe und Geduld zum Sprechen zu bringen und mit Hilfe der Phantasie, die ja von ihrem Wesen her mit den Wahrheiten der Bilder schon immer entdeckend und ordnend umzugehen wußte und weiß. Dann kommen wir auf diesem Weg zu der Erkenntnis, daß sich in unserem Beispiel ein Troll, ein ungestaltes Naturwesen, eben tatsächlich etwas Neues, was seiner Meinung nach nur «Christenmenschen» besitzen oder herstellen können, anziehen will, weil er sich in seiner eigenen Haut nicht mehr wohl fühlt. Jetzt bietet sich das Bild des Hemdes, zumal es auf der Haut getragen und oft «nahtlos» gefordert wird, als Bild an für diese «neue Haut» – vergleichbar dem «geistlich neu geboren werden» –, was allerdings etwas Wertvolles darstellt.

Übrigens werden auch verzauberte wilde Schwäne durch das Überziehen von aus Sternblumen genähten Hemden zu ihrer wahren Gestalt erlöst. Und wenn der König beziehungsweise der Zar im russischen Märchen sich ebenfalls ein Hemd wünscht, eines, das er an den allerhöchsten Feiertagen tragen kann, so will auch er das Alte nicht mehr, sondern «von Grund auf» neu werden. Er will «den alten Menschen ausziehen», wie es in der Bibel heißt (Kolosser 3,9), und derjenige soll das Reich bekommen und König werden, der ein solches Hemd schaffen kann. (Siehe das russische Märchen von der «Zarentochter Frosch».)

Wir können als Erzähler eine solche Stelle nicht mit erfüllter Seele erzählen, wenn wir nicht vorher zu einem Verständnis des Bildes gekommen sind, sondern einfach an ein handelsübliches, im Warenhaus gekauftes Hemd denken. Es fehlt uns dann das Verstehen, gewissermaßen der Respekt vor dem Wunsch nach Verwandlung. Wir befinden uns irgendwie auf zwei Ebenen, aber auf keiner richtig, und spüren selbst die Unstimmigkeit.

Im norwegischen Beispiel ist das Material, aus dem das Hemd hergestellt wurde, feinstes Linnen. Wird das Material nicht erwähnt, ist der Zuhörer frei in seinen eigenen Vorstellungen von dem, was ihm hautnah oder als Haut guttäte. Es ist nicht unwichtig, woraus eine solche neue «Haut» besteht, ob aus Leinen, aus Wolle, aus Seide oder aus Sternen, ob sie weiß, bunt, exotisch, kostbar ist – wer kann es wissen –, nur der persönliche Kontext eines jeden Zuhörers entscheidet, was für ihn das Wünschenswerte ist. Jedenfalls werden alle Menschen – freilassend – eingeladen, sich die für sie stimmigen eigenen Wünsche zu erfüllen. Es gibt die passenden Hemden für verzauberte wilde Vögel, die eigentlich Königssöhne sind, sowie für ungestalte Naturwesen wie die Trolle, für die höchsten weltlichen Machtträger und für die ärmsten Kinder («Sterntaler»).

So entstehen überall doppelte und mehrfache Böden, sobald wir die Bildsprache in uns bewegen. Diese Bilder, auch wenn sie die einfachsten Tätigkeiten widerspiegeln, sind also noch immer nicht überholt und auch keineswegs primitiv. Letztlich geschieht in der Psychotherapie oft auch nichts anderes, als daß Veränderungen und Formen des Neuwerdens gemeinsam mit dem Klienten gesucht werden, also auch neue und hautnahe Hüllen der Geborgenheit. Sie werden gleichfalls aus Geschichten (Texten) sozusagen gewebt, bis sie passen und wärmen und wirklich als neue Haut getragen werden können.

Die Beschäftigung mit der Bildersprache der Märchen ist unendlich. Auch der Erzähler, der ein Märchen meditativ erarbeitet hat und nun glaubt, es wirklich zu kennen, wird trotzdem immer wieder und auch noch nach Jahren feststellen, daß sich ihm wichtige Zusammenhänge erst jetzt entschlüsseln. Folglich wird er verantwortungsbewußt und mit einer gewissen Behutsamkeit erzählen. Meistens heißt dieses, daß er um der Objektivität und der Allgemeingültigkeit der Bildaussagen willen seine eigene Subjektivität zurücknimmt und eben nicht dramatisch, sondern episch erzählt und wahrscheinlich sogar auswendig.

Das Erzählen von Märchen, besonders der Grimmschen Märchen, ist ein Übungsweg für den Erzähler.

57. Übung: Bild-Übung

Wählen Sie aus einem Märchen ein Bild aus, das Sie besonders anrührt. Betrachten Sie es mit Zeit und Muße, und denken Sie über seinen Platz im Gesamtprozeß des Märchengeschehens nach. Vergleichen Sie dieses Bild mit anderen, ähnlichen Bildern. Lassen Sie es konkret werden in seinen Farben und Formen und «sinnen» Sie darüber nach, mit allen Sinnen, bis es transparent wird und bis sich «doppelte Böden» herstellen, eventuell sogar der Bezug zu Ihrem eigenen Leben.

Wichtig ist, daß Sie sich wirklich Zeit lassen... «der Morgen ist weiser als der Abend» (wie es im russischen Märchen heißt). •

Das Märchen als Übungsweg für den Erzähler

MUTTER SPRACHE

Ich habe mich
in mich verwandelt
von Augenblick zu Augenblick

in Stücke zersplittert
auf dem Wortweg

Mutter Sprache
setzt mich zusammen

Menschmosaik

Rose Ausländer

Wenn Märchen sich erschließen sollen, müssen sie, wie wir gesehen haben, in Ruhe wirken können, immer wieder vergegenwärtigt, gedreht und gewendet werden. Dann aber eröffnen sie uns Welten.

Es ist ein großer Unterschied, ob ein Erzähler sich selbst vorher übend mit einem Märchen auseinandergesetzt hat oder nicht. Wenn ihm der Stoff fremd vorkommt, vielleicht sogar angstmachend, wird seine Distanz auch «befremdend» zu den Zuhörern «rüberkommen». Hat er dagegen begonnen, für sich selbst wichtige Beziehungen zu erkennen oder auch nur zu ahnen, werden diese in seiner Seele lebendig, und entsprechend gestaltet sich auch sein Erzählen lebendig.

Aber er bekommt durch den übenden Umgang mit den Märchen noch viel mehr geschenkt: Er macht die Erfahrung, daß er, sobald die Bilder für ihn deutlicher und transparenter werden, selbst viel entspannter erzählen und mehr Nähe zu sich und zu seiner Intuition zulassen kann. Mit der Zeit spürt er auch, wie sich seine eigene Sprache verändert. Sie wird offener und ebenfalls bildhafter, damit einfacher, gefühlsmäßiger, phantasievoller, und doch bleibt sie gedanklich klar. So befindet er sich im Umgang mit dem Märchen im Grunde auf dem Wege zu seiner eigenen Ganzheit und spürt diese immer stärker wie eine Befreiung, fast wie eine Aufhebung unserer üblichen und anerzogenen Leib-Seele-Trennung. Dazu kommt, so habe ich es in Erzähl-Seminaren des öfteren erlebt, daß die Bildsprache der Märchen noch andere Heilmittel bereithält, zum Beispiel für eine vertrocknete Sprache, aber manchmal auch für ein verdorrtes Fühlen und Denken.

Und schließlich erlebt er, daß er mit Sprachbildern Zuhörer der unterschiedlichsten Bildungsebenen in gleicher Weise erreicht. Ein Bild versteht *jeder* auf seine Art und fällt dadurch nie aus dem Zusammenhang der Geschichte heraus, was ja bei wissenschaftlich-abstraktem Sprechen leicht der Fall ist. So wirkt sich eine bildhafte Sprache sozial günstig aus. «Erst in einer Sprache, die eine ganze Situation ins Bild bringen kann und nicht alle Verhältnisse auf die lineare Rationalität der Abstraktion herunterbringen muß, können sich Menschen begegnen und Gemeinsamkeiten bilden» (Rudolf Steiner).

Mit dem Erarbeiten der Bilder und der Bildsprache des Märchens arbeitet der Erzähler also gleichzeitig intensiv an seiner eigenen Erzählsprache. Natürlich führt dieser Weg ins Unendliche, wenn man bedenkt, wie eine wirklich vom sozialen und humanen Bewußtsein durchdrungene Sprache eigentlich sein müßte. Es käme auf ihre Bildhaftigkeit an, aber im weiteren auch darauf, Herrschaftsstrukturen und geschlechtsspezifische Rollenmuster auszuschließen. Auch diese Aufgabe ließe sich sicherlich bei gutem Willen und genügender Sensibilität durch die Aktivierung unserer schöpferischen Phantasiekräfte lösen. Eines Tages. Heute können wir nur davon träumen und solchen Zielvorstellungen grundsätzlich ihre Möglichkeiten und Räume zur Entwicklung zugestehen.

In diesen Zusammenhang gehört auch, daß ich es in meinem Text als Problem empfinde, immer nur die männliche Form («der Erzähler») zu benutzen und nicht gleichzeitig und gleichwertig auch die weibliche. Ich bin unglücklich über diese Einseitigkeit, aber die Doppelbezeichnungen empfinde ich als sperrig und häßlich, auch weil sie die Geschlechtszugehörigkeit überbetonen.

Beginnen wir jetzt damit, möglichst viele Märchen zu lesen, «Das Eselein» oder «Das Wasser des Lebens» oder «Die Kristallkugel» oder wieder und wieder ein bestimmtes Lieblingsmärchen.

Eigentlich ist es gleichgültig, um welche Inhalte es im Märchen geht, denn alle können als bedeutsam erlebt werden und wichtige Zusammenhänge erschließen, egal ob es sich um große Dinge, um Königreiche, Sternenaufenthalte oder Teufelsbegegnungen handelt, um Geister, Tiergefährten, Menschenbrüder und -schwestern, oder um die ganz kleinen Dinge wie Muscheln, Steine, das Knöchelchen oder das Klümpchen Lehm. Alles enthält im Märchen immer wieder alles.

Das Auswendiglernen von Märchen

Hat der Erzähler erst einmal seine Erfahrungen mit der Märchensprache gemacht, möchte er schließlich auf keinen Fall auch nur auf eines ihrer Bilder oder Worte im Märchen verzichten, denn nur in dieser Reihenfolge und in genau diesem Zusammenhang sind sie für ihn wirksam. Nur so möchte er sie erzählerisch weitergeben. Ein Grund mehr, den Text wörtlich, also auswendig nachzuerzählen.

Das Auswendiglernen eines Märchens beschenkt uns mehr als wir zunächst ahnen. Viele Zusammenhänge, um die wir uns mit dem Verstand willensmäßig bemühen, gehen uns nicht sofort auf, sondern fallen uns erst bei der intensiven Beschäftigung mit dem Auswendiglernen zu. Manch eine Erzählstruktur, manch ein Rhythmus, ein Bild oder eine Beziehung erschließt sich dann auf beglückende Weise. Man begibt sich in solcher Arbeit auf eine Entdeckungsreise, und was man während einer solchen Reise ent-deckt, vergißt man nie!

Im übrigen gilt für die wörtliche Wiedergabe des Märchens, daß diese auch bei häufigen Wiederholungen nie als «fertig» und als dieselbe und also auch nie als langweilig erscheint, denn jedesmal erzählt der Erzähler, je nach seiner Verfassung und nach der Art seiner Zuhörer, das Märchen anders, mit einer anderen Mimik, Gestik, Stimmführung, in einer anderen Tonlage, in anderen Akzentsetzungen und Blickkontakten, je nachdem, was ihm selber bei diesem Erzählen gerade wichtig ist. Er erzählt das eine Mal mehr assoziiert, innerlich verbunden mit dem Geschehen, das andere Mal mehr dissoziiert, aus einer größeren Weite und einem inneren Abstand und Überblick heraus, oder mehr episch oder mehr dramatisch. Es ist schließlich so, das berichten routinierte Märchenerzähler, daß sogar sie bei einem auswendig und wörtlich gesprochenen Märchen immer wieder etwas Neues oder einen neuen Zusammenhang entdecken.

Kaum sind die Worte über die Bedeutung und Notwendigkeit des Auswendiglernens ausgesprochen, pflegt meist ein heftiger Streit zu entbrennen: Kindergärtnerinnen und viele Eltern sagen prompt: «Dann kommen die Kinder *nie* zu ihren Märchen!» – «Wie soll man neben diesem und jenem und allem überhaupt nun auch noch Märchen auswendig lernen?» – «Das ist nun wirklich nicht zu schaffen!» Und die Vorstellung von den armen, nun märchenlosen Kindern bringt auch mich sofort zu Zugeständnissen: Ehe die Kinder gar keine Märchen bekommen, sollte man sie ihnen denn doch wenigstens vorlesen oder frei aus dem Gedächtnis erzählen. Lieber so als gar nicht und immer noch *viel* besser als Kassetten!

Außerdem habe, so sagen viele, die lange mündliche Tradition der Märchen auch viele Veränderungen gebracht, bis sie eines Tages mehr oder weniger zufällig verschriftlicht und damit fixiert wurden, so daß wir uns heute nicht unbedingt an die letzte schriftliche Fassung zu halten brauchten. Diese Meinung hat im Prinzip viel für sich, besonders wenn wir an Übersetzungen denken, die sprachlich nicht immer gelungen sind. Jedoch ist bei den deutschen Märchen die sprachliche Qualität der Brüder Grimm kaum zu erreichen. Ihre geniale Einheit von Außen- und Innenbildern, wie sie fast alle ihre Märchen durchzieht, können wir nicht so leicht in freien eigenen Formulierungen gleichwertig nachschaffen.

Eine andere Meinung geht davon aus, daß Märchen eine solche Fülle von Stoff zur Auseinandersetzung bieten, daß wir im Erzählen nach eigenem Ermessen darüber verfügen, also auch weglassen und verändern sollten. Was in Verfilmungen, Theateraufführungen und Kassetten-Fassungen dann allerdings aus den Märchen gemacht wird, hat meist nicht mehr viel mit diesen selbst zu tun.

Natürlich zielt ein weiterer Einwand beim Erzählen für Kinder auf «die Grausamkeit der Märchen», die Kindern angst macht. So wird gefragt, ob man nicht wenigstens die grausamen Stellen im Erzählen weglassen oder mildern sollte?

Dazu nur soviel, daß längst nicht alle Märchen für Kinder geeignet sind, jedenfalls nicht für alle Altersstufen. Immer wieder geschieht es, daß Kindern die Märchen zu früh erzählt werden. Es gibt nur wenige Märchen der Brüder Grimm, die vor dem Ablauf des fünften Lebensjahres erzählt werden sollten.

Grimms Märchen für Kinder unter fünf Jahren:

«Der süße Brei» (Nr. 103), «Die Sterntaler» (Nr. 153), «Die Bremer Stadtmusikanten» (Nr. 27), «Die Bienenkönigin» (Nr. 62), «Die Wichtelmänner» (Nr. 39; nur das erste Märchen), «Das Waldhaus» (Nr. 169), «Der Wolf und die sieben Geißlein» (Nr. 5), «Die sieben Raben» (Nr. 25), «Schneeweißchen und Rosenrot» (Nr. 161), «Der Froschkönig und der eiserne Heinrich» (Nr. 1), «Rotkäppchen» (Nr. 26), «Hänsel und Gretel» (Nr. 15).

Aber dies ist keinesfalls ein Rezept mit Allgemeingültigkeit! In jedem einzelnen Fall muß neu aus der Kenntnis des Kindes heraus entschieden werden.

Im übrigen gibt es kaum eine Darbietungsweise, die so angstabbauend ist wie das mündliche Erzählen. Im Vergleich zu der Vermittlung über anonyme Platten und Kassetten erzählt hier ein persönlich anwesender Erzähler, den das Kind anschauen und auf dessen Schoß es sich zurückziehen kann.

Allerdings ist es eine Voraussetzung, daß dieser Erzähler sich vorher im oben genannten Sinn mit dem Märchen beschäftigt und auch sein eigenes Verhältnis zu Angst und Grausamkeit geklärt hat. Er darf das Märchen nur dann erzählen, wenn er die Grausamkeit, die darin vorkommt, nicht selber fürchtet, sondern die hinter ihr stehende Bedeutung akzeptiert, etwa den Verwandlungsprozeß oder die Läuterung und Erlösung des Bösen. Empfindet er selber Furcht, oder täuscht er die Überwindung seiner Furcht vor, ohne innerlich zu einer wirklichen Klärung gekommen zu sein, darf er das Märchen nicht erzählen. Seine Angst würde dem Kind eine sogenannte «doppelte Botschaft» übermitteln: einerseits die Überwindung des Bösen, wie sie der Text erzählt, andererseits die persönlichen Gefühle von Angst und Entsetzen.

«Kinder brauchen Märchen!» (Bettelheim). Und am schönsten wäre es, sie bekämen sie wortwörtlich auswendig erzählt. Aber eigentlich sprach ich nicht von Kindern, sondern vom Erzähler.

58. Übung: Auswendiglernen von Märchen I (Über Symbole)

Wählen Sie ein Märchen der Brüder Grimm aus, am besten Ihr Lieblingsmärchen. Um es auswendig lernen zu können, beschäftigen Sie sich intensiv mit ihm, indem Sie sich die Zeit nehmen, sich Bild für Bild wirklich und konkret vorzustellen, bis Sie gewissermaßen in jedem Bild leben und es transparent für Sie wird. Wie wäre es, dieses Märchen in die Ferien mitzunehmen?

Zwei bis drei Wochen lang lesen Sie es sich täglich laut vor.

Jedesmal nach dem Lesen fragen Sie sich, welche Symbole, Ereignisse oder Gestalten, welche Textstellen also, Ihnen dieses Mal besonders deutlich vor Augen stehen. Warum gerade diese? Warum ist dieses Motiv offenbar besonders wichtig für Sie? Welche Fragen beantwortet es? Welche Botschaft übermittelt es Ihnen?

Versuchen Sie sich den Wortlaut einer solchen Stelle zu vergegenwärtigen, und überprüfen Sie Ihre Version mit dem wirklichen Text. Unterschiede sind interessant und ebenfalls wieder aufschlußreich. Sprechen Sie sich die kurze Stelle so lange vor, bis Sie sie auswendig «haben», das heißt in ihr «drin» sind, so daß Sie diese Stelle aus sich wie aus Ihrem eigenen Wortlaut sprechen können.

Wenn Sie sich ein Märchen in dieser Weise übend aneignen, kommt es Ihnen sehr nahe und ist eines Tages wirklich «Ihres» und damit gelernt. Sie können es jetzt auch wie «Ihres», das heißt wie Ihr eigenes Märchen, sprechen. Das ist etwas anderes als das wörtliche Auswendiglernen, dem beim Sprechen immer noch das «innere Ablesen» anhaftet. ●

Die wirksamste Voraussetzung allen Lernens, und das gilt auch für das Auswendiglernen von Märchen, ist immer das Schaffen einer tragfähigen eigenen Beziehung zum Text.

59. Übung: Auswendiglernen von Märchen II (Über das Rollenspiel)

Haben Sie nicht die Zeit, zwei bis drei Wochen mit einem Märchen zu leben, so können Sie sich die Beziehung zu dem Märchen im Kurzverfahren schaffen: Sie gehen dazu in dieses Märchen im Rollenspiel selbst hinein, in seinen Raum oder, da das Märchen in der Regel an mehreren Orten spielt, in seine Räume, und lassen sich in diesen Räumen nieder, verstecken sich dort, mischen sich unter das Volk, verkleiden sich, übernehmen in der Vorstellung eine bestimmte Rolle, wechseln in die nächste über und so weiter, bis der Text zu Ihrem eigenen geworden ist und aus Ihren Bildern und Empfindungen auswendig gesprochen werden kann. Eigentlich machen Sie es dann so, wie die alten Märchenerzähler, die ja spätestens am Schluß ihres Märchens erklären, «dabei»gewesen zu sein und die Hochzeit mitgefeiert zu haben, mit Essen, Trinken und Tanzen. Allerdings distanzieren sie sich dann wieder, indem sie behaupten, von dem Wein oder dem Bier letztlich doch nichts abbekommen zu haben. «Es lief mir über den Bart, in den Mund hinein kam nichts.»

Nur in einem norwegischen Märchen erzählt der Erzähler am Schluß: «Ich wurde auch zu dem Fest geladen, und der Bräutigam machte mich zum Küchenmeister, und ich mußte die Rede auf Bräutigam und Braut halten. Aber am letzten Tag des Festes mußte ich Bier zapfen aus einem großen, großen Faß, das zuhinterst im Keller lag. Ehe ich den vollen Krug wegschickte, trank ich zuerst selbst, wie es sich gehört. Aber das Bier war so stark, daß es mir auf einmal in den Kopf stieg, und ich flog in die Luft wie ein Vogel, und nun habe ich neun volle Jahre zwischen Himmel und Erde geschwebt, und dann fiel ich herunter, hier ins Dorf, vor das Haus, hier oben auf dem Hügel. Und heraus kam Bertchen Freundlich mit einem Brief an mich von dem Prinzen, der inzwischen König geworden war, und darin stand, ihm und der jungen Königin ginge es sehr gut, und sie ließen dich grüßen, und du und deine Schwestern sollten am Sonntag nach Michaelis zur Einladung ins Schloß kommen, da könntest du ein paar herzige kleine Prinzlein, den goldenen Wald und die alte steinerne Riesin sehen, die vor der Tür steht mit ihrer drei Ellen langen Nase.» («Norwegische Volksmärchen», Sammlung Diederichs, 1977, S. 136)

Daß dieses Bier zu Kopf steigt und man neun Jahre danach noch ein

Ein Vater, erfüllt von der pädagogischen Richtigkeit des wörtlichen Erzählens, hatte ein Märchen *sehr schnell* auswendig gelernt und «erzählte» es am Abend seinen Kindern. Als er fertig war, sagte sein ältestes Kind: «Ach Vater, warum liest du nicht vor!» Das Kind hatte das unsichtbare Buch gespürt und fühlte sich dadurch gestört, daß der Vater innerlich nicht loslassen konnte. – Nein, Erzählen muß im Erzählen rezeptiv ganz neu (und trotzdem wörtlich) gegriffen werden und sich auch für den Erzähler wieder als neu anhören und erleben lassen. Ich muß immer daran denken, wie einst die alte Gärtnerin auf der Küchenbank erzählte und irgendwie aus dem Atem des Lebens selbst schöpfte, so daß schließlich so etwas wie ein umhüllender Raum für uns alle entstand.

Wanderer zwischen beiden Welten sein kann, ist vielleicht der Grund, weshalb sich die meisten Erzähler auf diesen Trank doch lieber nicht einlassen.

Etwas Wichtiges kommt beim Auswendiglernen über das Rollenspiel noch hinzu: Jeden einzelnen Satz sollten Sie spielen, während Sie ihn sprechen, und zwar nach Möglichkeit Wort für Wort. So gehört schließlich zu jedem Wort eine Bewegung. Auf diese Weise beteiligen Sie Ihren ganzen Körper beim Auswendiglernen, und der behält dann die Worte oft besser als Ihr Kopf.

Bei dieser Methode des gestischen Ausdrucks und des gestischen Lernens ergibt es sich außerdem, daß der Erzähler sich leise von seinem Text distanziert, indem er sich ein wenig selber zuschaut. Damit vergrößert sich der Spielraum und die spielerische Freiheit. Auch geht der Erzähler dabei ein wenig über die Grenze seiner Subjektivität und ein wenig in die Objektivität hinein. Und so merkwürdig dieses auch klingen mag, auf diese Objektivität kann er sich glaubwürdig für seine Zuhörer abstützen. Ein verkrampfter Erzähler kann diesen Schritt in die leise Distanz hinein übrigens nicht tun. Er ist zu sehr an seine Subjektivität gebunden und kommt niemals in die Freiheit jener Gesten, die einen größeren Innenraum andeuten. Seine Gesten, falls er sie überhaupt ausführen kann, bleiben eng subjektiv. •

60. Übung:
Auswendiglernen von Märchen III (Über Sinneswahrnehmungen)

Überprüfen Sie, ob Sie ein Märchen mehr sehen oder mehr hören oder über welche anderen Sinne Sie es sich vorstellen. Sodann erarbeiten Sie sich ein kurzes Märchen, zum Beispiel «Der süße Brei».

Stark *im Auditiven* lebende Menschen zum Beispiel erleben und erlernen das Märchen über seine Sprachmusik. Manchen geht es so, daß sie die einzelnen Sätze eines Märchens im bestimmten Tonfall eines vertrauten Erzählers im Ohr behalten und so das Märchen aus dem Gehör noch nach vielen Jahren auswendig erzählen können. Für diese Erzähler ist es manchmal eine Hilfe, das Märchen auf eine Kassette zu sprechen und es über den Klang der eigenen Stimme zu lernen.

Dagegen stellen sich mehr *visuell* aufnehmende Menschen das Märchen wie einen Bilderteppich vor oder andere wie einen Film oder wie ein großes Gebäude. Dann würde der Erzähler beim Lernen von Raum zu Raum gehen, von Bild zu Bild. Seine Merkpositionen sind die visuellen Eindrücke des Geschehens: Der Wald, die Küche, das Haus, die Straße und so weiter.

Ich selber muß mich sehr lange mit einem Märchen innerlich verbinden, ehe ich es auswendig erzählen kann. Das kurzfristige Auswendiglernen fällt mir zwar nicht schwer, aber ich vergesse es auch ebensoschnell wieder. Wenn ich dagegen das Märchen als Puppenspiel *inszeniere* oder als eine Folge von Transparentbildern gestalte, verbinde ich mich so intensiv mit den Bildern, ihrer Stimmungs-Farbe, dem Licht und der bestimmten Abfolge der Gestik, daß ich seine Dramatik plötzlich wortwörtlich «habe» und auch die kleinsten Wendungen über lange Zeit behalte.

Andere wiederum sehen überhaupt keine Bilder, sondern erspüren kinästhetisch die Kraft und *Beweglichkeit der Verben*, so daß sie sich im Fortgang des Erzählens von diesen tragen und führen lassen. Sie sind dann trotzdem auf ihre Weise «im Bilde», eigentlich direkt in den Bildekräften der Handlung.

Manchmal hilft es solchen kinästhetischen Erzählern, wenn sie das Märchen einmal handschriftlich aufgeschrieben haben, das heißt, daß es mit der eigenen Hand durchbewegt wurde.

Oder Sie lernen ein Märchen nach ihrem eigenen *Atemrhythmus* in Sprachbögen und Spannungsbögen auswendig, zeichnen sich diese auch in den Text ein. Vergleichen Sie hierzu den Text des Märchens von der «weißen Taube» (S. 58). Solche Erzähler «eratmen» sich die Handlung und haben oft ein besonders gutes Gespür für die Lebendigkeit des Satzbaus, für Wiederholungen und Steigerungen, überhaupt für das lebendige Flechtwerk der Märchensprache. Dieses ist das Thema der nächsten Übung. •

61. Übung: Auswendiglernen von Märchen IV (Über Satzstrukturen und Redeweisen)

Das Märchen «Der goldene Vogel» (Grimm Nr. 57) beginnt mit dem folgenden Satz: «Es war vor Zeiten ein König, der hatte einen schönen Lustgarten hinter seinem Schloß, darin stand ein Baum, der goldene Äpfel trug.»

Die vier Teile des Satzes sind gereiht und beziehen sich jeweils auf den vorherigen Teil zurück. Jeder Teil eröffnet ein neues Bild: Der König – der Lustgarten mit dem Schloß – der Baum – die Äpfel.

Erzählen Sie einen solchen Satz nach dem ersten Lesen mit Ihren Worten nach und vergleichen Sie Ihre Fassung mit der des Märchens. Was sagen Ihnen die Abweichungen?

Oder: Achten Sie auf spezifische und unspezifische Redewendungen. Das folgende Beispiel stammt aus der «Gänsehirtin am Brunnen» (Grimm, Nr. 179): «Die Einöde war von einem großen Wald umgeben, und jeden Morgen nahm die Alte ihre Krücke und wackelte in den Wald. Da aber war das Mütterchen ganz geschäftig, mehr als man ihm bei seinen hohen Jahren zugetraut hätte, sammelte Gras für seine Gänse, brach sich das wilde Obst ab, soweit es mit den Händen reichen konnte, und trug alles auf seinem Rücken heim.»

In dieser Textstelle gibt der Erzähler seinem Zuhörer einerseits einige spezifische Hinweise (Einöde, Krücke, wackelte, geschäftig), aber andererseits ist die Sprache so unspezifisch (Wald, die Alte, Gras, Gänse, war, groß und so weiter), daß dem Zuhörer der nötige Freiraum gelassen wird, um das eigene Bild aus der eigenen Sicht heraus zu entwickeln: Für den Wald, den Weg (der wird überhaupt nicht genannt), das Mütterchen und das, was es sammelt. Was dem Mütterchen zuzutrauen ist, muß jeder selbst einschätzen, und dann ist es eben noch etwas «mehr». Das Ergebnis ist, daß jeder Zuhörer schließlich ein genaues Bild zu haben glaubt, aber genau betrachtet, ist sehr vieles davon sein eigenes subjektives.

Die Stelle ist erzählerisch ein Kunstwerk. Lernen Sie sie auswendig. Verfahren Sie ebenso mit Sätzen aus Ihrem Lieblingsmärchen. Erfahrungsgemäß können Sie mit der Zeit immer weitere Sätze an die ausgewählte Stelle anschließen. (Der Rest kommt später; je mehr Sie sich mit dem Märchen verbinden, desto kleiner wird dieser Rest.) •

Es wird hier jeder Erzähler seine eigenen Erfahrungen machen. Ich selber bin nicht in der Lage, meine Lieblingsmärchen zu verändern. Bei weniger bekannten Märchen, zum Beispiel aus fernen Ländern oder bei Kunstmärchen tue ich dieses zwar, jedoch bin ich mir dabei immer der Verantwortung gegenüber den Bildern und Bildverläufen bewußt. Ich weiß, daß diese für viele Zuhörer den Charakter von Stichwörtern besitzen, ohne die das innere Drama nicht «richtig» ablaufen kann. Besonders Vorschulkinder können die Märchen oft sehr schnell auswendig und bemängeln dann die kleinste Abweichung vom Text.

Wie weit das gehen kann, zeigt die Geschichte, die sich seit drei Generationen in unserer Familie hält: daß nämlich ein Fünfjähriger zu wiederholten Malen dieselbe Textstelle in den «Bremer Stadtmusikanten» zurückwies, mit den Worten, so sei es «nicht richtig». Da seine Schwester, die den Text wörtlich erzählte, nichts anderes wissen konnte, als was sie aus dem Originaltext auswendig gelernt hatte, war guter Rat teuer. Sie begann von neuem, wie die Tiere im Wald übernachten wollten und sich unter dem Baum lagerten, «die Katze und der Hahn machten sich in die Äste, der Hahn aber flog bis in die Spitze, wo es am sichersten für ihn war. Ehe er einschlief, sah er sich noch einmal nach allen vier Winden um, da deuchte ihn, er sähe in der Ferne ein Fünkchen brennen, und rief seinen Gesellen zu, es müßte nicht gar weit ein Haus sein, denn es scheine ein Licht. Sprach der Esel ‹so müssen wir uns aufmachen und noch hingehen, denn hier ist die Herberge schlecht.›» An dieser Stelle erfolgte prompt der Einspruch: «So nicht! So ist es nicht richtig!» Schließlich ergänzte der Fünfjährige selber, was er von einer anderen Schwester in deren freierer Erzählweise gehört und nun eben als «authentisch» in seine Vorstellung aufgenommen hatte: «Du mußt sagen (als der Hahn das Licht sieht): die Katze kletterte auch nach oben und sagte: ‹Ach – wirklich!›» – Aus diesem Beispiel wird deutlich, daß das Kind nicht auf der Grimmschen Fassung bestand, sondern auf «seiner» Erstausgabe, die es «in- und auswendig» konnte und für seinen inneren Prozeß genau so und nicht anders brauchte.

Wer Kindern Märchen in freier Weise erzählt, wird die eben dargestellte Erfahrung in ähnlicher Form auch machen, und dann ist es gut, wenn er seine freiere Version ebenfalls zuverlässig wiederholen kann.

Schulkinder sind in der Regel weniger kritisch, weil sie die Texte meist nicht mehr auswendig können. Erzählt man ihnen aber das Märchen zu frei, sind sie ebenfalls enttäuscht, genauso wenn sie es in Film oder Theater erleben und dabei ihre eigenen Bilder, die sie zur Identifizierung und zur inneren Verarbeitung benötigen, nicht wiederfinden. Unter allen Umständen sollte deshalb die Offenheit und Freiheit der Bildsprache des Volksmärchens beibehalten werden, die jedem Zuhörer den Raum gewährt, die eigenen Vorstellungen einzubringen, so daß er «seine eigenen Wünsche, Träume oder auch Ängste in die Hohlform der Erzählung gießen kann» (J. Merkel und M. Nagel, S. 117).

Erzähltheater

Im Erzähltheater wird der Erzähler zum Schauspieler.

Er erzählt dramatisch, das heißt mit allen Sinnen und für alle Sinne, mimisch, gestisch, stimmlich, in Spiel und Rollenspiel. Dabei ist es möglich, daß er noch weitere Personen in sein Spiel einbezieht, jedoch behält er selbst immer die Führung. Außerdem kann er eine große Auswahl von Spielmitteln zur Unterstützung und Veranschaulichung einsetzen. Solche Mittel oder Spielvermittler sind Bilder und Skizzen, Masken, Figuren, Kostüme und Requisiten, Puppen, Musik, aber auch gewöhnliche Gebrauchsgegenstände. Ihr Einsatz erfordert Überlegung, Vorbereitung, Übung und – wie im Theaterspiel – auch Regieführung und Spielproben, wobei innerhalb eines solchen geplanten und gestalteten Erzähltheaters immer auch streckenweise das freie Erzählen möglich und üblich ist, so wie im festgelegten Theaterspiel gelegentlich ein Einschub durch ein Stegreifspiel.

Um ein solches Erzähltheater zu lernen, empfiehlt sich als Vorstufe das Rollenspiel. Es führt uns konkret in die Spielideen ein sowie in die einzelnen Rollen und die ihnen entsprechende Mimik, Gestik, Stimme und direkte Rede. Wir brauchen das Ganze dann anschließend nur noch erinnernd mimisch-gestisch nachzuerzählen, wobei wir jetzt natürlich alle Rollen nacheinander selbst übernehmen.

Denken Sie nicht, daß dazu lange Vorbereitungen, Kenntnisse und Kostüme notwendig sind! Im Grunde machen uns die Kinder diese Spielart vor, wenn sie zum Beispiel Märchen spielen und nicht genug Spieler für alle Rollen vorhanden sind. Sie wechseln dann flexibel von einer Rolle in die andere.

Als ich einmal früh am Morgen die Tür zum Zimmer unserer beiden ältesten Kinder (damals vier und fünf Jahre alt) öffnete, sagte meine fünfjährige Tochter: «Gerade haben wir ‹Schneewittchen› fertiggespielt.» Und erklärend: «Christoph war Schneewittchen, weil er dunkleres Haar hat, und ich war alles andere; meistens war ich Zwerg.»

So einfach geht das!

Dieselben beiden Kinder pflegten mit ihrer Großmutter in einer einfachen Gartenlaube sämtliche ihnen bekannten Märchen auf dieselbe Weise im ständigen Rollenwechsel durchzuspielen, meist äußerst behelfsmäßig, wie es sich eben den Verhältnissen entsprechend mit den vorhandenen Hilfsmitteln bewerkstelligen ließ.

Klar, daß hinterher alle drei auch einzeln in der Lage waren, das auf diese Weise gespielte Märchen mühelos im Erzählen nachzugestalten, das heißt, sie konnten erzählen.

Theaterspielen weckt unsere Lebendigkeit und damit unsere Erzählfähigkeit.

Da dieses ein Übungsbuch ist, wollen wir nicht davon ausgehen, daß diese herrliche Spielpraxis der Kinder für alle von uns eine Selbstverständlichkeit ist, obwohl das eigentlich der Fall sein müßte, sondern uns von Stufe zu Stufe mit entsprechenden Spielübungen in das Thema hineinbegeben.

In diesen Übungen wird angeboten, nacheinander einzelne Spielmittel, die zur Erreichung eines besonderen Ausdrucks oder zu seiner Verstärkung herangezogen werden können, in *freier* Form auszuprobieren. Einige Übungen haben nur dieses Ziel. In anderen soll gelernt werden, wie Hilfsmittel zu Vermittlern einer Geschichte werden können und wie sich der Erzähler auf diese auch einmal selbst abstützen kann, besonders wenn er im Erzählen noch ein Anfänger ist. Er kann dann nämlich beim Erzählen auch etwas *tun*, das heißt, er braucht nicht nur zu sprechen. Der verbale Ausdruck wird teilweise durch den spielerischen ersetzt. Auch schauen die Zuhörer / Zuschauer nicht *nur* auf den Erzähler.

Dieses «Sich auf Mittel abstützen» verstärkt vor allem aber die «Zeige-Gesten» (in Anlehnung an Bert Brecht), die auch der Schauspieler benutzt, um selber eine gewisse Distanz zum Dargestellten zu finden, und die der Zuhörer / Zuschauer im selben Augenblick für sich als willkommenen Spielraum nutzt, im Gegensatz zu den Gesten, die oft zu stark aus der Subjektivität des Erzählers kommen und ihn selbst sowie den Zuhörer / Zuschauer unfrei machen.

Die Vielfalt der Hilfsmittel habe ich reduziert und die ausgewählt, die jedesmal eine andere Möglichkeit des Spiels (und des Erzählens) aufzeigen und üben.

Spielmittel als Hilfsmittel im Erzähltheater

Puppenspiel und Figurentheater

Welch eine Erleichterung, wenn ein Erzähler eine Puppe auf den Arm nehmen kann! Puppe, Puppenspiel und Figurentheater sind im Erzählen altbewährte und hilfreiche Vermittler. Sie machen anschaulich, sprechen unsere Gefühlsebene besonders an und intensivieren und ergänzen einfach alles Erzählen auf der spielerischen Ebene. Dazu kommt, daß der Erzähler, der mit einer Puppe erzählt, sich durch das Spiel mit ihr automatisch mehr Zeit nehmen muß und damit eben auch den Zuhörern / Zuschauern mehr Zeit zur Aufnahme des Erzählten läßt. Dadurch wird bei allen Beteiligten eine stärkere Identifizierung mit dem Gehörten und Gesehenen möglich.

Die Puppe ist ein Zauberwesen.

Eltern und Lehrer wissen, daß sie mit ihr manches erreichen, was ihnen ohne sie in derselben Weise nicht möglich ist. Bekannt ist das Beispiel, wenn der Lehrer seine Schüler nicht zum Rechnen bewegen kann, schafft der Kasper dieses «spielend». Auch sprachliche Blockierungen, Erzählbarrieren und Erzählängste lassen sich im Spiel mit der Puppe wie von selbst abbauen.

Besonders in der Arbeit mit Randgruppen- und Ausländerkindern hat sich im Erzählen wie auch zum Erlernen der neuen Sprache der Einsatz von Puppen bewährt. Wir vergessen oft, daß Begriffe «eben nicht aus Worten oder aus Bildern, sondern aus Operationen bestehen». So hat es der russische Sprachforscher Lew Semjonowitsch Wygotski einmal ausgedrückt und darauf hingewiesen, daß von Kindern zwar Worte benutzt werden, um mit Erwachsenen die Kommunikation aufrechtzuerhalten, daß aber diese Worte in Wirklichkeit häufig nur «Pseudobegriffe» darstellen, die noch nicht mit echter Vorstellung erfüllt sind. So sind pädagogische Veranschaulichungsprozesse zur wirklichen Begriffsbildung und zur wirklichen sprachlichen Bewältigung notwendig, und hierzu können Puppe und Puppenspiel im Erzählen Entscheidendes beitragen.

«Machst du mit?» So scheint uns eine Puppe immer zu fragen. Ihr starker Aufforderungscharakter liegt vor allem in ihrer Kindlichkeit. Auch dank ihrer Kleinheit und Überschaubarkeit, ihres Blickkontaktes – des wirklichen oder des eingebildeten (Puppen müssen nicht unbedingt Augen haben) – und ihrer «Lebendigkeit» bringt sie das Erzählte in körperliche Nähe und erweckt so auch die Lebendigkeit im Zuhörer. Man hört ihr so zu, als sei sie eine eigenständige Person, und weiß doch gleichzeitig, daß sie viel mit dem Erzähler zu tun hat beziehungsweise mit uns selbst oder vielmehr mit dem Kind, das in uns lebt und immer sehnlichst auf «Spiel» wartet. So regt sie auch unsere Phantasie und unsere Einfälle an.

Überhaupt ist sie das schönste Symbol für unsere Intuition. Clarissa Pínkola Estés weist in ihrem Buch «Die Wolfsfrau» ausdrücklich auf diesen Zusammenhang hin, und zwar in dem Absatz, in dem sie das russische Märchen «Wassilissa» erläutert. Wassilissa trägt in ihrer Schürzentasche die Puppe der Mutter durch alle Dunkelheiten und gefährlichen Abenteuer und läßt sich von ihr immer den entscheidenden Rat erteilen.

Ähnlich geht es dem Erzähler. Auch für ihn entsteht, sobald er die Puppe als Hilfe für sein Erzählen zur Hand nimmt, ein wirklicher Spielraum für seine Intuition, seine Ideen und Sichtweisen. Und die Zuhörer beziehungsweise Zuschauer haben daran Anteil und spielen das Spiel bereitwillig mit, erkennend, wie sehr dieses Spiel auch aus ihnen selbst kommt, aus einem irgendwie unverbrauchten und fröhlicheren Teil. So bringt die Puppe ungeheuer viel in Bewegung. Sachverhalte werden neu gesehen, Grenzen ausgetestet, erweitert oder geöffnet, auch unsere Ich-Grenzen zum Unbewußten hin.

Alles Erzählen wird durch die Puppe spielerischer, weiter, wärmer, ideenreicher, unvorhersehbarer, überraschender und humorvoller.

Wie es sich konkret gestalten kann, geht aus den nachfolgenden Übungen hervor.

Fingerpüppchen

Das Äffchen aus der Bauchladenbühne erzählt seinem Kind eine Gute-Nacht-Geschichte

Handpuppen

Die Handpuppe, eine auf die Hand gezogene Spielpuppe, ist zum Erzählen besonders zu empfehlen. Sie kann selbstgemacht und ganz einfach sein. Beweglich und eng mit der Handgestik und dem Körper des Erzählers verbunden, ist sie auf diese Weise auch schnell in der Nähe der Zuhörer. Während des Erzählens wird sie auf der Hand des Erzählers bewegt und eventuell auch einmal über ein imaginäres oder improvisiertes Spielfeld als Bühne geführt. Immer kann der Erzähler mit der Puppe dialogmäßig seinen Erzählstoff verdeutlichen, interpretieren, verstärken oder hinterfragen. Er läßt sie auch teilweise die Geschichte weitererzählen, fragt, ob sie alles verstanden hat, reagiert auf ihre Gesten, läßt sie zuhören ... und so weiter.

Schon kleine Kinder setzen mitunter ihre Puppen in diesem Sinne ein. In einem Praxisbericht aus dem Kindergarten heißt es: «Interessant war eine fast lebensgroße Stoffpuppe. Sie wurde von Kindern oft benutzt, um Gespräche mit den Betreuern zu führen. Dadurch wurden Dinge erzählt und ausgesprochen, die das Kind ohne Puppe wohl kaum von sich aus erzählt hätte.»

Diese Beobachtung ist besonders für Lehrer, Erzieher und Sozialpädagogen aufschlußreich, weil sie deutlich macht, daß selbst Kindergartenkinder schon im allgemeinen nur das sagen oder erzählen, was erwartet wird. Die Puppe aber, als die eigentliche innere Stimme, kann die gesellschaftlichen Klischees durchbrechen.

Jetzt erzählt das Äffchen den Kindern etwas

Kindern im Kindergartenalter habe ich öfter damit eine Freude gemacht, daß ich zu meinem Erzählen ein kleines Handpuppenäffchen in einer Bauchladenbühne (nach einer Idee von Käthy Wüthrich) agieren ließ. Es ging nur um eine winzige Szene, nämlich wie die Affenmutter ihr Kind zur Ruhe bringt. Sie versorgt es liebevoll, aber wenn das Zubettgeh-Zeremoniell mit dem Gute-Nacht-Sagen beendet ist und die Mutter sich anschickt, hinauszugehen, springt das Äffchen hinterher und in ihre Arme zurück (Kind und Mutter sind durch einen geheimen, fast unsichtbaren Faden miteinander verbunden, so daß ein schneller Zug am Fadenende den Sprung in die Mutterarme bewirkt). Die Kinder jubeln, wenn sie diese Geschichte hören und gleichzeitig das Spiel erleben. Bis zu zwanzigmal hintereinander kann die Geschichte unverändert in Wort und Spiel wiederholt werden, auch wenn die Sache mit dem Faden längst durchschaut und sogar benannt ist.

Eine solche Spielszene läßt sich auf zweifache Weise darstellen. Entweder ich erzähle und spiele sie, und die Kinder hören zu, oder ich spiele alles ohne Worte vor, gewissermaßen pantomimisch, und lasse die beiden Figuren stumm agieren. Im letzteren Fall übernehmen die Kinder auf der Stelle das Erzählen. Sie erklären, was sie vor sich sehen beziehungsweise was ihre eigenen Erfahrungen in einer solchen Situation sind oder ihre geheimen Wunschvorstellungen.

Dieses Beispiel ist eine glückliche Kombination von Wort und Spiel. Es ist kommunikativ außerordentlich effektiv und läßt sich auch ohne die kleine Bühne durchführen. Man braucht dann neben «Mutter und Kind» nur noch einen Schlafplatz für das Kind, etwa ein Körbchen mit einem Stück Fell oder einem «Kuschelkissen».

62. Übung:
Erzählspiel «Schlafengehen»

Das Thema «Schlafengehen» vor Kleinkindern mit zwei beliebigen Puppen im Mutter-Kind-Verhältnis durchspielen, und zwar in beiden Versionen: Zuerst erzählt der Erzähler zu seinem Spiel den Vorgang, dann spielt er letzteren nur stumm vor und läßt die Zuschauer erzählen. ●

Wenn die Erfahrung einmal gemacht ist, welch faszinierende Herausforderungen Puppen sowohl für Kinder als auch für den Erzähler darstellen, entsteht meist der Wunsch, Puppen extra für das Erzählen herzustellen. Die Teilnehmer meiner Kurse haben dieses häufig getan. Dabei stellte es sich heraus, daß sie bereits durch die Herstellung einer eigenen Puppe zum Erzählen von Geschichten motiviert wurden. Es ist immer dasselbe: In jedem schöpferischen Prozeß werden unbewußte Seiten mitberührt und drängen zum Ausdruck. So kann jeder auch während des Herstellens seiner Puppe eine Menge über sich selbst erfahren und klären. Die Assoziationen wandern im allgemeinen von der Spielpuppe, die wir gerade herstellen, über die Erinnerung an unsere erste Spielpuppe zum Kind, das wir selber einmal waren und das, zwar verborgen, aber als etwas Ursprüngliches weiter in uns lebt. In der Fähigkeit, diese Ursprünglichkeit zu wecken, offenbart die Puppe gleichzeitig einen Zugang zur Quelle.

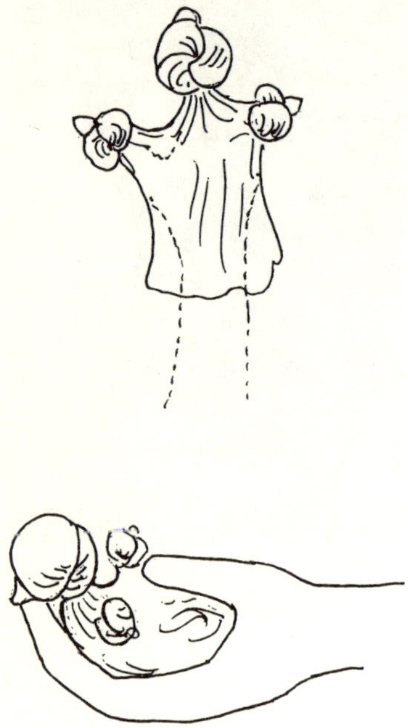

Eine Knotenpuppe

Übrigens: Die Puppe braucht nicht künstlerisch vollkommen zu sein, auch eine einfache Knotenpuppe erfüllt zuverlässig alle Erzähl- und Spielanforderungen, das heißt, sie zaubert alle Brücken zwischen dem Erzähler und sich selbst herbei, außerdem die zwischen dem Erzähler und seinen Zuhörern. Sie weckt also sämtliche Kinderseelen, nicht nur die der Kinder.

Zu ihren vielen Funktionen beim Erzählen gehört nicht zuletzt auch die, daß sich der Erzähler durch sie freispielt. Eines allerdings muß er beachten: Da die Puppe keine Mimik hat, muß er sie im Erzählen so bewegen, daß sie durch ihre Gestik ihre «Seelenverfassung» deutlich macht, daß sie zeigt, ob sie traurig, übermütig, froh, schüchtern, deprimiert, müde oder gelangweilt ist. Dies müssen Sie sorgfältig üben, aber Sie werden dabei auch für die Ausdruckskraft Ihrer eigenen Erzählsprache und Ihrer Erzählgestik vieles lernen.

Ausdrucksübungen mit aufgesteckten Styropor- oder Holzkugeln; so auch fürs Handpuppen- und fürs Schattenspiel zu verwenden

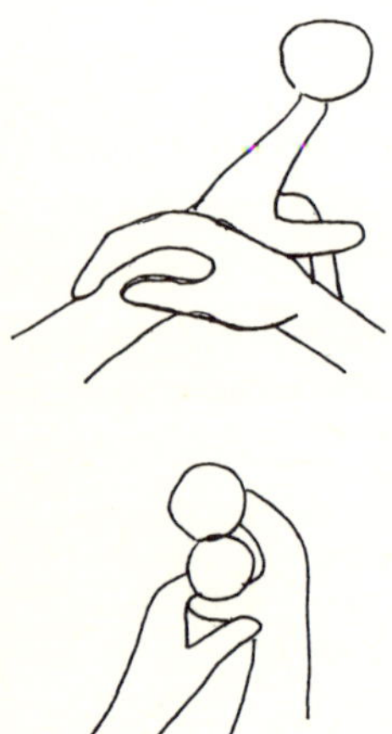

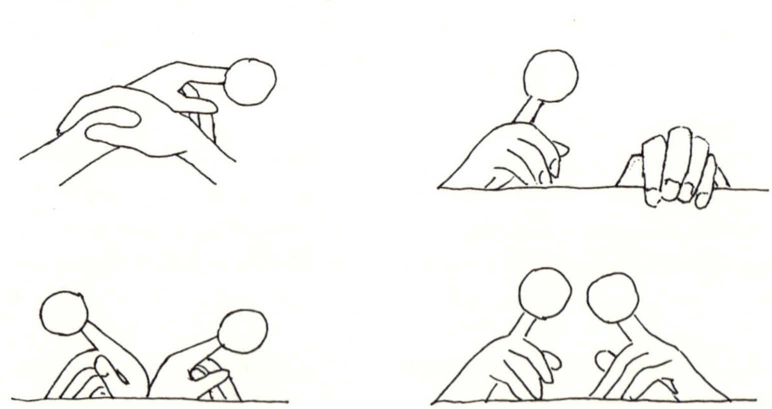

Handpuppen zum Üben

63. Übung: Ausdrucksspiele mit der Handpuppe

Bewegen Sie eine einfache Handpuppe, eventuell auch unter Zuhilfenahme Ihrer zweiten Hand, so lange, bis sie glaubwürdig drohen kann, winken, ermuntern, auffordern, streicheln, prügeln, tragen, nachdenken, weinen, wütend werden, schluchzen, schieben, schubsen, torkeln, schleichen, rennen, hüpfen, schlafen, sitzen, liegen, tanzen, sich rollen und hinfallen.

Üben Sie diese Bewegungen vor dem Spiegel.

Die Bewegungen werden erfahrungsgemäß erst dann überzeugend, wenn Sie selber sie in Ihrem eigenen Körper vorüben und dann mit der Puppe nachvollziehen. Folglich werden Sie dazu angeregt, Körperbewegungen, die in der Regel unbewußt ablaufen, für das Spiel mit der Puppe und damit für das Erzählen bewußt einzusetzen.

Sie erarbeiten sich, auf diese Weise übend, die *Erzähltheater-Gestik* überhaupt.

Nehmen Sie sich die Ruhe und die Zeit, um diese Bewegungen und Tätigkeiten nachzubilden. Sie werden erkennen, daß die notwendige Verlangsamung durch das innere und äußere Nachvollziehen der Bewegung auch zum treffenderen sprachlichen Ausdruck verhilft: wieder eine außerordentlich wichtige Erfahrung!

Und schließlich werden Sie bemerken, daß Sie durch das genaue Nachvollziehen von Ausdruck und Bewegung auch Ihr Gedächtnis üben. Was Sie sich einmal so gründlich erarbeitet haben, das steht Ihnen in der Folge verläßlich zur Verfügung, ja, es läßt sich immer noch deutlicher ausgestalten, so daß Sie wirklich schrittweise in ein *gestaltetes* und *gestaltendes* Erzählen hineinkommen. ●

«Habt das Leben bis in seine unscheinbarsten Äußerungen hinab lieb. Und ihr werdet bis in eure unscheinbarsten Bewegungen hinab unbewußt von ihm zeugen.»
Christian Morgenstern

Mit der nächsten Übung nehmen wir jetzt auch die Sprache hinzu, denn auch der Zusammenhang zwischen einer Empfindung, der entsprechenden Puppenbewegung und dem sprachlichen Ausdruck muß spielerisch sorgfältig und mit Geduld geübt werden.

64. Übung:
Erzählspiel mit der Handpuppe

Eine Tätigkeit mit einer bestimmten Puppe auf die für sie typische Weise ausführen. Zum Beispiel pflanzt ein «alter Mann» liebevoll eine Blume, hebt dazu mit dem Spaten ein Loch aus, richtet die Blume gut aus beim Einpflanzen, gießt sie und spricht mit ihr während der Arbeit.

Anschließend pflanzt der «Räuber» eine Blume, um eine Fallgrube zu tarnen. Diesmal geschieht alles hastig, unordentlich, ohne Liebe, und während der Arbeit wird kräftig über «so viel Arbeit» geflucht. •

65. Übung:
Entspannungsübungen mit der Handpuppe

Beginnen Sie von jetzt an alle Erzählübungen mit der Puppe damit, daß Sie die Hand entspannen, das heißt den Körper der Puppe, den «kleinen Körper». Sie entspannen auf diese Weise auch Ihren eigenen Körper, den «großen Körper». Solche Entspannung bewußt herzustellen und nachzuempfinden wird Ihnen sehr bald zum Bedürfnis und verleiht Ihnen eine innere Vorfreude auf das nachfolgende Spiel. Sie führt uns zu Stimmigkeit und Kongruenz in uns selbst. •

66. Übung:
Gefühlsaustausch Erzähler – Puppe

Auch der «Gefühlsaustausch» zwischen Puppe und Erzähler ist eine empfehlenswerte Übung. Dazu wird die Puppe vom Erzähler auf die Hand gezogen und von ihm begrüßt. Anschließend teilt jeder dem anderen im Dialog mit, wie er sich im Augenblick befindet, etwa so, daß von einer Seite Ängste und Beklemmungen geäußert werden und von der anderen Seite Bestätigung, Trost, Beruhigung und Ermunterung. Sogar in dem Fall, daß von beiden Seiten her negative Gefühle formuliert werden, wirkt das «doppelte Leid» durch das Aussprechen immer noch als «geteiltes (mit-geteiltes) Leid». Dieses Bejahen des beherrschenden Gefühls, also auch von Verspannung und Angst, befreit, so daß im weiteren letztlich auch entspannt erzählt werden kann, schon deshalb, weil das Ganze irgendwann lustig wird. •

Erzählübungen mit mehreren Fingerpuppen

Die Beziehung Erzähler – Puppe stellt die erste Kommunikationsebene dar. Daneben sind noch zwei weitere im Spiel: die zwischen Puppe und Zuhörern und die zwischen Erzähler und Zuhörern, so daß hier nach Bedarf gewechselt werden kann. Es verleiht der Darstellung eine unerhörte Vielfalt, wenn der Erzähler beim Erzählen mal die Puppe und mal den Zuhörer anspricht, sich einmal mit der Puppe verbindet, das andere Mal distanziert mit ihr umgeht. Auf diese Weise kommuniziert er mit Puppe und Zuhörern in unterschiedlicher Weise, so daß auch diese wechseln müssen und sich mal auf der Ebene der Puppe befinden, mal auf der Ebene des Erzählers und schließlich auch mal auf ihrer eigenen.

Mitunter ist für dieses Spiel auf unterschiedlichen Kommunikationsebenen die Tierpuppe noch geeigneter als die Menschenpuppe: Die Tierpuppe geht mit den einzelnen Ansprechebenen noch freier um, weil diese durch die Realität nicht festgelegt und eingeengt sind. Eine Tierpuppe, die spricht, kennt einfach keine Grenzen!

67. Übung:
«Eine kleine Katze fühlt sich wohl –»

Nehmen Sie sich eine Katzenpuppe und probieren Sie im Bewegungsspiel deren Laute: Schnurren, Miauen, Maunzen und so weiter. Als nächstes übertragen Sie Menschenwörter lautmalend in den Katzenjargon und anschließend kommunikative Redewendungen mit den entsprechenden Bewegungen zu den Zuschauern hin, bis Sie diese schließlich in ein Gespräch verwickelt haben. •

68. Übung:
Das Kuscheltier erzählt

Das «Kuscheltier» eines Kindes kann viel erzählen. Passende Worte und Bewegungen werden ausprobiert und gespielt. Wenn das Kuscheltier keine Handpuppe zum Hineinschlüpfen ist, läßt es sich auch von außen bewegen. •

69. Übung:
Eine «Wohnzimmerpuppe» erzählt

Bringen Sie die Zierpuppe aus dem Wohnzimmer zum Sprechen. Sie hat ihre Beobachtungen gemacht und entsprechenden Erzählstoff zur Verfügung. Sie weiß fast alles über «ihre» Familie!

Auch diese Puppe muß von außen geführt werden. •

70. Übung:
Erzählspiel mit einem Gegenstand

Verwenden Sie einen beliebigen Gegenstand, er braucht keine Puppenform zu haben: einen Kochlöffel, eine Schere, eine Kaffeekanne, einen Schuh oder ähnliches in der Funktion einer Handpuppe. Auch er hat mitteilenswerte Erfahrungen, die der Erzähler erspürt und sowohl sprachlich als auch spielerisch ausagiert.

Natürlich ist es ein Unterschied, ob es sich um weiche oder kantig-kratzige Gegenstände handelt, um «böse» oder «gute», «laute» oder «leise», «zarte» oder «robuste», und natürlich fallen die Bewegungen und Worte, die Sprechweisen und Geschichten ebenfalls entsprechend aus. ●

In den letzten Übungen sind wir von den klassischen Handpuppen bereits abgewichen. Genauso können natürlich noch andere ihrer «Verwandten» eingesetzt werden, zum Beispiel die Fingerpuppen oder unsere bloßen Finger, die sogar ohne jede Verkleidung Kasper, Krokodil, Hexe und anderes sein können, je nach ihrem Bewegungs- und Sprechverhalten.

Wenn Sie sich auf das Spiel mit der Handpuppe eingelassen und gemerkt haben, welch große Hilfe Sie dadurch für Ihr Erzählen gewinnen, werden Sie sicherlich auch mit Vergnügen die nächste Möglichkeit ergreifen:

Das Tischtheater oder das Spiel mit Stehpuppen

Die Stehfiguren des Tischtheaters sind beliebig groß, meist zwischen zehn und fünfzehn Zentimeter hoch, stehen auf dem Tisch und werden während des Erzählens von der Hand des Spielers von außen weitergeführt, etwa so, wie ein Kind mit Hilfe seiner Finger die Puppen in der Puppenstube laufen, essen, trinken, sprechen, schlafen, sitzen, kochen oder in anderer Weise agieren läßt. Wegen ihrer geringen Ausmaße können sie auch in größerer Zahl auftreten und deshalb gut einen Überblick über den gesamten Handlungsverlauf verschaffen, sogar über einen komplizierten. Die Spielform des Tischtheaters bewährt sich also besonders dann, wenn Kinder Schwierigkeiten mit der deutschen Sprache haben oder damit, sich eine komplexe Handlung vorzustellen.

Für Erzählanfänger ist dieses Spielmittel besonders zu empfehlen, weil es sich so einfach handhaben läßt und kaum darstellerische Anforderungen stellt. Im Grunde werden im Spiel lediglich die äußeren Vorgänge der erzählten Handlung skizzenhaft veranschaulicht, meist nur angedeutet, so daß jeder Zuschauer / Zuhörer sie – und das ist zugleich der pädagogische Wert dieses Spielangebots – seinen eigenen Vorstellungen gemäß weiterdenken und vervollkommnen kann. Deshalb sind auch die verwendeten Figuren, Requisiten und Kulissen einfach, wenig festgelegt und im mimischen Ausdruck neutral. Die Puppen brauchen noch nicht einmal Gesichter zu haben, wenngleich Punkte als Augen sich als Orientierungshilfe für die Phantasie und für den Blickkontakt als günstig erweisen. Wo «vorne» oder «hinten» ist, sollte man bei einer Puppe schon erkennen können, desgleichen, ob es sich um eine Ente oder den Königssohn handelt.

«In jedem Menschen ist ein Kind verborgen, das heißt Bildnertrieb und will als liebstes Spiel- und Ernst-Zeug nicht das bis auf den letzten Rest nachgearbeitete Miniatür-Schiff, sondern die Walnußschale mit der Vogelfeder als Segelmast und dem Kieselstein als Kapitän. Das will auch in der Kunst *mit*-spielen, mit-*schaffen* dürfen und nicht so sehr bloß bewundernder Zuschauer sein. Denn dieses ‹Kind im Menschen› ist der unsterbliche Schöpfer in ihm.»
Christian Morgenstern (1913; zur 15. Auflage der «Galgenlieder»)

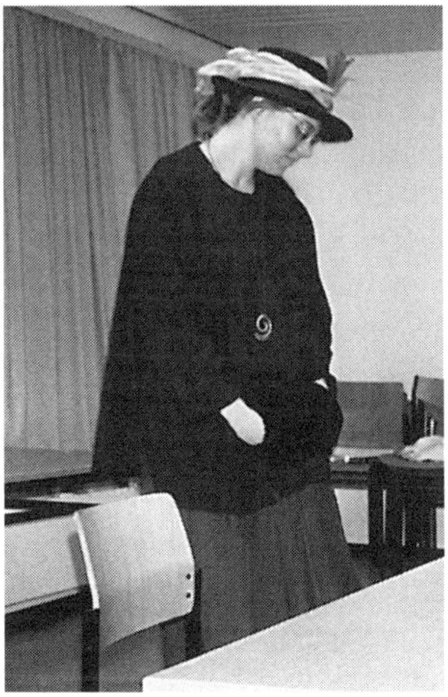

Eine traurige Geschichte wird mit Fingerpuppen erzählt; oben vor Grundschülern, unten vor Studenten

Die Spiellandschaft wird durch Tücher und Naturmaterialien gebildet, auch sie sollte nur improvisiert und keineswegs perfekt ausgeführt sein, das heißt ihren ursprünglichen Werkstattcharakter behalten. Dies ist wichtig, weil sie nur stellvertretend und ersatzweise etwas vermittelt, was erst in der Vorstellung der Zuschauer / Zuhörer seine Vervollständigung erfährt.

Trotzdem braucht dieses «Schnell-Gegriffene» nicht häßlich zu sein,

Das selbstgearbeitete Puppenkind ähnelt seiner Mutter oder seinem Vater

sondern es sollte zu Stil und Stimmung des Erzählinhaltes passen. Bei allen eingesetzten Dingen muß deshalb überprüft werden, ob ihre Wirkung erwünscht ist und wirklich zum Spiel motiviert. Theaterspiel und Erzählen sind ihrem Wesen nach kommunikativ, so daß auch die Spieldinge dieses sein müssen. Sie müssen ästhetisch an«sprechend» und beziehungstiftend sein.

Sie vermuten richtig: Die Spielform ist die des epischen Theaters. Dramatische Spielformen würden die bewußt einfach gehaltenen Gegebenheiten des Tischtheaters überfordern. Der Erzähler erzählt leicht distanziert, doch trotzdem nicht ohne Zuwendung, in der dritten Person, so wie es oben im Abschnitt über episches Erzählen, speziell durch die Anweisungen von Bert Brecht, dargestellt wurde. Auch Kommentare werden während des Spiels mitgesprochen.

Erproben Sie den ersten Einsatz Ihres Tischtheaters im Kindergarten, jedenfalls bei kleinen Kindern, etwa ab vier Jahren. Menschen dieses Alters besitzen die meiste Phantasie und gehen daher am leichtesten mit dem Erzähler mit. Sie werden feststellen, wie stark der Aufforderungscharakter für die Kinder ist, vor allem wenn es sich beim eingesetzten Material teilweise um deren eigenes Spielzeug handelt. In Absprache mit den Kindern regeln Sie in der Vorbereitungsphase, was die Gegenstände und Figuren in der geplanten Handlung darstellen sollen, zum Beispiel ein rotes Tuch das Feuer, ein Tannenzapfen einen Baum, eine Knotenpuppe ein Krokodil und so weiter. So wird die Szenerie auf der Ebene der kindlichen Vorstellungen und der gemeinsamen Vereinbarungen allmählich aufgebaut. An diese müssen Sie sich dann allerdings während des Erzählens genau halten.

Sie werden die Erfahrung machen, daß diese Spielart in ihrer Einfachheit, kommunikativen Offenheit und Wirksamkeit unüberbietbar ist.

Doch ist es nicht so, daß das Tischtheater mit seinen Stehfiguren nur für Kindergartenkinder, Kindergeburtstage oder das Märchenerzählen für Kinder geeignet wäre – auch Erwachsenen macht es Freude. Immer wieder kann man erleben, daß auch sie wie Kinder dankbar sind für die bildliche Anregung ihrer eigenen Vorstellungen und erlebnisträchtigen Prozesse. So läßt sich diese Spielform zum Beispiel auch für Jubiläumsfeiern und anstelle üblicher Tischreden einsetzen: Hinterher ist die Gesellschaft wie umgewandelt und eine völlig andere! Wer diese Behauptung bezweifelt, sollte einmal mit Erwachsenen die folgende Übung durchführen:

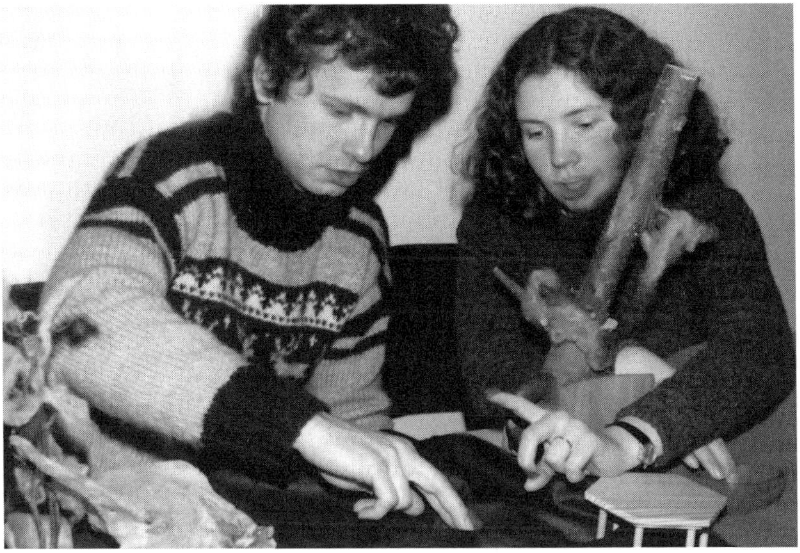

Hände im Tischtheater; diesmal ohne Spielfiguren

71. Übung:
«Storch und Rohrdommel»

Es handelt sich um ein kurzes russisches Märchen (nach einem Text von Xaver Schaffgotsch, in: «Jodok läßt grüßen», Gütersloher Taschenbücher Nr. 102), das einmal Studenten auf ihre Weise zu einem wahren Drama umgestaltet haben.

Die Fabel ist einfach. Die beiden, Storch und Dommel, leben jeweils am entgegengesetzten Ende eines großen Sumpfes und leiden, jeder für sich, heftig unter ihrer Einsamkeit. (Wurde ausgespielt.) Von Zeit zu Zeit macht sich nun der eine oder die andere auf den Weg, um den fernen Nachbarn für sich zu gewinnen. Doch immer ist es vergeblich. Die Gegensätze sind zu groß, der Storch ist zu lang und zu dünn, die Dommel zu klein und zu dick. So wird nichts aus der Hochzeit, jedesmal wird aus den verschiedensten Gründen der Antrag abgelehnt. Jedesmal ist dieses für den Antragsteller beschämend und verletzend. Er beschließt (auch jedesmal), sich nie wieder einer solchen Demütigung auszusetzen, aber sich, wenn möglich, für die erlittene Schmach zu rächen. Die Gelegenheit ergibt sich, denn die Zeit kommt, da wieder die Einsamkeitsgefühle überhandnehmen. Und wieder zerplatzt der Traum vom gemeinsamen Glück.

Diese Geschichte wird nun in einem Tischtheater-Erzählspiel aufgeführt. Da nur zwei Personen in dieser Handlung mitspielen, kann leicht ein einziger Erzähler diese über das Spielfeld führen.

Zur Durchführung genügen wieder einfachste Gegenstände, wie sie überall zur Verfügung stehen. Sie sind lediglich «Stützen» für die

Phantasie und in angedeuteter Form ausreichend. So ergibt ein gelbgraues Tuch, etwas wellig gelegt, den Sumpf. Wenn für den Storch nichts Geeignetes zur Hand ist, tut es per Konsens auch ein Kochlöffel oder ein langer Bleistift. Ein rundlicherer Gegenstand, ein Salzfaß oder ähnliches, stellt eine brauchbare Dommel dar.

Führen Sie dieses Erzählspiel auf! Eigentlich ist die Geschichte eine, die nicht «aufgeht», aber unsere Kreativität fühlt sich einfach zu einer Lösung und zu einem stimmigen Abschluß herausgefordert. Es gibt praktische Menschen, die lassen irgendwann Dommel und Storch zur selben Zeit losgehen. Dann gibt es in der Mitte der Landschaft die Begegnung und damit in neuer Umgebung auch eine neue Chance. – Wer allerdings von den psychologischen Gegebenheiten ausgeht und von der Verschiedenheit der beiden, hat es schwerer... •

Schließlich kommen wir zu dem Ergebnis: Es gibt wohl kein erzählerisches Praxisfeld, in dem sich der Einsatz dieser spielerischen Erzählform nicht lohnen würde.

Die beiden folgenden Beispiele sind ebenfalls zur Nachahmung empfohlen. Das erste stammt aus dem Bericht einer Studentin, in dem sie darstellt, wie sie das Märchen «Der Wolf und die sieben jungen Geißlein» in ihrer Klasse «erzählt» hat:

«Mein achtwöchiges Schwerpunktpraktikum absolvierte ich in einer Sonderschule für Lernbehinderte. Die Klasse bestand aus acht Kindern im Alter von sieben bis neun Jahren; sechs Kinder hatten schwere Milieuschäden. Ein Kind war Legastheniker und das andere ein psycho-depriviertes Kind, unter anderem mit Merkmalen von Dysgrammatismus. Die Kinder hatten noch keine Klassengemeinschaft gebildet, da erhebliche Störungen im sozialen, emotionalen und sprachlichen Bereich vorlagen. Ich machte mir Gedanken, wie ich die Bereitschaft für eine bessere Klassengemeinschaft anregen und fördern könnte. Schließlich wählte ich ein Tischtheater-Spiel aus. Das Märchen vom Wolf und den sieben Geißlein sollte mit einfachen Klappfiguren (Pappquadrate mit Mittelbruch; die Figuren sind aufstellbar; lediglich Augen als Kennzeichen) gespielt werden. Ich wählte bewußt das Puppenspiel, weil es emotionale Hindernisse durch das «Versteckspiel» mit der Puppe abbaut. Es löst Verkrampfungen, außerdem können sprachliche Verständigungsschwierigkeiten schneller durch das Spiel mit der Puppe überwunden werden, der Wortschatz wird erweitert, und es wird gelernt, die Sprache verständlich und richtig anzuwenden. Durch das Medium «Puppe» läßt sich der Kontakt zwischen den Kindern und dem Pädagogen leichter herstellen.

Zunächst spielte ich selbst das Märchen auf einem Tisch vor. Die Kinder saßen auf ihren Stühlen um diesen Tisch. Der Ablauf gestaltete sich so, daß ich das Märchen erzählte und die Figuren auf dem Tisch entsprechend bewegte. Ich hatte keine Kulissen oder Dekorationen, meine Figuren waren deshalb so einfach, weil ich die Phantasie der Kinder nicht einschränken wollte. Die Kinder, die sonst während des Unterrichts lebhaft und unkonzentriert waren, schauten jetzt gespannt zu. Auf ihr Bitten wiederholte ich das Märchen. Wieder sahen die Kinder begeistert zu und übernahmen kleine Rollen, wenn ich sie ansprach, zum Beispiel den Bäcker, oder sie formten mit ihren Händen die Wanduhr, den Brunnen und anderes. Dadurch fühlten sich die Kinder schnell mit dem Märchen verbunden. Auch ein drittes Mal sollte ich das Märchen vorspielen. Die Zeit reichte nicht aus, die Schulstunde war fast zu Ende, und so verlegten wir das Spiel auf den kommenden Tag.

Um die Kinder nicht auf meine Spielart festzulegen, war mein Vorschlag am nächsten Tag, daß nun die Kinder selbst die einzelnen Rollen übernehmen sollten. Dieser Vorschlag wurde sofort angenommen. Im Rollenspiel wurde das Stück einige Male durchgeführt. Dann erfolgte die Frage, wie wir es noch besser darstellen könnten. Die Kinder begannen Dekorationen herzustellen und den Tisch damit auszuschmücken. Eine leere Käseschachtel wurde der Brunnen, ein grüner Schal die Wiese und so weiter. Durch ihr wachsendes Interesse regten sich die Kinder erneut zum Spielen an. Hemmungen gab es überhaupt nicht mehr. Das Führen der Figuren wurde gezielter und flüssiger, und der Wortschatz erweiterte sich.

Thomas, der unter einem Dysgrammatismus litt, war bei diesem Spiel sofort anerkannt. Zum erstenmal wurde er beachtet und akzeptiert. Als er die Geißenmutter spielte – so viel Mut hatte er inzwischen gewonnen, daß er diese Rolle spielen wollte – hörten die Geißlein gut zu, was er ihnen am Anfang des Märchens für Ratschläge gab. Die Kinder verhielten sich so, als hätte er überhaupt keine Sprachschwierigkeiten, wohingegen sie sonst oft darüber gelästert hatten. Für Thomas war dieses Erlebnis ein großer Erfolg. Einmal nahm ich mein Tonbandgerät mit und zeichnete das gesprochene Märchen auf. Die Kinder konnten beim Abhören die Erfahrung machen, was vergessen war, wer seine Rolle verständlich sprach und ob sie einander ausreden ließen.

Die Kommunikation und das Zusammenspiel wurden immer besser. Sie begannen im Malunterricht Bilder zur Handlung zu zeichnen, im Werkunterricht formten sie die Tiere aus Ton, und während des Freispiels spielten sie das Märchen, so sehr waren sie mit ihm beschäftigt.

Dieses Spiel zog sich zwei Wochen lang hin, bis die Kinder sich ausgespielt und das Märchen erschöpft hatten.

Schließlich wurde die Klassenlehrerin, die sich während des Figurenspiels anderweitig aufhielt, zum Zuschauen eingeladen. Das war ein besonderer Höhepunkt. Das Lob und die Anerkennung der Lehrerin bestärkte die Kinder in ihrem gewonnenen Selbstbewußtsein.»

Das zweite Beispiel ist eine Wichtelgeschichte, erfunden zur Weihnachtszeit von Studenten im Projekt «Erzählen mit behinderten Kindern».

Kleine Wichtel werden zufällig zur Weihnachtszeit mit der Tanne, unter der sie wohnen, in die Stadt gebracht. Mit der Hektik und dem Trubel dort können sie gar nichts anfangen. Sie beschließen, getrennt der Sache auf den Grund zu gehen. Einige schauen in Wohnzimmern und Geschäften nach, einige andere fragen Menschen, die ihnen begegnen. Hinterher treffen alle wieder zusammen und tauschen erzählend ihre Erlebnisse aus.

Die Wichtel, kleine selbst hergestellte Wollfiguren, wurden tischtheatermäßig als Stehpuppen mit der Hand geführt. Anfangs saßen sie in einem größeren Tannenzweig, mit dem sie auf den Tisch gebracht wurden, später wurden sie frei im Raum (ohne die «Tannenzweig-Bühne») bewegt. Dazu erzählte ein Erzähler. Es sollte aber keine «fertige» Geschichte werden, in der nur ein Erwachsener erzählte, sondern auch die Kinder sollten zu Wort kommen und nicht nur Zuhörer sein. Also ließ der Erzähler die Wichtel zu den Kindern gehen und sich von diesen Weihnachtsgebräuche und -gewohnheiten erzählen. Zum Schluß durfte jedes Kind das Wichtelmännchen, das zu ihm gekommen war, als Geschenk behalten.

Dieses Erzählspiel könnte als naiv oder künstlerisch primitiv abgewertet werden. Hat man aber einmal erlebt, wie lebendig und erfüllt es von allen Beteiligten durchgeführt wird, sozial und kommunikativ (gelungene Kommunikation ist für mich mit einem Kunstwerk vergleichbar), so erkennt man: Es enthält alle Merkmale eines kompetenten Erzählens, macht frei und macht Freude. Und mancher, der vorher meinte, nicht erzählen zu können, entdeckt plötzlich, daß er mitten im Erzählen ist und dieses offenbar kann, und zwar bereits bis in die bewegungsmäßige, spielerische Ausgestaltung hinein.

Hat man erst einmal an einigen Beispielen seine erzählerischen und spielerischen Möglichkeiten in dieser Weise erprobt, kann man sich leicht weitere Tischtheater-Geschichten selbst ausdenken.

Weitere Stücke und Bilderbücher, die für das spielerische Erzählen im Tischtheater geeignet sind:

John Burningham: «Die Kahnfahrt»
Maxim Gorki: «Vom dummen Iwanuschka»
Leo Lionni: «Frederick»
Mira Lobe: «Bimbulli»
Christel Oehlmann: «Figurentheater auf dem Tisch»
Josef Palecek: «Mir gefällt es nicht überall»
Renate Schubert: «Hutzelchen und Butzelchen»
Leo N. Tolstoi: «Drei Bären»
Ursula Wölfel: «Siebenundzwanzig Suppengeschichten»

Dazu kommen fast alle Märchen: Für sie erweist sich diese einfache epische Darstellung als besonders geeignet.

Ein Transparent (links) und das Schattenspiel (rechts) tragen zur Erzählstimmung bei

Transparente

Wenn wir die Erfahrung gemacht haben, daß Hilfsmittel wie Hand- oder Tischpuppen unsere erzählerischen Möglichkeiten freisetzen, fallen uns bald von selbst noch andere ein. Ein sehr einfaches Hilfsmittel ist zum Beispiel das Transparent.

Während das Tischtheater Hilfen und Vorgaben für die Handlung anbietet, stellt ein Transparent in erster Linie Hilfen und Vorgaben für die *Stimmung* dar. Es unterstützt die Atmosphäre, die wir uns mitunter für das Erzählen wünschen. Schon eine Kerze kann in dieser Hinsicht ein Hilfsmittel sein. Wie gut erzählt es sich, wenn wir uns zwischendurch immer wieder einmal auf die kleine lebendige Flamme konzentrieren können. Eine Feuer-Quelle! Auch ist es wohltuend, wenn nicht alles bis ins letzte ausgeleuchtet ist, sondern geheimnisvoll wird dadurch, daß die Konturen weicher werden und Schatten leise zu spielen beginnen. Unsere Phantasie wird lebendig. In der Adventszeit ist es üblich, vor die Kerze ein Transparent zu stellen oder Seidenpapiersterne ans Fenster zu hängen. Das Licht, das jetzt durch Farben und Formen fällt, rührt uns innerlich an, wärmt und verzaubert.

Ich selbst habe sehr viel mit farbigen, aus dem Hintergrund erleuchteten Seidenpapiertransparenten gearbeitet und diese als eine weitere Variante des Erzähltheaters eingesetzt. Dabei kann man mit einem einzelnen Transparentbild zu einer Erzählung beginnen, später aber auch eine Bilderfolge entstehen lassen. Die Transparente werden vorzugsweise zu Märchen gefertigt und während des Erzählens nacheinander vor einer Lichtquelle gezeigt. Auch sie sind «einfach», sind «stehende», das heißt unbewegliche Bilder, die das Erzählen stimmungsmäßig begleiten, und deuten vieles nur an. Dem Zuhörer wird es überlassen, die fehlenden Dinge während des Erzählens in der eigenen Vorstellung zu ergänzen. Allerdings muß er dabei innerlich ganz schön aktiv sein, denn es kann immer nur ein kleiner Teil der Szenen in Bildern gezeigt werden, so daß er die übrigen mit Hilfe seiner Imaginationskraft selbst schaffen muß. Und dabei ist seine ganze Aufmerksamkeit gefragt, denn die Intervalle bei solchen Transparent-Bildern sind von unterschiedlicher Länge. Erscheint schließlich ein Bild, ist es häufig noch zukünftig, es wird erst daraufhin erzählt. Dann ist der Augenblick der Übereinstimmung von Text und Bild gekommen. Jedoch kurz darauf ist die Handlung im Erzählen schon wieder über das Bild hinausgeschritten, und es gilt bereits das nächste Bild innerlich vorzugestalten, bis es dann wirklich erscheint. Aber vielleicht erscheint auch ein ganz anderes! Bei dieser inneren Arbeit merkt der Zuhörer/Zuschauer gar nicht, daß ihm in Wirklichkeit nur wenige farbige Bilder äußerlich vor Augen geführt werden. Die meisten Zuschauer schätzen, dreißig bis hundert Bilder gesehen zu haben – während es manchmal noch nicht einmal zwanzig waren. Ein achtjähriger Junge bedankte sich bei mir nach dem Erzählen eines Märchens mit siebzehn Transparentbildern «für den schönen Film»! – Er hatte das erzählte Märchen als Abfolge unzähliger und vollständiger Bilder und tatsächlich wie einen Film erlebt. Offenbar hatte ihm nichts gefehlt.

Einfachstes Schattenspiel (kleine Pappstückchen zwischen den Fingern) beim Erzählen

Schattenspiel

Das Schattenspiel ist eine Weiterführung der erzählbegleitenden Transparentbilder. Während es dort noch stehende und unbewegliche Bilder waren, kommen mit dieser erweiterten Darstellungsweise bewegte Figuren ins Spiel.

Beide, Transparentbilder und bewegliche Figuren, sind im Erzählen als unterstützende Mittel zur Phantasieanregung gedacht und dürfen deshalb nur andeutenden Charakter haben, müssen also wirklich einfach sein. Denken Sie bei dem Wort «Schattenspiel» nicht an das hochtechnisierte und perfekt ausgestaltete professionelle Spiel. Das, von dem ich hier spreche, kann von allen Eltern und Großeltern praktiziert werden und ist für den Erzählanfänger, der noch Schwierigkeiten mit der eigenen Unbefangenheit hat, besonders geeignet, denn er erzählt diesmal im Dunklen! Wie einfach ein solches Schattenspiel sein kann, geht aus dem folgenden Beispiel hervor:

Meine Studenten standen einmal ratlos vor einer solchen Aufgabe.

Links: Hellblauer Seidenpapiergrund. Das Wasser entsteht durch eine zweite Auflage derselben Farbe, die Wellenstruktur und die Steine am Ufer durch geknüllte beziehungsweise gedrehte Papierreste, wieder aus demselben Blau.

Rechts: Die Fische und der Junge wurden aus schwarzen Heftpapierdeckeln gefertigt und zum Erzählen mit Verlängerungsstäben geführt.

Sie wollten das Märchen von der weißen Schlange, durch ein Schattenspiel unterstützt, erzählen, wußten aber nicht, wie. Es war ihnen gesagt, sie sollten in diesem Schattenspiel sowenig wie möglich perfekt ausgestalten, lediglich die «unbedingt notwendigen» Hilfen für die Vorstellung geben, während sie das Märchen erzählten. Jetzt fragten sie nach diesem «Wieviel» beziehungsweise «Wie wenig» des Vorgebens und mußten dieses selber ausprobieren.

Sie begannen mit dem minimalen Extrem, nahmen einen Schuhkarton und schnitten einen Ausschnitt aus dem Boden aus. Dann arbeiteten sie Papprahmen in der Ausschnittgröße und beklebten sie mit transparentem Seidenpapier. Diese Rahmen schoben sie vor die Öffnung des Kartons, in den eine Taschenlampe kam, so daß die Transparente für die Zuschauer erleuchtet wurden. Auf den Transparenten war aber nichts anderes zu sehen als jeweils nur eine Farbe: Gelb für das Schloß, Grün für die Wiese, Hellbraun für den Hof, Blau für das Wasser und so weiter. Lediglich war das Seidenpapier ein wenig in der jeweils gewählten Farbe geschichtet, das heißt mehrfach übereinander geklebt, so daß sich im Bild Helligkeiten und Dunkelheiten, Höhen und Tiefen ergaben und eine gewisse Lebendigkeit entstand. Aber nie war dazu eine neue Farbe genommen worden, die Einfarbigkeit war streng gewahrt.

Während nun der Erzähler das Märchen erzählte, schob er die Transparente, wie sie inhaltlich paßten, vor die erleuchtete Kartonöffnung. Die Kinder verfolgten das Geschehen mit großer Aufmerksamkeit. Es waren verhaltensgestörte Kinder, von denen man uns gesagt hatte, sie könnten höchstens zehn Minuten hintereinander zuhören. Sie hörten das ganze Märchen über konzentriert zu, schauten dabei auf die «Bilder» und waren offenbar voll befriedigt. Nur ein Kind sagte, als das Märchen zu Ende war: «Aber – es hat etwas gefehlt!» Auf die Frage, was denn gefehlt habe, zählten nun alle Kinder die Tiere und Personen auf. Die Studenten sagten, wenn das alles gefehlt habe, so müsse man es sogleich herbeischaffen. Auf der Stelle wurden aus Heftdeckeln gemeinsam einfachste kleine Figuren geschnitten und gerissen, mit Verlängerungen, die als Führungsstäbe dienten. Der Karton wurde wieder auf den Tisch gestellt, das Lämpchen angemacht, jetzt knieten die Kinder dichtgedrängt davor und führten die Figuren selbst im Sinne des erneut erzählten Märchens über die Bühne. Und nun fehlte nichts, aber auch gar nichts mehr: Der angebotene Freiraum des Märchens war von den Zuschauern innerlich lückenlos erfüllt. Innere Vorstellungen hatten sich allein durch andeutende Bilder und andeutende Bewegungen in stimmiger Weise verlebendigt und verwirklicht, alles getragen von der Atmosphäre bewußter und respektvoller Zuwendung durch die Studenten und ihre bewußte Zurückhaltung im Spiel.

Fast unmerklich war so ein lebendiges Erzähltheater entstanden. Die Kinder wollten in der folgenden Zeit weitere Märchen auf dieselbe Art erzählen. Und damit sie dieses aussuchen konnten, mußten die Studenten den Kindern zunächst eine große Anzahl von Märchen erzählen. Welch ein Erzählprozeß war damit zustande gekommen!

Allerdings tritt bei dieser Art des Erzählens der Erzähler ein wenig in den Hintergrund, weil ja in erster Linie das Geschehen auf der Bühne gesehen werden will. Doch daraus entsteht für ihn eine neue erzählerische Herausforderung, nämlich die, sich in der Erzählweise, im Ton und im Ausdruck des Sprechens den inhaltlichen und stimmungsmäßigen Darbietungen genau anzupassen. Damit macht er sich eine beachtliche Sensibilität in bezug auf Sprache, Stimme und Thema zu eigen.

Ich möchte diesen Abschnitt über das Schattenspiel nicht beenden ohne den Hinweis auf das altbekannte Spiel mit den Handschatten. Immer wenn im Licht einer Taschenlampe auf der Zeltwand oder im Kerzenlicht in der Dämmerung ein solches improvisiertes Spiel aus dem Stegreif entsteht, schlägt die Stunde des Erzählers. Zu sich bewegenden Handschatten, Papierschnitzeln oder sonstigen Spielgegenständen schafft er mit Worten die dazu passende Welt und das dazu passende Geschehen.

Solche kleinen Gelegenheitsspiele, die auf diese Weise entstehen, können manchmal wichtige Kristallisationspunkte sein für weitere Ausgestaltungen. Bei jeder Wiederholung kommt etwas an Spiel und

Punkt – Punkt – Komma –
Strich –
fertig ist das Mondgesicht –
rechts und links ein Ohr –
oben schaut das Haar hervor –
Und dann kommt der Bauch –
Arme gibt es auch –
jetzt noch schnell zwei Beine dran –
fertig ist der
Hampelmann!

Form hinzu, wird etwas in seiner Wirkung stärker herausgehoben. Schließlich erhält das Ganze Anfang und Ende, Höhepunkte und Spannung, und eines Tages ist daraus ein aufführungsreifes Stück geworden.

Dazu noch ein Letztes: Auch sogenannte «Guckkästen» kann der Erzähler als Gestaltungs-Anregungen benutzen, um Dinge, Ereignisse und Geschichten zu imaginieren und zu fingieren, die er den Zuhörern dann weitervermittelt. Ebenso kann er sich durch Kaleidoskope oder geheimnisvolle «Fernrohre» inspirieren lassen. Das Spiel ist hinreißend ansteckend, so daß schließlich jeder Dinge «sehen» und erzählen kann. Auch hier ergeben sich im Weiterreichen solcher «magischen Instrumente» lange Geschichten. – Ich habe einmal ein Kind erlebt, das durch eine Klosettpapierrolle wundersame Dinge in einem anderen Land «sehen» konnte und diese seinem staunenden Spielgefährten erzählte. Als dieser dann selber hindurchsehen wollte, meinte der erste: «Du siehst bestimmt gar nix!» Aber der andere setzte sich durch mit den Worten: «Wenn du was siehst, dann seh ich schon lange was!» Und das war dann auch der Fall: Auch er schaute tatsächlich die wunderbarsten Dinge.

Für Transparente und Schattenspiel schreibe ich keine Übungen auf. Es geht aus den Beschreibungen hervor, wie und wofür diese beiden Medien eingesetzt werden können, so daß hier jeder auf einfachste Weise selbst seine eigenen Möglichkeiten finden und erproben kann.

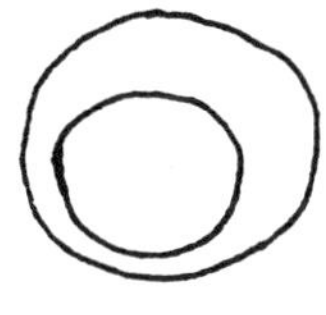

Ein großer Ball –
ein kleiner Ball

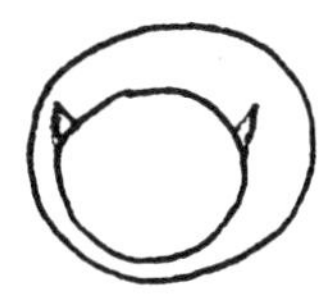

zwei spitze Ohren
auf jeden Fall

Malen und Bildmaterial

Malen, Zeichnen, Bilder und Bildmaterial können über die visuellen Sinne ebenfalls eine Erzählung anschaulich begleiten und ihr zu Form und Ausgestaltung verhelfen.

Oft wird der Einwand erhoben, zum Malen oder Zeichnen reichten die eigenen bildnerischen Fähigkeiten nicht aus. Doch kommt es auch hier nicht auf Perfektion an.

Augen, Nase, Schwanz
und Tätzchen –

Das Unvollkommene, «Fehlerhafte» hat einen viel stärkeren Aufforderungscharakter. Wie glücklich sind Kinder bereits über das bescheidenste Zeichnen beim Erzählen, schon über die allereinfachsten Skizzen wie: «Dies – ist – das – Haus – vom – Nikolaus» oder: «Punkt, Punkt, Komma, Strich – fertig ist das Mondgesicht», alles bereits ein lebendiges, spannendes, lustvolles Tun. Mit Wachsblöcken geht das Malen übrigens fast von selbst, sofern die Breitseite des Blockes mit nicht allzu starkem Druck benutzt wird. Diese «Malerei» läßt sich im

fertig ist das
Miezekätzchen

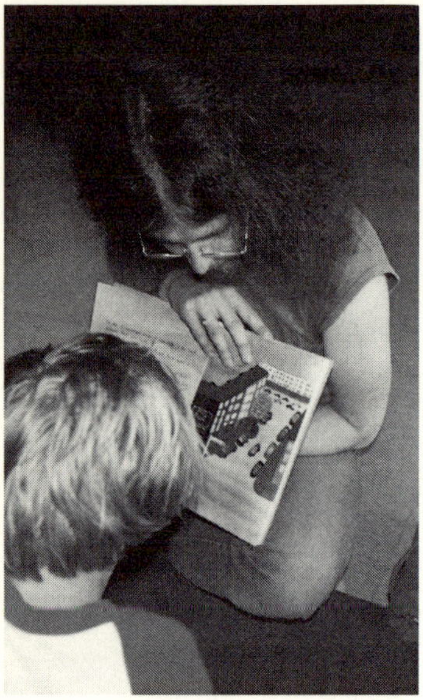

Bilder erzählen
Im gemeinsamen Betrachten eines Bildes entsteht eine Geschichte

weiteren beliebig oft übermalen und korrigieren. In jedem Fall entsteht ein farbenfrohes Bild, und noch nie habe ich erlebt, daß wegen provisorischer oder nur angedeuteter Mal- oder Zeichenaktionen ein Erzählvorhaben zusammengebrochen wäre. Im Gegenteil: Zuhör- und Mitmachbereitschaft erhöhten sich beträchtlich. Und die bildnerische Aktivität wiederum verstärkte die Erzählmotivation des Erzählers.

Probieren wir eines der altüberlieferten Beispiele für Erzählen mit gleichzeitigem Zeichnen aus, die Geschichte von der verschütteten Milch. In dieser Geschichte wird während des Erzählens der Weg des kleinen Mädchens aufgezeichnet. Es wohnt in dem kleinen dreieckigen Haus mit einem Fenster und zwei Schornsteinen (wird gezeichnet) und geht fort, um Milch zu holen. Dann wandert es mit der Milch in der Kanne durch drei Gräben. In den vierten fällt es hinein und verschüttet die Milch, die sich in weitem Schwung (die vier Gräben als Beine und die verschüttete Milch als Kringelschwanz während des Erzählens zeichnen!) ins Land ergießt. Weinend läuft das Kind im Bogen nach Hause zurück (schwungvoll den Heimweg als Rücken bis zum «Haus-Kopf» zeichnen).

Auf dem Blatt Papier ist während des Erzählens und Zeichnens die Gestalt einer Maus entstanden, die sich nun an der vergossenen Milch erfreuen kann. Nach anderen Versionen ergeben sich in der Zeichnung Schwein, Katze oder Hund – keine bewegenden Inhalte, aber sie machen Mut, während des Erzählens etwas zu gestalten und während des Gestaltens etwas zu erzählen.

Auch in den folgenden Übungen geht es um Erzählangebote, die unsere visuellen Möglichkeiten weiter üben und verstärken. Schließlich können wir nur das, was wir innerlich vor uns sehen, im Erzähltheater überzeugend gestalten.

72. Übung:
Malen und Erzählen

Malen oder zeichnen Sie während Ihres Erzählens in freier Weise Bilder von den räumlichen Gegebenheiten. Dadurch entsteht allmählich eine Landkarte der Geschichte, auf der während des Zuhörens und Zuschauens in Gedanken spazierengegangen werden kann. •

73. Übung:
Bilder erzählen uns eine Geschichte

Gehen Sie von fertigen (vorhandenen) Bildern aus und erzählen Sie zu einem von diesen eine passende Geschichte. Das Bild muß dabei für alle sichtbar sein. Eventuell ergänzen die Zuhörer/Zuschauer dabei die Geschichte durch ihre eigenen Assoziationen. Vielleicht läßt sich das Bild und damit die Geschichte gemeinsam noch weiter ausgestalten? •

74. Übung:
In ein Bild hineingehen

Wählen Sie ein Bild, es kann zum Beispiel eine Ansichtskarte oder ein Kalenderblatt sein, und schauen Sie dieses Bild aufmerksam an. Indem Sie die Augen schließen, überprüfen Sie, ob Sie das Bild innerlich schon ganz erfaßt haben. Dann vergrößern Sie es zu einer weiten Landschaft, vergegenwärtigen sich die Farben, das Wetter, eventuell den Geruch, die Tageszeit, die Stimmung, und schließlich gehen Sie in Ihrer Phantasie darin spazieren. Was hören Sie? Wem begegnen Sie? Was geschieht? Welche Geschichte entsteht daraus? –

Erzählen Sie sie jetzt anderen anhand des Bildes! •

Die bisherigen Übungen (Nr. 72–74) waren Vorübungen. Jetzt folgen drei Aufgaben, in denen die Inhalte stärker präzisiert werden müssen.

75. Übung:
«Der Schneckenausflug»

Diese Übung ist bei Vorschulkindern erprobt.

Der Erzähler malt während des Erzählens mit breiten Wachsblökken: Die Schnecke geht ihre Freundin besuchen und erlebt sehr viel auf ihrem Weg, trifft Käfer, Raupen, Schmetterlinge, muß über Steine, Halme, um eine Wasserpfütze herum, macht eine Pause unter einem Pilz und kommt endlich an ihr Ziel.

Wieder entsteht während des Erzählens allmählich eine Landkarte, ähnlich wie im Tischtheater. Und dem Tischtheater entsprechend können Sie das Spiel auch erweitern, indem Sie die zwei Schnecken aus Knetwachs formen. Die eine wird während des Erzählens und Malens über die Landkarte geführt, die andere, die Freundin, ist zunächst nicht zu sehen, taucht aber am Ziel zur Begrüßung auf. •

76. Übung:
«Der Regenbogen»

Lassen Sie ein Kind einen Regenbogen und seine Farben erleben, indem Sie diesen groß über den oberen und mittleren Teil des Blattes malen. Nun entdecken wir diese Farben auch auf der Erde in allen möglichen Gegenständen und Lebewesen. Diese malen Sie als Erzähler, eventuell in Gemeinschaftsarbeit mit den Kindern, auf die Erde, also den unteren Teil des Blattes. Mit Sicherheit wird dabei viel erzählt werden.

Schließlich könnten Sie sich von dem fertigen Bild noch zu einer zusätzlichen Geschichte anregen lassen. •

77. Übung:
«Rudis Freund»
(Grundschulalter)

Rudi wohnt in einem Hochhaus: Zeichnen Sie das Hochhaus und darin Rudis Fenster.

Rudi geht aus dem Haus und trifft dort seinen Freund. Skizzieren Sie die Umgebung und auch den Freund. Wer dieser Freund ist, wird durch Absprache mit den Kindern geklärt. Es kann ein Schulfreund sein, mit dem Rudi etwas gemeinsam unternehmen möchte. Es kann aber auch ein alter Mensch sein, und schließlich wäre die Geschichte auch mit einem Tier als Freund vorstellbar. Vielleicht spielt die Handlung an einem See weiter, vielleicht im Nachbargarten, vielleicht auf dem Spielplatz, auf der Kellertreppe oder an einem anderen Platz. Jedenfalls hat auch der Freund seine Geschichte, und beide zusammen haben wieder eine. Zum Schluß ist das ganze Blatt Papier mit allen erlebten Einzelheiten zeichnerisch / malerisch gefüllt. •

Im Grunde vermittelt uns jedes Material optische Eindrücke, die zur weiteren Gestaltung anregen. Sogar in einfachen Wollfäden schlummern Erzählkeime und Erzählimpulse, die bei jedem Teilnehmer andere Assoziationen, Gefühle, Vorstellungen und schließlich vollständige Geschichten auslösen.

Das folgende Beispiel stammt aus der Arbeit mit Studenten im Textilbereich «Weben»:

In einer Vierer-Gruppe sollte jeder Teilnehmer aus seinem Materialsortiment sein Lieblingsmaterial auswählen und dieses vor sich auf den Tisch legen:

Ines wählte ein Stückchen eines alten türkis-blau-violetten Seidentuches, aus dem sie schmale Streifen für ihre Webarbeit schnitt, Almut ein kleines Knäuel silbergraublau fließendes Seidenband, Beate eine gezwirnte honigfarbene Wolle, leicht glänzend, und Rolf ein Knäuel grobgesponnener ungezwirnter curryfarbener Wolle.

Die Aufgabe lautete: Jeder sollte in zehn Minuten Assoziationen (Situationen oder Geschichten) zu diesen vier Materialien entstehen lassen, Stichwörter dazu aufschreiben und den anderen dann die eigenen Phantasien als Geschichte erzählen.

Beate sortierte die beiden Blautöne und die beiden Gelbtöne aus, den Kontrast betonend. Sie wurde gefühlsmäßig stark von der Blauseite angesprochen und begab sich selber innerlich auf diese Seite. Dann erzählte sie eine Meer / Himmel-Stimmung. Der Silberfaden war in ihrer Geschichte bewegtes Wasser mit Schaumkronen. Im Wasser schwimmend, erlebte sie von hier aus die Ockertöne als Sandstrand. Sie erzählte assoziiert eine Urlaubssituation, in die sie die anderen Teilnehmer wie auf eine Phantasiereise mitnahm.

Ines erzählte ein Märchen. In diesem war ihr türkisbuntes Tuch die bewegte See, darüber, von den Gelbtönen gebildet, eine «satte Sonne». Auf dem Wasser die Silberfee, schwebend – spielend – tanzend – Silberfäden werfend – lachend – die Silberfäden funkelnd wie Schmuck – Ines erlebte sich in die Märchenhandlung und das Spiel mit der Fee einbezogen. Während sie die Silberfäden auffing, veränderten sich damit ihre bisherigen Alltagsbilder, wurden spielerisch bewegt, luftig und leicht, jeder Alltagsdruck entschwand. Es wurde eine Geschichte, die Ines mit ansteckender Beweglichkeit vorspielte. Ihre Gestik ging fast ins Tänzerische über, die sich in der Mimik ihrer Zuschauer/Zuhörer widerspiegelte.

Rolf erzählte eine Geschichte von Vater und Mutter und von einer alten Bauernstube; von einem Haus, in dem das Hellgelb die klare väterliche Welt verkörperte. Das Dunkelgelb inspirierte ihn zum Erzählen von gefühlsbetonter starker Mütterlichkeit.

Es war eigentlich keine Erzählung, sondern eher die architektonische Gestaltung eines Raumes, in dem sich die Welt innerlich und äußerlich zu ordnen begann. Die Handbewegungen des Erzählers waren langsame, sich in das Geschehen im ruhigen Rhythmus einsenkende. Die Tätigkeit der Mutter kam gestisch in sich rundenden und umschließenden Bewegungen zum Ausdruck. (Die Blautöne spielten in dieser Erzählung keine Rolle.)

Almut erzählte einen Film. Die Gelbtöne waren für sie die Weite der Wüste, das Dunkelgelb: Wüstentiere. Sie ordnete die Fäden wie im Tischtheater, so daß die Zuschauer sich ebenfalls in die vorgestellte Landschaft einzuleben begannen. Dann deutete Almut mit ihren Händen das Blau des Himmels darüber an, sowie im Umkreis (in Wellenbewegungen) das Meer. Jetzt kamen luftige Akzente durch die silbrige Seide dazu (auflösende Hand- und Armbewegungen). Waren es Schaumkronen des Meeres oder Luftgeflimmer? Nein, es landeten dort Astronauten vom Mond –

So kam in allen vier Fällen durch einfachste Gestaltungsmaterialien ein lebendiges Erzählen in Fluß, das sich immer weiter, fast schon theatermäßig ausgestaltete.

78. Übung: Gestaltungsmaterial erzählt

Führen Sie eine entsprechende Übung durch, indem Sie einzeln oder in Gruppen über Assoziationen von beliebigem Gestaltungsmaterial Bildfolgen entstehen lassen. Erzählen Sie diese als Geschichten.

Vielleicht holen Sie an dieser Stelle auch das «Schatzkästchen» (von Seite 117) mit seinen Hilfsmitteln dazu.

Besonders gut erzählen sich solche Geschichten bei Kerzenlicht!

Überdenken Sie Ihre Geschichte und erzählen Sie sie gelegentlich anderen Zuhörern und dann wieder anderen, so daß sie allmählich eine Form erhält, an der Sie immer noch weiter üben können! ●

Musik

Erzählanfänger haben manchmal Angst vor der Pause, überhaupt davor, sich im Erzählen Zeit zu lassen. Es könnte schließlich wie Stekkenbleiben wirken. Dieses Verhalten paßt wieder zu unserem gewohnheitsmäßigen Bewertungsdenken und dem üblichen Zwang zur Zügigkeit. Solchen Annahmen muß kräftig widersprochen werden. Eine gelegentliche Pause im Erzählen tut gut und ist in den meisten Fällen willkommen als Zeit zum Schweifenlassen der Phantasie und zum Nachdenken: Was wurde gehört und dabei erlebt? Welche Bezüge lassen sich herstellen? Betrifft das eben Gehörte mich? Dich? Sie? Ihn? Uns? Auch ist damit Zeit für die Vorüberlegung gegeben: Wie geht es weiter? Was fände ich wünschenswert? Was aber ist wahrscheinlich?

Nicht umsonst spricht man von «schöpferischen Pausen». Solche Pausen zum Nachsinnen und Atemholen kann auch eine Zwischen-Musik, und seien es auch nur einfachste Töne und Tonfolgen, wunderbar ermöglichen. Sie kann das Gesagte mit bestimmten Klangfolgen oder Klangassoziationen unterstützen, es verdeutlichen oder sogar noch weiter ausmalen. Sie gibt der Phantasie Nahrung und macht uns und unsere inneren Vorstellungen beweglicher.

Auf diese Weise ergibt sich ein lebendiges Wechselspiel von Erzählen und Musik.

Jedoch: Welche Musik paßt zum Erzählen?

Grundsätzlich ist die vom Erzähler zum Erzählen improvisierte am besten geeignet: Wenn er es kann, sollte er seine Musik genauso aus seiner rezeptiven Haltung heraus erlauschen und sie erklingen lassen wie seine Worte, je nachdem, wozu ihn die augenblickliche Situation inspiriert. Einfache Klänge genügen. Wird die Musik nicht improvisiert, sondern vorbereitet, sollten Anfänger bedenken, daß ausgeprägte Motivmusik oder fertige Kompositionen ihr Eigengewicht mitbringen und sich leicht verselbständigen. Eine Traummusik führt zum Beispiel ins Unwirkliche. Wäre das erwünscht? Unterhaltungsmusik entspannt die Zuhörer, bringt sie aber auch an die Oberfläche und nach außen. Ruhige Musik kann, statt der beabsichtigten Kontemplation, Passivität und Müdigkeit verursachen, Tanzmusik innere und äußere Beweglichkeit, aber möglicherweise auch Unruhe. Marschmusik macht aktiv, führt aber vom Ich weg und in die Richtung zum Gruppen-Wir. Und so weiter. Es bleibt dabei: Am besten eignen sich improvisierte Klänge. Diese zu finden läßt sich üben, bereits von Anfängern. Die nächsten Erzählspiele bringen Vorschläge zur Einführung.

79. Übung:
Musikinstrumente erzählen

Wählen Sie verschiedenartige Instrumente aus, die einfach zu spielen sind. Welche Instrumente scheinen Ihnen für einen Krimi besser geeignet zu sein als für ein Märchen?

Lassen Sie sich durch das Spiel mit Instrumenten zu einer Geschichte anregen. Bleiben Sie bei dieser Geschichte und gestalten Sie ihren Text aus, indem Sie sie immer wieder vorspielen. •

80. Übung:
Ein Musikinstrument erzählt von mir

Wie würde ich mit einem Musikinstrument etwas über mich selbst erzählen? Welches wäre in diesem Falle mein Instrument? Benutze ich lieber seine tiefen oder seine hohen Töne? Wähle ich steigende oder fallende, lebhafte oder bedächtige Rhythmen?

Wählen Sie «Ihr» Instrument und erzählen Sie mit ihm ohne Worte Ihre persönliche Biographie. Welches sind besonders herausragende Ereignisse in Ihrem Leben gewesen, und wie könnten Sie diese Ereignisse am «stimmigsten» wiedergeben?

Vielleicht wählen Sie jetzt ein Ereignis aus und gestalten das zu einer Geschichte, vielleicht auch zu einem Märchen. Erzählen Sie es in der 3. Person mit Hilfe des ausgewählten Instrumentes.

Auch der umgekehrte Weg ist lohnend: Klänge hören und dazu Assoziationen aus dem eigenen Leben erzählen. •

81. Übung:
Eine musikalische Rundum-Erzählung

Setzen Sie sich mit fünf oder sechs Teilnehmern im Kreis um einige Instrumente (am besten Orff-Instrumente oder ähnliche) und erzählen Sie eine Rundum-Reihungsgeschichte. Einer von Ihnen beginnt, indem er einen Satz sagt und diesen anschließend stimmungsmäßig mit der Klangfolge eines Instruments noch einmal nachschafft. Dann folgen die anderen Teilnehmer in der Reihenfolge ihrer Sitzordnung und erzählen jeweils wieder mit einem Satz und einer Tonfolge die Geschichte weiter. Nach ein bis zwei Durchgängen sollte sie beendet sein. Krimis oder andere dramatische Stories sind besonders gut für dieses Vorhaben geeignet.

Anschließend gestalterisch an der Geschichte arbeiten, bis sie aufführungsreif ist, das heißt, bis nunmehr die ganze Erzählung von einem Erzähler als Erzähltheater (mit Musikinstrumenten) vorgeführt werden kann. Wie hört sie sich bei einem anderen Erzähler an, wie bei dem nächsten in der Runde? •

82. Übung:
«Die Geschichte von der kleinen Wolke»

Erzählen Sie acht- bis zehnjährigen Kindern die folgende kurze Geschichte und untermalen Sie sie gemeinsam mit einem Glockenspiel, das Sie vorher pentatonisch stimmen. Wichtig ist, daß Sie sich für die Geschichte viel Ruhe nehmen. Jedesmal überträgt sich Ihre Stimmung auf die Stimmung Ihrer Zuhörer!

Eine kleine Wolke (zartes Terzenmotiv) will unbedingt schneien (ungeduldiges Spielen, hohe Töne), obwohl es noch gar nicht kalt genug für sie ist. Allen Warnungen zum Trotz schneit sie los (leichtes Glissando – von den hohen zu den tiefen Tönen, streichende Bewegungen).

Zwei Kinder freuen sich über den Schnee und bauen einen Schneemann (lustiges Dur-Motiv).

Dieser aber schmilzt bald in der Sonne, und schließlich wird er zur Pfütze (mit den bloßen Händen über das Glockenspiel streichen, zu den tiefen Tönen hin).

Unter den anderen Wolken herrscht große Trauer über das schnelle Ende der kleinen Wolke (Moll-Akkorde). Frau Holle bittet um Hilfe, doch der Frost kann die Pfütze nur erstarren lassen (Klirren: leise Metallschläge). Schließlich hat die Sonne Mitleid.

Sie erwärmt die Pfütze und läßt sie als Nebel wieder aufsteigen (mehrere Glissandos zu den hohen Tönen hin). Und der Nebel sammelt sich im Himmel wieder zu einer kleinen Wolke. (Das Wolkenmotiv vom Anfang beschließt die Geschichte).

Arbeiten Sie diese Geschichte gestalterisch so gründlich durch, daß sie aufgeführt werden kann. (Frei nach einer Idee von Hannelore Krause-Wichert.) ●

In ähnlicher Weise lassen sich auch andere Geschichten während des Erzählens musikalisch untermalen. Dabei können Sie die Auswahl des Musikinstruments auch den Zuhörern überlassen und diese so stärker an der Gestaltung beteiligen. Wiederholungen sind notwendig, denn solche Gestaltungen werden mit jeder Aufführung deutlicher und dem Inhalt der Geschichte gemäßer.

Gut geeignet für Aufführungen mit begleitenden musikalischen Motiven sind eine Reihe von Bilderbuch-Geschichten, zum Beispiel: «Josa mit der Zauberfidel» (von Janosch) oder «Jaga und der kleine Mann mit der Flöte» (von Irina Korschunow) und alle diejenigen, in denen die Welt durch eine bestimmte Melodie verwandelt wird. Dinge, Pflanzen, Tiere und Menschen können dann entweder vergrößert oder verkleinert oder auch nur in ihrer Stimmung verändert werden. In der Erzählung von Jaga geht es zum Beispiel um eine Trompete, die die böse Jaga besitzt, und wenn sie ihre schlimmen Gedanken in diese Trompete hineinbläst, werden alle, die das hören, mißmutig, unzufrieden und streitsüchtig. Ganz anders spielt der kleine Mann: Die Töne seiner Flöte sind wie Silbervögel, und alle Menschen werden friedlich und heiter, am Ende schließlich auch die böse Jaga.

83. Übung:
Eine Zaubermusik

Erfinden Sie eine ähnliche Geschichte. Reizvoll ist es, wenn Sie Ihr Erzählspiel in der Gruppe spielen und jeder Teilnehmer seine eigenen Ideen einbringen kann, zum Beispiel Wunschträume, die er dann durch Instrumente oder Klänge noch weiter verändert. Die Musikinstrumente gehen dabei von Hand zu Hand; so daß jeder die Klangfolgen, die seinem Erleben am meisten entsprechen, ausprobieren kann.

Schließlich einigt man sich auf eine endgültige Fassung, die dann ein Erzähler oder auch die Gruppe gemeinsam vorträgt. •

Oft werden die inhaltlichen Motive und Eigenarten einer Geschichte erst auf diese Weise genau erfaßt. Wichtig ist, daß schon die Kinder an der Auswahl von einfachen Instrumenten und Klangfolgen beteiligt werden, zum Beispiel bei Tierstimmen und Tierbewegungen. Dieses Erarbeiten fördert das Gespür für Hören und Bewegung. Fingergetrippel für eine Maus führt dann wahrscheinlich zur Auswahl einer kleinen Rassel, nicht etwa zu der eines Gongs.

Und alles zusammen und schließlich die Aufführung wirken wiederum ermutigend auf Sprache und Erzählen ein: Man muß einfach erleben, wie nach solchen Erzählspielen und nach solchem Erzähltheater das Erzählen frei wird und in der Folge jedes einzelne Gruppenmitglied in der Lage ist, Geschichten mit musikalischer Begleitung auch alleine und sogar vor fremden Zuhörern zu erzählen.

Der übende Umgang mit Erzählen und Musik fördert also unsere gesamte künstlerische und kommunikative Sensibilität. Unsere Darstellungsweise erhält durch das rezeptive Hinhören auf Klänge auch für das Umsetzen ins Wort neue Qualitäten, wird «klangbewußter», offener für Lautmalereien, freie Rhythmen und lyrische Elemente.

Einmal haben wir in einem Arbeitskreis mit Erwachsenen die so entstandene «poetische Sensibilität» weiter ausgenutzt, indem wir Haikus zum Thema «November-Nebel» verfaßten und diese anschließend vertonten und vortrugen.

Ein Haiku hat das Silben- und Betonungsschema:

5 Silben ⁄ _ ⁄ _ ⁄
7 Silben ⁄ _ ⁄ _ ⁄ _ ⁄
5 Silben ⁄ _ ⁄ _ ⁄

Es entstanden unter anderen die folgenden Haikus:

Nebel zieht jetzt auf
langsam fallen Blätter ab
Schweben sacht davon

Neblig ist's im Wald
Untern Füßen raschelt Laub
Dann ist alles still

Draußen Nebel quillt
Bunte Blätter fallen ab
Ich koch Apfelmus

Blätter fallen ab
Äste recken kahl sich aus
bis zum Mai ist's lang

Die Haikus wurden anonym auf Zettel geschrieben, die Zettel in einer Schale vermischt, und jeder zog nun wie ein Los ein fremdes Haiku, um es anschließend mit geeigneten Musikinstrumenten so stimmig wie möglich zu vertonen.

Es wurde genügend Zeit für diese Aufgabe eingeräumt, so daß die Texte wirklich musikalisch durchgestaltet werden konnten.

Anschließend stellte jeder sein Ergebnis vor. In der nächsten Übung wurde das vertonte Haiku als Rahmen für eine November-Geschichte benutzt, zu der eine passende Person erfunden werden mußte.

Helfende Fragen für das Finden dieser Person und ihrer Geschichte waren:

Wie soll man sich die Person vorstellen, die diese Verse gedichtet hat?
In welcher Stimmung befindet sie sich?
Wie könnte sie gekleidet sein?
Was hat sie gerade erlebt?
Was erwartet sie vom heutigen Tag?
Was vom morgigen?
Wem könnte sie begegnen?
Wie verbringt sie den Tag?

Es ergab sich ein besonders stimmungsvolles Erzählen.

84. Übung:
Ein Haiku

1. Ein Haiku dichten über ein beliebiges Thema (zum Beispiel über eine Tageszeit, über eine Pause, über eine Stimmung, eine Landschaft, ein Geschenk oder ähnliches).

2. Das Haiku den anderen vorsprechen.

3. Eine passende Klangfolge als Untermalung erfinden.

4. Das Haiku nochmals zu der Musik sprechen.

Was hat sich gegenüber dem ersten Sprechen verändert? •

Rollenspiel und direkte Rede

Das Rollenspiel regt unser Erzählen sicherlich am stärksten an von allen bisher genannten Hilfsmitteln, einfach deshalb, weil es uns ganzheitlich anspricht und durch und durch bewegt. Wir spielen in einem solchen Rollenspiel eine Geschichte theatermäßig, das heißt mit unserem ganzen Körper und unter Zuhilfenahme aller seiner Ausdrucksmittel, der Mimik, der Gestik und der Stimme, aber auch mit Hilfe von Requisiten, Masken und sonstigen Verkleidungsstücken.

Außerdem verlangt uns jedes Rollenspiel eine andere Situation ab mit den dazugehörenden Gegebenheiten, Sprechweisen, Mustern und Möglichkeiten.

Man kann sagen: Es schafft uns die lebendigste und reichhaltigste Erlebnisgrundlage fürs Erzählen.

Üblicherweise spielen wir ein Rollenspiel mit mehreren Personen. Spielen wir es allein, müssen wir von einer Rolle in die andere wechseln. Das wäre dann schon echtes Erzähltheater. Vielleicht setzen wir uns in diesem Fall als äußeres Kennzeichen lediglich die zur jeweiligen Rolle passende Kopfbedeckung auf und wechseln diese auch wieder mit der Rolle.

Die nächsten Übungen sind Vorschläge zum Einstieg ins freie Rollenspiel und sollten in mehreren Gruppen zu dritt oder zu viert wie Gesellschaftsspiele gespielt werden. Erst allmählich kommen Gestaltungsaufgaben und Formen des Erzähltheaters hinzu.

85. Übung:
«Auf einer einsamen Insel»

Welche drei Gegenstände würden Sie auf eine einsame Insel mitnehmen? Schreiben Sie auf einen Zettel, was Sie als Ihr Gepäck ausgewählt haben. Die Zettel werden eingesammelt. Als nächstes wird das Gepäck in den verschiedenen Flugzeugen vertauscht, das heißt, Sie ziehen jetzt irgendeinen Zettel wie ein Los, und mit dem darauf verzeichneten Gepäck befinden Sie sich plötzlich in der Einsamkeit.

Spielen Sie erzählend Ihren Zuhörern vor, wie es Ihnen dort mit den drei Gegenständen geht. ●

86. Übung:
«Ein Gegenstand verändert mein Leben»

Stellen Sie sich vor, Sie haben etwas Wertvolles gefunden, geerbt, zu bewachen oder zu verteilen. Bringen Sie besagten – unsichtbaren – Gegenstand mit, enthüllen Sie ihn – pantomimisch –, tasten Sie ihn mit ihren Händen vor den Augen Ihres Publikums ab, so daß sich jeder ein «Bild» von Ihrem Gegenstand machen kann. Sodann erzählen Sie etwas über diese «Kostbarkeit», was Sie mit ihr anfangen, was sie Ihnen ermöglicht oder wozu sie Sie veranlaßt. In welche Situation sind Sie durch sie gekommen? ●

87. Übung:
«Ein Traum erfüllt sich»

Stellen Sie sich vor, daß ein Traum für Sie wahr wird. Sie können auch ein Traumfahrzeug für sich erfinden, ein Traumhaus oder etwas ähnliches. Erzählen Sie anschaulich (mimisch-gestisch) davon und lassen Sie Ihre Zuhörer wissen, was dieses Lebensgeschenk für Sie bedeutet. ●

88. Übung:
«Eine veränderte Gesellschaft»

Stellen Sie sich vor, Sie befinden sich in einer neuen Zeit und können die Sprache der Menschen, die Ihnen begegnen, nicht verstehen. Üben Sie mit Helfern eine Szene ein, in der es anders zugeht als bisher bei uns üblich und eine erfundene Sprache gesprochen wird.

Beenden Sie das Erzählspiel damit, daß es Ihnen gelingt, an irgendeiner Stelle der Handlung doch zu einer gegenseitigen Verständigung zu kommen. ●

Wenn wir Kauderwelsch sprechen, wie in der 88. Übung, stellen wir meistens fest, daß wir mit der Sprache und ihren Lauten in einer Weise spielen, wie wir das in unserer üblichen Sprache nicht tun. Damit diese noch freier wird, üben wir jetzt ganz bewußt die direkte Rede.

89. Übung:
Die direkte Rede

Lesen Sie für sich allein, aber laut, ein Kindertheaterstück oder ein Stück aus einem Drama. Beschränken Sie sich dabei nicht auf eine der Rollen, sondern übernehmen Sie dieses Mal alle.

Oder lesen Sie das folgende Märchen vom Bär und Elch und Bergwidder. Es geht ähnlich reihend vor wie viele Suppengeschichten von Ursula Wölfel, aber dabei lebt es vor allem von der wörtlichen Rede.

Erzählen Sie es nach.

Dabei kommt es nicht auf die wortgetreue Wiedergabe an, sondern auf einen möglichst häufigen Gebrauch der direkten Rede. Sie sollten sich also in aller Ruhe auf das in dem Märchen vorgegebene Rollenspiel einlassen und dieses mit Ihren eigenen Worten erzählend nachspielen. Seine Struktur steckt durch ihre Einfachheit an und ermutigt zur Nachahmung. Dazu kommt, daß Enge und Begrenztheit der einzelnen Rollen sich leicht und sinnenfällig darstellen lassen.

Übertreiben macht anschaulich!

Erzählen Sie das Märchen möglichst im Stehen, weil Sie nur aus dieser Haltung heraus frei genug sind, Ihre Körpergesten gut sichtbar zum Ausdruck zu bringen. Außerdem muß deutlich werden, ob Sie gerade als Bär, als Elch oder als Bergwidder sprechen. Mimik und Gestik ergeben sich aus der Handlung von selbst und müssen daher nicht im einzelnen erläutert werden.

Überprüfen Sie die Wirkung Ihres Erzählens, indem Sie das Märchen sieben- bis zwölfjährigen Kindern oder auch Erwachsenen erzählen. ●

Im Erzähltheater erzählt der ganze Körper mit

Denken ist schwer

Ein brauner Bär traf einmal einen Elch. Er sagte zu ihm: «Guten Tag, Elch!» (Grußbewegung als Bär)

«Guten Tag, Bär», antwortete der Elch. (Ebenfalls Grußbewegung, aber als Elch)

Eine Weile standen sie stumm voreinander. Der Bär schaute sich an, schaute den Elch an und wiegte dann nachdenklich den Kopf. «Seltsam doch», meinte er, «warum sind nur alle Tiere so verschieden?»

«Was soll das heißen – alle Tiere sind verschieden?» fragte der Elch.

«Nun», brummte der Bär, «sieh mich an, und sieh dich an. Auf deinem Kopf wachsen Bäume mit großen Ästen, und auf meinem Kopf sitzen nichts als Ohren.»

Der Elch besah sich in einer spiegelnden Eisfläche und betrachtete dann sorgfältig den Bären. «Du hast recht», antwortete er, «wir sehen uns überhaupt nicht ähnlich. Aber warum das so ist, kann ich dir überhaupt nicht sagen.»

Und wieder sprach der Bär: «Nicht nur unsere Köpfe sind verschieden, auch bei dem Fell und bei den Beinen ist es so. Mich würde nun doch interessieren, warum das so ist, komm, wir wollen zusammen weitergehen. Vielleicht begegnen wir dann jemandem, der darauf eine Antwort weiß.»

Sie trabten ein Stück nebeneinander her und trafen schließlich einen Bergwidder.

«Gut, daß wir dich treffen», sagte der Bär. «Wir haben da ein Problem. Dem Elch und mir ist aufgefallen, daß wir ganz verschieden sind. Nun treffen wir dich, und du siehst noch anders aus. Auch du bist keinem von uns beiden ähnlich. Weißt du, warum das so ist?»

Der Widder war erstaunt über diese Frage. Er sagte: «Wie meinst du das, Bär? Wieso bin ich euch nicht ähnlich?»

«Sieh dich doch an und vergleiche. Auf deinem Kopf wachsen Bäume ohne Äste, auf dem Kopf des Elchs wachsen Bäume mit weiten Ästen, und auf meinem Kopf wächst gar kein Baum.»

«Ja, das stimmt», sagte der Bergwidder, «ich muß zugeben, das ist mir bisher noch gar nicht aufgefallen.»

«Ich sehe schon», meinte der Bär, «du weißt auch keine Antwort auf meine Frage. Ich schlage vor, wir denken einmal gemeinsam darüber nach, warum wir so verschieden sind.»

Die drei begannen also nachzudenken. Lange dachten sie nach, bis der Elch sagte: «Mir fällt nichts ein. Wenn ich denke, bekomme ich immer Kopfschmerzen, geht euch das auch so?»

Der Widder sprach: «O ja. Mir ist schon ganz schwindlig vom vielen Denken. Und eine Antwort ist mir auch noch nicht eingefallen!»

Als er das nun gesagt hatte, sah er den Elch an, und der Elch sah ihn an, und sie sprangen auf und liefen eilig davon.

Der Bär schüttelte den Kopf, dachte noch etwas länger nach und brummte dann vor sich hin: «Ganz klar, daran liegt es. Bei dem Elch und bei dem Widder wächst die Dummheit aus dem Kopf heraus. Und das ist auch der Unterschied zwischen ihnen und mir. Kein Wunder, wenn sie dann davonlaufen, wenn sie jemand auffordert, einmal nachzudenken.»

(Aus: Frederik Hetmann: «Bojaren, Zaren und Kosaken», Stuttgart 1990, S. 320ff)

Dieselbe – leicht ironische – Erzählweise ist für alle Geschichten geeignet, die ebenfalls von begrenzten Perspektiven geprägt sind. •

90. Übung: «Eine Postkarte als Tagesleistung»

Vorüberlegung: Wie ist nach der Überschrift die Hauptperson vorzustellen? Wie bewegt sie sich? Wie ist ihre Körperhaltung? Wie spricht die Person, was sagt sie? Spricht sie in ganzen Sätzen? Wiederholt sie? Ist der Atem hörbar? Räuspern? Hat sie Humor? Das wäre schön! Arbeiten Sie gestisch die Einzelheiten heraus: Sich anziehen (Mantel, Hut, Stock, losgehen). Eine Postkarte wird gekauft. Nach Hause gehen, sich ausziehen. Den Vorgang wiederholen, um eine Briefmarke von der

Post zu holen. Wieder zu Hause: die Adresse suchen und finden. Inzwischen ist die Postkarte verlegt und muß gesucht werden. Dann wird sie geschrieben, radiert, verbessert, telefoniert, wie man... schreibt, ob man diese oder jene Unterschrift wählen dürfe. Schließlich muß die Karte zum Briefkasten getragen werden, und dabei kann sich auch noch viel ereignen...

Achten Sie darauf, daß die direkte Rede unterschiedlich klingt, je nachdem, ob Sie sie im Gespräch oder im Selbstgespräch anwenden.

Und nun tragen Sie die in Ihrer Gruppe ausgearbeitete Version den anderen Gruppen als Erzähltheater vor. •

Auch bei allen weiteren Übungen bewährt es sich, wenn diese vor dem Erzählen zuerst als Theaterstücke mit verteilten Rollen durchgespielt werden, am besten wieder in Kleingruppen. Anschließend übernimmt einer der Teilnehmer die Erzählerrolle und erzählt den anderen Gruppen, die das Spiel nicht gesehen haben, die Geschichte. Erst jetzt handelt es sich wirklich um Erzähltheater: Der Erzähler übernimmt dabei sämtliche Rollen selbst und gestaltet diese während des Erzählens mimisch, gestisch und stimmlich. Die vorher im Theaterstück praktizierten Rollen und deren Sprechverhalten stehen ihm jetzt aus der Erinnerung zur Verfügung, so daß ihm auch das Erzählen in der direkten Rede leichtfällt.

Eine andere Möglichkeit für den Erzähler ist, daß er sich zusätzliche Helfer auswählt, die sein Erzählen pantomimisch unterstützen. Diese können aus seiner vorherigen Arbeitsgruppe stammen, aber auch als Statisten aus dem Zuhörer-/Zuschauerkreis spontan ausgewählt werden und während des Erzählens die entsprechenden Handlungsanweisungen erhalten.

Es folgen zwei weitere Vorschläge für Geschichten, die zunächst im Spiel geübt und danach erzählt werden:

91. Übung:
«Die goldene Hochzeit»

Der Briefträger überbringt zwei älteren Schwestern in ihrer gemeinsamen Wohnung die Einladung ihres Bruders zu seiner goldenen Hochzeit. Bruder und Schwestern haben sich länger als zwanzig Jahre nicht gesehen. Die Schwestern treffen nun Absprachen über das Vorhaben, ob sie fahren sollen oder ob alles viel zu beschwerlich ist; wie sie die Reise bewerkstelligen können und was alles zu bedenken ist; Kleidung, Kosten, Geschenke (auch für die Schwägerin!). •

92. Übung:
«Der Zauberlehrling»

Die Geschichte wird frei gestaltet nach dem gleichnamigen Gedicht von Goethe: Der Zauberer verreist, der Lehrling langweilt sich bei den vom Meister gestellten Aufgaben (in Monologform sprechen) und erliegt schließlich der Versuchung, Zauberbuch und Zauberdinge in seiner Weise auszuprobieren. Er setzt einiges in Bewegung, eventuell auch eine automatische Puppe (hier einen weiteren Mitspieler einsetzen), die sich auf Knopfdruck zu regen beginnt, stereotyp und eckig. Es wird ein hölzernes Gehen daraus. Sie läßt sich nicht abstellen und bewegt sich schließlich aus dem Zimmer hinaus. – Den Schluß bildet die Rückkehr des Zauberers. •

Noch einmal: *Zum Erzählen gibt es keine bessere Übung als das Spiel.* Inzwischen sind wir mitten im Erzähltheater angelangt.

Auch das folgende Gesellschaftsspiel soll auf der ersten Stufe als Rollenspiel, auf der zweiten als Erzähltheater durchgeführt werden.

93. Übung:
Erzähltheater mit drei beliebig ausgewählten Gegenständen

Wählen Sie drei beliebige Gegenstände aus. Jede Gruppe (aus drei bis vier Teilnehmern bestehend) soll daraus eine eigene Geschichte machen, und das Los bestimmt, in welcher Form sie gespielt werden soll, ob als Märchen, als Kriminalroman, als Trivialroman, als Westernstory, als tragikomische Geschichte oder als Phantasiegeschichte.

Nachdem im Rollenspiel die einzelnen Szenen durchgeübt sind, erzählt sie jeweils ein Erzähler allein den anderen Gruppen. Dabei muß der Wechsel von einer Rolle in die andere wieder geübt werden.

Ein Beispiel, wie das Spiel ablaufen kann:

Als Gegenstände wurden ein Stuhl, ein großes Tuch und ein kostbares Trinkgefäß ausgewählt. Nach der Zuordnung zu bestimmten Erzählformen ergaben sich unter anderen die folgenden Spiel-Entwürfe:

Im Trivialroman ging es um die Geschichte des alten Großvaters im Schaukelstuhl, der alles daransetzt, um ein kostbares Trinkgefäß zu erwerben, weil dieses einen Verjüngungstrank enthält. Derweil er es genüßlich leert, verbirgt sich die angebetete Schönheit unter dem großen Tuch und bereitet ihre Flucht vor.

Die tragikomische Geschichte wurde bei den Urwaldkannibalen angesiedelt, denen es letztlich mißlingt, jemanden zum Verspeisen zu besorgen (Tuch, Stuhl und Trinkgefäß als listig ersonnene Fallen).

Die Phantasiegeschichte spielte in einer Familie am Frühstückstisch, wobei die Familie vor lauter Konflikten fast nicht zu ihrem Frühstück kam, bis dann aus der Tisch-Mitte ein kostbares Trinkgefäß aufstieg und auf dem Tischtuch wie auf einem Teppich die Familie forttrug von ihren Stühlen auf eine wunderbare Reise in ferne Länder, bei der die realen Konflikte so unglaublich wunderbar gelöst wurden, wie man es sich nur in den kühnsten Träumen ausdenken kann. •

Mitspiel-Erzähltheater für Kinder

Erzähltheater vor Kindern ist eine gute Übung für den Erzähler. Sie zwingt ihn zur Deutlichkeit in seinem Rollenverhalten, und die spürbare Freude der Kinder am Spiel ermutigt ihn, immer dramatischer zu erzählen.

Die Folge ist meistens, daß sich Kinder in der Regel sehr bald motiviert fühlen, ebenfalls mitzuspielen, wie im Mitspieltheater. Es entsteht dann an dieser Stelle ein Mitspiel-Erzähltheater.

Lassen wir uns jetzt auf einige solcher Übungen für die Arbeit mit Kindern ein. Diese Übungen wurden in Kindergärten und Grundschulen, aber auch bei mehrfachbehinderten Kindern und Jugendlichen erprobt. Es ist günstig, wenn der Erzähler die Kinder gleich zu Beginn zum Mitspielen auffordert, zunächst nur zum Nachvollziehen von Bewegungen, später sollen sich daraus freiere Gestaltungen ableiten. Dazu vergegenwärtigen wir uns, daß der Erzähler mit dem Anregen zu Mitmach-Bewegungen nicht nur eine größere Nähe zum Erzählstoff und damit zu dessen Verständnis bewirkt, sondern daß Bewegung überhaupt den Erfahrungsbereich anspricht und erweitert. «Der im Sichbewegen träge oder schwerfällige Mensch bleibt erfahrungsarm» (Brigitte Vogel-Steinmann: «Was ist Rhythmik?», Regensburg 1979, S. 65).

Auch ist erwiesen, daß jeder Mensch vorgespielte Bewegungen zumindest innerlich nachvollzieht. Unsere gesamte Motorik erfährt allein durch die Wahrnehmung von Bewegungen einen starken Antrieb. Bei Kindern kann man beobachten, daß sie die Spielbewegungen im Zuschauen leise mitmachen. Sie freuen sich, wenn sie dazu ausdrücklich aufgefordert werden, und warten dann gespannt auf den nächsten Einsatz beziehungsweise auf den verzweifelten Blick des Erzählers und dessen Frage: «Was soll ich jetzt bloß machen?» Sofort sind sie bereit, einzugreifen und Lösungsvorschläge zu nennen und auch selbst vorzuspielen. Spielbewegungen und dazugehörende Empfindungen sind dabei deutlich gekoppelt.

Eine Mitmach-Spielgeschichte sollte einfach sein, ihre Handlung klar und übersichtlich, so daß die einzelnen Spielabläufe auch wirklich nachvollzogen werden können.

In unserer ersten Übung fordert der Erzähler, der seine Erzählung ausgeprägt mimisch-gestisch (und gut vorbereitet) vorträgt, nur an einzelnen Stellen zu einem einfachen Mitbewegen auf.

94. Übung:
«Der kleine Tiger Tim»

Die gekennzeichneten Pausen sind für das mimisch-gestische Mitspielen der Kinder zu verwenden.

Der kleine Tiger Tim wohnt bei seiner Mutter in einem großen Zoo. Der Käfig, in dem sie wohnen, ist zwar nicht klein, aber dort gibt es überhaupt nichts Neues. Tims Mutter schläft fast den ganzen Tag. *(Pause für gemütliches Dösen und Schlafen)*

Tim langweilt sich schrecklich. *(Pause für die Gesten der Langeweile)*

Er wünscht sich, einmal aus dem Käfig herauszukommen und das Zoogelände und die anderen Tiere ansehen zu können.

Eines Tages bietet sich die Gelegenheit. Als der Zoowärter gerade für Tim und seine Mutter das Frühstück bringen will *(Pause: das Frühstück wird gebracht)*, wird er ans Telefon gerufen und läßt versehentlich die kleine Futtertür offen, und da ist Tim schon draußen! *(Pause für die Gesten des Befreitseins)*

Zuerst geht er den breiten Weg entlang *(Pause für die Wanderung)* und kommt an ein riesiges Gehege. *(Pause für Staunen und Umschauen)*

Die Tiere dort hat er noch nie gesehen, er hat überhaupt kaum andere Tiere gesehen außer seiner Mutter. Aber diese Tiere sehen aus wie riesige graue Berge. *(Pause, um die Größe zu verdeutlichen)*

Sie haben zwei Schwänze. *(Gestisch Rüssel und Schwanz andeuten)*

Tim wundert sich und fragt sich, was das für Tiere sein könnten. Als er sie fragt, erfährt er, daß es Elefanten sind. Jetzt kommt er an einen großen Käfig, in dem lauter bunte Tiere sitzen, flattern und «Hei!» und «Moin!» und «Lora!» rufen. *(Pause fürs Vogelspiel)*

Von irgendwo hört er, daß das Papageien sind. Dann kommt er zu einer Wiese und zu Tieren, die meckern und ein geschecktes Fell haben, dann zu solchen, die im Käfig herumhopsen. *(Pause für die entsprechenden Bewegungen)*

Sie wollen mit den Menschen auf der Wiese spielen. *(Pause für Kommunikationsversuche)*

– Nach Belieben können jetzt noch weitere Tiere besucht werden. –

Wieder ist da eine Wiese, deren Gras ganz kurz abgefressen ist. Aber Tiere kann Tim nicht entdecken. *(Pause: Ausschau halten)*

Schließlich doch, dort hinten in der Ecke:

Sie haben vier Beine und sind gestreift, schwarz und weiß. Tim will sie gerade nach ihrem Namen fragen, da beginnt die ganze Horde zu laufen. *(Pause für das ansteigende Geräusch des Näherkommens; mit den Händen auf den Tischen trommeln)*

Sie rennen direkt auf den kleinen Tim los. Er bekommt mächtige Angst und duckt sich. *(Pause)*

Im letzten Augenblick laufen sie gerade noch an ihm vorbei und rufen: «Wir sind die schönsten Zebras der Welt!» Tim ist voller Staub, schmutzig und müde. *(Pause)*

Er möchte gern bei seiner Mama sein. Fast fängt er an zu weinen, da packt ihn eine Hand im Genick *(Pause)*

und eine bekannte Stimme sagt: «Hab ich dich endlich, du Ausreißer!» Der Wärter, welch ein Glück!

Er bringt Tim schnell zu seiner Mutter zurück. Da steht schon eine große Schüssel mit Futter für ihn. Das frißt er jetzt. *(Pause)*

Nachdem er satt ist, schläft er ein und träumt lange von seinen Abenteuern. •

95. Übung: «Ferdinand und sein Pferd»

Diesmal verspricht der Erzähler eine Geschichte, die mit Händen und Füßen erzählt wird. Die folgende Geschichte spielen die Kinder *durchgängig* mit. Sie können dabei auf ihren Plätzen im Stuhlkreis sitzen bleiben. Der Erzähler gibt während des Erzählens die Bewegungen und Verhaltensweisen vor, und die zuhörende Kindergruppe führt diese nachahmend aus:

Ferdinand sitzt über den Schularbeiten – *(gebückte Haltung)*

denkt – *(stützt den Kopf auf)*

stöhnt –

schreibt –

schließt das Heft und schiebt es in die Schublade –

Er hat große Lust, mit seinem Pferd Flicka auszureiten. Er zieht die Jacke an – und bindet den Schal um –

Die Mutter erhält im Vorübergehen einen Abschiedskuß –

Er geht über den Hof und öffnet die Stalltür – *(Quietschen und Knarren mit der Stimme imitieren)*

begrüßt das Pferd –

führt es aus der Box – sattelt es – und sitzt auf –

Er winkt der Mutter – los geht's! –

Die Zügel in der Hand –

die Hufe klappern über das Kopfsteinpflaster – *(mit den Knöcheln der Faust auf der Tischplatte «klappern»)*

Jetzt geht es über einen Sandweg – *(die Pferdeschritte hören sich weicher an, geöffnete Handflächen)*

Das Pferd springt über einen Graben –

läuft über feuchtes hohes Gras – das Pferd muß die Beine heben –

ein paar Frösche gibt es dort auch – *(man hört sie)*
die Sonne blendet – *(die Augen mit der Hand abschirmen)*
Vögel – der Kuckuck ruft – ein Specht ist zu hören –
Rebhühner fliegen auf –
das Pferd erschrickt –
Wind –
Ankunft bei einem kleinen Haus, eine alte Frau tritt aus der Tür und winkt freundlich –
Es duftet nach Kakao und Kuchen –
Ferdinand ißt Kirschkuchen – *(Kerne!)*
und trinkt –
Und ruht sich aus –
Dann bekommt er einen Apfel auf den Weg –
und dann sagt ihm die alte Frau noch etwas, was ihm sehr wichtig und wie ein Geschenk für ihn ist –
Was das wohl ist?
Er freut sich mächtig darüber! –
Dann bedankt er sich und nimmt Abschied –
(Der Rückweg gleicht in umgekehrter Reihenfolge dem Hinweg.)
Das Stalltor –
Das Pferd wird abgerieben – gefüttert – *(ein Stück Zucker nicht vergessen!)*
Begrüßung der Mutter – •

In der folgenden Geschichte gehen die Kinder noch mehr ins Spiel über. Am meisten Spaß macht sie ihnen, wenn der Erzähler den verbalen Teil übernimmt und sie die Handlung pantomimisch dazu spielen. Am besten fordert er die Kinder bei den einzelnen Szenen auf, diese auszuspielen. Die Hinweise für die Gestaltung ergeben sich durch sein Erzählen.

96. Übung: «Struppi»

1. Szene:
Der Inhalt: Sven fühlt sich von seinen Eltern vernachlässigt, weil er nicht angehört wird, als er etwas erzählen möchte. Die Eltern sind gereizt, und als Sven aus Versehen eine Tasse Kakao umwirft, sind sie ungehalten und schimpfen mit ihm. Sven ist unglücklich und wünscht sich, der Hund Struppi zu sein, mit dem sich, seiner Meinung nach, seine Eltern liebevoller beschäftigen als mit ihm. Er verläßt sein Elternhaus.

Die Ausführung: Der Erzähler erzählt zunächst, wie es in der Familie zugeht. Einige Zuhörer werden dann zu Mitspielern und gestalten pantomimisch, wie in dieser Situation jeder mit sich selbst beziehungsweise mit Struppi beschäftigt ist und wie Sven, weil er keine Beachtung und Zuwendung erfährt, sich einsam fühlt und wie er schließlich aufbricht, um den Plan mit dem Zauberer auszuführen.

2. Szene:
Der Inhalt: Unterwegs trifft er den Zauberer, der ihn auf seinen Wunsch hin mit nach Hause nimmt und in einen niedlichen kleinen Hund verwandelt.

Die Ausführung: Der Erzähler erzählt wieder kurz die Handlung. Die Begegnung mit dem Zauberer wird pantomimisch als Spielszene ausgeführt. Der Zauberer nimmt den Jungen mit, gemeinsam suchen sie im Zauberbuch nach der Zauberformel. Großzügige Verzauberungsgesten! Danach bewegt Sven sich als Hund.

3. Szene:
Inhalt: Glücklich tippelt dieser nach Hause, aber dort ist die Sorge um Sven inzwischen so groß, daß niemand für einen fremden kleinen Hund Zeit hat. Schließlich jagen sie ihn sogar hinaus.

Was soll Sven nun machen?

Jetzt möchte er wieder er selbst sein!

Die Ausführung: Die Erzählung geht jetzt in eine freie Spielszene über, die aufzeigt, was die besorgte Familie empfindet. So wird in der Angst um Sven der kleine fremde Hund beschimpft, ehe er schließlich fortgejagt wird. Auch Struppi ist «Nebensache».

4. Szene:
Inhalt: Der Zauberer will Sven jedoch nicht zurückverwandeln, sondern lieber behalten. Als der Zauberer schläft, gelingt es dem kleinen Hund, im Zauberbuch die passende Zauberformel zu finden und sich durch diese und den Schluck aus einem kostbaren Becher von der Hundegestalt zu befreien. Sven ist wieder er selbst! Er kann zu seinen Eltern zurückkehren, die ihn sehnlichst erwarten.

Ausführung: An der Stelle, in der Sven als Hund von zu Hause fortgejagt wird, kann der Erzähler die Zuhörer/Zuschauer nach einer Lösung fragen. Gegebenenfalls können sie erzählerisch und spielerisch den Fortgang und Schluß der Handlung übernehmen. Eventuell gibt es mehrere Vorschläge, die angehört beziehungsweise angeschaut werden.

Je freier der Erzähler ist, desto mehr kann er seinen eigenen Erzählplan auch aus der Hand geben und die Handlung statt dessen durch die ihm zugerufenen Vorschläge weitererzählen. Nachdem er zum Beispiel erzählt hat, wie Sven das Zauberbuch gefunden und aufgeschlagen hat, fragt er: «Was meint ihr, was stand da ganz oben auf der Seite?» – «Was sollte er tun?» – «Wer weiß, wie die Geschichte jetzt weitergeht?» Nachdem er die Vorschläge verarbeitet und selbst kurze Zeit hindurch erzählt hat, kann er erneut Fragen stellen. •

Auf diese Weise lassen sich viele Geschichten durchführen.

Viel Spaß macht es, für das Erzähltheater Geschichten auszuwählen, die uns und die Kinder auch über das Spiel hinaus noch beschäftigen und über die man nachdenken kann, so ähnlich wie das bei den Märchen der Fall ist. Oft bekommen wir von den Kindern selbst die Anregungen für solche Themen, wenn sie uns zum Beispiel erzählen, was sie bewegt. Die Kinder übernehmen für diese Geschichten dann selbst die Regie. In diesem Fall sind sie es auch, die erzählen, und wir spielen dann pantomimisch das Geschehen mit, lassen uns korrigieren und wiederholen einzelne Stellen, bis alles nach den Vorstellungen der Kinder stimmt.

Solche Geschichten «erzählten» wir meist in der Turnhalle, in der der Platz für ein großzügiges Ausagieren auch wirklich ausreichte. Wäscheleinen, quer durch den Raum gespannt mit daran aufgehängten farbigen Rollenspieltüchern (das sind dünne, fast bettlakengroße Tücher in allen Farben), ergaben zum Beispiel die notwendigen Zelte oder Höhlen, Inseln der Geborgenheit oder sonstige Ausgangs- oder Zufluchtsorte für die Handlung. Aus den beweglichen Turngeräten und Matten ließen sich, ebenfalls mit Hilfe von Rollenspieltüchern, Landschaften und bestimmte Einrichtungen schaffen.

Auf diese Weise wurden Märchen und Erzählungen nachspielend erzählt, unter anderen einige von Astrid Lindgren, auch die «Hörbe»-Geschichten von Otfried Preußler und viele selbsterlebte Geschichten. Besonders schön fand ich das Erzählspiel der Drachengeschichte nach Jack Kent: «Drachen gibt's doch gar nicht» (in: «Das große Leseabenteuer», herausgegeben von Ute Andresen). In dieser Geschichte wächst ein Drache, nur weil er nicht wahrgenommen und akzeptiert, sondern verleugnet wird, zu gewaltigen Ausmaßen an. Anfangs ist er nur der kleine Drache, dargestellt durch eine Stoff-Knotenpuppe. Als er dann aber wächst und wächst, eben weil er nicht anerkannt wird, wurde dieses Wachsen dadurch pantomimisch veranschaulicht, daß bei jedem «Wachstumsschub» jeweils ein Kind mit seinem Betreuungsstudenten unter ein feuerfarbenes Rollentuch schlüpfte. Diese Tücher wurden zu einer langen Schlange zusammengeknotet, so daß sich schließlich ein flammend roter riesiger Drachenkörper durch die Turnhalle wälzte.

Eine solche Größe verlangt Anerkennung und schafft endlich die Wende herbei. Sobald der Drache wahrgenommen und sogar gestreichelt wird, beginnt er wieder zu schrumpfen. Paarweise verlassen die Kinder mit ihren Partnern nacheinander wieder den Drachen, so daß zum Schluß die kleine Knotenpuppe zum Liebhaben übrigbleibt.

Dieses Erzählspiel spielten wir (wie alle vorigen auch) nur für uns und ohne Zuschauer. Es bewirkte durch das Agieren in den jeweiligen Partnerschaften und in der einheitlichen Großgruppe (im Drachenkörper) Geborgenheit und eine deutliche Beziehungsverstärkung, sicherlich auch im Sinne einer Ich-Stärkung. Jedenfalls war es eine intensive und ganzheitliche Auseinandersetzung mit dem Thema. Erst danach erfolgte das eigentliche Erzählen, als die Kinder nämlich die ganze Geschichte lückenlos ihrem Klassenlehrer erzählten, der bei dem Spiel nicht anwesend gewesen war. Sie erzählten sichtlich bewegt, mit nachvollziehenden Gesten und großen Augen. Der Stoff stand den Kindern deutlich in Überfülle zur Verfügung, und man konnte spüren, wie das Spiel noch einmal erlebt und im Erzählen zu einem wirklichen Nachschaffen wurde.

So lernen auch die Kinder «garantiert erzählen»!

97. Übung:
«Der Hutverkäufer»

Denken Sie sich ein Erzählthema aus, das möglichst viel Bewegung erfordert und auch ihren deutlich sichtbaren Ausdruck. Für heutige Fernsehkinder ist die ausdrucksvolle Geste oft eine schwierige Aufgabe. Deshalb muß an dieser Deutlichkeit wirklich gearbeitet werden. Das heißt also, daß auch Kinder lernen müssen, zu einem Erzählmotiv oder zu einem Gefühl wieder ein wenig Abstand von sich selbst zu bekommen und an die Zuschauer zu denken: Auch sie sollen verstehen, was ich meine. Sie können meine inneren Vorstellungen nicht sehen, wenn ich sie ihnen nicht wirklich und auch äußerlich wahrnehmbar *zeige*.

Auf dieser Stufe erfährt das Spiel mit der Präzisierung und Kultivierung des Ausdrucks ein neues Niveau. Im Grunde wird es erst jetzt kommunikativ.

Diese Nahtstelle bedarf oft des gründlichen Übens. Aber auch dieses Üben sollte sich nicht als Training verselbständigen, sondern immer im Bereich von Freude, Spaß und Spiel bleiben.

Das beste Beispiel, das ich für ein solches lustvolles Üben kenne, ist die «englische Geschichte vom Hutverkäufer» (nach: Esphyr Slobodkina: «Caps for Sale», London 1974, 6. Aufl.).

Erzählen Sie den Kindern die Geschichte abschnittweise in Ihren eigenen Worten und lassen Sie Ihr Erzählen von Spielszenen begleiten.

Zu Beginn geht es darum, daß ein Hutverkäufer seine Ware, lauter gestapelte Hüte (im Spiel Falthüte aus Papier), auf dem Kopf balancierend durch die Straßen trägt. (Das Balancieren ist die erste Spielszene, die jedes Kind nacheinander für sich durchprobieren sollte.) In der zweiten Szene versucht der Hutverkäufer, diese Hüte an den Türen (er geht von Kind zu Kind) zu verkaufen. Vergeblich. Die Kinder erfinden immer neue Ausreden, warum sie keine und besonders nicht diese(!) Hüte wollen.

So wandert der Hutverkäufer aus der Stadt hinaus und setzt sich ermüdet unter einem Baum zur Ruhe. Der Hutstapel auf dem Kopf wird überprüft; alles ist in Ordnung. Vorsichtig lehnt sich der Hutverkäufer an einen Baumstamm, das heißt an Bühnenstufen oder ein Podest oder an einen Stapel Turnhallen-Matten. Dort schläft er ein. (Spielszene)

Während des Schlafes kommen Affen vom Baum und stehlen heimlich alle Hüte mit Ausnahme des letzten Hutes, der dem Hutverkäufer selbst gehört. (Spielszene)

Jeder Affe hat nun einen farbigen Hut auf dem Kopf und bewegt sich damit in den Zweigen. (Spielszene auf dem dafür – als Baumzweige – vorgesehenen Platz. Bei uns waren es meist Turnhallenmatten.)

Als der Hutverkäufer erwacht, ertastet er vorsichtig seine Hüte, aber alles, was er ertastet, ist nur seine eigene Mütze. (Spielszene) Er schaut nach rechts – kein Hut, nach links – kein Hut. Hinter sich – kein Hut. Hinter den Baum – kein Hut. Dann schaut er nach oben – Was denkt ihr, was er da sieht? – Alle sehen es!

Jetzt beginnt ein hinreißendes Spiel.

Der Hutverkäufer versucht, die Affen durch Beschimpfen und entsprechende Gesten zur Rückgabe zu bewegen, aber diese äffen vom Baum aus lediglich jeden einzelnen seiner Versuche nach. Auf alle Worte des Hutverkäufers antworten sie regelmäßig in der Affensprache nur mit «Tsz, tsz, tsz!»

Achten Sie bei dieser Spielszene darauf, daß die folgenden Bewegungen genau, in Vorspiel und Nachäffen, ausgeführt werden. Es ist dann, als ob sich der Körper diese Bewegungen merkt, so daß sie später beim Erzählen erinnernd nachzuschaffen sind.

Die Bewegungen steigern sich in ihrer Heftigkeit, etwa so, daß der Hutverkäufer anfangs nur mit dem rechten Zeigefinger droht, die Affen äffen dieses nach, dann mit der Hand, (nachäffen) mit der Faust, mit beiden Fäusten, schließlich gestikuliert er mit beiden Armen, dann stampft er mit dem rechten Fuß auf, dann trampelt er ärgerlich mit beiden Füßen.

Erst als der Hutverkäufer in höchstem Zorn seinen eigenen Hut ergreift und auf den Boden schleudert, tun auch die Affen dasselbe:

Alle Hüte fallen zur Erde, der Hutverkäufer kann sie einsammeln – ordnen, aufsetzen – und weiter seines Weges ziehen...

Die Geschichte kann viele Male wiederholt werden, wobei die Rolle des Hutverkäufers wechseln sollte. •

Dieses Erzähltheater-Spiel ist, wie die vorherigen auch, nicht für Zuschauer bestimmt. Unsere Aufgabe heißt: «Erzählen lernen», und deshalb ist das Ziel aller dieser Spiele grundsätzlich nicht die Aufführung, sondern nur die Vorstufe des Erzählens, gewissermaßen seine Erlebnis-Grundlage.

Erst wenn das Erlebnis stattgefunden hat, gilt es für das nachfolgende Erzählen Zuhörer zu suchen. In unserem Beispiel waren es nacheinander der Klassenlehrer, die Putzfrau, die Küchenarbeiterinnen und schließlich andere Kindergruppen im Haus. Die Geschichte wurde so oft erzählt, bis sie jedes Kind einzeln, höchstens noch mit Unterstützung seines Betreuungsstudenten, einmal erzählt hatte.

Spannend für alle Anleiter war dabei wieder, wie unterschiedlich sich jedes einzelne Erzählen anhörte und wie unterschiedlich auch die Akzente gesetzt wurden. Aber eindrucksvoll waren in allen Fällen das Zusammenspiel und die engen Beziehungen von Körpergesten und Wortfindung.

Abschließendes zum Erzähltheater:

Nach all diesen größer und größer angelegten gestalteten Erzählspielen, Erzähltheater- und Mitspieltheater-Stücken wird der Erzähler feststellen, wie viel Unbefangenheit er durch das Einbeziehen der unterschiedlichen Hilfsmittel und durch das Spiel im Erzählen gewonnen hat. Er spürt deutlich, daß er beweglicher geworden ist und daß sich ihm die eigenen Erzählressourcen immer mehr erschlossen haben. Immer mehr ist sein Mut gewachsen, auch eigene Erfahrungen und Erlebnisse gestalterisch zum Ausdruck zu bringen.

Somit ist der Erzähler einen Übungsweg gegangen und auf diesem Wege frei geworden, man kann auch sagen, bei sich selbst angekommen.

Vielleicht kann er auf dieser Stufe der errungenen Freiheit wieder einfacher werden, denn seine Worte klingen jetzt echt, erfüllt und lebendig.

Vielleicht kann er, wenn er einem Kind auf seinem Schoß eine Geschichte erzählt, jetzt die Musik wieder reduzieren und statt dessen selbst etwas singen oder eine bestimmte Stelle in einem bestimmten Rhythmus sprechen, die unterstützenden Mittel mehr und mehr wieder weglassen... Vielleicht empfindet er sie jetzt sogar als «Krücken», die er nicht mehr braucht.

Er wird sie also allmählich beiseite legen können, jedoch so, daß er ihre Hilfe für seinen Ausdruck und seine Lebendigkeit weiter in sich spürt, sie innerlich zur Verfügung hat und eben von nun an so erzählt,

als male er an manchen Stellen im Erzählen ein Bild

als spiele er ein Lied oder eine Rolle

als wiege er sich im Wind

so daß er schließlich,

leicht und wie von selbst,

einfach «nur» erzählt

denn das Wort allein kann alles umfassen

und enthält alles

das Wort allein genügt

Vierter Teil:

Erzählen – ein weites Feld

Erzählzwänge und -mißbräuche

Szenenstück aus Bert Brecht: «Die Kleinbürgerhochzeit»:
Mutter *(trägt auf)*: Das ist Kabeljau. *(Beifälliges Gemurmel)*
Vater: Das erinnert mich an eine Geschichte.
Braut: Iß doch, Vater! Du kommst immer zu kurz.
Vater: Noch die Geschichte. Dein seliger Onkel, der bei meiner Konfirmation, aber das ist wieder eine andere Geschichte. Also wir aßen Fisch alle zusammen, und plötzlich verschluckt er sich, die verfluchten Gräten, gebt recht Obacht, er verschluckt sich also und fängt an, mit Händen und Füßen zu rudern...
Mutter: Jakob – nimm das Schwanzstück!

Erzählen ist wichtig und faszinierend, aber es gibt auch Sackgassen, und wir wollen nicht alles gutheißen, nur weil es unter der Bezeichnung «Erzählen» läuft. Eine Sackgasse schildert zum Beispiel das nebenstehende Szenenzitat. Man spürt, wie Brecht die Situation im Schreiben auskostet, indem er einen Vater vor Augen führt, der aus seinem Erzählzwang heraus einfach nicht aufhören kann mit seinen Geschichten. Solch ein Erzählen kennen wir wohl alle und wissen auch, wie sehr wir als Zuhörer darunter leiden. Wir fühlen uns ausgenutzt und nicht mehr als freie Partner des Erzählers.

Wenn es so ist, daß alles Erzählverhalten ein Spiegel ist für den Erzähler selbst, so lernen wir in dem Vater einen Menschen kennen, der stärker in den Geschichten der Vergangenheit lebt als in der Gegenwart. Überdies versucht er, alle Aufmerksamkeit auf sich zu ziehen. Und selbst wenn er das nicht wollte, er könnte nicht anders: Er muß aus inneren Zwängen erzählen. Jedenfalls bleibt den anderen keine Chance, zu Wort zu kommen. Zwar freuen wir uns im allgemeinen über eine überquellende Gestaltungsfähigkeit, jedoch schwindet diese Freude schnell dahin, wenn die Sensibilität dafür fehlt, daß auch ein anderer Mensch kompetent erzählen kann und auch einmal gehört werden will.

Ein weiteres erzählerisches Fehlverhalten entspringt der Vielwisserei. Mitunter versteigt sich ein Erzähler sogar so weit, daß er aus der Perspektive der Allwissenheit heraus erzählt. Auch dieses Verhalten ist auf die Dauer für keinen Zuhörer zumutbar. Niemand möchte Minderwertigkeitskomplexe anerzählt bekommen, auch nicht belehrt werden. Jeder möchte selbst bestimmen, ob und wieviel er hören und lernen möchte.

Ein solches egoistisches Erzählverhalten ist im Grunde ein Ausüben von Macht. Machtausübung aber zerstört jede Kommunikation, jede Gemeinsamkeit. Manch ein Kindermädchen früherer Zeiten, das den Kindern schlimmste Schauergeschichten erzählte, benutzte sein «Erzählen» als Macht- und Disziplinierungsmittel, um sich Respekt zu verschaffen. Ältere Kinder können den jüngeren mit grausamen Geschichten einen namenlosen Schrecken einjagen. So hat das Erzählen also auch zu dem Thema Gewalt und Brutalität einiges beizutragen. Jede aufgezwungene Geschichte stellt bereits einen Mißbrauch dar. Jede Erzählung, der es an der nötigen Sensibilität fehlt und die den Zuhörer innerlich verletzt, stiftet Schaden. Dasselbe gilt für manche Aufklärungsgeschichte, die – statt aus Verantwortung und statt daß sie wirklich die Fragen beantwortet – oft aus Wichtigtuerei weitschweifig und nicht selten am wirklichen Bedürfnis des Zuhörers vorbei erzählt wird.

In dem folgenden Beispiel von Kurt Tucholsky geht es ebenfalls um Macht: Immer wieder fällt in dieser atemlosen Geschichte einer dem anderen ins Wort und bringt damit das Erzählvorhaben zum Scheitern:

Ein Ehepaar erzählt einen Witz

«Herr Panter, wir haben gestern einen so reizenden Witz gehört, den müssen wir Ihnen... also den muß ich Ihnen erzählen. Mein Mann kannte ihn schon... aber er ist zu reizend. Also passen Sie auf.

Ein Mann, Walter, streu nicht den Tabak auf den Teppich, da! Streust ja den ganzen Tabak auf den Teppich, also ein Mann, nein, ein Wanderer verirrt sich im Gebirge. Also der geht ins Gebirge und verirrt sich, in den Alpen. Was? In den Dolomiten, also nicht in den Alpen, ist ja ganz egal. Also er geht da durch die Nacht, und da sieht er ein Licht, und er geht grade auf das Licht zu... laß mich doch erzählen! Das gehört dazu! ...geht drauf zu, und da ist eine Hütte, da wohnen zwei Bauersleute drin. Ein Bauer und eine Bauersfrau. Der Bauer ist alt, und sie ist jung und hübsch, ja, sie ist jung. Die liegen schon im Bett. Nein, die liegen noch nicht im Bett...»

«Meine Frau kann keine Witze erzählen. Laß mich mal. Du kannst nachher sagen, ob's richtig war. Also nun werde ich Ihnen das mal erzählen.

Also ein Mann wandert durch die Dolomiten und verirrt sich. Da kommt er – du machst einen ganz verwirrt, so ist der Witz gar nicht. In den Dolomiten, so ist das! In den Dolomiten wohnt ein alter Bauer mit seiner jungen Frau. Und die haben gar nichts mehr zu essen; bis zum nächsten Markttag haben sie bloß noch eine Konservenbüchse mit

Rindfleisch. Und die sparen sie sich auf. Und da kommt – wieso? Das ist ganz richtig! Sei mal still..., da kommt in der Nacht ein Wandersmann, also da klopft es an die Tür, da steht ein Mann, der hat sich verirrt, und der bittet um Nachtquartier. Nun haben die aber gar kein Quartier, das heißt, sie haben nur ein Bett, da schlafen sie zu zweit drin. Wie? Trude, das ist doch Unsinn... Das kann sehr nett sein!»

«Na, ich könnte das nicht. Immer da einen, der – im Schlaf strampelt..., also ich könnte das nicht!»

«Sollst du ja auch gar nicht. Unterbrich mich nicht immer.»

«Du sagst doch, das wär nett. Ich finde das nicht nett.»

«Also...»

«Walter! Die Asche! Kannst du denn nicht den Aschenbecher nehmen?»

«Also... der Wanderer steht da nun in der Hütte, er trieft vor Regen, und er möchte doch da schlafen. Und da sagt ihm der Bauer, er kann ja in dem Bett schlafen, mit der Frau.»

«Nein, so war das nicht. Walter, du erzählst es ganz falsch! Dazwischen, zwischen ihm und der Frau – also der Wanderer in der Mitte!»

Und so weiter: Die Geschichte endet im Ehechaos; wie der Witz eigentlich «war», erfährt niemand.

Zu Erzählmißbräuchen gehört auch das Erzählen aus der Einsamkeit heraus: Erzählen, nur, um einen Zuhörer festzuhalten und nicht allein zu sein. Nicht aufhören, immer weiter erzählen, egal was. Ob der Zuhörer hört, was ich erzähle, ist unwichtig, denn solange ich jemand etwas erzählen kann, bin ich nicht einsam. Selten wird solch ein Erzählverhalten von den Erzählern selbst durchschaut. Die alte Dame aus dem Altenheim ist sicher eine bewundernswerte Ausnahme, wenn sie sagt: «Ich glaube, ich habe da ein schlechtes Gewissen. Ich kann es manchmal nicht mehr hören, wie wir Alten, wenn wir uns treffen oder mit Jüngeren zusammen sind, erzählen: ohne aufzuhören, wenn wir nur einen Zuhörer haben. Selten von der Gegenwart, meistens von der Vergangenheit und wiederholend. Meistens geht es um uns, um unsere Kinder, unsere Krankheiten; selten um etwas, eine Sache. Ich glaube, wir erzählen, wenn man uns läßt, aber wir hören kaum zu. ... Dieses Thema schafft mir ziemlich unbehagliche Gefühle» (Wilhelm Mader, «Neue Praxis» 2/1989, S. 125). Die alte Dame beweist mit ihren Worten, daß sie das wirkliche Erzählen kennt.

Manch ein Erzähler ist so unsicher und so wenig in seiner Mitte (hat seine Identität so wenig gefunden), daß er die Stille nicht erträgt und deshalb pausenlos dahinredet, Geschichten über Krankheit, aus der Zeitung und aus dem Fernsehen, ohne wirkliche innere Beziehung zu dem Erzählten, denn: «einer muß ja was sagen». Hier ist das Bewußtsein abhanden gekommen, daß Stille und Schweigen Voraussetzungen, ja Bestandteile des Erzählens sind. Erst aus Stille und Schweigen heraus kann sich Erzählen wirklich entfalten. Das ist wie bei einer Pflanze: Auch sie kann sich nur entwickeln, wenn sie vorher in Ruhe und Dunkelheit ihre Wurzeln ausbilden konnte. Und diese Wurzeln müssen immer wieder neue Nahrung aufnehmen. Genauso braucht der Erzähler das Schweigen als Nahrung und als Quelle.

Aber das Bild hat noch mehr zu bieten: Nicht nur Wurzeln und Wachstum gehören zu einer Pflanze, sondern auch die Blüte und die Frucht. Und das ist im Erzählen genauso.

Wenn ein Erzähler alles herauserzählt hat, was ihn innerlich beschwerte, und im selben Augenblick, da er es losgeworden ist, erleichtert und erlöst entschwindet, läßt er seine Zuhörer unbefriedigt zurück. Sie fühlen sich jetzt wie ein Abfallhaufen und «benutzt» oder in dasselbe «schwarze Loch» versetzt, aus dem der Erzähler sich soeben befreite. Es geht ihnen erst dann wieder besser, wenn sie nachträglich nun selbst die Geschichte fertig-denken, denn zu irgend etwas in der Welt muß sie ja führen – eben wie jede Pflanze, sogar das kleinste «Un»-Kraut, zur zugehörigen Frucht.

Nun ist allerdings für längst nicht alle Geschichten ein Ende oder eine Lösung oder eine Einsicht denkbar, noch nicht einmal immer ein wirkliches Verständnis, aber es genügt das *Bemühen* darum oder der Ansatz zu einer Verarbeitung, die Frage nach einer weiterführenden Perspektive oder einer anderen Ebene – im Grunde jenes nachsinnende «Jaja, so ist das» der alten Gärtnerin. Aber etwas Derartiges muß sein, um die Spannung ausklingen zu lassen und die Geschichte für alle wirklich zu beenden.

Und was sagt das folgende Beispiel über einen Erzähler aus, der als Religionslehrer die biblische Geschichte für die Achtjährigen im dritten Schuljahr mit den Worten einleitet: «Einen Gott gibt es nicht. Aber ich soll euch ja von ihm erzählen.» Und dann erzählt er seine Geschichte...

Pädagogische Aspekte des Erzählens

**«Im allgemeinen erinnere ich mich besser an die Ereignisse,
die man mir erzählt hat, als an die,
deren Zeuge ich geworden bin.»**
Meir Shalev: «Ein russischer Roman»

Erzählte Geschichten haften manchmal besser im Gedächtnis als erlebte. Das könnte ein Grund sein für das «Lernen aus Geschichten» und für die sogenannte «pädagogische Geschichte», die es sicher nicht erst seit Pestalozzi gibt.

Pädagogische Geschichten sind Geschichten für Kinder, aus denen nach Meinung der Erwachsenen etwas ganz Bestimmtes gelernt werden soll: Wenn ein Kind zum Beispiel nicht mit direkten Anweisungen zu erreichen ist, so soll eine Geschichte – eben eine pädagogische – Wunder wirken, indem sie die Gefühle und damit die Entscheidungen des Kindes im gewünschten Sinne erzieherisch beeinflußt. Aber wenn man Kindern mit dieser Absicht Geschichten erzählt, sind das noch nicht unbedingt schon wirkliche «pädagogische Geschichten». Vielmehr entsteht bei dieser Art von Geschichten leicht auch ein leises Unbehagen. Wir hören den Zweck und eine gewisse Manipulation heraus, eine unterschwellige Absicht, und die verstimmt.

Rettung eines Fisches auf Affenart
«Was um Himmels willen tust du?» fragte ich den Affen, als ich sah, daß er einen Fisch aus dem Wasser holte und ihn auf den Zweig eines Baumes setzte. «Ich rette ihn vor dem Ertrinken», war die Antwort.
Anthony DeMello: «Warum der Vogel singt»

Nietzsche hat einmal gesagt, daß ein Erzähler, «sobald er den Preis im Hinblick auf das Bedürfnis des anderen macht», ein «feinerer Räuber» sei. Ein Räuber in bezug auf die Eigentätigkeit des Zuhörers, der selber die Fähigkeit hätte, Zusammenhänge auf seine eigene Weise zu entdecken und eigene Lösungen und Geschichten zu finden. Eine Einschränkung also des Selbstfindungsprozesses und der Selbständigkeit des Betreffenden.

Im Grunde spürt jeder im Unterbewußten diesen «feineren Raub». Unser jüngster Sohn sagte im ersten Schuljahr über Teddy-Geschichten, die sein Lehrer zur Verkehrserziehung erfand, über vorbereitete Lehrgeschichten also, es seien «scheißige Schulgeschichten». Zwar wollte er Geschichten, aber es sollten «andere» sein. Diejenigen, die sein Verlangen weckten, ihm Freude machten und sein Lernen beflügelten, erkannte ich als solche, deren Bilder und Aussagen freilassend waren, so daß seine eigene Phantasie angeregt wurde und sein eigenes Denken schöpferisch werden konnte. Erst wenn diese Bedingungen erfüllt sind, können wir von wirklich pädagogischen Geschichten sprechen. Nicht in enger moralisch-schulmeisterlicher Weise zweckgerichtet «gemacht», sondern künstlerisch frei gestaltet, bieten sie Bilder zur eigenen Auseinandersetzung mit einer Situation an, gewissermaßen als faszinierende Spielräume, in denen sich die Zuhörer in ihrer Weise bewegen und Erfahrungen sammeln können.

Zu dieser ersten Bedingung sollte eine zweite kommen: Wird eine Geschichte «nur» für andere erzählt, ist das keine wirklich echte Erzählsituation, sondern eine unechte. Es gehört zu einer Geschichte, daß sich auch der Erzähler als Lernender nicht ausschließt. Auch er müßte in der Geschichte neue und faszinierende Zusammenhänge erkennen, sich mit ihr überzeugend verbinden können. Zumindest müßte sie auch ihm Spaß und Freude machen.

Die Teddy-Geschichten zur Verkehrserziehung wären im selben Augenblick «echt» und annehmbar geworden, in dem der Lehrer seine Absicht offengelegt und nun mit den Kindern zusammen die Geschichten für den Teddy erfunden hätte.

Ich erinnere mich an die Art, wie ein alter Lehrer uns solche Geschichten erzählte. Er lehnte sich, nachdem er reihum die Probleme seiner erwachsenen Schüler angehört hatte, lächelnd zurück und sagte: «Ich erzähle euch jetzt eine Geschichte. Aber denkt daran, daß ich immer mehrere Fliegen mit einer Klappe schlage!» Während der dann folgenden Geschichte, die spürbar auch ihn selber faszinierte, die er auch selber erdacht hatte, hätte man eine Stecknadel zu Boden fallen gehört, so konzentriert lauschten wir auf jedes Wort, damit uns auf keinen Fall entging, was auf uns persönlich passen könnte und, im Bilde versteckt, eine weisheitsvolle Lösung des eigenen Problems anbot. Was uns Zuhörern diese Geschichte annehmbar werden ließ, so, daß wir sie geradezu liebten und ausdrücklich verlangten, war die völlige Offenlegung der Absicht, die keinen Zweifel daran ließ, daß es in dieser Geschichte für alle etwas zu lernen gab. Dazu kam die künstlerische Phantasie des Erzählers – und schließlich etwas ebenso Wichtiges: seine humorvolle und warmherzige Zuwendung.

So gehört als Drittes zur echten pädagogischen Geschichte: Die ehrliche Zuwendung des Erzählers zu seinen Zuhörern.

Ein junger Erwachsener erzählte, er sei als Kind ein solcher Tunichtgut gewesen, daß seine Mutter schließlich in ihren erzieherischen Maßnahmen Zuflucht zu «pädagogischen Geschichten» genommen habe. Diese Geschichten hätten ihn inhaltlich kaum berührt, hätten ihm aber gutgetan, und zwar deshalb, weil er beim Erzählen spürte, daß seine Mutter ihn trotz allem liebte.

Eine besondere Art, künstlerisch-pädagogisch zu erzählen, können wir von den Lehrern der Waldorfschulen lernen. Diese Lehrer lernen in ihrer Ausbildung, die Geschichten und Märchen so auszusuchen und zu erzählen, daß sich in ihnen die extremen menschlichen Verhaltensweisen in Gestalt der vier Temperamente wiederfinden. Jedes Kind erfährt so seine eigene Verhaltensweise in der Geschichte, bekommt sein eigenes Temperament gespiegelt und kann dieses an der betreffenden Stelle innerlich abreagieren und sublimieren, so daß insgesamt ein ganzheitlicher und ausgleichender Prozeß stattfindet.

Wenn also ein Märchen wie «Rotkäppchen» in der ersten Klasse erzählt wird, so werden (bei unverändertem Wortlaut) für die Melancholiker die Auswirkungen der Wolfsszenen gefühlsmäßig betont: Wie es der *armen* Großmutter, wie es dem *armen* Rotkäppchen geht.

Die Sanguiniker haben ihr Erzähl-Erlebnis, wenn Rotkäppchen von Blume zu Blume hüpft und sieht, «wie die Sonnenstrahlen durch die Bäume hin und her tanzten». Und wenn es eine Blume «gebrochen hatte, meinte es, weiter hinaus stände eine schönere», und so immer fort, bis es längst vom Wege abgekommen war.

Die Choleriker können sich über die Tatkraft des Jägers freuen, die Phlegmatiker schließlich darüber, daß am Schluß alles so gemütlich ist und Kuchen gegessen und Wein getrunken wird. Auf diese Weise kann unterschwellig ein allzu extremes Verhalten in Frage gestellt und vielleicht leise eine neue Entscheidung vorbereitet werden – ein in thematischer und kommunikativer Hinsicht unbegrenztes Lernfeld.

So enthält die pädagogische Erzählung also eine Menge von Aufgaben, nicht nur für den Zuhörer, sondern auch für den Erzähler, und ist, bei Licht betrachtet, ein Kunstwerk: Sie muß mit Zuwendung und Respekt vor dem anderen (und sei er noch so jung) erzählt werden, faszinierende Erkenntnisse für alle bereithalten, auch für den Erzählenden, und sie muß die Freiheit bieten, daß jeder auf seine Weise diese Lernschritte in seiner inneren Eigentätigkeit vollzieht. Um letzteres zu gewährleisten, muß sie offen und möglichst in Bildern erzählt werden.

Ein Kunstwerk ist sie und bedarf oft langer Arbeit, aber hin und wieder gelingt sie auch spontan. Jede Mutter, jeder Vater findet aus Liebe (wohl die wichtigste Quelle für alles Erzählen und seine verwandelnden Kräfte) intuitiv die entscheidenden Ansätze. Nicht selten kommt es auf diese Weise zu genialen Einfällen und Bildern.

Sicher ist auch die Geschichte vom Ackerstiefmütterchen einmal auf diese Art entstanden. Meine Mutter erzählte sie uns Kindern, als wir eines Tages ein Ackerstiefmütterchen fanden. Wie oft habe ich sie inzwischen Kindern und selbst Erwachsenen weitererzählt. Sie ist eine echte pädagogische Geschichte (manche sprechen auch von der «sinnigen Geschichte»), weil sie das Bild der Pflanze mit dem Namen, mit der Stiefmutter oder der «schlechten» Mutter, wie wir sie aus einzelnen Märchen kennen, sinnenhaft und sinnvoll verknüpft, so daß Kinder von nun an über die botanischen Gegebenheiten und Zuordnungen einfach «im Bilde» sind.

Das Ackerstiefmütterchen
Es war einmal eine Witwe, die hatte zwei Kinder. Eines Tages heiratete sie einen Witwer, der ebenfalls zwei Kinder mit in die Ehe brachte. Der Mann war fast nie zu Hause, so führte die Stiefmutter dort das Regiment. Sie selber trug die kostbarsten Gewänder, und auch ihren eigenen Kindern gab sie schöne Kleider. Ihre Stiefkinder dagegen mußten einfache Kittelchen tragen, unscheinbar in Farbe und Muster.

Hier kannst du sie alle fünf am Tisch sitzen sehen, wenn du dieses Blümchen anschaust –

Und wenn du es umdrehst, kannst du erkennen, wie die prachtvoll gekleidete Mutter auf zwei Stühlen (Kelchblättern) thront. Ihre eigenen Kinder sitzen rechts und links von ihr, jedes auf seinem eigenen Stühlchen, während die Stiefkinder zusammen sich ein einziges teilen müssen.

So trägt das Stiefmütterchen seinen Namen zu Recht.

Ein Beispiel dafür, wie eine Mutter einmal in einer schwierigen Situation aus ihrer pädagogischen Phantasie ein einziges, aber das rettende Bild intuitiv erfand, berichtete Erhard Fucke in einem Vortrag: Das etwa fünfjährige Kind hatte sich in der Stadt ein Eis erbettelt, dieses dann aber aus Versehen auf das Straßenpflaster fallen lassen. Nun war der Kummer groß und das Geschrei auch. Die Mutter versuchte es zuerst mit den üblichen Tröstungen und Ermahnungen, jedoch ohne Erfolg. Dann sagte sie schließlich, geistesgegenwärtig und selber von dem schmelzenden Eis fasziniert: «Schau mal, jetzt ißt es die Sonne!» Augenblicklich verstummte das Geschrei. Was soeben noch als Unglück erlebt war, erschien jetzt urplötzlich als Bild in einem neuen Rahmen und in einem neuen Licht: als Möglichkeit, sich in neuer Weise mit der Wirklichkeit auseinanderzusetzen. Das Kind war innerlich verwandelt.

So gibt es manchmal spontan geglückte Zusammenhänge von Erzählen und Erziehen.

Zum Abschluß eine Geschichte, die sich bei Gelegenheit wundervoll (und ohne Kommentar) als «pädagogische Geschichte» erzählen läßt:

Es war einmal ein Mann, der log und log und log...

Er log so unausbleiblich, wie die Sonne aufgeht. So sicher, wie das Wasser fließt und die Schlange kriecht. Eines Tages, als er vom Spaziergang heimkehrt, verkündet er seiner Frau: «Denk dir, meine Liebe, heute, als ich im Wald umherlief, rate, was ich da gesehen habe? Eine Schlange. Aber eine Riesenschlange! Ungeheuer! Maßlos! Gigantisch! Fürchterlich! Stell dir vor: Sie war wohl an die zwanzig Meter breit und mindestens hundertzwanzig Meter lang, von hier bis zum Ende des Pfades. Und ich habe sie gesehen, gesehen mit meinen eigenen Augen! Ein kapitales Stück!»

Aber die wackere Frau kennt ihren Schelm von Ehemann und seine tolle Sucht zu lügen. Sie lächelt unter ihrem Kopftuch, schüttelt den Kopf und sagt in neckendem Ton zu ihm: «Du weißt ja selber, daß es gar keine so langen Schlangen gibt!»

Ein wenig aus der Fassung gebracht, entgegnet er: «Du willst es mir nicht glauben? Aber ich, ich sage dir... also hör zu! Weißt du, vielleicht waren es nicht so genau hundertzwanzig Meter. Sagen wir vielleicht auf jeden Fall mindestens hundert Meter.»

«Hundert Meter? Da muß ich lachen! Dann würde ja ihr Schwanz ein paarmal um unsere Hütte herumreichen. Unmöglich!»

Da setzt er seine überzeugendste Miene auf, stampft mit dem Fuß und behauptet: «Ach, meinst du! Nun, da werd ich dir sagen: Die Schlange, wenn sie nicht ganze hundert Meter lang war, so hatte sie doch gut und gern ihre achtzig Meter!»

Die rechtschaffene Frau steht mit gekreuzten Armen da, schüttelt immer noch den Kopf und lächelt: «Achtzig Meter? Unmöglich! Ich bin sicher, daß es nie eine Schlange gegeben hat, die achtzig Meter lang war!»

Aber ihr Schelm von Mann klammert sich an seine schnurrige Fabel wie ein Mensch, der am Ertrinken ist und sich mit allen Kräften an einem Eckchen Floß festkrallt: «Höre! Du hast vielleicht alles in allem recht. Wenn es nicht genau achtzig Meter waren, so bin ich sicher, es waren mindestens sechzig.»

«Sechzig Meter! Das ist immer noch zu viel, mein Freundchen!»

Er reckt sich ein wenig, spannt den Hals und versucht, seine Beredsamkeit zu steigern: «Ach was, sei nicht kleinlich! Ob sechzig oder vierzig Meter, das bleibt sich doch ziemlich gleich!»

Aber noch immer gibt die wackere, die geduldige, hartnäckige Frau nicht nach: «Und ich sage dir, deine riesige ungeheure, gigantische Schlange hat keine vierzig Meter gemessen!»

Da tritt ihr Ehemann ganz sacht auf sie zu, setzt seine pfiffige Miene auf und flüstert ihr freudestrahlend ins Ohr:

«Nun gut denn, mein Weib! Weil du es bist, will ich dir ein Geständnis machen. Meine Schlange hatte – und das ist diesmal die reine Wahrheit – sie hatte eine Länge von zwanzig Metern. Nicht einen Zentimeter weniger!»

Entzückt und in Erwartung, welche Wirkung er erzielt hat, richtet sich der gute Mann hoch auf. Die brave Frau aber tritt einen Schritt zurück und bricht in schallendes Gelächter aus, bei dem das Geschirr auf dem Tisch ins Wackeln gerät, und zwischen zwei Lachausbrüchen schleudert sie mit Augen, in denen Tränen des Vergnügens glitzern, hervor:

«Da schau einer an...! Eine Schlange, die zwanzig Meter breit und zwanzig Meter lang ist... Aber mein lieber Freund, dann war die Schlange ja quadratisch!»

(Aus: «Der Schatz des Menschen, Märchen und Gedichte aus Vietnam», Berlin [Ost], 1976)

Die Geschichte heißt: «Die viereckige Schlange». Aber dieser Name darf erst nach dem Erzählen verraten werden.

Erzählanlässe schaffen und fördern

«Und vielleicht beginnt ein neues Zeitalter, ein Zeitalter, in dem Intellektuelle und Gebildete Mittel und Wege erwägen werden, ... zu einer weniger ‹vollkommenen› und freieren Gesellschaft zurückzukehren.»
Nikolai Alexandrowitsch Berdjajew, russischer Philosoph (1874 – 1948)

Eine Freundin erzählte mir, daß sie in ihrer Kindheit während des Krieges tagelang unter extremer Kälte zu leiden hatten. Auch ins Haus war der Frost eingedrungen, und die Kinder weinten vor Kälte. In dieser Situation begann der Vater Geschichten von den Sternen zu erzählen, und die Kinder vergaßen während des Erzählens Kälte und Kummer.

Auch macht uns die Angabe von Kindern nachdenklich, daß sie nichts Schöneres kannten als Fliegeralarm: Wenn nämlich alle im Luftschutzkeller saßen, dann (und nur dann!) erzählte die Mutter Geschichten.

In Not- und Kriegszeiten hat sich nachweislich die Kraft des Erzählens bewährt. Aber natürlich brauchen wir nicht auf diese zu warten, um zu erzählen. Es ist eine wichtige pädagogische Aufgabe, auch eine der Eltern, Erzählanlässe hier und jetzt wahrzunehmen beziehungsweise zu schaffen. Gelegenheiten zum Erzählen bietet im Grunde jeder Alltag, unter anderem manch eine Hausarbeit oder eine lange Reise oder Autofahrt.

Auch Ferien und lange Abende bei Kerzenlicht bieten günstige Erzählanlässe, eine Pause am Krankenbett, die Zeit beim Sonntags-

Vom Erzählen in Notzeiten (in einem Warschauer Vorort) berichtet Marcel Reich-Ranicki: «... Bücher gab es in der elenden Hütte allerdings nicht. Das elektrische Licht wurde meist im ganzen Stadtteil abgeschaltet, und da kein Geld für Petroleum da war, saßen wir stundenlang im Dunkeln. In dieser Situation wurde ich aufgefordert, Geschichten zu erzählen. Ich erzählte alles, woran ich mich ungefähr erinnern konnte: Romane und Novellen, Dramen und Opern, auch Filme. In der dunklen Küche bot ich den Zuhörern in verballhornten Kurzfassungen vornehmlich deutsche Literatur: den ‹Werther› und den ‹Zerbrochnen Krug›, ‹Kabale und Liebe› und den ‹Wilhelm Tell›, ‹Effi Briest› und ‹Frau Jenny Treibel›. Zu meiner Überraschung reichte der Vorrat an Literatur, mit dem ich aufwarten konnte, für unzählige Winterabende aus.»
(«Bilder und Zeiten», Frankfurter Allgemeine Zeitung vom 26. 11. 1994)

frühstück, Einladungen und kleinere Feste und – unzählige Schulstunden.

Wie vielen von uns geht es nicht so, daß wir in der Erinnerung an eine Lehrerin oder einen Lehrer nicht an deren Unterricht denken. Der ist verblaßt oder vergessen – vielleicht war er auch wirklich nicht viel wert. Aber die Geschichten, die sie oder er erzählte! Selbst wenn das Erzählte inhaltlich nicht überwältigend war, so erlebte man doch einen Menschen in seiner persönlichen Erfahrung, oder zumindest brauchte man sich nicht mehr weiter damit zu belasten, in welche Provinz Caesar seine Truppen führte und aus welchem Grunde er dieses tat. So sind manche dieser Geschichten unvergeßlich und zu Lebensbegleitern geworden. Lehrer, die erzählen konnten, versuchte man mit allen Regeln listiger Überredungskunst von der unterrichtlichen Planung weg- und zum Erzählen hinzubringen. Wer hätte das in seiner Schulzeit nicht getan!

Mein Bruder hatte einen Erdkundelehrer, der stundenlang und unvergeßlich erzählen konnte, wenn er von den Schülern den Einsatz erhielt: «Barbarossa» hieß sein Schlüsselwort, gegen das er sich eine Zeitlang zwar zum Schein wehrte: «Kein Wort erzähl ich heute über Rußland, ihr kriegt mich nicht dazu!» Aber irgendwann brach sein Widerstand doch zusammen, und dann erzählte er. Eine seiner Geschichten ist auch nach vierzig Jahren noch unvergessen. Er erzählte: «Wir (seine militärische Einheit im Zweiten Weltkrieg) waren über die Beresina übergesetzt und hatten einen Brückenkopf geschlagen, als plötzlich mörderisches Artilleriefeuer einsetzte. Meine Kameraden und ich suchten in einem Tomatenfeld Deckung. Pausenlos hämmerten die Granaten, warfen Dreck und Splitter auf uns. Das Rot der Tomaten spritzte. Wir krallten uns voller Angst in den Boden. Erst nach Stunden hörte das Bombardement auf. Wir krochen aus dem Feld und entspannten uns. Da bemerkte ich einen harten Gegenstand, um den sich meine Finger geschlossen hatten. Ich säuberte das verschmutzte Ding und traute meinen Augen nicht. Es war ein Knopf mit den Insignien der Grande Armée Napoleons.»

Wieviel Wissen und Lebenserfahrung wird mit einer solchen Erzählung vermittelt!

Selbstverständlich muß das Erzählen immer ein freiheitliches Element bleiben und darf nicht aufgedrängt oder erzwungen werden. Aber Klassenfahrten, Klassenfeste, Wanderungen und Zeltabende bieten in der Regel günstige Erzählgelegenheiten.

An manchen Grundschulen gibt es als feste Gewohnheit das «Montagserzählen». Die Schüler beginnen die Woche im Stuhlkreis und erzählen reihum vom Wochenende. Die einzige Spielregel ist, daß es

Erzählen in der Grundschule

nicht die Fernsehgeschichte sein darf, es muß wirklich etwas Selbsterlebtes sein.

Ein Nebeneffekt besteht darin, daß die Eltern, die ja ehrgeizig mit ihren Kindern sind, sich nun kräftig überlegen, was sie alles am Wochenende tun können, damit es auch was Schönes zu erleben gibt, das dann erzählt werden kann...

Erzählgelegenheiten im überschaubaren kleineren Kreis sind deshalb so günstig, weil hier die Atmosphäre des gegenseitigen Vertrauens gegeben ist. Denn nie geht es ja um die fertige Geschichte, die einmal geschehen ist. Selbst bei Film-Inhalten, Märchen oder Bücher-Geschichten, die an sich «fertige» Geschichten sind, handelt es sich zunächst immer um die Teile der Geschichte, die als erste – weil wichtigste – Bruchstücke aus der Tiefe der eigenen Person auftauchen und dann im Erzählen ihre diesmalige Gestalt gewinnen. Manchmal wollen auch Ängste und schlimme Erlebnisse im Erzählen ihren Ausdruck finden. Dann bedarf es des Vertrauens noch einmal mehr. Ist die Umgebung nicht geeignet, dieses Vertrauen aufzubauen, kommen belastende Geschichten im besten Fall noch verschlüsselt zutage: Sie werden ins Witzige verkehrt oder ins Angeberische bis Brutale. Aber selbst dann noch gilt: Auch diese Geschichten sind mit«geteilt», also geteilt, und drücken nicht mehr ganz so schwer auf den eigenen Schultern.

Heute ist es mitunter keine leichte Aufgabe, Erzählanlässe zu schaffen, weil viele Kinder daran gewöhnt sind, ihre gesamte Freizeit mit Fernsehangeboten zu füllen. So bedarf es oftmals einer ziemlichen An-

Ein Vater nahm auf eine lange Autoreise einen Papagei mit, natürlich einen unsichtbaren. Zum Entzücken der Kinder erzählte der dem Vater unterwegs Geschichten, und der Vater sprach mit ihm und erzählte die Geschichten den Kindern weiter. Als der Papagei nichts mehr zu erzählen wußte, streckte der Vater die Hand aus dem offenen Schiebedach raus und ließ den Papagei fliegen. Darauf ein entsetzter Schrei aus dem hinteren Wagen: «Papa, Papa! Halt schnell die Hand raus, daß er wiederkommen kann!»

Montagserzählen in der Grundschule

strengung und des Einsatzes unserer ganzen Phantasie, konkurrenzfähige und verlockende Alternativen zu bieten. Sozialpädagogik-Studenten hatten sich einmal diese Aufgabe eine längere Zeit hindurch für eine Klasse von mehrfachbehinderten Kindern und Jugendlichen gestellt. Die Kinder sollten lohnenswerte, also positive Erfahrungen mit ihren eigenen Möglichkeiten machen, die eigene Phantasie und die eigenen Vorstellungen zu schätzen und zu gebrauchen lernen, natürlich ohne dabei überfordert zu werden.

Die Studenten gingen so vor, daß sie ihre Arbeit mit einer Geschichte und der dazugehörenden Gruppenarbeit einleiteten. Einer erzählte, frei nach der den Kindern bekannten «Unendlichen Geschichte» von Michael Ende:

Die Reise nach «Phantasien»

Mirjam hat schlechte Laune. Sie möchte, daß niemand sie anspricht. In diesem Moment tritt ihr Vater, gut gelaunt, ins Zimmer. Er schlägt ihr eine Reise vor. Für solche Scherze ist Mirjam jetzt gar nicht zu haben. Doch ihr Vater erklärt ihr, wenn man die Augen schließt und es sich ganz fest wünscht, kann man nach «Phantasien» reisen und dort seine Wünsche erfüllt erleben. Nach einiger Mühe gelingt es Mirjam, sich nach Phantasien zu versetzen. Sie sieht dort ihre Freunde, mit denen sie sich gerade gestritten hat. Und wieder nach einer Weile erkennt sie ein neues Spiel und wie sie sich wieder mit ihren Freunden versöhnen und fröhlich mit ihnen zusammensein kann.

Einer erzählt, und die anderen hören zu

Die Geschichte war jedoch mit ihrem Erzählen nicht zu Ende. Sie bildete nur die Einleitung zu der nun folgenden Arbeit, um die es den Studenten ging. Sie hatten in ihrer Vorbereitung eine große Skizze von einem langen verschlungenen Weg angefertigt. Diese Skizze wurde so zerschnitten, daß jedes Kind ein Stück dieses Weges erhielt. Jedes Kind zog sich nun mit seinem Betreuungs-Studenten zurück, und beide zusammen gestalteten mit Wachsblöcken auf ihrem Papier eine Reise in ihr eigenes Phantasie-Land. Anschließend wurden die einzelnen Teile wie ein Puzzle wieder zu einer großen Landkarte zusammengelegt, und jedes Paar erzählte den anderen, was auf seinem Wegstück alles erlebt worden war.

Selbstverständlich bestand das Ziel dieser Unternehmung nicht darin, Kindern zu zeigen, daß man in unliebsamen Situationen in eine Phantasiewelt flüchten kann, sondern daß diese Phantasiewelt, wenn man sie erst einmal gestaltet, Spaß und neue Ideen bringt und damit auch zu konkreten Handlungsmöglichkeiten führen kann, etwa zu solchen, wie sie Mirjam gerade erlebt hatte. Jedoch wurde jetzt von den eigenen Erfahrungen ausgegangen, die durch das aktive Beschäftigen, durch Malen und Erzählen, ins Bewußtsein gerückt waren. Das Malen unterstützte in diesem Fall außerdem die gegenseitige Verständigung.

Der folgende gekürzte Bericht stammt aus einer schriftlichen Arbeit:

Als der Begriff «Phantasien» zum erstenmal fällt, wird ein Junge sehr lebhaft: «Das kenne ich schon, ich weiß schon, was ‹Phantasien› ist, die

Solche Möbel tragen dazu bei, daß in der Pausenhalle gemütlich erzählt werden kann

Geschichte habe ich schon im Kino gesehen.» Wir erfahren, daß er im Kino die «Unendliche Geschichte» gesehen hat, und fragen ihn, ob er erklären kann, was «Phantasien» ist. Er erzählt, «Phantasien» sei das Land, in dem Wünsche in Erfüllung gehen. Diese Erklärung nehmen wir auf und erzählen die Geschichte, wie Mirjam nach «Phantasien» reist.

Auf die Frage, was man in «Phantasien» alles sehen kann, kommen recht dürftige Antworten. Darum legen wir den großen Bogen in die Mitte und erklären, wie es weitergehen soll. Die Kinder sind eifrig bei der Sache, die einzelnen Weg-Strecken sind schnell ausgeschnitten und verteilt.

Da sich die Paare zum Malen zurückziehen, kann ich nur beschreiben, was sich in dieser Zeit zwischen mir und Tom vollzieht.

Aus meinen bisherigen Erfahrungen weiß ich, daß er nicht besonders gern malt. Darum habe ich Bedenken, ob wir uns eine halbe Stunde lang – soviel Zeit ist eingeplant – mit dem Bild beschäftigen können.

Ich bin erstaunt, als Tom ganz genau weiß, was er malen möchte: Strand, Meer und einen Fischkutter. Als er die Farben herausgesucht hat, fragt er, ob ich denn nicht für ihn malen könnte. Ich willige ein zu helfen, sage aber, daß er mir alles genau beschreiben muß, weil ich sonst nicht weiß, wie und was ich malen soll. Er deutet mit dem Finger auf die Mitte des Blattes, um zu zeigen, wo die Grenze zwischen Strand und Wasser sein soll. Ich fahre zunächst mit dem Finger über das Blatt. «Soll der Strand gerade sein?» Tom zieht die Stirn in Falten und kneift die Augen zusammen: «Nein, nicht so gerade, sondern wellig» (Geste in der Luft – Andeuten von Formen im Bestreben, die Bilder «zu fassen» – die Hände gleiten die vorgestellte Linie entlang), «als wenn die Wellen an den Strand kommen.» Während ich eine Wellenlinie male, vergewissere ich mich bei Tom, ob es so richtig ist. Gemeinsam werden jetzt die Flächen ausgemalt. Inzwischen erzähle ich, daß ich gern einen Apfelbaum in «Phantasien» hätte, und frage: «Einen Apfelbaum am Strand?» Tom versichert mir daraufhin, daß in «Phantasien» auch am Strand Apfelbäume wachsen. Nachdem ich meinen Apfelbaum gemalt habe, möchte er eine Palme malen. Ich soll ihm helfen und frage daher, wie seine Palmen aussehen. «Ein ziemlich krummer Stamm, und der Stamm muß gemalt werden, als ob ganz viele Schüsseln ineinander gestellt sind.» Um dies zu verdeutlichen, legt er die Hände abwechselnd übereinander. Ich beginne zu malen, sage dann aber, daß ich mir nicht so recht vorstellen kann, wie der Stamm aussehen muß. Ich gebe ihm einen Stift, und er malt, während er noch einmal beschreibt: «Siehst du, so muß es aussehen, eben wie Schalen.»

Das Wechselspiel von Malen und Verbalisieren geht weiter. Um jeden Gegenstand, der gemalt wird, entwickelt sich ein kleines Gespräch. Bald werden weitere Erfahrungen und schließlich Erlebnisse ausgetauscht, Mimik und Gestik eingesetzt, damit dem anderen deutlich wird, was gemeint ist. Die halbe Stunde verfliegt.

Das Zusammenlegen und das gemeinsame Betrachten der Bilder ergibt lauter phantasievolle Ansätze zu eigenen Wunschgeschichten und ihr Weiterentwickeln in der Realität.

Die geschilderte Übung macht wieder deutlich, wie Malen zum Erzählen führen kann: Das bildliche Gestalten löst sensorisch eine Reihe von neuen Empfindungen und Vorstellungen aus. Das im Malen sichtbar Gewordene wird wieder mit dem inneren Bild und der eigentlichen Zielvorstellung verglichen. Dementsprechend wird das Gemalte weiter verändert. Dadurch wiederum wird das innere Bild bewußter und genauer, so daß in diesem erzählerisch-bildhaften Gestaltungsbereich sich beide Tätigkeiten wechselseitig präzisieren und verstärken.

Was für den pädagogischen Auftrag in diesem Fall wichtig war: Es war eine fruchtbare Aktivität entstanden, in der nicht nur beide Teilnehmer sich eine Welt schufen, sondern in der sie sich auch bewegen und zusammen etwas erleben konnten, eine erfüllte Zeit mit dem Erlebnis, daß sich Einsamkeit und «schlechte Laune» durch aktives Imaginieren, gemeinsames Tun und Erzählen überwinden lassen. Außerdem blieb für alle Teilnehmer ein Bild zurück, mit lauter begehbaren Einzelwegen, so daß die betreffenden Situationen mit ihren Möglichkeiten später jederzeit wieder abgerufen werden konnten.

Wenn wir davon überzeugt sind, wie wichtig das Erzählen in pädagogischen Zusammenhängen ist, so sollten wir dieses nach Kräften fördern und immer wieder weitere Anlässe dafür schaffen. Die genannten Beispiele haben uns gezeigt, daß diese Kommunikationsform zwar im Vergleich mit den Angeboten der Massenmedien als viel «weniger vollkommen» erscheint, aber dafür ein «freieres» und lebendigeres Begegnen und Auseinandersetzen mit uns selbst und den anderen in der Welt ermöglicht.

Eine Erzähl-Analyse

(die ziemlich weit über pädagogische Aspekte hinausführt)

Wenn wir Erzählgelegenheiten wahrnehmen und kultivieren und es schaffen, daß wieder erzählt wird, so entstehen Geschichten. Und jede dieser Geschichten ist unerhört spannend. Ich meine jetzt nicht bezüglich ihres Inhaltes – der kann sogar alles andere als spannend sein –, sondern im Hinblick auf ihren Erzähler. Geschichten erzählen immanent immer noch eine zweite Geschichte: die über ihren Erzähler, und zwar außerordentlich genau und aufschlußreich. Wenn also ein Kind eine Geschichte erzählt, ergibt sich aus dieser gleichzeitig immer auch das Spiegelbild des Kindes in seiner augenblicklichen Befindlichkeit. Es gilt, was anfangs schon gesagt wurde: Der Erzähler und seine Geschichte sind eines. Ist sich der Lehrer dieses Sachverhalts und der daraus für ihn entstehenden Verantwortung bewußt?

Epirrhema

Müsset im Naturbetrachten
immer eins wie alles achten;
Nichts ist drinnen, nichts ist draußen;
Denn was drinnen ist, ist außen.

So ergreifet ohne Säumnis
Heilig öffentlich Geheimnis.

Freuet euch des wahren Scheins,
Euch des ernsten Spieles:
Kein Lebend'ges ist ein Eins,
Immer ist's ein Vieles.
Johann Wolfgang von Goethe

Zur näheren Erläuterung der hier angesprochenen Einheit von Erzähler und Erzähltem führe ich ein Spiel an, das auf seiner ersten Ebene meist als amüsantes Gesellschafts- beziehungsweise Kommunikationsspiel angesehen wird, das aber darüber hinaus wie kaum ein anderes Spiel eine intensive Selbsterfahrung ermöglicht und zu grundlegenden Erkenntnissen darüber führt, was geschieht, wenn ein Mensch erzählt: Er *«äußert»* sich mit seinem Erzählten, und das heißt, er spricht – unbewußt – sein gesamtes *inneres* Erleben nach *außen* hin aus.

Das Spiel sieht vor, daß jeweils Gruppen von vier oder fünf Teilnehmern die Aufgabe bekommen, zusammen ein Märchen zu schreiben. Jede Gruppe erhält eine Tapetenrolle und jeder Teilnehmer einen eigenen Stift mit der Farbe seiner Wahl. Die Spielregel besagt, daß irgend jemand aus der Gruppe mit dem Märchen beginnt. Er schreibt einen

Satz oder Satzanfang auf, und die anderen Teilnehmer folgen nacheinander mit ihren – nicht zu langen – Beiträgen, von jetzt an immer in derselben Reihenfolge und in der anfangs gewählten Farbe. Die Spielregel besagt weiter, daß das Märchen nicht in der Ich-Form erzählt wird, daß *schweigend, ohne jede verbale oder nonverbale Absprache und ohne irgendwelche Hinweise untereinander* gearbeitet wird und daß das Märchen zum Abschluß kommen soll, wenn jeder Teilnehmer etwa fünfmal seinen Beitrag geleistet hat.

Zum Schluß kann gemeinsam eine Überschrift gesucht werden.

Daß schriftlich erzählt wird und nicht mündlich, ist in diesem Fall belanglos. Tonbandaufnahmen würden dasselbe Ergebnis zeigen. Auch sie müßten diesmal zur Auswertung in einen schriftlichen Text übertragen werden.

Wenn alle Gruppen ihre Aufgabe beendet haben, stellt die Gruppe ihr Märchen den anderen vor, in irgendeiner Form, zum Beispiel als Erzählung, Lied, Rollenspiel oder Erzähltheater. Eine Viertelstunde genügt im allgemeinen zur Vorbereitung. Ich habe es nie anders erlebt, als daß die so entstandenen Vorführungen faszinierend waren und viel Freude machten. Aber noch faszinierender wird es und auf den Grund der Aufgabe kommen wir erst, wenn die Teilnehmer anschließend aufgefordert werden, in jedem Märchen die Beiträge einer bestimmten Farbe, also *eines* Teilnehmers, als dessen Skript, das heißt als dessen innere Geschichte, zu lesen. Sie erkennen nämlich jetzt, daß die Beiträge eines Verfassers – so wenig glaublich das auch anfangs erscheint – alle einen einheitlichen Charakter haben, also keineswegs zufällig sind, wie soeben noch angenommen, sondern daß sie tatsächlich die innere Geschichte ihrer Verfasser darstellen. Daß das so ist, läßt sich anhand der nachfolgenden Beispiele verdeutlichen. Die Beispiele gehören zu einem Märchen, das auf die genannte Weise von Lehrern eines Fortbildungskurses geschrieben wurde und von ihnen die Überschrift erhielt:

Der schlafende Moloch

ROT: In einer hohen Felswand wohnte ein Adler. Er kannte die Wolken und den Wind,

SCHWARZ: die Felder und Wiesen

VIOLETT: – sein Königreich.

GRÜN: Jeden Morgen breitete er seine Schwingen aus und schwebte über das Tal.

ORANGE: Er war zufrieden und glücklich, denn alles hatte seine Ordnung.

ROT: Ganz besonders freute er sich aber, wenn er an dem Fliegenpilz unter der hohen Birke mit dem schneeweißen Stamm seinen alten Bekannten traf. Dort saß oft ein Erdkobold in der Mittagssonne.

SCHWARZ: Er hatte seine Sachen ausgezogen und sonnte sich,

VIOLETT: als eines Tages der Adler mit schwerfälligem Flügelschlag und sorgenvollem Ausdruck neben ihm landete.

GRÜN: Der Adler hatte in der Nacht einen Traum gehabt, den er ihm gerne erzählen wollte.

ORANGE: In seinem Traum hatte er gesehen, daß in der Tiefe der Berge der uralte Moloch wieder erwacht war.

ROT: In den Felsen hatte er ein Dröhnen und Krachen gehört.

SCHWARZ: Er bat den Erdkobold, einen tiefen Gang in den Berg zu graben.

VIOLETT: Diesmal wollten sie dem alten Moloch zuvorkommen.

GRÜN: Der Erdkobold nützte die vorhandenen Klüfte und Spalten und gelangte bald zur Ruhestätte des Molochs.

ORANGE: Je näher er diesem Ort kam, um so mehr erzitterte das Gestein, und ein Schrecken erfaßte seinen Körper und seine Seele.

ROT: Es wurde immer kälter, als er plötzlich von ferne einen Lichtschein sah.

SCHWARZ: Er öffnete die Tür zur Höhle. Er glaubte seinen Augen nicht zu trauen.

VIOLETT: Der Moloch hatte sein Lager verlassen. War er wieder zuerst am See des Lebens?

GRÜN: Schnell begab sich der Kobold wieder nach oben, um mit dem Adler die Verteidigung des Sees vorzubereiten.

ORANGE: Sie sahen nur eine Lösung des Problems: das bewährte alte Schlafmittel nach dem Hausrezept der Hexe Ismeralda.

ROT: Die kleine Elfe vom Erlenstrunk sollte es besorgen. Der Moloch würde auf dem Weg zum See bei ihr vorbeikommen. Sie könnte es ihm in einem Glas Apfelsaft kredenzen.

GRÜN: Als der Moloch am Erlenstrunk vorbeikam, war er sehr durstig. Er trank ein Glas Apfelsaft nach dem anderen und schlief tief ein. Und wenn er nicht gestorben ist, schläft er noch immer, und der Adler kann wieder in Frieden seine Kreise ziehen.

Schon beim ersten Durchlesen der einzelnen Texte erkennen wir, daß hier jeweils Beiträge ganz eigenen Charakters – je nach Wesensart ihrer Verfasser – entstanden sind. Aber wir wollen genauer vorgehen, indem wir die Fragen zusammentragen, die zum Aufschlüsseln der Beiträge geeignet sind.

1. Zur äußeren Gestaltung:
- Wie lang sind die Beiträge der einzelnen Teilnehmer? (Grün steht mit 101 Wörtern weit an der Spitze, Schwarz und Violett haben noch nicht einmal die Hälfte aufzuweisen.)
- Welche Farbe wurde gewählt?
- Wer machte den Anfang, wer den Schluß?

2. Zur Handlung:
- Welche Farbe gestaltet die Handlung, übernimmt die Verantwortung für den Verlauf des Märchens, setzt die entscheidenden Akzente?
- Wer malt die Situation (nur) aus, ohne je die Handlung weiterzubringen, begnügt sich also damit, lediglich die angefangenen Themen zu bewegen?
- Wer durchbricht die Handlung?
- Wie geht der einzelne mit der Durchsetzung eines von ihm eingebrachten Motivs um? Gibt er nach, wenn andere dieses nicht in seinem Sinne gestalten, setzt er sich bei seinem nächsten Beitrag wieder mit seiner Vorstellung durch oder «rächt» er sich sogar, indem er nun seinerseits dem Märchen eine unerwartete Wendung gibt?
- Wer stellt Fragen, wer beantwortet sie, wer läßt sie offen?

3. Zu den Handlungsträgern:
- Welche Farbe bringt die Handlungsträger ins Spiel?
- Wie sind diese geartet? Sind es starke oder schwache Wesen, Menschen (Männer oder Frauen? «Stars»), Tiere, Fabelwesen oder Karikaturen? Sind es unter Umständen gar keine Lebewesen, sondern Gegenstände (Autos oder dergleichen?) Sind sie alt oder jung? Aus welchem Element oder Bereich stammen sie? Leben sie zum Beispiel in der Luft und kommen nie auf den Boden, vielleicht nur im Wasser, vielleicht immer in einer Höhle? Wie gehen sie mit Sonne, Wärme und Kälte um? Und so weiter.
- Haben die Handlungsträger Namen? Wenn ja, was sagen diese aus?

4. Zur Erzählatmosphäre:
- Wie beeinflußt ein Erzähler die Erzählatmosphäre?
  Bringt er die Handlung in realistische Zusammenhänge und «auf den Boden» oder «zum Abheben», ins Unrealistische, Phantastische oder ins Märchenhafte?

Problematisiert und kompliziert er die Handlung?
Beeinflußt er den Gang der Handlung optimistisch oder eher pessimistisch, bietet er «harmonische» Lösungen an?
Wer rationalisiert?
Wer provoziert?
Wer bringt Ironie hinein, wer verkehrt die Motive immer wieder ins Witzige?

5. Zur Sprache:
- Was ergibt sich aus der Sprache für den einzelnen?
  Ist sie bilderreich und konkret oder mehr abstrakt? Ist sie dynamisch oder mehr statisch? Werden lebendige Verben oder nur blasse Hilfsverben verwendet, die direkte oder mehr die indirekte Rede? In welchem Repräsentationssystem (in Farben, Formen, Gerüchen, Klängen, Bewegungen oder Körperempfindungen) bewegt sich der Erzähler bevorzugt?
- Was sagen die «Satz-Anschlüsse» aus?
  (In unserem Beispiel ist ein sensibles, kommunikatives Aufeinandereingehen ablesbar, erfahrungsgemäß keine Selbstverständlichkeit.)
  Wer bevorzugt Anschlüsse mit «aber», «trotzdem», «weil» und so weiter?
  Wer reiht alles parataktisch auf (und – und – und –)?

6. Zur Häufigkeit der gefundenen Merkmale:
- Taucht ein bei einem Teilnehmer gefundenes Merkmal öfter auf, etwa in jedem seiner Beiträge?

7. Zusammenfassung:
- *Erkenne ich etwas von mir selbst wieder?*
  Ergeben die einzelnen Merkmale ein Bild, das mir bekannt vorkommt, etwas von meiner Grundstimmung, meiner Lebenssituation, meinen Intentionen – etwas von meinem Wesen?

Wir wollen bei dieser Arbeit nicht deuten, sondern die Texte mit Zeit und Ruhe im Sinne Simone Weils so lange betrachten, «bis das Licht herausbricht». Und es ist immer ein Licht, das herausbricht, eine Erkenntnis, keineswegs in der Art, daß diese Erkenntnis nur schmeichelhaft wäre, aber ich habe es nie anders erlebt, als daß sie befreiend wirkte und zu einer wirklichen Selbsterkenntnis führte: «... das darf doch nicht wahr sein!» (Ein oft gehörter Ausruf der Teilnehmer.)

Der Beitrag von Rot:

1. In einer hohen Felswand wohnte ein Adler. Er kannte die Wolken und den Wind.
2. Ganz besonders freute er sich aber, wenn er an dem Fliegenpilz unter der hohen Birke mit dem schneeweißen Stamm seinen alten Bekannten traf. Dort saß oft ein Erdkobold in der Mittagssonne.
3. In den Felsen hatte er ein Dröhnen und Krachen gehört.
4. Es wurde immer kälter, als er plötzlich von ferne einen Lichtschein sah.
5. Die kleine Elfe vom Erlenstrunk sollte es besorgen. Der Moloch würde auf dem Weg zum See bei ihr vorbeikommen. Sie könnte es ihm in einem Glas Apfelsaft kredenzen.

Ein bewegliches und initiativreiches Skript, weil es alle Sinne und alle Elemente anspricht. Es gestaltet den Märchenanfang, und es werden (mit Ausnahme des Molochs und der Hexe Ismeralda) alle «Personen» des Märchens eingebracht: Der Adler, der über allem schwebt, Wolken und Wind kennt, dann der Erdkobold, der es unter einem Fliegenpilz am Fuß der hohen Birke «sonnig» hat, schließlich die Elfe mit dem Apfelsaft. Eine Welt der Höhe (hohe Felsen, die hohe Birke) und andererseits beweglicher Betriebsamkeit, von Sonne, Licht und nun wieder gemütlicher Bodennähe mit kleinen zarten Wesen. Wie steht es mit dem mittleren beziehungsweise dem menschlichen Bereich? Er fehlt. (Die Erde steht nur in der Verbindung mit dem Kobold «Erdkobold».) Im 4. Beitrag wird mit dem Lichtschein die Harmonisierung angeboten.

Der Beitrag von Schwarz:

1. Die Felder und Wiesen.
2. Er hatte seine Sachen ausgezogen und sonnte sich.
3. Er bat den Erdkobold, einen tiefen Gang in den Berg zu graben.
4. Er öffnete die Tür zur Höhle. Er glaubt seinen Augen nicht zu trauen.

Ein kurzes realistisches und kinästhetisch geprägtes Skript. Alle vollständigen Sätze (einfache Parataxe) beginnen mit dem männlichen «Er». Die Tendenz ist erkennbar: die Geschichte auf den Boden zu bringen, ja noch tiefer, ins Erdinnere, und die Tür zur Höhle zu öffnen. Dann traut er allerdings seinen Augen nicht – ohne das Seltsame oder Wundersame zu benennen (benennen zu wollen, zu können?)

Wie extrem anders stellt sich dieses Skript im Vergleich zum ersten dar!

Erinnern wir uns an das Spiel mit den Elementen und ihren gefundenen Gegenständen. Wie gut täten «Schwarz» – bei so viel «Erde» – die Lösekräfte des Wassers oder eine Feder als Geschenk oder etwas Vergleichbares, Beschwingendes und der leichte, fröhliche Wind dazu –! Oder etwas von «Rot».

Der Beitrag von Violett:
1. – sein Königreich.
2. Als eines Tages der Adler mit schwerfälligem Flügelschlag und sorgenvollem Ausdruck neben ihm landete.
3. Diesmal wollten sie dem alten Moloch zuvorkommen.
4. Der Moloch hatte sein Lager verlassen. War er wieder zuerst am See des Lebens?
5. (Die Überschrift) Der schlafende Moloch

Auch dieses Skript ist kurz und zusammenfassend und insgesamt «schwer». Wie anders verhält sich der Adler in diesem Skript im Vergleich zum ersten! Er kann nicht recht fliegen, sondern «landet» und ist «schwerfällig» und «sorgenvoll». Welche Verantwortung drückt ihn? Der Erzähler erklärt freimütig, daß er als Rektor darunter leidet, vor lauter Verantwortung nicht mehr zu den Dingen zu kommen, die er eigentlich tun möchte und die für ihn «Leben» bedeuten. Das wird ihm bewußt durch die Aussage, daß er auch einmal *zuerst* am «See des Lebens» sein möchte, jedoch ist wahrscheinlich das Ungeheuer (der alte Moloch) wieder (!) zuerst dort!

Der Beitrag von Grün:
1. Jeden Morgen breitete er seine Schwingen aus und schwebte über das Tal.
2. Der Adler hatte in der Nacht einen Traum gehabt, den er ihm gerne erzählen wollte.
3. Der Erdkobold nützte die vorhandenen Klüfte und Spalten und gelangte bald zur Ruhestätte des Molochs.
4. Schnell begab sich der Kobold wieder nach oben, um mit dem Adler die Verteidigung des Sees vorzubereiten.
5. Als der Moloch am Erlenstrunk vorbeikam, war er sehr durstig. Er trank ein Glas Apfelsaft nach dem anderen und schlief tief ein. Und wenn er nicht gestorben ist, schläft er noch immer, und der Adler kann wieder in Frieden seine Kreise ziehen.

Dieses ist nun wirklich ein Adler, der nicht nur Wolken und Winde «kennt», sondern der auch fliegt und seine Kreise zieht. Genauer gesagt «schwebt» er. Es ist auch ein «träumender» Adler, der überdies Träume gern erzählt, wie überhaupt in diesem Skript viel erzählt wird: Es ist von allen das längste. Auch ist der Erdkobold so munter wie in keiner anderen Darstellung. Wir erfahren, daß er die vorhandenen Klüfte und Spalten nutzt, und ebenso «schnell» ist er wieder oben!

Ein Skript von fast extremer Beweglichkeit und Kinästhetik. Es wurden die vorhandenen «Personen» eines oberen und unteren Bereiches (wie steht es mit der Mitte?) bewegt, aber keine neuen erfunden. Und der Moloch trinkt, ein Glas nach dem anderen, und als er dann eingeschlafen ist, kann der Adler «wieder in Frieden seine Kreise ziehen».

Der Beitrag von Orange:

1. Er war zufrieden und glücklich, denn alles hatte seine Ordnung.
2. In seinem Traum hatte er gesehen, daß in der Tiefe der Berge der uralte Moloch wieder erwacht war.
3. Je näher er diesem Ort des Schreckens kam, um so mehr erzitterte das Gestein, und ein Schrecken erfaßte seinen Körper und seine Seele.
4. Sie sahen nur eine Lösung des Problems: Das bewährte alte Schlafmittel nach dem Hausrezept der Hexe Ismeralda.

Dieser Adler ist «zufrieden und glücklich, denn alles hatte seine Ordnung». Aber gerade hier bricht aus dem Traum die Tiefe auf, und es kommt zum Hauptproblem des Märchens: Der Moloch, der aus dem Schlaf in der Tiefe der Berge aufwacht, Schrecken über Körper und Seele bringt und das Gestein erzittern läßt und schließlich nur mit dem «bewährten alten Schlafmittel der Hexe Ismeralda» wieder zum Schlafen gebracht werden kann. Das Skript erläuterte die Verfasserin aus dem persönlichen Kontext ihrer Partnerbeziehung. Ihr ging es erst beim intensiven Betrachten auf, was ihr beim erzählenden Schreiben noch nicht bewußt geworden war: daß sie hier für ihr Lebensproblem einen Ausdruck gefunden hatte, das schon seit Jahren das Bestehen ihrer derzeitigen Ehe und Familie bedrohte und ihr viel zu schaffen machte. Das Schlafmittel erschien ihr bisher als einzige Lösung.

Uns, die wir dieses Spiel in seiner Gesamtheit betrachten und dabei jeden einzelnen Menschen in seinen Erlebnissen und Auseinandersetzungen verstehen lernen, wird wieder einmal deutlich, wie sehr sich im Erzählen der ganze Mensch ausspricht, so daß unsere Sensibilität und Verantwortung auf diesem Gebiet erneut herausgefordert werden.

Fortsetzungen

Wenn wir in der Gruppenarbeit bis zu dieser Stelle und zu diesen Erkenntnissen gekommen sind, können wir in der vertrauensvollen Atmosphäre, die dabei entstanden ist, auf freiwilliger Basis weitere spielerische Erzählaufgaben anbieten, die nicht nur phantasievolle Fortsetzungen darstellen, sondern durchaus auch Möglichkeiten, Veränderungen einzuleiten.

Dazu wird die Rolle des einzelnen, die in den Beiträgen deutlich geworden ist, von ihrem Autor präzisiert, indem er den übrigen Teilnehmern in seiner Kleingruppe Ursachen, Zusammenhänge und Wünsche erläutert. Es handelt sich um die Rolle, die er bisher im Leben bevorzugt und mit Erfolg gespielt hat und die er aus diesem Grunde auch so gut beherrscht, daß sie in all seinen Äußerungen offenbar wird. Diese Rolle erhält jetzt in gemeinsamer Beratung einen Namen, zum Beispiel: sonniger kleiner Junge, munteres Eichhörnchen, lieber kleiner Faulpelz, weise Hexe, braves Schulmädchen, besorgte Mutter, Harmonisierungsfee oder ähnliches. Zu einer in dieser Weise typisierten Rolle erzählt nun jeder Teilnehmer eine Geschichte, und zwar mit der Aufgabe, diese Rolle in der Geschichte positiv zu würdigen, nämlich als die Kraft oder Fähigkeit, die bisher im Leben als helfend und erfolgreich erlebt wurde, der der einzelne infolgedessen vertraut und der er auch viel zu verdanken hat. Der positive Aspekt der Rolle muß in der Geschichte in jedem Fall überzeugend dargestellt werden.

Wer das Spiel bis zu diesem Zeitpunkt mitgemacht hat, wird feststellen, daß der Selbsterkenntnisprozeß durch diese Übung noch vertieft wird. Aber damit sind Spiel und Prozeß noch nicht abgeschlossen. Es können jetzt noch weitere Fortsetzungsgeschichten erdacht werden, in denen sich zu der bisherigen Rolle eine weitere gesellt, die der Betreffende gern für die Zukunft «neu» zur Verfügung hätte. Auch diese Rolle / Fähigkeit wird personifiziert. Es können helfende Tiere sein oder auch andere ausgedachte Geschöpfe. Zum Beispiel erfand eine Frau an dieser Stelle einmal eine Hexenkatze. Wiederum werden die fertigen Geschichten in der Runde reihum frei erzählt. Es läßt sich denken, in welch intensiven Prozeß innerer Auseinandersetzung die Teilnehmer inzwischen geraten sind. Sie erzählen einfach aus sich heraus und haben die Stufe, auf der sie das Erzählen erlernen wollten, längst hinter sich gelassen.

Als Beispiel folgt die Erzählung einer jungen Frau «Vom kleinen Angsthasen». Wenn diese Erzählung naiv wirken sollte, so möge man bedenken, daß unsere Gefühle sich oft einfache Bilder für ihren Ausdruck wählen und daß dieser Ausdruck um so klarer ist, je einfacher die

Bilder sind. Es handelt sich hierbei um die Einfachheit von Formeln, mit denen wir an die kompliziertesten Aufgaben herangehen und diese lösen können.

Lesen Sie die beiden folgenden «einfachen» Geschichten einmal unter diesem Aspekt:

Die Anfangsgeschichte, aus dem Skript entstanden:

Vom kleinen Angsthasen

Es war einmal ein kleines Häschen, das lebte mit seiner Familie in einem großen Wald. Ihm fehlte es an nichts. Das kleine Häschen fühlte sich geborgen und hatte auch liebe Freunde.

Eines Tages kam ihm eine Idee. Es setzte sich ganz fest in den Kopf, aus dem tiefen, dunklen Tannenwald einen ganz besonders schönen Tannenzapfen zu holen. Diesen Tannenzapfen – der drei Wünsche erfüllen konnte – gab es nur dort; und der Weg dorthin war nicht einfach. Es gab viele Hindernisse zu überwinden. So mußte das Häschen erst einmal über einen Bach gelangen. Zum Darüberspringen war der Bach zu breit, und durchzuschwimmen – davor hatte es Angst. Also überlegte das Häschen weiter, wie es wohl an das andere Ufer kommen könnte. Zurückgehen – das kam überhaupt nicht in Frage. Es hoppelte am Ufer entlang, bis es einen kleinen Baumstamm gefunden hatte. Mit aller Kraft rollte es diesen zum Fluß und legte ihn in das Wasser. Nun konnte das Häschen, ohne zu schwimmen, das andere Ufer erreichen. Auf dem langen Weg begegnete ihm ein anderer Hase, und beide hoppelten gemeinsam weiter. Plötzlich hörten sie Schüsse. Das Häschen hielt ganz still und versteckte sich im tiefen Laub. «Komm doch», sprach der Hase, «wenn du Angsthase nicht ein bißchen Mut zeigst und nicht weiterläufst, dann wirst du dein Ziel nie erreichen. Ich warte nicht auf dich.» So hoppelte der Hase davon. Das ängstliche Häschen aber kroch von Strauch zu Strauch, von Baum zu Baum, so daß es von niemandem bemerkt werden konnte. Bald hörte es keine Schüsse mehr und sah den Jäger weggehen. Auf der Schulter trug er den anderen Hasen. Traurig hüpfte das Häschen weiter, aber es war doch froh, daß es selber noch einmal gut davongekommen war.

So bewältigte es viele Hindernisse; zwar nicht auf dem einfachsten Weg, nicht immer mutig und energisch vorneweg, sondern mehr mit Ausdauer und Geduld.

Und dazu die spätere Fortsetzungsgeschichte:

Angekommen im tiefen dunklen Tannenwald, griff das Häschen zum Tannenzapfen und freute sich, daß es sein Ziel erreicht hatte. Es hielt ihn lange in den Vorderpfötchen und betrachtete ihn glücklich. Doch ihm graute vor dem Rückweg. Was für Gefahren würden diesmal auf es zukommen?

Plötzlich kam ein kleiner Vogel angeflogen. Er hatte gelbe, besonders flauschige Federn und sah anmutig und lieb aus. Der kleine Vogel flog dem Häschen auf die Schulter, schaute es schräg von hinten an und flüsterte ihm ins Ohr: «Hallo Häschen. Du hast allen Grund zur Freude. Weil du dein Ziel trotz vieler Hindernisse und Schwierigkeiten – und trotz deiner Scheu – erreicht hast, wird dir dein Rückweg viel leichter fallen. Wenn du dich einmal wieder nicht so recht traust, werde ich angeflogen kommen und dir einen kleinen Ruck geben. Aber da du es bisher geschafft hast, wirst du es auch weiterhin schaffen. Nur Mut, und niemals aufgeben!»

Fröhlich machte sich das Häschen auf den Weg.

Therapeutische Aspekte des Erzählens

«Man wird wieder aus Himmel und Sternen Bilder machen
und die Spinnenweben alter Märchen auf
offene Wunden legen.»
Christian Morgenstern

Vom heilenden Kraftfeld des Wortes

Im Erzählen – im Wort, in der Geschichte, im Zuhören und in der Zuwendung – liegen unendlich viele Möglichkeiten für Erkenntnis, Sich-Finden, Verarbeiten, für Hoffnung, neuen Mut, Beziehungen, Veränderungen, Neugestaltung und überhaupt für neue Wege. Diese Aufzählung läßt sich fortsetzen, aber sie zeigt auch so schon den Reichtum des Erzählens und weist hin auf die in ihm liegenden heilenden Kräfte. Durch sie gewinnt es immer mehr Bedeutung für die Psychotherapie, wie es die vielen Neuerscheinungen auf dem Büchermarkt auch beweisen.

Im Grunde ist diese Erkenntnis alt, und schon aus ältester Zeit sind Wundsegen und Zaubersprüche erhalten, denen Heilungskräfte zugesprochen wurden. Die Heilung erfolgte offenbar aus der Lautzusammensetzung, aus einem magischen Sprechen, bei dem übersinnliche Mächte angerufen wurden. Die anrührende Wortkraft dieser Sprüche, bis in den Klang der Vokale hinein, ist mir noch aus der Schulzeit in Erinnerung. Auf die richtigen Worte, Wortverbindungen und Bildzusammenhänge schien es dabei anzukommen. Bewirkten sie die Heilung, oder tat dies die Gegenwart des «zusprechenden» Menschen? Wir können es nicht sagen, aber wir wissen, daß jenes «Heile – heile – Segen – drei – Tage – Regen – drei – Tage – Sonnenschein –» in unseren Kindertagen seine Wirkung hatte. Weiter weiß ich den Spruch übrigens nicht, denn wenn ich vor vielen Jahren schreiend mit einer Schramme oder Beule zu meiner Mutter rannte und diese mich in ihren Armen auffing und eben diese Worte sang, dann kam sie in meiner Erinnerung immer nur bis «Sonnenschein», dann nämlich war ich wieder auf und davon und der Schmerz ebenfalls. Gewiß, er wird nicht groß gewesen sein, und Sie werden überdies sagen, es war die liebevolle Zuneigung der Mutter. Sicherlich. Aber mit ebensolcher Sicherheit brauchte ich auch dieses Ritual, und offenbar kann eine solche «Zauberwirkung» schon in einem einzigen Wort liegen. Denken Sie nur an «Rumpelstilzchen!» Ein einziges Wort der Erkenntnis – der richtige Name, ausgesprochen –, und das Kind ist gerettet.

Oder vom Baalschem heißt es, daß er der «Meister des Namens» genannt wurde, «weil er den geheimen vollen Gottesnamen kannte und so auszusprechen verstand, daß er mit seiner Hilfe die seltsamsten Dinge wirkte, insbesondere aber Menschen an Leib und Seele heilte» (Martin Buber, «Die Erzählungen der Chassidim», S. 114). Und Buber fügt hinzu: «Wunder, das man erzählt, wird von neuem mächtig. Kraft, die einst wirkte, pflanzt im lebendigen Worte sich fort und wirkt noch nach Generationen.» (S. 5f)

In diesen Zusammenhang gehört auch die folgende Geschichte:

Der Rižiner Rabbi erzählte: «Als der heilige Baalschemtow einst das Leben eines todkranken Knaben retten wollte, hieß er ein reines Wachslicht gießen, nahm es in den Wald, heftete es an einen Baum und entzündete es. Dann sprach er einen langen Spruch. Das Licht brannte die ganze Nacht. Am Morgen war der Knabe genesen.

Als mein Ahn, der große Maggid, der Schüler des heiligen Baalschemtow, eine ebensolche Handlung bewirken wollte, wußte er die geheime Spannung des Spruches nicht. Er tat, was sein Meister getan hatte, und rief dessen Namen an. Das Werk geriet.

Als Rabbi Mosche Löb von Sasow, der Schülersschüler des großen Maggid, eine ebensolche Heilung bewirken wollte, sprach er: ‹Wir haben nicht mehr die Kraft, es auch nur zu tun. Aber *erzählen* will ich die Begebenheit, und Gott wird helfen.› Und das Werk geriet.»

(Martin Buber, S. 543; die Kursivierung stammt von mir.)

Wir vermögen nur ahnungsweise zu erfassen, was für ein Erzählen das gewesen ist, aber in diesem ahnungsweisen Erfassen erscheint es uns nicht mehr ganz unverständlich, wenn Andrej Sinjawskij in seiner Darstellung vom russischen Volksglauben schreibt: «Man weiß, daß viele Völker Sibiriens noch bis vor kurzem während der Jagd Märchen erzählten, um den Herrn des Waldes günstig zu stimmen» (S. 98f).

Hier stellen sich Fragen über Fragen, und es eröffnet sich ein unermeßliches Gebiet für unser Nachsinnen und Nachforschen.

Dagegen ist es uns in diesem Zusammenhang recht schnell verständlich, daß das Aussprechen belastender, leidvoller, mitunter lange verschwiegener und verkrusteter Begebenheiten Erleichterung bringt, Erlösung und Befreiung. In Gegenwart aktiv zuhörender Teilnehmer und im Vertrauen auf sie kann sich ein Erzähler dazu überwinden, schlimme Erlebnisse innerlich loszulassen, sie zu erzählen und damit zu verarbeiten und neu zu fassen. So kann Erzählen heilen, und daher ist es nicht nur in der Therapie ein wichtiges Anliegen, den leidenden Menschen zum Erzählen zu bringen.

Erzählen aus der Betroffenheit

«Die wahren Krankheiten, das sind unsere offenen Erlebnisse ..., die unabgeschlossenen Erfahrungen, gegen die es nur eine Therapie zu geben scheint: sie durch Erzählen unschädlich zu machen.»
Siegfried Lenz: «Das Vorbild»

Bei Walter Benjamin heißt es: «Die Erzählung, die der Kranke am Beginn der Behandlung dem Arzte macht, [kann] zum Anfang eines Heilprozesses werden [...] Und so entsteht die Frage, ob nicht die Erzählung das rechte Klima und die günstigste Bedingung manch einer Heilung bilden mag. Ja, ob nicht jede Krankheit heilbar wäre, wenn sie nur weit genug – bis an die Mündung – sich auf dem Strome des Erzählens verflößen ließe? Bedenkt man, wie der Schmerz ein Staudamm ist, der der Erzählströmung widersteht, so sieht man klar, daß er durchbrochen wird, wo ihr Gefälle stark genug wird.»

Da der Erzählströmung oft Staudämme und Blockierungen «widerstehen», ist es notwendig, diese zunächst ausfindig zu machen. Die Hilfen dazu sind uns teilweise schon bekannt. Es sind wieder die schöpferischen und die spielerischen Tätigkeiten, die uns innerlich so beweglich machen, daß unser Erzählen ins Fließen kommt und die Schwierigkeiten und schmerzvollen Blockaden mit in diesen Fluß geraten. Sie erhalten damit die Chance, sich aufzulösen oder in neue Sichtweisen, in neue Zusammenhänge unserer jetzigen Lebensprozesse integriert zu werden. Mitunter befruchten sie diese nun sogar.

Erinnern wir uns unter diesem Aspekt noch einmal an die schöpferischen Hilfsmittel, die wir bereits an anderer Stelle fürs Erzählen kennenlernten, ans Zeichnen, ans Puppenspiel und überhaupt an das Spiel.

Die Zeichnung

Die Zeichnung «erzählt» und «gestaltet neu»: Violet Oaklander läßt Kinder zeichnen, weil diese dabei in die Lage kommen, die belastenden Erlebnisse ihres Lebens zu erzählen. Dieser Ansatz stammt aus der Gestalt-Therapie und geht davon aus, daß sich sowohl in Geschichten als auch in allen anderen «Äußerungen», besonders deutlich in Zeichnungen, das Ich des Betreffenden ausspricht. Fast an jeder beliebigen Stelle einer solchen Äußerung ist eine Möglichkeit zur Nachfrage gegeben, die schließlich alle wesentlichen Gedanken, Gefühle und Perspektiven – auch die unbewußten – zutage fördert. Diese Botschaften vermitteln schließlich auch ihrem Autor hilfreiche Erkenntnisse über sich selbst und leiten damit heilsame Prozesse ein. Violet Oaklander fordert das Kind zum Beispiel auf, zu erzählen, welche Erfahrungen es beim Zeichnen gemacht hat und was die Zeichnung darstellt. Sie läßt es sodann auf einzelne Teile näher eingehen und das Bild so beschreiben, als stellte es das Ich seines Herstellers dar. Wenn rote Linien über das Blatt führen, heißt es also: «überall auf mir sind rote Linien». Das Kind kann sich im nächsten Schritt mit Einzelteilen nach seiner Wahl identifizieren. Fragen, die die Identifizierung unterstützen, könnten sein: Was tust du? Wer benutzt dich? Zu wem hast du ein besseres Verhältnis? Was denkt dieser Teil, zum Beispiel der Kreis, gerade? Was wird mit ihm geschehen?

Im folgenden kann dann ein Gespräch zwischen zwei Dingen, Farben oder Teilen angeregt werden, zum Beispiel zwischen Straße und Auto, zwischen dem Grün und dem Schwarz oder der glücklichen und der traurigen Seite eines Bildes. Das Kind erzählt selbst, was die besonderen Auffälligkeiten, zum Beispiel die leuchtenden Farben, bedeuten.

Diese Methode richtet sich vor allem auf die Arbeit mit Kindern, sie ist aber ebenso bei Erwachsenen anwendbar. Auch sie entdecken in ihren Bildern und Bild-Ausschnitten eigene Anteile und beginnen plötzlich, wichtige und vorher so nicht erkannte Zusammenhänge zu erzählen. Ich habe erlebt, wie einmal ein junger Mann in seinem Bild eine Eisenbahnlandschaft darstellte. Auf die Frage, an welcher Stelle des Bildes er sich selber am wohlsten fühlte, zeigte er auf den Tunnel. Von dort aus könne er alles wahrnehmen, werde aber nicht von anderen gesehen. Nach und nach kam er ins Erzählen, wie er bereits als Kind ähnliche Plätze in der Wohnung aufsuchte, um einerseits an allem teilzuhaben, aber andererseits selber verborgen zu bleiben und der Konfrontation mit dem Vater aus Furcht vor Kränkungen zu entgehen. Er erzählte, gefühlsmäßig stark engagiert, immer ausführlicher, und schließlich sagte er aufatmend und verwundert, daß er dieses alles noch nie jemandem erzählt habe, ihm sei so viel klar geworden, und er fühle sich jetzt wie befreit. Auf die Frage, ob er sich immer noch im Tunnel befinde, vertauschte er vergnügt seinen bisherigen Lieblingsplatz mit einem neuen auf dem Bahnhof, mitten unter Menschen.

Die Puppe

Auch die Puppe ist uns als «Medium», als Erzähl-Mittel bereits bekannt. Sie hat wohl zu allen Zeiten ihre verzaubernde Kraft und Faszination auf Menschen ausgeübt. Dem Kind ist sie aus seinen ersten Lebensmonaten vertraut, stellt sie doch in der Regel eines seiner ersten und liebsten Spielzeuge dar. Es hantiert mit ihr, identifiziert sich mit ihr und spricht durch sie die Gefühle und Bedürfnisse des eigenen «Ichs» aus. Schon im nächsten Augenblick kann sie zum «Du» und zum Partner werden. Das Kind unterhält sich mit ihr auf die Weise, wie es für es selbst im Augenblick stimmt. In jedem Fall kann es mit Hilfe der Puppe in ihrer Menschenähnlichkeit und Ich-Nähe seine gesamte Erfahrungswelt erzählerisch verarbeiten. Dies ist von allergrößter Bedeutung, denn auf diese Weise lassen sich gestörte Beziehungsmuster erlebbar, erzählbar und veränderbar machen. Dabei kann die Puppe, ebenso wie die Zeichnung im vorigen Beispiel, ganz einfach sein. Wenn sie nämlich äußerlich wenig gestaltet und im Ausdruck wenig festgelegt ist, kann das Kind, gerade wegen der freilassenden Form, seine eigenen Vorstellungen in die Puppe hineinphantasieren. Sie ist dann wie eine Schmetterlingspuppe, die aus ihrem Inneren heraus viel mehr zu entfalten vermag, als sie auf den ersten Blick hin zum Ausdruck bringt.

Fotos von drei Puppen einer schwerkranken jungen Frau. Die erste Puppe ist die kummervolle Alte in Todesnähe, die zweite der hungrig dreinschauende 6–7jährige Knabe, und erst die dritte Puppe zeigt das etwa dreijährige Mädchen, das seine Herstellerin beglückte und von ihr das «Sonnenkind» genannt wurde. Mit diesem «Sonnenkind» war sie fortan wieder im Dialog verbunden, was sie als wesentliche Hilfe empfand.

Über die Puppe kann sich das Kind seinen Problemen und Konflikten zuwenden, es kann mit ihr sowohl in die Vergangenheit gehen als auch die ersten Schritte in das Neuland der Zukunft spielerisch erproben. Diese Brückenfunktion hält die Puppe auch für den Erwachsenen bereit. Meist führt sie ihn zunächst in die Regression. Mit dem Weg in die Kindheit eröffnet sie die Ressourcen seiner kindlichen Schöpferkraft und Freiheit. Besonders motivierend für diesen Weg ist es, wenn der Erwachsene seine Puppe selbst herstellt. Die selbst hergestellte Puppe ist ihrer Herstellerin beziehungsweise ihrem Hersteller immer erkennbar ähnlich und hat allein dadurch, meist überraschend, eine Menge mitzuteilen. Für alle Puppenhersteller ist es immer wieder ein überwältigendes Ereignis, wenn andere in den Raum kommen und nach kurzem Überlegen in der Lage sind, die auf einen Haufen gelegten Puppen ihren «Müttern» oder «Vätern» zuzuordnen. Leonardo da Vinci hat das so erklärt: «Die Seele ... bildet sich gerne selber ab. ... Ich glaube, es kommt daher, daß die Seele die Bildnerin ihres Körpers ist. Sie hat ihn nach ihrem Ebenbilde geschaffen. Wenn sie nun gezwungen wird, mit Hilfe von Farben und Pinsel einen neuen Körper zu schaffen, so reproduziert sie am liebsten das Bild, in das sie sich eingelebt hat» (zitiert nach Margarethe Hauschka, S. 42). Die von uns hergestellte Puppe erzählt uns also Wesentliches über uns selbst. Wenn sie ein leidvolles und altes Aussehen angenommen hat, spricht sich darin eine Geschichte aus, nämlich die Geschichte des Leidens. In solchem Fall kann es manchmal günstig sein, zusätzlich neuen Geschichten durch neue Puppen zur Äußerung zu verhelfen. Das bedeutet meist, noch weiter zurückzugehen bis in eine Zeit ohne Verletzungen. Dann ergibt sich erfahrungsgemäß die Möglichkeit, im nächsten Anlauf eine jüngere Puppe zu machen. Und: wenn wir eine jüngere und sonnigere Puppe herstellen, findet auch in uns eine innere Verjüngung statt, finden wir eine Quelle in uns. Und wie aus einem wirklichen Quell schöpfend, wird auch unser Erzählen farbiger, beweglicher und lebendiger. Neue Kräfte stehen wieder zur Verfügung.

Wenn wir nach Hilfsmitteln suchen, um Erzählbarrikaden, Verhärtungen und Blockaden zu lösen, kommen wir immer wieder auf das Spiel.

Das Spiel

Verhärtungen und Blockaden erkennt man daran, daß auch verhärtet erzählt wird. Die Erzählungen fließen nicht. Sie sind so starr, daß sie dem Erzählenden fast den Atem nehmen. Es entsteht auch keine eigentliche Erzählhaltung, die ja immer eine rezeptive, aufnehmende, dem Neuen und Intuitiven zugewandte sein sollte. Es fehlt jede Unbefangenheit und Beweglichkeit im Sich-Öffnen. Genauso gibt es keine Lebendigkeit, keine Widerrufbarkeit und eben auch kein Spiel. Zu der verfestigten Geschichte gehört, daß sie immer «so» bleiben soll, wie sie nun einmal ist. Verändern würde bedeuten, Vertrauen in etwas Neues zu setzen und den Mut zu haben, dieses Risiko einzugehen. Bereits die Mit*teil*ung wäre ein Risiko, wenn wir unter Mit*teilen* die Bereitschaft verstehen, Erfahrungen mit anderen zu teilen. Ein solcher Teil«nehmer» könnte sich schließlich etwas, nämlich einen «Teil», nehmen, und schon dadurch würde sich die Geschichte verändern.

In manchen Beziehungen kann erlebt werden, daß bereits durch die Partnerwahl von vornherein ausgeschlossen wird, daß der Partner je ein wirklicher Teilnehmer oder sogar Teilhaber werden kann. Das Risiko eines Teilens wäre zu bedrohlich. Es würde eine Veränderung abverlangen, für die der Mut fehlt. Der Partner wird so ausgesucht, daß zum Beispiel seine Befähigung zur echten Anteilnahme nicht ausreicht. Damit sind die Verfestigungen des anderen geschützt. Es gibt keine Kommunion von Herzensmitteilungen, kein wirkliches freies Erzählen und keine Veränderungen. Die Geschichten bleiben ungeteilt im persönlichen «Besitz», verknotet und immer so, wie ihr «Besitzer» es – unbewußt – ein für allemal bestimmt hat.

Das Spiel kann hier durch die seinem Wesen eigene Beweglichkeit zur Auflockerung beitragen. Deshalb sollte ein Therapeut soweit wie möglich und so oft wie möglich spielerische Elemente einbeziehen, selber spielen, um die Verfestigungen aufzulösen. Für Donald W. Winnicott geschieht Psychotherapie dort, «wo zwei Bereiche des Spielens sich überschneiden, der des Patienten und der des Therapeuten». Und weiter heißt es bei ihm: «Psychotherapie hat mit zwei Menschen zu tun, die miteinander spielen. Hieraus folgt, daß die Arbeit des Therapeuten dort, wo Spiel nicht möglich ist, darauf ausgerichtet ist, den Patienten aus einem Zustand, in dem er nicht spielen kann, in einen Zustand zu bringen, in dem er zu spielen imstande ist» (1973, S. 49). Oder Peter Schellenbaum: «Mit tief verwundeten Menschen, die nicht spielen konnten, ist es wichtig, in der Therapie zunächst kleine, dann immer größere Freiräume für Spiele zu erschließen. Ich greife zum Beispiel ein Wort des Klienten auf, spiele mit ihm und werfe es zurück, ohne Sinn und Ziel. Wenn er dann merkt, daß das Sinnlose Freude macht, wird es sinnvoll, sich auch mit den Problemen zu beschäftigen, derentwegen er in der Therapie ist» (S. 61).

So kann eine heilende Arbeit mit kleinen Wortspielen beginnen, um dann allmählich immer größere Zusammenhänge frei und spielerisch zu bewegen.

In diesem Prozeß hat auch das provozierende Kombinieren und Spielen mit unwirklichen und phantastischen Elementen seinen Stellenwert. Gerhard Haas geht davon aus, daß die unwirklichen phantastischen Elemente von den Zwängen eines in der Rationalität festgezurrten Bewußtseins befreien und neue Wahrnehmungsfrische schenken, überhaupt erst einmal einen Freiraum für das Nutzlose, Zweckfreie und schließlich einen neuen Gestaltungsraum.

Ein solches Erzählen – mit phantastischen Einschüben – ermöglicht oft einen Ausgleich für verweigerte reale Wünsche und Vorstellungen, beziehungsweise schafft es das Freisetzen von unterdrückten Impulsen oder das Abschwächen angstbesetzter Realereignisse.

Für erfundene Wesen und vermenschlichte Tierrollen lassen sich in erfundenen Geschichten bestimmte Verhaltensweisen schärfer und andererseits einfacher herausarbeiten. So kann das Phantastische einen Schonraum bieten, in dem neue Wege und Umgestaltungen entworfen und spielerisch probiert, eventuell im nächsten Schritt sogar für die Realität und manchmal für eine ganzheitlichere Lebensauffassung zugeschnitten werden.

Jedes Spiel mit phantastischen Elementen kann sich wieder sowohl assoziiert als auch dissoziiert vollziehen oder auch zwischen beiden Erlebnisebenen wechseln. Den Umgang mit diesen beiden Erlebnis- und Erzählebenen bestimmt der Therapeut oder die Bezugsperson. Ein Kind zum Beispiel würde dieser folgen und sich identifizieren oder distanzieren, je nachdem, wie diese es führt. Selbst wenn sie in der dritten Person erzählt, innerlich und gefühlsmäßig aber mit einem Geschehen oder spielerisch mit einem Gegenstand assoziiert ist, spürt das Kind dies und wird sich ebenfalls in die assoziierte Situation hineinbegeben.

Auch das umgekehrte Verhältnis ist denkbar, daß die Bezugsperson ihren Spielgegenstand zwar in der Ich-Form sprechen läßt, sich jedoch wie in einem Dialog selber dissoziiert verhält, das heißt: ihr eigenes Ich in der Distanz zur Handlung behauptet. Dann wird auch das Kind dies tun, nämlich mit dem Erzähler oder der Erzählerin zusammen alles aus dem Abstand erleben. Diese Prozesse von Assoziierung und Dissoziierung sind außerordentlich wichtig und lassen sich, auch bei Erwachsenen, gezielt einsetzen. Jedes Gefühl wird schwächer, wenn wir Abstand von ihm gewinnen. Und es wird stärker und lebendiger, wenn es uns gelingt, uns assoziiert in dieses hineinzuversetzen.

Je nachdem also, was gerade für notwendig befunden wird, kann zur Dissoziierung oder Assoziierung angeregt werden. Wird ein solches

Sehnsucht nach Assoziierung: Eine Handarbeitslehrerin hatte in ihrer Klasse das Marionettenspiel von Schneeweißchen und Rosenrot aufgeführt. Anschließend sagte Hannes (sieben Jahre alt und durch die Scheidung seiner Eltern innerlich so verletzt, wie er es gar nicht aussprechen konnte): «In *dem* Häuschen möchte ich wohnen –» (in dem von Schneeweißchen und Rosenrot). Darauf seine clevere Mitschülerin: «Hannes, dazu bist du viel zu groß!» Hannes versucht es noch einmal: «Aber als ich ganz klein war, als ich gerade geboren war, da könnte ich in dem Häuschen wohnen.» Wieder Birgit: «Nein, Hannes, auch damals warst du schon viel zu groß!» – Die Lehrerin schaltet sich ein: «Hannes, du kannst dir aber einfach *vorstellen*, daß du in dem Häuschen lebst.» Jetzt ist Hannes wie erlöst.

Spiel abgebrochen und nach dem weiteren Fortgang der Handlung gefragt, läßt sich aus den Erzählvorschlägen des Zuhörenden dessen Erlebnisebene unschwer erkennen.

Zum Dissoziieren und Assoziieren noch zwei weitere Übungen.

98. Übung:
Assoziieren und Dissoziieren II

Die Handpuppe eines Kindes als Stehpuppe mit Wolle ausstopfen, damit sie wie im Tischtheater (dissoziiert) geführt werden kann.

Jetzt erzählen Sie *dissoziiert – in der dritten Person* –, wie die Puppe sich verlaufen hat und bei verschiedenen anderen Wesen fragt, wie sie nach Hause kommen kann. Die Wesen geben jeweils Antworten aus ihrer Sicht. Einige denken bei der Frage nach dem Zuhause nur an ihr eigenes Zuhause und führen die Puppe dorthin. Für den Kochlöffel ist das eine Schublade, für den Bleistift ein Etui. Andere machen Vorschläge, wo dieses Zuhause sein könnte. Vielleicht auf dem Sofa, unter dem Schrank – die Puppe befolgt alle Ratschläge und ist jedesmal entsetzlich enttäuscht.

Jetzt muß es ein Wesen, vielleicht ein Hündchen, geben, das ihr ihren richtigen Weg zeigen kann: Ihr wirkliches Zuhause ist das Kind, dem sie gehört. Der wirkliche Heimweg wird jetzt *assoziiert* erzählt. Dazu nehmen Sie die Wollfüllung aus der Puppe und spielen mit ihr als Handpuppe weiter. Von jetzt an spricht die Puppe *in der Ich-Form*. Die Heimkehr wird distanzlos und kuschelig gestaltet. «Was bin ich froh, daß ich wieder bei dir (der Puppenmutter oder dem Puppenvater) zu Hause bin!» Und als Bestätigung müßte jetzt ebenso die Freude der Puppenmutter oder des -vaters sichtbar werden. •

99. Übung:
Assoziieren und Dissoziieren III

Erzählen Sie *dissoziiert* und in der dritten Person etwas über die Herkunft eines beliebigen Gegenstandes, vielleicht über einen Stein: Wo er gefunden wurde, wo er früher einmal war, wie er aussieht und woran er erinnert.

Im *assoziierten* Erzählen spricht der Stein selbst, erzählt von dem Gebirge, aus dem er kam, was er dort erlebte: «Ich wurde vom Wasser fortgespült und fiel tief herunter von einem Felsen. Plötzlich lag ich im Moos in der warmen Sonne…» und so weiter. •

Der Zuhörer antwortet mit einer Geschichte
Oder: Therapeutische Geschichten

Unglaublich wirksam kann es sein, wenn Geschichten in einem bestimmten Fall das Angebot zum Miterleben und Weiterdenken machen. Berühmt sind in diesem Zusammenhang die Lehrgeschichten von Milton H. Erickson oder von Bert Hellinger. Auch von Nossrat Peseschkian gibt es eine Zusammenstellung solcher Erzählungen unter dem Titel: «Der Kaufmann und der Papagei». Für Peseschkian sind Geschichten wie Medikamente: «Zum richtigen Zeitpunkt in der richtigen Form angewandt, kann eine Geschichte zum Angelpunkt des therapeutischen Bemühens werden und Einstellungs- und Verhaltensänderungen einleiten» (S. 8). Solche Geschichten waren schon immer ein Element der Volkspsychologie, die sich seelischer Konflikte annahm, lange bevor die Psychotherapie eine wissenschaftliche Disziplin wurde. Jede Erzählung hat schließlich eine bestimmte Wirkung, wenn in ihr der eigene Konflikt wiedererkannt wird. In dieser Situation der emotionalen Betroffenheit einerseits und der Distanz andererseits, denn es handelt sich ja in der Erzählung um jemand anderen, ist die Chance für eine Lösung gegeben. Es ist wie in der Geschichte von dem Papagei, der sein Problem durch die Tatsache lösen kann, daß er einen Leidensgefährten gefunden zu haben meint und in größter Erregung seinen Kummer nun mit Worten benennen kann – selbst wenn er den echten Durchblick nicht hat und letztlich einem Mißverständnis erliegt. Darauf kommt es nicht an, aber er findet die für ihn klärenden Worte und ist damit von seiner Sprachlosigkeit geheilt.

«Ein orientalischer Kaufmann besaß einen Papagei. Eines Tages stieß der Vogel eine Ölflasche um. Der Kaufmann geriet in Zorn und schlug den Papagei mit einem Prügel auf den Hinterkopf. Seit dieser Zeit konnte der Papagei, der sich vorher sehr intelligent gezeigt hatte, nicht mehr sprechen. Er verlor die Federn auf dem Schädel und wurde bald ein Kahlkopf. Eines Tages, als er auf dem Regal im Geschäft seines Herrn saß, betrat ein glatzköpfiger Kunde den Laden. Sein Anblick versetzte den Papagei in höchste Erregung. Flügelschlagend sprang er umher, krächzte und fand schließlich zur Überraschung aller seine Sprache wieder: ‹Hast du auch die Ölflasche heruntergeworfen und einen Schlag auf den Hinterkopf bekommen, so daß du nun keine Haare mehr hast?›»

(N. Peseschkian, a. a.O., aus dem Vorwort)

Daß Geschichten-Erzählen eine heilende Kraft hat, wußte offenbar auch Scheherezade. Schließlich heilte sie durch ihre «Tausend und eine Nacht»-Geschichten den König von seinem Tötungswahn. Wirklich durch das Erzählen ihrer Geschichten, und zwar das mündliche. Sie sagte nicht etwa: «‹O mein Gemahl, ich habe dir als Hochzeitsgeschenk ein schönes Märchenbuch mitgebracht, lies noch ein wenig darin, daß du besser schlafen kannst!›» (So Rudolf Geiger in seiner Dankrede beim Empfang des Kahn-Preises.)

Manchmal kommt es bei therapeutischen Geschichten auch nur darauf an, fixierte Muster dadurch aufzulösen, daß man für diese oder überhaupt für irgendein Unglück einen neuen Rahmen findet, ein sogenanntes «Reframing» bewirkt. Plötzlich wird alles ganz anders gesehen. Solch ein Rahmen kann manchmal ein neuer Zusammenhang für ein Geschehen sein, eine «mächtigere» Geschichte. Oder wenn ein bestimmtes Ereignis selbst nicht verändert werden kann, so kann es doch durch einen veränderten Blickwinkel oder eine veränderte innere Einstellung in einem neuen Licht erscheinen. Die folgende Geschichte aus dem Volksgut ist solch eine Lehrgeschichte, die deutlich macht, wie ein und derselbe Sachverhalt immer mindestens zwei Seiten hat:

Wer weiß, wozu es gut ist ...

Es war einmal ein Bauer, der hatte eine herrliche Stute. Die Nachbarn sagten: «Du hast ein Glück!» – «O ja», sagte der Bauer. «Nun ja, wie man's nimmt...»

Eines Tages, der Bauernhof lag am Rande der Steppe, konnte die Stute über eine schadhafte Stelle im Zaun setzen. Fort war sie. «Du hast ein Pech!» sagten die Nachbarn. «Ja», sagte der Bauer. «Nun ja, wie man's nimmt...»

Nachdem einige Tage vergangen waren, kehrte die Stute zurück, einen wundervollen Hengst an ihrer Seite. «Du hast ein Glück!» sagten die Nachbarn. «O ja», sagte der Bauer. «Nun ja, wie man's nimmt...»

Der Hengst mußte zugeritten werden, und der einzige Sohn des Bauern machte sich an diese Arbeit. Der Sohn war ein ausgezeichneter Reiter, aber der Hengst war wild, er warf den Sohn ab, und der stürzte so unglücklich, daß er das Bein brach, wochenlang nicht arbeiten konnte und einen Gehfehler zurückbehielt. «Du hast ein Pech!» sagten die Nachbarn. «Ach ja», sagte der Bauer. «Nun, wie man's nimmt...»

Wieder nach einiger Zeit wurde zum Krieg getrommelt. Die jungen Burschen im Dorf wurden eingezogen, einzig der Sohn des Bauern blieb seines Leidens wegen verschont. «Du hast ein Glück!» sagten die Nachbarn. «O ja», sagte der Bauer. «Nun ja, wie man's nimmt...»

Die Geschichte läßt sich fortsetzen.

Es besteht wohl grundsätzlich die Gefahr, daß wir nach den Ereignissen, die uns begegnen, Urteile über unser ganzes Leben fällen und so innere Landkarten entstehen lassen, nach denen wir uns in Zukunft orientieren, auch dann noch, wenn sich die Umwelt längst verändert hat. Noch schlimmer wird es, wenn wir auch die neuen Ereignisse unseres Lebens in unsere alten Urteile / Landkarten einreihen und die fehlenden Zwischenglieder durch eigens gebildete Kausalzusammenhänge zementieren, so als seien auch sie unumstößliche Wirklichkeit. Die gesamte Geschichte ist ziemlich verknotet und führt nicht selten zu negativen Einstellungen wie Verbitterung, Vereinsamung, Krankheit, Verzweiflung und Resignation. Ein solcher Zustand wird vertraute Gewohnheit, und alle Angebote zu Veränderungen und Auflösungen flößen zunächst eher Angst ein, eben weil Gewohnheitsmuster aufgegeben werden müßten. Neue Geschichten können darum meist erst dann angenommen werden, wenn in ihnen die besseren Muster zu erkennen sind.

Ein eindrucksvolles Beispiel für das Auflösen von Mustern liefert die Geschichte, die Gioconda Belli in ihrem Buch «Tochter des Vulkan» erzählt: «Kinder werden von Eltern verstoßen» lautet in dieser Geschichte der unumstößlich festzementierte Satz, den sich die Hauptperson aufgrund bestimmter Lebenserfahrungen (und ihrer eigenen Interpretation!) zu eigen gemacht hat und der nun fast das ganze Geschehen des Buches beherrscht. Das angeblich verstoßene Kind läßt sich, da es sich an den Eltern, die verschollen sind, nicht rächen kann, stellvertretend an anderen Bezugspersonen aggressiv aus. Es praktiziert dieses Verhalten in drastischer Weise weit ins Erwachsenenalter hinein, bis es die erlösende Erfahrung macht, daß das eigene geliebte Kind «einfach nur so» auf einem Jahrmarkt verlorengeht. Zum Glück geschieht dies nur für wenige Stunden, aber sie reichen aus für die entscheidende Erkenntnis, daß sich alles immer auch ganz anders zugetragen haben kann, und die lange gehegte eigene Vorannahme kann endlich revidiert werden zugunsten eines neuen realitätsgerechteren Verhaltens.

Nachdem jetzt das therapeutische Erzählen näher beleuchtet worden ist, muß noch hinzugefügt werden, daß dies zwar ein fachlich geprägtes ist, weil ja der Therapeut sein geschultes sprachliches Verhalten einbringt, jedoch wird – gerade dann, wenn die Prozesse günstig verlaufen – festzustellen sein, daß auch er dabei Wichtiges lernt. Denn wenn es gelingt, durch Erzählen fixierte Muster aufzulösen und zu den *eigentlichen* Möglichkeiten durchzukommen, dann ist das jedesmal ein so starkes Erlebnis, daß *jeder* davon berührt wird und sich von seinen eigenen Klischees – wer hätte diese nicht? – eben auch wieder ein Stück weit lösen kann. So kann im Erzählen immer wieder eine beglückende Basis für ein gemeinsames Lernen entstehen.

Das Schlußkapitel heißt «Geschichten als Geschenke». Die Geschichten, um die es dort geht, stehen nicht mehr unbedingt im therapeutischen Zusammenhang, könnten diesem aber ebenfalls dienen. Sie wären dann, nachdem Knoten und erstarrte Muster, von denen eben die Rede war, gelöst sind, die aufleuchtenden Bilder von den verlockenden neuen Möglichkeiten des Lebens.

Geschichten als Geschenke

Geschichten für dich und für mich

In diesen besonderen Geschichten geht es um neue Muster und neue Möglichkeiten des Lebens. Deshalb nenne ich diese Geschichten «Geschenke», weil man sich über sie so freuen kann wie über ein Geburtstagsgeschenk.

Von wem bekommt man solche Geschichten geschenkt? Von einem Erzähler, der einen gut kennt und weiß, was man sich «eigentlich», aus seinem eigentlichen innersten Wesen heraus, wünscht. Und wenn der Erzähler sich in solchem Erzählen von Geschenk-Geschichten noch nicht ganz sicher fühlt, dann kann er sich einen zweiten Erzähler dazunehmen, mit dem er im Wechsel erzählt, so daß, wenn ihm nichts mehr einfällt, der andere weitererzählt.

Was müssen wir von jemand wissen, um ihm «seine» Geschichte zu erzählen, die Geschichte, die für ihn ein Geschenk bedeutet? Ideal ist, wenn wir seinen Zielsatz aus der Symbol- oder «Schatzsuche» kennen und eine Vorstellung von dem haben, was er für sich erhofft oder was er besonders liebt, welche Bilder, welche Landschaften, welche Tätigkeiten. Auch Wunschvorstellungen, Quellen und Zugangssysteme können wichtig sein.

Wenn diese Dinge in Erfahrung gebracht oder vergegenwärtigt sind, bereitet der Erzähler – oder bereiten beide Erzähler – zusammen die Geschichte vor. Zuerst erstellen sie eine Skizze aus allen bekannten Einzelheiten und zeichnen einfach auf, was sie über die Lieblingsbegriffe des Zuhörers erfahren konnten. Zu diesen Skizzierungen erfinden sie, ohne schon an den künftigen Zuhörer zu denken, stichwortartig eine Geschichte mit Anfang und Ende.

Ist dieser ungefähre Erzählplan fertig, gibt es jetzt für das Erzählen einiges zu beachten. Das wichtigste ist, sich zu vergegenwärtigen, daß es in dieser Geschichte um den Zuhörer geht, und zwar allein und ausschließlich und konsequent *nur* um diesen. Er soll die Geschichte als Geschenk empfinden. Eine solche Geschichte kann der Erzähler daher nur im Umriß planen. Er muß während des Erzählens bereit sein, sie auch wieder zu verändern, je nachdem, welche Reaktionen er bei dem Zuhörer während des Erzählens wahrnimmt. Er darf nur so lange nach seinem vorgefaßten Plan erzählen, wie er der Zustimmung seines Zuhörers gewiß ist und an dessen Verhalten auch ablesen kann, daß die Geschichte ihm wirklich Freude macht. Nimmt der Erzähler dagegen gegenteilige Anzeichen wahr, muß er seine ursprüngliche Idee trotz aller sorgfältigen Vorausplanung opfern. (Wie die Frosch-Frau im russischen Märchen, die ja ebenfalls ihren vorbereiteten Stoff «opfert», indem sie ihn in kleine Fetzen schneidet, die Fenster weit öffnet und den Winden alles zum geistesgegenwärtigen Neuzusammensetzen überläßt.) Denn die Spielregel heißt bei dieser Art des Erzählens durchgängig: Der Zuhörer ist wichtiger als der geplante Entwurf einer Geschichte.

Erzählt wird in der Form der Phantasiereise, das heißt, der Erzähler erzählt so offen und unspezifisch, daß der Zuhörer genügend Raum findet, um sich in der Geschichte nach seinen individuellen Vorstellungen zu bewegen, und er gestaltet die Geschichte sofort um, wenn sie für den Zuhörer nicht mehr zu stimmen scheint, und zwar so lange, bis sie wieder stimmt. Nur wenn der Erzähler die Bereitschaft für ein solches Loslassen und rezeptives Offensein aufbringt, hat er die Geistesgegenwart, die Geschichte ganz aus dem Augenblick, aus der Wahrnehmung des Zuhörers heraus, zu erzählen. Es ist nicht wichtig, daß die Geschichte schnell und folgerichtig zum Ziel geführt wird, vielmehr ist es empfehlenswert, Stellen, die sich als wohltuend für den Zuhörer erweisen, zu wiederholen, in ihnen zu verweilen, auch wieder zu ihnen zurückzukehren, damit dort Erholung oder Kräfte geschöpft werden können. *Geschichten als Geschenke sind Ausdruck sozialer Zärtlichkeit.*

Als ich in einem Kommunikationsseminar bei Gundl Kutschera zum erstenmal mit einer anderen Teilnehmerin zusammen einem Teilnehmer eine solche Geschichte erzählen wollte, wußten wir von diesem Teilnehmer nur, daß *Freiheit* und *Geborgenheit* seine Lieblingsbegriffe waren. In unserer kurzen Vorbereitung beschlossen wir, ihm eine Vogelgeschichte zu erzählen, bei der er zuerst die Freiheit im Fliegen und dann die Geborgenheit im Nest erleben konnte. So ließen wir zu Beginn einen starken Greifvogel sich hoch in die Lüfte begeben. Er flog weit in das Land hinaus, über das Gebirge und über das Meer, spürte, wie der Wind ihn trug, und er spürte die Freiheit.

Wir nahmen uns Zeit, die Gefühle der Freiheit erzählerisch zu gestalten, immer in Form eines offenen, unspezifischen Angebotes: die Weite, die Leichtigkeit, die Schnelligkeit, die unendlichen Möglichkeiten.

Ab und zu machten wir Pausen und wechselten uns im Erzählen

ab. Unser Zuhörer zeigte einen entspannten und erfreuten Gesichtsausdruck, war offensichtlich glücklich und genoß das Freiheitsgefühl.

Nach einiger Zeit fanden wir, daß es nun genug war mit der Freiheit, daß nun die Geborgenheit zu ihrem Recht kommen müsse, und so ließen wir den Vogel in der Abendstimmung um sein Nest kreisen und sich schließlich dort ausruhen. Augenblicklich und unverkennbar veränderte unser Zuhörer seine Mimik – es war nur noch Enttäuschung in seinem Gesicht zu lesen. Wir Erzähler warfen uns zur Verständigung einen Blick zu, dann ließen wir den Vogel vom Nestrand aus wieder fliegen. Wieder brachte das Erlebnis der Freiheit erfreute und gelöste Gesichtszüge.

Wir erzählten nun alles, was uns zu dem Thema «Vogel in Freiheit» einfiel. Als wir am Ende waren, kam wieder die Landung im Nest. Wieder mit dem gleichen Ergebnis. Also opferten wir die «Geborgenheit» vollends und ließen den Vogel erneut fliegen und von nun an nur noch fliegen und lange Zeit seine Freiheit auskosten und schlossen mit: «Und wenn er nicht gestorben ist, dann fliegt er heute noch.»

Unser Zuhörer schaute uns erholt an wie nach einem langen guten Traum.

In der Nachbesprechung erkannte er, daß das mit der Geborgenheit eigentlich eine alte Vorstellung von ihm war, die er inzwischen innerlich hinter sich gelassen hatte. In Wirklichkeit wollte er nur noch Freiheit. Und so hatten Erzähler und Zuhörer bei dieser Übung Wesentliches gelernt.

Wird wirklich so erzählt, daß dem Zuhörer mit der Geschichte ein Geschenk gemacht wird, eröffnen sich diesem unter Umständen neue Zugänge zu sich selbst und zu seinen Mitmenschen. Und am Schluß weiß man meist nicht mehr, wer am meisten beschenkt ist, der Zuhörer oder der Erzähler.

100. Übung:
Eine Geschichte als Geschenk

Aus der vorhergehenden Beschreibung sind dic Bedingungen für diese Erzählweise deutlich geworden.

Führen Sie diese Übung jetzt selbst durch, indem Sie Ihrem Partner, einem Kind, einem kranken Menschen oder jemandem, dem Sie eine Freude machen wollen, eine Geschichte als Geschenk erzählen.

Gehen Sie immer davon aus, daß diese Erzählungen Geschenke sind, die der Mensch mit nach Hause nimmt, die ihn nach Hause führen, das heißt, zu sich selbst. •

Geschichten als Geschenke gab es auch in früheren Zeiten: Nämlich in der folgenden Weise pflegte Frau Rat Goethe ihrem Wolfgang die Märchen zu erzählen: «Da saß ich, und da verschlang er mich bald mit seinen großen schwarzen Augen, und wenn das Schicksal irgend eines Lieblings nicht recht nach seinem Sinn ging, da sah ich wie die Zornader an der Stirn schwoll und wie er die Tränen verbiß. Manchmal griff er ein und sagte noch eh ich meine Wendung genommen hatte: ‹Nicht wahr, Mutter, die Prinzessin heiratet nicht den verdammten Schneider, wenn er auch den Riesen totschlägt;› wenn ich nun Halt machte und die Katastrophe auf den nächsten Abend verschob, so konnte ich sicher sein, daß er bis dahin alles zurecht gerückt hatte, und so ward mir denn meine Einbildungskraft, wo sie nicht mehr zureichte, häufig durch die seine ersetzt. Wenn ich denn am nächsten Abend die Schicksalsfäden nach seiner Angabe weiter lenkte und sagte: ‹Du hasts geraten, so ists gekommen,› da war er Feuer und Flamme, und man konnte sein Herzchen unter der Halskrause schlagen sehen. Der Großmutter, die im Hinterhause wohnte und deren Liebling er war, vertraute er nun allemal seine Ansichten, wie es mit der Erzählung wohl noch werde, und von dieser erfuhr ich, wie ich seinen Wünschen gemäß weiter im Text kommen solle, und so war ein geheimes diplomatisches Treiben zwischen uns, das keiner an den anderen verriet; so hatte ich die Satisfaktion zum Genuß und Erstaunen der Zuhörenden, meine Märchen vorzutragen, und der Wolfgang, ohne je sich als den Urheber aller merkwürdigen Ereignisse zu bekennen, sah mit glühenden

Es folgen zum Abschluß zwei Beispiele für «geschenkte Geschichten». Diese werden hier unverändert wiedergegeben. Sie wurden nach dem Erzählen aufgeschrieben, die erste Geschichte von der Zuhörerin, der die Geschichte erzählt wurde, die zweite von den beiden Erzählern.

Beide Geschichten stammen aus der Erwachsenenarbeit. Für Kinder sind die entsprechenden Übungen sehr viel einfacher auszuführen, da Kinder ihre Reaktionen, ihr Gefallen oder Mißfallen, unverstellt und viel sinnenfälliger zum Ausdruck bringen als wir Erwachsenen.

Erste Geschichte

Ein Märchen als Geschenk für eine Frau, die sich mit dem Bild der aufgehenden Sonne und dem Begriff «Entwicklung» besonders verbunden fühlte.

Die Verwandlung

Es war einmal eine niedliche kleine Raupe. Sie saß auf einem großen Blatt in einem Lindenbaum und genoß das Leben. Es gab immer etwas zu beobachten, und immer war etwas los: Die Bienen summten geschäftig, Käfer und Ameisen liefen umher, als ob sie ganz genau wüßten, was sie zu tun hätten, die Sonne schien und wärmte den Pelz der kleinen Raupe. Das Leben war herrlich. Wenn sie Hunger hatte, nagte sie einfach an einem Lindenblatt, wenn sie müde war, ringelte sie sich zusammen und schlief.

Der Körper der kleinen Raupe war bedeckt mit langen, feinen Haaren, die wuschelig abstanden und zum Streicheln einluden.

Wenn sie ärgerlich war, stellte sie ihre Haare auf. Das sah dann aus, als ob sie stachelig wäre. Ihre Feinde ließen sie dann lieber in Ruhe.

Wenn am frühen Morgen die ersten Sonnenstrahlen die kleine Raupe berührten, reckte und streckte sie sich und ließ sich von der Sonne wärmen. Es roch so gut in diesem Lindenbaum, es summte und brummte... die kleine Raupe fühlte sich wohl.

Eines Tages merkte sie schon vor dem Erwachen, daß etwas anders war als sonst. Irgendwie...

Vorsichtig öffnete sie die Augen. Was sah sie da? Wo sonst ihre Spielkameraden mit ihr aufwachten, lagen längliche Körper, fest verpackt... ihr war ganz komisch zumute, wo waren ihre Freunde? Sie schaute umher, lauter verschnürte Bündel! Da, plötzlich bewegte sich eines! Schwupp und knack, die Hülle brach auseinander, und heraus kam ein weißer Schmetterling. Er setzte sich so, daß die kleine Raupe ihn genau beobachten konnte. Es verschlug ihr den Atem, als sie erkannte, daß aus diesen Bündeln Schmetterlinge wurden, die sie so liebte.

«Ach, könnte ich doch auch fliegen!» dachte die kleine Raupe, «und so schön sein, daß die Leute stehenbleiben, um mich zu sehen!»

Als sie es sich am Abend auf ihrem Lindenblatt gemütlich machte, um zu schlafen, merkte sie, daß heute etwas anders als sonst war. Irgendwie... «Ich werde langsam erwachsen», dachte sie und war nicht sicher, ob sie das schön finden sollte oder nicht.

Als sie eines Morgens von der Sonne geweckt wurde, wußte sie nicht, wo sie war. Etwas war anders... und als sie sich wie üblich recken und strecken wollte, ging das nicht. Oh weh, sie war verschnürt wie ein Postpaket! Sie machte sich in ihrer Umhüllung groß, drehte sich hin und her, und plötzlich brach die Umhüllung auf, die sie eingeengt hatte. Benommen von der Anstrengung, lag sie auf ihrem Lindenblatt. Ihr war so seltsam frei und leicht zumute, sie traute sich kaum, sich zu rühren, weil sie Angst hatte, daß dieses wunderbare Gefühl wieder verschwinden könnte. Nein, es blieb, und als sie versuchte, sich aufzurichten, da merkte sie, daß sie Flügel hatte, wunderschöne große Flügel mit großen Kreisen in bunten Farben. «Juchhu!» jauchzte sie, «ich bin ein Schmetterling!!!»

Dann flog sie – zuerst ganz vorsichtig – dann immer sicherer – der aufgehenden Sonne entgegen.

Augen der Erfüllung seiner kühn angelegten Pläne entgegen und begrüßte das Ausmalen derselben mit enthusiastischem Beifall.»
(Mutter Aja zu Bettina Brentano)

Zweite Geschichte
Die zweite Geschichte stammt aus der Arbeit einer Studentengruppe und ist für eine Frau bestimmt, die Erde, Sonne und Farben liebt:

Die Sonnenfrau
Vor langer Zeit – niemand weiß genau, wann es gewesen ist – erkannte die Sonne auf ihrer Bahn am Himmelszelt in sich den Wunsch, etwas Neues zu sehen und neue Erfahrungen zu machen. Jeden Tag konnte sie beobachten, daß die Welt sich unter ihr drehte, und es verlangte sie danach, sich mitzudrehen. Dinge, die sie bisher nur von oben betrachten konnte, wollte sie erleben. Sie wünschte sich, den Regenbogen von unten zu sehen, Gras unter ihren Füßen zu spüren, die Kühle des Meeres beim Eintauchen ins Wasser zu fühlen, die Süße der Früchte zu schmecken, die sie bisher nur anstrahlen durfte, und die klare Luft nach einem Sommerregen zu riechen.

Doch die Sonne wußte, daß sie am Himmel gebraucht wurde und daß sie nicht zu ersetzen war: Die Sterne, Planeten und Kometen waren auf ihre Sonnenstrahlen angewiesen, die ihnen ihre Bahnen erleuchteten. Und die Menschen, die Pflanzen und die Tiere auf der Erde brauchten ebenfalls Licht, um leben zu können.

Die Sonne nahm sich vor, auf ihrer täglichen Runde den Mond, die

Sterne, den Regenbogen und die Planeten zu fragen, ob sie vielleicht einmal für kurze Zeit auf die Erde gehen könne – doch auf ihrem Weg stellte sie die Frage nie, denn sie glaubte zu wissen, wie die Antwort ausfallen würde.

So wurde die Sonne rastlos und ungeduldig. Sie versuchte, ihre Unruhe vor sich selbst und anderen zu verbergen. Immer, wenn sie traurig wurde, zog sie sich Regenwolken vors Gesicht, damit niemand sie sehen konnte. Doch als die Regentage sich häuften, merkten schließlich alle, daß etwas mit der Sonne nicht stimmte.

Eines Tages fand die Sonne einen Beutel mit Sternenstaub wieder, den ihr einmal ein besonders staubiger Planet aus Freude über ihre Wärme und Helligkeit geschenkt hatte. Die Sonne öffnete den Beutel ein wenig; sie hatte bisher nie etwas mit dem Geschenk anfangen können. Gerade in diesem Augenblick wehte ein warmer Südwind vorüber und Abermillionen von Sternstäubchen wirbelten auf. Alle zusammen spiegelten sie das Bild der Sonne – goldene und diamantene Blitze schufen ein wunderbar helles und warmes Licht.

Die Sonne wußte, daß nun für sie der Zeitpunkt gekommen war, zu gehen. Vorsichtig wagte sie die ersten Schritte von dem leuchtenden Staub fort, und sie sah, daß ihr Licht und ihre Wärme blieben, auch als sie sich weiter entfernte.

Voller Freude machte sich die Sonne auf den langen Weg zur Erde, und als sie ankam, hatte sie sich in eine Frau verwandelt. Immer, wenn sie von Menschen nach ihrem Namen gefragt wurde, antwortete sie nur: «Ich bin die Sonnenfrau», und niemand fragte weiter, denn jeder fühlte, daß sie die guten Eigenschaften der Sonne in sich trug.

Eine Zeitlang zog die Sonnenfrau allein und mit offenen Augen durch die Welt. Sie genoß alles, was sie sich gewünscht hatte: Regenbögen zu sehen, Gras unter ihren Füßen zu spüren, süße Früchte zu schmecken, beim Schwimmen im Meer dessen Kühle zu spüren und die klare Luft nach einem Sommerregen zu riechen.

Später dann traf sie Zigeuner, bei denen sie eine Weile blieb und deren freies und ungebundenes Leben im fahrenden Wagen sie mochte. Bei den Zigeunern lernte die Sonnenfrau, auch schattige Seiten anzuerkennen und zuzugeben. Nach einer Zeit des gegenseitigen Lernens nahm die Sonnenfrau Abschied.

Wieder zog sie allein umher, und sie sah, erlebte und genoß.

Eines Tages hörte die Sonnenfrau in einer Stadt einer alten Märchenerzählerin zu. Die Geschichte, die sie hörte, handelte von einer Frau, die sich wie ein Vogel über die Erde erheben konnte, weil sie es gewagt hatte, einen neuen und unbekannten Weg zu gehen, und dabei zu sich selbst gefunden hatte.

Und die Geschichte begann mit den Worten: «Wir wissen bis heute nicht, ob die Sonne, die wir am Himmel sehen, die wirkliche Sonne ist, oder ob ihre Wärme und ihre Helligkeit im Sternenstaub gespiegelt wird...»

Anwendungsbereich der Übungen

Was die Übungen vermitteln:	An wen die Übung sich wendet:

Abkürzungen:

B	Umgang mit Bildern
Gr	Gruppenarbeit
M	Meditation
R	Rundum-Spiel
Sp	Spiel
Th	(Erzähl-)Theater
T	(Erzähl-)Technik
V	Vertrauen
W	Wahrnehmung

1: Gehen und Ganzheit M, V	Erwachsene / Selbsterfahrung
2: Eine Reihungsgeschichte für ein Kind T	Vorschulkinder
3: Die Beziehung zur eigenen Kindheit M	an das innere Kind in mir
4: Kindern zuhören V, W, Sp	Erwachsene
5: Meine früheste Erinnerung B, M	Erwachsene
6: Entspannend und fließend wie Wasser B, M, V	Erwachsene / Selbsterfahrung
7: Beweglich wie der Wind B, M, V	Erwachsene / Selbsterfahrung
8: Boden unter den Füßen B, M, V	Erwachsene / Selbsterfahrung

9: Wärmend und leuchtend wie Feuer B, M, V	Erwachsene / Selbsterfahrung
10: Die Erzählanleitung auswendig lernen B, M,	Erwachsene / Selbsterfahrung
11: Sprechübung (Die weiße Taube) B, M, T	Erwachsene
12: Ein Verwandlungsbild aus einem Märchen auswendig lernen B, M	Erwachsene / Selbsterfahrung
13: Symbolsuche oder «Schatzsuche» B, M, W, V, Gr, Sp	ab Schulalter
14: Die Integration des Zielsatzes (von Ü. 13) M, Sp, V	ab Schulalter
15: Meine Erzählerrolle T, V, Sp	Jugendliche / Erwachsene
16: Ich habe alles zur Verfügung, was ich zum Erzählen brauche. M, T, V	Jugendliche / Erwachsene
17: Eine Rundum-Erzählung als Gesellschaftsspiel R, Gr, V	alle Altersstufen
18: Wörter schenken R, Gr, W, V	ab Schulalter
19: «Mein Geschenk» M, V	ab Schulalter
20: Erzählen mit Erzählvorgaben R, Gr, V	Jugendliche / Erwachsene
21: Den Fußboden ertasten W, M, V	Jugendliche / Erwachsene
22: Sinneswahrnehmungen als Geschenke W, R, V	alle Altersstufen
23: Ich sehe was, was du nicht siehst W	alle Altersstufen

24: Eine Synästhesie aus der eigenen Kindheit R, W	Jugendliche / Erwachsene
25: Ein Schlüssel-Erlebnis R, W	ab Schulalter
26: Eine Lieblingswahrnehmung W, Gr, T	alle Altersstufen
27: Die Hände erzählen mit Sp, T, Gr	Jugendliche / Erwachsene
28: Mimische, gestische und stimmliche Ausdrucksmittel Sp, T, Gr	Jugendliche / Erwachsene
29: Beschwörungs- und Zauberformeln T	Schüler / Jugendliche / Erwachsene
30: Gedichte als Sprechübungen T	Schüler / Jugendliche / Erwachsene
31: Märchenverse als Sprechübung T	Schüler / Jugendliche / Erwachsene
32: Selbstgemachte «Einstreu»-Verse T	Vorschulkinder
33: Erzählperspektiven T	Jugendliche / Erwachsene
34: Steigerungen T	Jugendliche / Erwachsene
35: Steigerung der Perspektiven T	alle Altersstufen
36: Assoziieren und Dissoziieren I T	alle Altersstufen
37: «Wortwitze» V	Kinder ab fünf Jahren
38: Erzählen und Malen / Zeichnen T, Sp	Vorschulkinder
39: Erzählen nach Assoziationsketten T, Sp	alle Altersstufen
40: Eine märchenähnliche Geschichte erfinden M, W	alle Altersstufen

41: Erzählspiel mit den vier Elementen B, M, Gr, V, W	Schüler / Jugendliche / Erwachsene
42: Zuhörer-Einbeziehung I; Zuhörer-Einfälle B, R, Gr, V, W, T	alle Altersstufen
43: Zuhörer-Einbeziehung II; Farben erzählen	alle Altersstufen
44: Eine Phantasiegeschichte M, W, T	alle Altersstufen
45: Episches Erzählen während einer Tätigkeit T	alle Altersstufen
46: Zuhören I (Vorbehaltlosigkeit) M	Jugendliche / Erwachsene
47: Zuhören II (Aktives Zuhören) Gr, T	Jugendliche / Erwachsene
48: Zuhören III (Bewußtes Akzeptieren) M	Jugendliche / Erwachsene
49: Geben und Nehmen B, V, W, M, Gr, Sp	Jugendliche / Erwachsene / Selbsterfahrung
50: Die kleinen Tyrannen B, M, Gr, Sp, V, W	Jugendliche / Erwachsene / Selbsterfahrung
51: Die «leere Bühne»: Eine Geschichte entsteht M, Gr, Sp, B	Jugendliche / Erwachsene / Selbsterfahrung
52: Den eigenen Namen malen B, M, Gr, Sp	Erwachsene / Selbsterfahrung
53: Den eigenen Vornamen rückwärts gelesen erleben B, M, Gr, Sp	Erwachsene / Selbsterfahrung
54: Biographisches Erzählen I W, Gr, Sp	Jugendliche / Erwachsene
55: Biographisches Erzählen II W, Gr	Jugendliche / Erwachsene / Selbsterfahrung
56: Ein Märchen für uns selbst Gr, T, B, M, Sp	Jugendliche / Erwachsene
57: Bild-Übung B, M	Jugendliche / Erwachsene

58: Auswendiglernen von Märchen I (über Symbole) W, M, T	Jugendliche / Erwachsene
59: Auswendiglernen von Märchen II (über das Rollenspiel) W, Sp, T	Jugendliche / Erwachsene
60: Auswendiglernen von Märchen III (über Sinneswahrnehmungen) W, B, T	Jugendliche / Erwachsene
61: Auswendiglernen von Märchen IV (über Satzstrukturen und Redeweisen) W, T	Jugendliche / Erwachsene
62: Erzählspiel «Schlafengehen» Th, T	Vorschulkinder
63: Ausdrucksspiele mit der Handpuppe W, T, Th	Jugendliche / Erwachsene
64: Erzählspiel mit der Handpuppe Th, T	Kinder von 3–10
65: Entspannungsübungen mit der Handpuppe W, T	Erwachsene
66: Gefühlsaustausch Erzähler – Puppe W, Th, T	alle Altersstufen
67: «Eine kleine Katze fühlt sich wohl –» W, Th, T	alle Altersstufen
68: Das Kuscheltier erzählt W, Th, T	Kinder
69: Eine Wohnzimmerpuppe erzählt W, Th, T	alle Altersstufen
70: Erzählspiel mit einem Gegenstand W, Th, T	alle Altersstufen
71: «Storch und Rohrdommel» Th, T	Jugendliche / Erwachsene

72: Malen und Erzählen Sp, R	alle Altersstufen
73: Bilder erzählen uns eine Geschichte Sp, R	alle Altersstufen
74: In ein Bild hineingehen Sp, R	alle Altersstufen
75: «Der Schneckenausflug» Sp	Vorschulkinder
76: «Der Regenbogen» Sp, R	Vorschulkinder
77: «Rudis Freund» Sp, R	Grundschulkinder
78: Gestaltungsmaterial erzählt Th, R	alle Altersstufen
79: Musikinstrumente erzählen Th, R	alle Altersstufen
80: Ein Musikinstrument erzählt von mir Th	Schüler / Jugendliche / Erwachsene
81: Eine musikalische Rundum-Erzählung R, Th	alle Altersstufen
82: «Die Geschichte von der kleinen Wolke» Th	Kinder von 8–10
83: Eine Zaubermusik Th	alle Altersstufen
84: Ein Haiku W, R, Sp	Jugendliche / Erwachsene
85: «Auf einer einsamen Insel» Gr, Th	Jugendliche / Erwachsene
86: «Ein Gegenstand verändert mein Leben» Th, Sp	Jugendliche / Erwachsene
87: «Ein Traum erfüllt sich» Th, Gr	Jugendliche / Erwachsene
88: «Eine veränderte Gesellschaft» Gr, Th	Jugendliche / Erwachsene
89: Die direkte Rede Gr, Th, T	Schüler / Jugendliche / Erwachsene

90: «Eine Postkarte als Tagesleistung» Gr, Th, T	Erwachsene
91: «Die goldene Hochzeit» Gr, Th, T	Erwachsene
92: «Der Zauberlehrling» Gr, Th, T	Schüler / Jugendliche / Erwachsene
93: Erzähltheater mit drei beliebig ausgewählten Gegenständen Gr, Th, T	Schüler / Jugendliche / Erwachsene
94: «Der kleine Tiger Tim» Th, T	Kinder von 5–8
95: «Ferdinand und sein Pferd» Th, T	Kinder von 5–8
96: «Struppi» Th, T	Grundschulkinder
97: Ein Erzählspiel für Kinder durchführen Th, T	Kinder von 5–8
98: Assoziieren und Dissoziieren II T	Vorschulkinder
99: Assoziieren und Dissoziieren III T	alle Altersstufen
100. Eine Geschichte als Geschenk B, W, V, M, T	alle Altersstufen

Literatur

BAACKE, DIETER und SCHULZE, THEODOR (Hg.): Aus Geschichten lernen. München 1984, 2. Aufl.

BAUSINGER, HERMANN: Strukturen des alltäglichen Erzählens. In: *Fabula*, 1. Jg, 1958, S. 239 ff

BENJAMIN, WALTER: Gesammelte Schriften, III. Band; Spielzeug u. Spiele. Frankfurt a. M. 1972

Ders.: II, 2: Der Erzähler, 1977

BETTELHEIM, BRUNO: Kinder brauchen Märchen. Stuttgart 1977

BETZ, FELICITAS: Der Märchenerzähler – nach dem Ende der mündlichen Überlieferung; in: *Märchenerzähler – Erzählgemeinschaft.* Kassel 1983

Dies.: Märchen als Schlüssel zur Welt. Lahr 1977

BITTNER, GÜNTHER: Zur psychoanalytischen Dimension biographischer Erzählungen; in: Baacke / Schulze a. a. O.

BLATTMANN, ELKE: Puppe und Schmetterling. Bingenheim 1990

BLIESENER, THOMAS: Erzählen unerwünscht. Erzählversuche von Patienten in der Visite; in: Ehlich, K. (Hg.): Erzählen im Alltag a. a. O.

BÖLL, HEINRICH: Das wahre Wie, das wahre Was; Ratschläge für mündliche Erzähler. In: Dichter erzählen Kindern. München 1969

BOCKEMÜHL, MICHAEL: Kunst im Sozialen – Soziale Kunst: In: die drei 6 / 1985, S. 406 ff

BRIDGMONT, PETER: Gebärdensprache, Sprachgebärden. Schaffhausen 1989

BUBER, MARTIN: Das Wort, das gesprochen wird: In: Sprache und Wirklichkeit; München 1967

Ders.: Die Erzählungen der Chassidim. Zürich 1984, 9. Aufl.

Ders.: Urdistanz und Beziehung. Heidelberg 1978

DEHN, MECHTHILD und WILHELM: Erzählstruktur und Lernprozeß. In: *Deutschunterricht* 32. Jg. 1980 / 2

EHLICH, KONRAD: Erzählen im Alltag. Frankfurt a. M. 1980

EHRLICH, MIRIAM und VOPEL, KLAUS: Phantasiereisen. ISCO-PRESS

ENDE, MICHAEL: Als seien Kinder spezielle Wesen. *Buchmarkt* 3, 1981, S. 166 bis 172

ENGLERT-FAYE, CURT: Die Kunst des Erzählens: In: Niederhäuser (Hg.): Anregungen zum Erzählen in Schule und Haus. Basel 1970

FATKE, REINHARD: Kinder erfinden Geschichten und was man daraus lernen kann. In: Baacke / Schulze, Aus Geschichten lernen, a. a. O.

Festschrift für Klaus Doderer: Kinderwelten. Weinheim, Basel 1985

FLADER, DIETER und GIESECKE, MICHAEL: Erzählen im psychoanalytischen Erstinterview. In: Ehlich (Hg.), Erzählen im Alltag, a. a. O.

FLITNER, ANDREAS (Hg.): Der Mensch und das Spiel in der verplanten Welt. München 1976

FROMM, ERICH: Märchen, Mythen, Träume. Stuttgart 1980

FUCKE, ERHARD: Die Bedeutung der Phantasie für Emanzipation und Autonomie des Menschen. Stuttgart 1972

GERNER, ALAN: Eulenzauber (Nachwort). rororo 5488

GEIGER, RUDOLF: Märchenkunde. Stuttgart 1982

GERDZEN, RAINER: Erzählanlässe – Erzählaufschlüsse. In: *Deutschunterricht* 32. Jg. 1980/2

Goethes Mutter/Frau Aja in ihren Briefen und in den Erzählungen der Bettina Brentano. Hg. von Käthe Tischendorf. W. Langewiesche-Brandt 1914.

GÜLICH, ELISABETH: Konventionelle Muster und kommunikative Funktionen von Alltagserzählungen. In: Ehlich a. a. O.

HAAS, GERHARD (Hg.): Kinder- und Jugendliteratur. Stuttgart 1984, 3. Aufl.

Ders.: Phantasie und Phantastik. *Praxis Deutsch* 1982, Heft 54, S. 15 ff

HAHN, HERBERT: Vom Genius Europas, Bd. II. Stuttgart 1964

HAUSCHKA, MARGARETHE: Zur künstlerischen Therapie. Bad Boll 1976

HELLINGER, BERT: Zweierlei Glück. Heidelberg 1994

Ders.: Die Ordnungen der Liebe. Heidelberg 1994

HICKETHIER, KNUT: Die Pause beim Erzählen. Vom Erzählen und Zuhören. In: Merkel/Nagel (Hg.) a. a. O.

HOFFMANN, LUDGER: Zur Pragmatik von Erzählformen vor Gericht. In: Ehlich (Hg.) a. a. O.

HURRELMANN, BETTINA: Erzähltextverarbeitung im schulischen Handlungskontext. In: Ehlich (Hg.) a. a. O.

KAMPHOEVENER, ELSA SOPHIA VON: Vorwort zum 1. Band: An den Nachtfeuern der Karawan-Serail. Hamburg 1966

KANZOG, KLAUS: Erzählstrategie. Heidelberg 1976

KAST, VERENA: Imagination als Raum der Freiheit. Freiburg i. Br. 1988

Dies.: Die Dynamik der Symbole. Olten 1990

KLEIN, KLAUS-PETER: Erzählen im Unterricht – Erzähltheoretische Aspekte einer Erzähldidaktik. In: Ehlich (Hg.) a. a. O.

KLOSE, WERNER: Fabulieren lernen an literarischen Vorgaben. In: *Deutschunterricht* 32. Jg. 1980/2

KÖPF, GERHARD: Erzählen – Studientexte für die Kollegstufe. München 1979

KUTSCHERA, GUNDL: Tanz zwischen Bewußt-sein und Unbewußt-sein. Paderborn 1994

LENZ, FRIEDEL: Iwan Johannes, russische Märchen. Stuttgart 1961

LEVI-STRAUSS, CLAUDE: Das wilde Denken. Frankfurt a. M. 1973

LÄMMERT, EBERHARD: Bauformen des Erzählens. Stuttgart 1983, 2. Aufl.

LAHRMANN, LEONHARD: Phantasie und elementares Lernen. Paderborn 1972

LAZARUS, ARNOLD: Innenbilder. München 1980

LEHMANN, ALBRECHT: Erzählstruktur und Lebenslauf. Frankfurt/New York 1983

Ders.: Erzählen zwischen den Generationen. In: *Fabula, Zeitschrift für Erzählforschung*, Heft 1/2 1989

LEUNER, H., HORN, G., KLESSMANN, E.: Katathymes Bilderleben mit Kindern und Jugendlichen. München, Basel 1978, 2. Aufl.

LIEBS, ELKE: Vom Recht auf Vorfahrt. Natürliches Erzählen in der Therapie. In: Merkel/Nagel (Hg.) a. a. O.

MADER, WILHELM: Vergessen und Erinnern: Zur Dynamik des Erzählens im Alter. In: *Neue Praxis* 2/1989

DeMello, Anthony: Warum der Vogel singt. Geschichten über das richtige Leben. Freiburg i. Br. 1984, 2. Aufl.
Merkel, Johannes: Wirklichkeit verändernde Phantasie; in: Richter, D. und Vogt, J. (Hg.), Die heimlichen Erzieher. Hamburg 1974
Ders.: Den Kindern Geschichten mit Händen und Füßen erzählen. In: *Päd. extra* 2/1980
Ders.: Ich kann euch was erzählen – Spielgeschichten. Hamburg 1983 (bes. das Nachwort)
Merkel, Johannes und Nagel, Michael (Hg.): Erzählen – die Wiederentdekkung einer vergessenen Kunst. Hamburg 1982
Murdock, Maureen: Dann trägt mich meine Wolke – Wie Große und Kleine spielend leicht lernen. Freiburg i. Br. 1990, 2. Aufl.
Nadolny, Sten: Selim oder die Gabe der Rede. München, Zürich 1990
Nagel, Michael: Das Theater aus der Hosentasche. In: Merkel/Nagel (Hg.) a. a. O.
Niederhäuser, Hans (Hg.): Anregungen zum Erzählen in Schule und Haus. Basel 1970
Oaklander, Violet: Gestalttherapie mit Kindern und Jugendlichen. Stuttgart 1981
Oehlmann, Christel Gisela: Figurentheater auf dem Tisch, Heft I und II – Anleitungen zum Spiel mit Kindern im Vorschulalter, unter besonderer Berücksichtigung der Gesprächsförderung. Weinheim 1982, 2. Aufl. und 1983, 2. Aufl.
Panzer, Friedrich: Kinder- und Hausmärchen der Brüder Grimm. Wiesbaden o.J.
Peseschkian, Nossrat: Der Kaufmann und der Papagei. Orientalische Geschichten als Medien in der Psychotherapie. Frankfurt a. M. 1979
Petzold, Hilarion G. (Hg.): Gestaltpädagogik – Konzepte der integrativen Pädagogik; darin besonders: Die Medien in der Integrativen Pädagogik. München 1977
Ders. (Hg.): Dramatische Therapie. Stuttgart 1982
Ders. (Hg.): Puppen und Puppenspiel in der Psychotherapie mit Kindern, Erwachsenen und alten Menschen. München 1983
Ders.: Psychotherapie. Meditation. Gestalt. Paderborn 1984
Proksch, Bettina: Das kleine Volkstheater – Erzählen in China. In: Merkel/Nagel a. a. O.
Quasthoff, Uta M.: Gemeinsames Erzählen als Form und Mittel im sozialen Konflikt oder – ein Ehepaar erzählt eine Geschichte; in: Ehlich (Hg.) a. a. O.
Rehbein, Jochen: Biographisches Erzählen. In: Erzählforschung – ein Symposion – hg. von Eberhard Lämmert. Stuttgart 1982
Ders.: Sequentielles Erzählen. In: Ehlich (Hg.) a. a. O.
Renner, M. und Thesing, Th.: Praxis der Heilpädagogik. Freiburg i. Br. 1978
Richard, Jörg: Phantasietätigkeit – Spielpädagogik. In: *Ästhetik und Kommunikation* 1975 H. 20
Rosen, Sidney: Die Lehrgeschichten von Milton H. Erickson. ISKO-PRESS Hamburg 1985
Rougemont, Charlotte: ... dann leben sie noch heute. Münster 1962
Schellenbaum, Peter: Die Wunde der Ungeliebten. München 1988
Schlutz, Erhard: Sprache, Bildung und Verständigung. Bad Heilbrunn 1984
Schubert, Renate: Hutzelchen und Butzelchen. Landshut 1994
Schwarting, Jutta: Klingende Geschichten. *fidula* 1976
Selle, Gert (Hg.): Experiment ästhetische Bildung. Hamburg 1990

SINJAWSKIJ, ANDREJ: Iwan der Dumme. Vom russischen Volksglauben. Frankfurt a. M. 1990

SPOLIN, VIOLA: Improvisationstechniken für Pädagogik, Therapie und Theater. Paderborn 1985

STANZEL, FRANZ K.: Die Opposition Erzähler–Reflektor im erzählerischen Diskurs. In: Erzählforschung, hg. v. Lämmert, E. Stuttgart 1982

Ders.: Theorie des Erzählens. Göttingen 1985, 3. Aufl.

STEINER, RUDOLF: Sprechen und Sprache; hg. von Lindenberg. Christoph. Stuttgart 1980

Ders.: Die geistige Führung des Menschen und der Menschheit. 1911; Basel 1974

STEINLEIN, RÜDIGER: Vom geselligen Hörer zum einsamen Leser – über die Verbürgerlichung mündlicher Erzählkommunikation. In: Merkel/Nagel (Hg.) a. a. O.

STORZ, GERHARD: Erzähler und Leser; in: Festschrift für Käte Hamburger, hg. von F. Martini, Stuttgart 1971

STUKENHOFF, WOLFGANG: Handpuppenspiel mit Vorschul- und Grundschulkindern; Neurosenprophylaxe – Konfliktlösung – Kreativitätsförderung; in: Petzold (Hg.): Puppen und Puppenspiel in der Psychotherapie, a. a. O.

TODD, H. E.: Wie ich Geschichten erzähle; in: Merkel/Nagel (Hg.) a. a. O.

VAUGHAN, FRANCES: Intuitiver leben; Frankfurt 1991

VOPEL, KLAUS: Lernen zwischen Thema und Interaktion; in: Petzold (Hg.): Gestaltpädagogik, a. a. O.

WATZLAWICK, PAUL: Die Möglichkeit des Andersseins. Zur Technik der therapeutischen Kommunikation. Bern, Stuttgart, Wien 1977

Ders.: Menschliche Kommunikation. Stuttgart 1974

WEHSE, RAINER (Hg.): Märchenerzähler – Erzählgemeinschaft. Kassel 1983

WERDER, LUTZ VON: «Soll ich Ihnen mal was sagen». Erfahrungen aus der stadtteilbezogenen Erzählarbeit. In: Merkel/Nagel (Hg.) a. a. O.

WEYMANN, ANSGAR: Handlungsspielräume im Lebenslauf. In: *Handlungsspielräume*, Bd. 9. Stuttgart 1989

WINNICOTT, DONALD: Vom Spiel zur Kreativität. Stuttgart 1973

WINTGENS, HANS-HERBERT: Motive und Strategien für das Erlernen des mündlichen Erzählens im Unterricht. In: *Deutschunterricht*, 32. Jg. 1980/2

WÖLFEL, URSULA: Siebenundzwanzig Suppengeschichten. Düsseldorf 1968

WOISIN, MARK: Integrität und Erinnerung; 3 Teile, ISKO-PRESS

WOLF, CHRISTA: Kassandra. Hamburg o. J.

Dies.: Voraussetzungen einer Erzählung: Kassandra. Darmstadt 1987, 11. Aufl.

WOLTMANN, A. G.: Die Verwendung von Puppenspiel als projektive Therapiemethode in der Kindertherapie. In: Petzold (Hg.): Puppen und Puppenspiel, a. a. O.

WYGOTSKI, L. S.: Das Spiel und seine Rolle für die psychische Entwicklung des Kindes; in: *Ästhetik und Kommunikation*, H. 11, April 1973

Ders.: Denken und Sprechen. Frankfurt a. M. 1971, 2. Aufl.

YEOMANS, THOMAS: Gestalttheorie und Praxis im Literaturunterricht; in: Petzold (Hg.): Gestaltpädagogik, a. a. O.

Dank

Vielen Wegbereitern und -begleitern bei der Fertigstellung dieses Buches habe ich an dieser Stelle herzlich zu danken:

Vom Ende des Entstehungsprozesses her gesehen danke ich zunächst Susanne Preibisch, der Verlagsherstellerin, für ihre Ideen zur Typographie und zum Layout sowie für die verständnisvolle gute Zusammenarbeit.

Hermann Gieselbusch, meinem Lektor, für sein verläßliches Mitdenken und die große Zahl seiner vielfältigen und hilfreichen Anregungen.

Gisela Stock dafür, daß sie das Manuskript durchsah, für Ermunterung und Ermutigung und manch eine wichtige Anmerkung.

Überhaupt allen Freundinnen und Freunden, die Erzählbeiträge lieferten oder auch Erzähl-Fotos.

Meinem Mann Klaus, der sich von Anfang an für meine Gedanken und Pläne interessierte und über Jahre hinaus zum Gespräch über das Thema bereit war, und dessen provozierend-freundliche Kritik mich letztlich weiterbrachte.

Dank auch an Ina, Christoph und Henrik, die mich zum Erzählen herausforderten, zu allen Tages- und gelegentlich Nachtzeiten. Dazu gesellen sich aus meinen beruflichen Arbeitsfeldern alle jene Kinder, von denen ich gelernt habe, wie sehr wir uns im Erzählen nahekommen und einander ganz neu wahrnehmen.

Dank den Teilnehmern meiner Seminare, die mir deutlich machten, daß auch Erwachsene das Erzählen und seine Verwandlungskräfte brauchen, um innerlich lebendig zu bleiben oder es wieder zu werden.

Dankbar bin ich für die Begegnung mit so unvergeßlichen Erzählern wie Friedel Lenz, Vilma Mönckeberg, Rudolf Geiger und Bert Hellinger sowie mit Gundl Kutschera, in deren Kommunikationsseminaren das Erzählen einfach selbstverständlich war.

Gedankt sei meinen vielen Puppenspielerfreunden, darunter vor allem Therese Keller, ihrem hinreißenden Spiel und dem Mut, sich diesem Spiel frei und vertrauensvoll zu überlassen.

Das Kapitel über das «Erzähltheater» verdanke ich großenteils meinen Studentinnen und Studenten, ohne deren Freude am Erzählen und am Erzählen-Lernen manch ein Erzählspiel niemals zustande gekommen wäre. Sie halfen mit beim Durchgestalten und Einüben bestimmter Erzählungen über die einzelnen Stufen der Bewegungs- und Rollenspiele bis hin zum Erzähl- und Miterzähltheater.

Schließlich danke ich allen Menschen, die mir erzählend in meinem Leben begegneten, jenen frühen Erzählern meiner Kindheit, besonders meiner Großmutter. Ihr widme ich die Ausführungen über das «Freie Erzählen für Kinder», denn sie hat durch ihr Erzählen meine Kindheit wohl am nachhaltigsten geprägt, damals in Masuren, einer Landschaft, in der noch bis in die Zeit des Zweiten Weltkrieges hinein ein wesentlicher Teil der alltäglichen Lebenskultur darin bestand, daß die Menschen einander erzählten – Erlebtes, Gehörtes, Unerhörtes und uns Kindern die biblischen Geschichten und die Märchen.

Die Erläuterungen zum Märchen schrieb ich im Andenken an Christoph, der uns so früh wieder verließ.

Zum Schluß: Das Schreiben dieses Buches hat mir immer große Freude gemacht, wenngleich ich es manchmal problematisch fand, lebendige Erzählerfahrungen – statt sie mündlich weiterzugeben – ins Schriftliche zu übertragen und so in eine feste Form zu bannen. Mögen die Leser diese gefesselte Form recht schnell auflösen und das Wort im mündlichen Erzählen befreien, so daß es sich wieder lebendig von Mensch zu Mensch entfalten kann.

Hildesheim, im Sommer 1995
Christel Oehlmann

Register